KB245174

한국법학의 반성

내일을여는지식 법 22

한국법학의 반성

- 사법개혁시대의 법학을 위하여 -

김 철(金 徹) 지음

KSI 한국학술정보㈜

해롤드 버만(Harold J. Berman, 1918 – 2007)에게 헌정함

This book is dedicated to Harold J. Berman(1918 – 2007)

"법학교육이란 그 나라의 문화의 일부분이므로 그것과 따로 떼어서 생각 할 수 없는 것이다. 법조교육이란 그 나라의 법조 그 자체이어서 그것과 따로 떼어서 생각 할 수 없는 것이다."(가 재환, 2005) (Paul D. Carrington, 1971)

1. 어떤 문화를 보는 두 가지 시각이 있다. "그 문화 안에서의 눈"과 "그 문화 밖에서의 눈"이다. 한국의 영역 내에서 이루어지는 법학과 법조계의 모든 것들은 말하자면 한국 법문화의 내부의 시각에서부터 출발하고 형성된다. 한국인이 한국의 어떤 시점에서 그때까지 축적된 관행, 의식, 사회제도와 법 제도를 기준으로 법문화를 형성하고 있는 것이다. 싫든 좋든 "우리의 논리"와 "우리의 관행"이 중심이 된다.

"그 문화 밖에서의 눈"은 한국 문화 아닌 다른 기준에서 보는 것이다. 극단적인 경우는 구한말 서울을 방문하고 사진 촬영을 했던 비숍 여사가 남긴 서울의 모습 같은 것이다. (물론 2009년의 한국은 구한말이 아니다.) 저자도 물론 한국의 법문화를 보는 두 가지 눈을 가지고 있다. 우리의 관행, 우리가 싫든 좋든 되풀이해서 당연시하게 된 것에 대한 익숙함과 애착을 가지고 있다. 또한 저자는 어느 때 어느 곳의 한국 문화를 넘어서서 "흡사 외국인이 한국을 보는 것처럼" 보는 눈을 습득하게 된 것은 다른 최현대의 동시대인과 같다. 이 책에 일관하는 것이 있다면 우리 문화 안에서 존재하는 모든 것을 당연히 여기는 저자의 생활인으로서의 입장을 넘어서서 상당한 기간 동안 힘들게 습득한 다른 시점으로 한국의 법문화를 관찰하려한 시도이다. 쉬운 일은 아니었다. 이 책의 원고들은 서장 맨 끝에서 밝힌 것처럼 쓰인 즉시 발표하지 못하고 사간본 형태의 논문집으로 보관하다가 최근에야 겨우 빛을 보게 된 것들이 많다. "우리 문화 밖에서의 시점"이 한국인에게 어떻게 가능하냐, 무엇을 기준으로 하느냐라고 되물을 수 있다. 최근 저자는 인문학에서 쓰는 오래된 말인 시대 정신(Zeit－geist)이라는 말을 다시 발견했다. 아마도 시대정신은 역사의 긴 흐름에서 파악되는 것이라는 생각을 몇 개의 논문에서 발견할 수 있을 것이다. 우리 시대의 한국에서 보편주의적 시점이 가능한가에 대한 질문에 대해서 완전히 불가능하지는 않다고 대답할 수 있다. "한국 법학의 반성"은 관행이 된 한국 법학의 내용을 비판하려는 것이 아니다. 왜냐하면 한국의 법문화는 저자 스스로가 이미 그 일부가 되어 버렸다. 비판이 아니라면 목적이 무엇인가? 비판 끝에 대안을 내놓는 것이 아니라면 무엇이 목적인가? 우선 우리의 법문화를 그냥 바라 봅시다. 단지 지금까지 익숙하고 당연한 자리에서 말고 다른 눈으로 쳐다 봅시다.라고 저자는 말하고 싶다.

2. 2009년 현재 한국법학은 로스쿨 법제와 사법개혁에서 변화를 겪고 있다. 새로운 학제가 실시되고 있으나 제도의 내용이 되어야 하는 것의 모습은 여전히 일치와 공감이 부족하다. 제도의 내부에 있는 사람들이나 외부에 있는 사람들이나 아직도 확신과 신뢰를 주어야 할 것이 한국 법학의 어떤 부분인가에 대해서 일치하지 못하고 있다. 지난시절의 한국 법학은 보편성과 함께 특수성을 가지고 있었고 이 두 가지 성격은 시대정신에 의해서 성찰되어져야 한다고 생각된다.(제1부 한국법학의 반성, 제2부 한국 강단 법학의 보편성과 특수성 - 세계사의 맥락에서의 관찰)

한국 법학의 어떤 부분은 되풀이해서 성찰과 반성을 거쳐야 하고 새로운 시대를 여는 창이 되어야 한다라는 취지가 제1부 한국 법학의 반성과 제2부 한국 강단 법학의 보편성과 특수성의 의도이다. 1945년 제2차 세계대전 종전 이후 한국의 법학은 새로운 문명 세계로 이끄는 시대정신(Zeit - geist)에로의 창이 되지 못했다. 권위주의 시대의 법학에 대한 반성은 여전히 가치가 있다.(제5부 한국의 법학교육과 유교 문명권의 종교와 법)

1989년 동유럽 - 러시아 혁명 이후의 유럽대륙의 변화를 한국의 관례적 법학이 크게 참조한 흔적이 보이지 않는 것은 세계사의 흐름에 눈을 감기 때문이다.(제4부 동유럽 러시아 혁명 이후의 러시아와 체코, 그리고 개방 이후의 중국의 법 발전)

자유화와 민주화 이후 한국 법학이 자유주의의 세계적 조류로 합류하려는 노력은 법의 경제분석(Economic Approach to Law)이라는 새로운 도구를 쓰게 되나 자유지상주의와 신자유주의라는 반시대정신(Anti - Zeit - geist)을 만나게 된다.(제3부 최현대의 경제공법사상 - 신자유주의 시대의 평가와 새로운 시대정신)

2008년 9월 이후의 세계 경제위기 때의 법학에 대해서는 저자의 다른 최근 저서에서 상세히 논하고 있다.(김 철, 경제위기 때의 법 - 뉴딜 법학의 회귀 가능성, 2009)

따라서 이 책이 취급하는 한국 법학의 소재는, 세계 체계의 눈에서는 1989년 동유럽 - 러시아 혁명이라는 큰 시대구분과 안팎을 같이 하는 한국의 자유화, 민주화 과정을 이전 시대와 구분되는 분수령으로 설정하고 있다. 권위주의에서 자유주의로의 이행기에 보이는 과도기 법학의 문제점이 큰 주제의 하나가 된다

3. 이 책의 주요 내용들은 서양법 전통(Western Tradition of Law)

을 일생의 모티프로 삼았던 20세기와 21세기에 걸친 진정한 비교법론자로 2007년에 서거한 해롤드 버만(Harold J. Berman)의 여러 업적의 영향 아래에서 쓰여진 것이다. 버만의 저자에 대한 관계는 오. 헨리(O. Henry)의 마지막 잎새(The Last Leaf)에서의 화가 버만과 병상의 화가 지망생 간의 관계와 흡사하다 할 수 있다. 해롤드 버만 교수의 자세한 영향에 대해서는 본문이 끝난 뒤에 붙은 책 전체의 해제를 참조하기 바란다.

발표 논문의 관련 학회의 선생님들과 선배, 후배들, 도와준 친구들과 숙명여자대학교의 교육조교, 학부조교와 학생들에게 감사한다.

이 책의 제작은 한국학술정보(주)의 임은정 선생의 이해로 시작했으며, 출판부의 이주은 선생이 이어받았다. 디자인편집부의 곽유정 과장님과 표지 담당 이효정 선생, 편집 담당 박재규 선생이 수고를 해주셨다. 감사의 뜻을 적어서 남긴다.

마지막으로 저자의 학문적 대장정을 격려하고, 성원하며, 사랑과 도움을 주신 여러분에게 이 책을 드리고 싶으며, 성함을 밝히지 않는 것은, 저자가 아직 완벽하지 못 하다는 부끄러움 때문이다.

2009년 8월 4일

김 철

제1부 한국 법학의 반성 / 59

제3부 최현대의 경제 공법 사상- 신 자유주의 시대의 평가와 2차대전 이후의 시대 정신 / 209

제4부 동 유럽 러시아 혁명 이후의 러시아와 체코, 그리고 개방 이후의 중국의 법 변동은 한국 법의 미래에 어떤 영향을 주겠는가 / 261

제5부 법을 보는 관점의 변화를 위해서(영문) / 377

제1부 한국 법학의 반성 / 59

제2장 서양법 전통의 방법이원론의 역사와 방법이원론이 한국 근현대 법학에 미친 영향 ·······97

제2부 한국 강단 법학의 보편성과 특수성- 세계사의 맥락에서의 관찰 / 151

제3부 최현대의 경제 공법 사상- 신 자유주의 시대의 평가와 2차대전 이후의 시대 정신 / 209

제4부 동 유럽 러시아 혁명 이후의 러시아와 체코, 그리고 개방 이후의 중국의 법 변동은 한국 법의 미래에 어떤 영향을 주겠는가 / 261

제2장 중국 유교 영향의 동아시아 문화에서의 법과 종교 ··396

Reflections on Korean Law
—Toward New Korean Jurisprudence and Judicial system

by Chull Kim

서장

1. 고백

1.1 한국에서의 법학 공부의 실상에 대한 세 가지 고백

1.1.1 ······법학계에서 오랫동안 법학 공부는 "혼자 하는 것"이고, 법학 공부 방법은 기본서를 수회 통독하고 통설 판례를 외우는 것이고, 신림동은 사법시험공부를 의미하는 것이 상식이었다. 법학 공부가 재미없다거나 어렵다고 생각하는 것은 학생 쪽에 문제가 있는 것이고, 설사 학생 쪽에 문제가 없더라도 우리 법체계상 불가피하다는 것이 통념이었다. 법학교수에게 교수보다는 연구나 사회봉사가 더 높은 덕목이고, 학생들이 법률가로써 어떻게 활동하고 있는지를 교수의 교수행위와 연결시켜 생각하는 일은 드물었다.(오수근, 2006: 37).[1]

······법학공부에 대한 학생들의 반응은 일반적으로 비관적이다. 공부를 열심히 하는 학생들도 전공 첫째 학기를 지나면서 이해할 수 없고 재미없는 법학공부에 실망한다. 많은 경우에는 그 원인이 자신의 지적 무능이나 게으름에 있다고 생각한다. 법률공부는 원래 그런 것이라는 선배들의 말이 위안이 될 뿐이다(오 수근, 2006: 38).

······또 다른 원인으로는 우리 법의 구조가 처음 접근하는 데 어렵게 짜여져 있다는 점을 들 수 있다. 제정법중심의 법체계에서 제정법이 추상적 법률개념으로 규정되어 있으므로 그 추상적 법률개념을 제대로 이해하지 못하면 법률규정을 읽을 수 없다(오 수근, 2006: 38).

---

1) 오 수근, "법학대학원에서의 바람직한 교수방법 – 문제중심학습법의 실험 –", 서울대학교 법학연구소『21세기 법학교육의 방향모색』, 2006년 10월 20일, 서울대학교 법과대학 100주년 기념관 소강당

1.1.2 ……한국말로 쓰여 지긴 했어도 실제로는 외국어에 가까웠던 법학 교과서들은 학년이 올라갈수록 저를 숨 가쁘게 했습니다. 독일어, 일본어를 그대로 번역한 용어들, 겉은 한국말로 보이지만 실제로는 국어사전과 상관없는 의미를 가지고 있거나 아예 국어사전에도 등장하지 않는 수많은 단어들의 홍수 속에서 저는 여러 번 머리의 한계를 느끼지 않을 수 없었습니다(김 두식, 2004, 2007: 28)[2]

……그 시절, ○○대학교 법과대학은 대부분 그 대학에서 학사와 석사를 마치고 박사과정까지 수료한 후, 유학을 떠나 독일에서 박사학위를 취득한 문자 그대로 동일 유전자를 지닌(homogeneous) 교수진을 갖추고 있었습니다. 독일에서 공부하고 돌아와 독일어 원서들을 읽어가며 논문을 쓰는 것에 강한 자부심을 지닌 교수님들 중에는 일본 책들을 베끼는 다른 학교 교수님들에 대해 노골적인 경멸을 표시하시는 분도 없지 않았지요. 엉터리 독일어 실력으로 책을 쓰는 다른 학자들에 대한 조롱도 많이 들었습니다. 그런 모습을 뵐 때마다 저는 '일본 책을 베끼는 것과 독일 책을 베끼는 것 사이에 무슨 차이가 있을까?'라는 의문을 떨쳐버릴 수 없었습니다. 독일 이론을 일본 사람들이 수입하여 일본화한 것을 우리가 베끼는 것보다 독일 이론을 직수입하는 것이 왜곡의 가능성을 줄인다는 점에서는 분명히 의미가 있겠으나, 어차피 남의 나라 이론을 우리나라에 뜯어 맞춘다는 점에서는 별 차이가 없어 보였습니다. 그 우수한 선생님들께서 기껏 "이 독일어의 원래 뜻은 이러이러한 것인데, ○○○교수는 기본 독일어 실력이 안 되어서 이걸 저러저러하게 밖에 번역을 못 한다."는 식의 지적이나 하는 것도 썩 보기 좋지는 않았습니다. 어느 나라 이론을 베꼈든, 제대로 베꼈든 엉터

리로 베꼈든, 어차피 우리나라 법학자들의 머리에서 나온 이론이라고는 찾아볼 수가 없었습니다(김 두식, 2004, 2007: 26 - 27).

독일의 학자들은 자기네 학설 전통을 죽 따라가다가 마지막에는 반드시 자기 생각이 들어가야 자기 논문, 자기 이론이 될 수 있기 때문이지요. 그러나 우리나라에서는 독일 학자들의 생각을 죽 따라가다가 마지막에도 독일 학자의 의견으로 끝을 맺습니다. 마지막 결론 부분을 장식하는 독일 이론의 주창자는 우리나라 저자들이 독일에 가서 직접 배운 논문 지도교수인 경우가 많습니다. 학문을 연구하는 데 쓰는 시간의 거의 전부가 외국 문헌을 읽고 해석하는 능력을 키우는 데 소모되는 현실도 안타까웠습니다. 건방지기 이를 데 없는 생각이었지만, 그런 선생님들의 모습들을 보면서 '법학자는 되지 말자'고 마음먹었습니다(김 두식, 2004, 2007: 26 - 27).

1.1.3 ……법학 교육의 목적은 두 법계에 있어서 매우 다르다. 그 중 하나는 즉, 대륙법계의 세계에서는 변호사나 판사는 일종의 기술자(Technician)로 보여지고 있으며, 그들은 타인에 의하여 만들어지고 고안된 기계의 기사(Operator)이다. 그 중 다른 하나 즉, 미국에 있어서는 변호사나 판사는 일종의 사회 공학자(Social Engineer) 즉, 사회적인 문제를 해결하려고 시도하고 알기 위하여 특별히 준비되어 있는 사람으로서, 정부와 사적 부문에 책임자로 있는 법률가(Lawyer)들이 종종 주는 법적인 권고(advice)는 기술적인 법률문제를 넘어서서 좀더 폭 넓은 대안을 고려하여 그 결과가 어떻게 예상되며 다루어져야 할 것인가 하는 advice로 확장된다. 법률가(Lawyer)는 사회개혁의 관건적인 요소로 간주되며, (정책이나) 새로운 사회 프로그램(Social Program Work)을 만드는 전문가로서 기능한다(가

재환, 1982: 47-48).

우리나라의 장래의 법률가가 일종의 전권을 가진 문제 해결자(Problem Solver)로서 기능하게 하려면, 법학교육의 목적이 어디에 있든지 간에 그들 법학도로 하여금 장래 이러한 사회적 역할을 담당하는 데 부족함이 없도록 그들을 준비시키는데 진지한 노력을 하여야 한다(가 재환, 1982: 47-48).

지금까지는 법률가(Lawyer)들이 정부나 국회에서 상당한 지위에 있기는 하였지만 이와 같은 사실에 대한 일반적인 이해가 부족하였고, 법학교육에 관련하여서도 별로 거기에 흥미와 관심을 가지지 아니하였다. 직업적인 법률가(Lawyer)들도 별로 창의적이지 아니하였고, 좁은 전문적인 일을 하는 기술자(Technician)으로서 생각하였다. 심지어 변호사는 「율사」로 하대받게까지 되었다. 이러한 사고는 대륙법계의 법학교육에 두 갈래의 커다란 악영향을 미치게 하였다. 즉, 자유로운 학문으로서의 법을 강조하는 대신 그들의 권위 아래에서 전문적 훈련을 무시하는 법학자의 편견을 정당화시켰고, 또한 전문적인 훈련을 기술적인 교육으로서 대체하는 경향으로 강화하게 되었다(가 재환, 1982: 47-48)[3].

1.2 네덜란드 대형 강의실의 체험

네덜란드어로 쓰여진 "법(De Wetten, The Laws)"이라는 소설은 번역되어져서 1996년에 국제적인 문학상(1996 International IMPAC Dublin Literary Award)을 받았는데[4], 주인공은 네덜란드의 대표적

---

3) 가 재환, "한국의 법학교육과 고시제도",『서울대학교 법학』제23권 1호(1982)

4) Connie Palmen, *De Wetten(The Laws)*(Amsterdam: Protheus, 1993).

인 대학에 재학 중인 여자 대학생이다. 이 여대생의 눈을 통해서, 그리고 의식의 흐름(Stream of Consciousness)을 통해서 네덜란드의 어떤 중요한 대학의 강의실을 간접 체험 할 수 있게 된다.(여기서 화자는 여대생이다.)

"……소위, 널리 알려진 큰 학자라는 사람들이 … 조숙한 초등학교 아동같이 느껴지는 것은 … 그들의 학문(법학)이란 것이 외국 학자(법학자)의 것을 본문 뿐 아니라 각주 사항까지도 정확하게 한 자도 안 빼놓고 달달 외우듯이 인용하는 것에 모든 시간과 노력을 바치는 것을 보고나서이다. 나의 느낌으로는 너무나 외국의 권위에 열중하거나 사로잡혀서 그 자신의 얘기라고는 한마디도 할 것이 없는 것처럼 보였다. 그것은 마치 그 자신의 얘기나(그 사회의 이야기) 또는 너 자신의 사회와 국가에 대한 이야기를 강의시간에 하는 것이 금지된 것처럼 보일 정도였다."(Connie Palmen, 1993)

이 기록의 화자는 네덜란드의 대학 대형 강의실을 묘사하고 있다. 권위의존의 경향이 만들어지며, 외국을 이상화하는 경향이 많은,[5] 정확한 암기와 기억은 내세우나 창의성은 거의 나타나지 않는, 지난날의 전형적인 그러나 성공적인 대학 속물주의를 간결하게 그리고 있다. 네덜란드는 고대 로마 이후 강대국 즉 신성로마제국, 오스트리아-항가리제국 에스파냐, 프로이센, 대영제국, 프랑스의 틈새에서 자란 나라이다.

1.1에서의 세 가지 고백은 2009년 7월 현재 한국의 잘 알려진 대학의 법학교수로 활동하고 있는 분들의 비교적 드문 진솔한 표

---

5) 권위의존적 성격, 제노포비즘, 쇼비즘의 사회 심리학적 특징에 대하여는 김 철, "심층심리학과 법학 – 법 앞의 평등의 내실화를 위하여", 「사회이론」, 한국사회이론학회, 2001.

현이다. 이 고백을 읽고 나서 다음과 같이 한국에 널리 알려진 도이치 문학의 2차 대전 이후 거인이라고 할 수 있는 헤세의 노벨문학상 수상의 문장이 연상된다.

유리알 유희라는 것은 가상의 나라, 카스틸리엔에서 일반인들과는 따로 떨어진 격리된 신전 같은 곳에서 유리알 유희에 종사하는 특수한 직업인들이 음악과 음악의 법칙에 맞춘 유리알로 놀이의 법칙을 발전시키는 수도생활을 하는데서 나온 것이다. 이들의 작업은 정신의 왕국에 속하는 법칙을 연구한다고 생각되어지고 수도사와 같은 생활규칙 때문에 일반과 국가에 존중을 받으면서 보통의 시민들이 잘 이해할 수 없는 규칙과 법칙을 만들어내고 있었다. 이 헤세의 창작은 말하자면 세속 또는 시민생활과 동떨어진 어떤 학문세계를 상징하는 것으로 해석될 수 있다. 그런데 이 가상의 나라의 유리알 유희 전문 집단 중 명인으로 꼽히는 요제프 크네히트가 드디어 반전을 시작한 것이다.

1.3 유리알 유희 명인 요제프 크네히트의 편지

……상황을 비유로써 분명하게 말하면 이렇습니다. 어떤 사람이 다락방에서 치밀한 학문적인 일을 하고 있을 때, 집 아래쪽에서 틀림없이 화재가 일어난 것을 알았다고 합시다. 그는 그것이 자기의 직무냐 아니냐, 목록을 정리하는 편이 낫지 않느냐, 따위는 생각지도 않고 집을 구하려고 할 것입니다. 그와 마찬가지로 저는 카스틸리엔이라는 건축의 최상층에서 유리알 유희에 종사하고 있습니다. 주로 섬세하고 민감한 악기를 가지고 일을 하고 있습니다. 그러다가 본능적으로 이상한 냄새를 느낀 것입니다. 어딘가 아래층에서

불이 타오르고 있다는 것을, 유리 건물 전체가 위협을 받고 위험에 처해 있다는 것을 알았습니다. 그러니 이제 음악이나 유희의 법칙을 세밀하게 분석하고 있을 것이 아니라 연기가 나는 곳으로 뛰어가야 한다는 것을 알았습니다(헤르만 헤세, 2009: 303).[6]

2. 법치주의·법문화 그리고 시대정신

2.1 외국법과 권위의 문제

그래서 세 분의 한국의 대학 교수가 제기한 문제를 요약한다면 한국 법학을 힘들게 만드는 요소는 한국 법학 공부를 압도하고 있는 외국법의 문제와 또한 한국의 강단법학에 흐르고 있는 합리주의 정신이라기보다는 권위의 문제이다.

우선 한국 법학에, 더 적절하게 이야기하면 한국 법학 교과서에 스며들어 있는 외국법의 권위에 대해서 저자는 1장과 2장을 할애해서 개화기 이후에 한국에 통용되게 된 법치주의의 내용을 역사적으로 살펴보았다.

요약하면 개화기나 식민지 교육기나 제 2차 세계대전 이후 독립국가로서 헌법을 가지게 된 이후에도, 즉 권위주의 식민지 체제에서 세계적인 해빙기였던 1989년 동유럽 러시아 혁명의 분수령까지 그리고 한국의 민주화와 자유화의 시기를 경유해서도 변하지 않는 법치주의의 원형이 있다는 것을 알게 되었다. 이 원형은 백년 이상 계속된 한국 근대 법학의 시기 동안 되풀이해서 학습 되었다고 추

---

6) Herman Hesse, *Das Glasperlenspiel,* 박환덕 역, 유리알 유희, p.303(서울: 범우사, 2009)

적할 수 있다. 그리고 이 원형의 시작은 흔히 짐작하는 대로 한국의 대학에서 본격적으로 법학 교육을 시작한 이후에 심어진 원형이라고 생각된다. 그리고 1910년대부터 교육되고 학습된 당시 법치주의의 원형은 놀랍게도 식민지를 거쳐서 승전국의 지원으로 독립국가로 다시 출발한 이후에도 변하지 않았다는 사실이다. 외형적으로는 자유화와 민주화에 의해서 한국의 법치주의는 서양법의 전통에서의 보편주의에 합류하는 것으로 되어있다. 그러나 정치적, 명목적 모습은 보다 심층적인 문화에서 보여주는 모습과는 달라진다. 한국에서 한번 권위에 뿌리를 내린 어떤 특정한 외국법의 권위는 시대가 달라져도 모습이 변하지 않고 오히려 재생산되는 경향이 있어왔다. 이 경향은 최근 한국 학자들의 이론적 접근보다는 보다 더 긴 눈으로 본 인류학적 접근 또는 심층, 심리학적 접근에 의해서만 밝혀질 수 있다(김 철, 2001).

2.2 해방 이후의 법학이 계속 참조한 전쟁 이전의 법치국가의 개념 (서 원우, 1987[7]: 273 - 289)

……결론적으로 말해서 우리 나라의 행정법의 이론과 그것을 토대로 하는 행정법 제도는 미국법의 영향이 미치기 이전에 근 반 세기에 걸친 일제 식민정치의 지배 이론 내지 수단으로써 이미 확고한 기반이 구축된 바 있었으며, 그러한 고도로 체계화된 권력지향적인 전통적인 행정법 이론은 해방 후 30여년 간의 꾸준한 민주화 작업, 근대화 작업이 시도되었음에도 불구하고 우리나라가 놓여 있는

---

7) 서 원우, "헌법이념과 행정법 - 법의 지배 원칙과 법치주의 원칙을 중심으로 -", 한국 공법학회 편,『한국에서 미국헌법의 영향과 교훈 - 미국헌법제정 200주년 기념논문집 -』 (서울: 대학출판사, 1987)

여러 가지 정치적·사회적·경제적 특수 여건으로 말미암아 상금 다분히 구태의연한 상황을 면치 못하고 있다(서 원우, 1987: 274).

······ 그런데 우리 나라에서는 「법의 지배」원칙을 전통적인 「법치주의」원리와 구별되는 관념으로 보고 전자가 보다 바람직하다는 견지에서; 이른바 「법치행정」의 원리를 그 기반으로 하여 오던 우리 나라의 전통적 행정법 등을 비판하는 식의 논의가 극히 최근까지도 있어 왔던 것이 실정이 아닌가 생각된다. 이 경우 거기서 말하는 「법치행정」이라 함은 특히 O. Mayer를 대표로 하는 독일 행정법 학자가 확립해 온 「법률에 의한 행정의 원리」(Gesetzmäßigkeit der Verwaltung)를 중심으로 하는 일정한 법치국가론을 의미하였으며 「법의 지배」는 특히 A. V. Dicey의 이름에 의해 대표되어 영미 양국에 있어서 기본적 법원칙으로 되고, 또한 Rule of Law의 원칙을 가리키는 것을 의미하였음은 주지하는 바와 같다. 즉, 거기에서는 영미법의 원리에 의하여 전통적인 독일법의 원리를 단죄하고 나아가서는 후자에 그 본을 따른 우리 나라의 전통적 행정법 원리론을 비판한다고 하는 실천적인 법해석론이 지배적인 것이었다. 그리하여 이러한 동향이 전통적인 공법 · 사법 이원론, 행정행위론에 대한 비판, 행정절차 법리의 확대 추진 등등의 형태로 구현화하고 있다고 할 수 있다(서 원우, 1987: 275 - 276).

······ 현대의 서독에 있어서 미국의 공법과의 대비에 있어서 아직도 독일의 전통적 「법치국」원리를 이상에서 보는 바와 같이 재확인하고 있다는 사실의 의의를 우리들은 어떻게 이해할 것인가에 대해서는 여러 가지 견해가 있을 수 있다. 예컨대, 여기에 독일인의 변함없는 공권력 지향, 국가주의 지향을 엿볼 수 있는 것도 그 한도 내에서는 잘못된 인식은 아닐 것이다. 흔히 전통적인 독일형 법치국

가론의 대표로서 인용되고 있는 R. Gneist의 저서 『법치국』 속에 있
는 다음과 같은 서술은 1세기가 지난 오늘날의 법치국론과 그 기본
적인 점에서 상당히 공통성이 있음을 알 수 있어 우리를 놀라게 한
다. "어쨌든 일반적인 것의 이해가 개별적인 것에 선행하여 왔던 독
일에 있어서는 우리들의 법철학은 고도의 가치를 유지하고 있다. 우
리의 일반 국법(Allgemeneines Staatsrecht)은 지난날의 영광스러운
기념비이며 또한 장래에의 사상적 유산이다. 즉, 자립한 국가 권력
이 인간의 외적 전 생활을 그 소유 관계, 영업 관계 그리고 직업 관
계에 대하여 정확한 규범에 의하여 규율함으로써 국가 활동은 약한
계층의 권리보호와 조성을 그 과제로 하며 - 이러한 외적 질서는 강
제될 수 있는 것이지 아니면 아니 되며 - 또한, 법률 및 공권력에
대한 복종이라고 하는 것이 시민적 자유의 제 1 조건인 것이다
(Rudolf Gneist und die Verwaltungsgerichte in Deutshland, e. Aufl.,
S. 34)"(서 원우, 1987: 288 - 289)

2.3 개화기 이후의 한국 법문화와 시대 정신

한국 개화기 이후의 법치주의 문제는 일단 대범하게 이전의 한
자문명권이나 유교문명권에서 만들어진 것이 아닌 즉, 서양문화에
서 오랜 기간 동안 형성되고 성숙된 어떤 큰 흐름으로서의 서양법
전통을 새롭게 받아들인다는 것의 문제였다. 이것은 쉽게 생각하면
구한말에 한국인들이 받아들일 수밖에 없었던 신식 의료기관인 서
양식 의학이나 또한 교육제도에 있어서 서양식 공립교육과 대학교
육의 수용과 같은 맥락으로 보아야 한다. 그럼에도 불구하고 한국
법학의 어려움은 어디에서 오는 것일까? 어차피 외국법을 계수하는

긴 과정이 지난 시절의 개화요, 근대화요, 제 2차 세계 대전 이후
헌법 상의 기본 가치의 수용 이였다면, 무엇이 문제였다는 것인가?

　우선 대역사 이론에서 볼 때 2차 대전 이전과 이후의 문명세계
의 문화는 크게 이전의 전체주의적이며 권위주의적인 문명이 반
전체주의이며 탈 권위주의적인 방향으로 즉, 자유주의적인 방향으
로 나아갔다는 것을 대전제로 하지 않으면 안된다. 한국의 외국법
수용의 역사도 명백히 권위주의 법문화이냐 탈권위주의 법문화이
냐 또는 자유주의 법문화이냐라는 분명한 시대적 가치로 판단하지
않으면 안된다. 한국에서의 법학 공부의 실상에 대한 세 가지 고백
에서 예로 든 현대 한국 대학에 있어서의 한국 법의 학습의 어려움
이 단지 외국법의 계수라는 문제가 아니라 외국법 중에서도 권위
주의 시대의 외국법을 답습하고 있거나 한국법을 학습하거나 교육
할 때에도 권위주의적 방식에 의해서 해왔다는 것을 묵시적으로
전제하고 있다. 내용과 방식에 있어서 다 같이 권위주의 시대의 법
학을 벗어나지 못하고 있다는 얘기이다. 이것을 다른 말로 한다면
2차 세계대전 이후 문명국의 보편적 원리가 된 자유주의적 문화의
방식이 한국의 법학교육에 있어서는 기이하게도 발을 붙이기가 힘
들었다는 얘기이다. 또 다른 말로 한다면 외국법 중에서도 시대 정
신에 합치하는 보편주의적 법 원리 보다는 이미 과거에 속하는 그
리고 2차 대전에 의해서 거부당한 특수한 지역적 법치주의가 1948
년 제헌 헌법에 의해서 자유민주주의를 기본으로 하는 법체계가
출발하고 나서도 여전히 역사적 유산으로 남아있을 뿐만 아니라
그 영향력을 계속 끊임없이 발휘하였다는 얘기가 된다. 명목은 자
유주의이고 실질은 권위주의로 일관했다는 것이다. 명목과 실질이
분리되고 형식과 내용이 분리되는 이분법이 한국의 법문화에 계속

되었다는 얘기가 된다. 무엇이 한국의 2차 대전 후의 약 50년간을 그 법치주의의 형태와 언어에서 1910년대에 시작된 특수한 지역적 국가적 법치주의의 언어를 지속적으로 사용하게 했는가 라는 의문이 있을 수 있다(김 철, 1993[8]: 12).

2.4 2차 대전 이후에 시도되었던 권위 의존적 인간형에 대한 연구

신성로마제국 이후 중세 유럽의 주된 세력 중의 하나였던 자랑스러운 게르만 민족의 제3 제국은 1930년대 세계 대공황의 절정기에 성립해서 1945년 연합군에 의해서 패배하기까지 역사상 전례 없는 병리적 국가가 되었다. 하인리히 하이네의 나라, 괴테의 나라, 그리고 모차르트와 베토벤의 활동 영역이었던 이 문화 민족의 국가가, 인간의 역사에 있어서 구약의 주인공이었으며 예수의 선조였던 유대 민족을 600만이나 그것도 살인의 신속성을 위해서 역사상 가장 효율적인 살인 공장을, 당대의 가장 뛰어난 과학 기술과 관리 기술을 써서 유럽 대륙의 중심부에 운영하였던 것이다. 2차 대전 이후 국제적인 연구 조직과 도이치란트 내부의 반성적인 학자들, 그리고 국제적인 대학 관계자들의 가장 중요한 작업이 다음과 같은 의문에서 출발하였다. 왜 어째서 도이치 제3 제국에서는 그와 같은 뛰어난 역사에도 불구하고 그런 일이 생겼으며 왜 어째서 대부분의 도이치란트 국민들은 침묵하거나 방관하거나 순종하였는가?(김 철, 2001[9]: 74 - 75) 이러한 근본적인 문제의식을 밑바닥에

---

8) 김 철, 사간본, "보편과 특수의 문제 - 법제도의 보편성과 특수성에 관하여 - ", 『법제도의 보편성과 특수성』(서울: Myko Int'l. Ltd., 1993)

9) 김 철, "사회적 차별의 심층 심리학적 접근 - 법 앞의 평등의 내실을 위하여 - ", 한국사회이론학회, 『사회이론』2001년 가을/겨울 통권 제20호, 같은 글, 『한국 법학의 철학적 기초 - 역사적, 경제적, 사회 · 문화적 접근 - 』(서울: 한국학술정보, 2007ㄱ)

깔고 버클리 대학의 여론 연구소와 프랑크푸르트 대학의 사회조사 연구소가 공동으로 여러 학문 분과를 학제적으로 접근하여 제각기 다른 연구 방법을 통합하는 노력을 행하였다. 버클리 여론 조사 연구는 사회 심리학의 관점에서 편견의 조사에 종사했으며, 마침내 뚜렷한 사회적 편견과 어떤 인격적 특징 간의 상관관계를 발견하였다. 이 인격적 특징은 예를 들면, 불관용과 같은 비합리적으로 비관적인 태도에서 나타나는 바대로 파괴적이며 니힐리스틱한 성격을 가지고 있었다. 프랑크푸르트 대학의 사회조사연구소는 이론적이며 방법론적인 원칙을 개발하는데 헌신하였다. 4년 뒤 양 대학의 대표자들은 다음과 같은 역사적 업적을 내놓기 이르렀다. 막스 호르크하이머가 편집한 "편견에 대한 연구" 시리즈가 그 업적 중의 하나인데, 그 첫 번째 연구가 아도르노 등에 의해서 수행된 권위주의적 인간형(The Authoriarian Personality)이었다(T. W. Adorno et el, 1950).

"중심적인 발견은 권위주의적 유형(權威主義的 類型)의 인간이라는 새로운 인류학적 종(種)이 나타났다는 것이다. 어떤 종류의 사람인가? 생각과 기술에 있어서의 고도 산업사회의 특징과 비 합리적이고 반 이성적인 믿음과 신조를 함께 공유하는 인간이다. 다음과 같은 전혀 상반되는 특징을 동시에 가지고 있다는 점에서 전례 없는 인간형이다. 즉 근대 이후의 지식에 의해서 계몽되었으면서 동시에 미신적이다. 개인주의자임을 자랑스러워하면서도 동시에 항상 모든 다른 사람들과 같지 않음을 두려워하고 있다. 독립 못해서 안달하면서도 동시에 권력과 권위에 맹목적으로 복종한다. 우리의 연구는 사회심리학적 방법으로 이 문제에 접근하고자 한다."(Max Horkheimer, 1950)

이런 설명보다 더 명료한 권위주의적 인간형의 특징은 어디에서 나타나는가? 아도르노와 브른스윅(두 사람은 프랑크푸르트 대학 소속) 그리고 르빈슨과 샌포드(두 사람은 버클리 대학의 여론 조사 연구소 소속)들은 특정 종족이라 다른 소수민족에 대해서 적개심을 가지는 경우 그 적개심을 측정하는 스케일을 개발하고 그 스케일을 E 스케일이라고 불렀다(E 스케일이라는 것은 종족 중심주의 - Ethnocentrism - 를 재는 스케일이라고 명명된 것이다). 그들은 또한 내집단(ingroup)과 외집단(outgroup)을 극단적으로 구별하려는 태도(polarization), 윤리적 문제에 대해서 경직되며 극단적으로 분리해서 판단하는 태도, 그리고 권위에 대한 의심 없는 지지의 태도와 같은 것을 측정하는 스케일을 개발했다. 이 스케일을 F 스케일이라고 불렀는데, 이 F는 파시즘(Fascism)에서 따온 것이다.

이들이 개발한 두 가지 스케일, 즉 E 스케일과 F 스케일은 높은 정도로 상관관계가 있다는 것을 발견하였다. F 스케일은 쉽게 쓸 수가 있고 또한 다른 변수들과 높은 정도로 상관 관계가 있는데 현대 사회과학에서 가장 널리 쓰여지는 태도 측정 방식이 되었다(Ithiel De Sola Pool, 1973: 790)[10].

1950년에 발표된 아도르노, 프룬스윈, 르빈슨, 샌포드의 "권위주의적 인간형"의 실증적 조사연구와 같은 맥락일 수가 있다. 그들의 연구의 특징은 사회 철학적인 경향이 아니고 실지 조사를 행한 데 있다. 예를 들면 그는 이 주제에 맞는 문항을 만들고 이 주제와 관련 있는 태도를 측정하기 위해서 사회조사 때 흔히 행하는 질문지를 사용하였다. 조사 대상인 그룹으로는 예를 들어서 1945년 1월

---

10) Ithiel De Sola Pool, *Handbook of Communication*(Chicago: Rand McNally College Publishing Company, 1973), chapter 25 Public Opinion 790쪽.

부터 5월까지 캘리포니아 대학 성인교육반 여자 140명, 남자 52명 또한 같은 대학 통신교육 심리학 클래스 성인 여자 40명, 그리고 전문직을 가진 여자 즉 공립학교 교사, 사회사업가, 공공보건에 종사하는 간호원들 63명 등 총 295명에 대해서 사회조사를 실시하였으며 1945년 여름에 다른 질문지(Form 60)에 의해서 오레건 대학 여학생 47명 그리고 오레건 대학과 캘리포니아 대학 여학생 54명 그리고 오레건 대학과 캘리포니아 대학 남학생 57명, 그리고 오레건 주의 사회봉사클럽 예를 들어 라이온즈 클럽, 로터리 클럽의 남자 68명, 그리고 또 다른 오레건 사회 봉사클럽 남자 60명 합계 286명에게 사회조사를 행한 것이다. 이와 같은 방식으로 총 2099 명에게로부터 질문지를 회수하여 분석하였다. 지역, 직업, 계층, 성별 등 이 지면에서 일일이 밝힐 필요가 없는 사회조사의 기법을 통해서 권위주의적 인간형과 관계있는 여러 문제에 대한 태도 분석을 행하였다(T. W. Adorno et. el, 1950: 21~22).

2.5 전통 한국의 법 문화와 권위 의존적 문화형

무엇이 한국의 2차 대전 후의 약 50년간을 그 법치주의의 형태와 언어에서 1910년대에 논의된 특수한 지역적 국가적 법치주의의 언어를 차용하게 했는가.

국가체계와 사회체계에 대한 지금까지의 공식적인 법학언어로는 설명될 수 없는 면이 있다. 우선 들 수 있는 것은 다음과 같다(김철, 1993: 11~12).

① 조선시대의 사회의 성격과 국가의 성격.(김평우, 2006) (김 철, 2007ㄱ)

② 사회적 기풍에 있어서 조선 - 대한제국 - 일본제국 - 대한민국
  의 기초사회의 특징으로써의 법문화와 권위주의적 문화형의
  공통점은 어디에서 찾아지는가.
  권위주의적 문화형이 초래한 심리학적으로 특화된 의미에서
  권위주의적 성격(T. W. Adorno et. el, 1950)이라는 사회심리
  학적 성과에서 기대할 수 있다.
③ 한자문명권의 특징으로서 귀족주의적 문인계급이 통치하는
  사람에 의한 지배 - 인치(人治, Rule of man)의 전통 중 부
  정적인 면을 들 수 있다. 이 책 5부에서 다루고 있다.
④ 유교 문명권의 기본적 특징으로서, 유럽의 중세와 대조되는 지
  상의 권력과 천상의 정신적 권위와의 미 분리(Chull Kim,
  1993)[11]. 이 책 5부에서 다루고 있다.
⑤ 무엇보다도, 식민지의 유산(legacy of colonialism)으로 요약할
  수 있는 군국 일본에 의한 도구적 법치주의의 강요(Chull Kim,
  1991).[12] 이 책 5부에서 다루고 있다.

3. 파라다임의 전환

3.1 과학발전에 있어서의 정통과 주류에 대한 새로운 지식의 역할

현대의 법학이 지향하는 바는 법에 대한 넓은 의미의 과학일 것

---

11) Chull Kim "Religion & Law in East-Asian Culture of Chinese Confucian Infleunce",
    Presentation Paper for Korean Catholic Academy of Social Sciences, Sogang University
    Oct. 23, 1993, Seoul.

12) Chull Kim, "Legacy of Colonialism － A Historical Perspective on Legal Education in
    Korean Universities",*History Thought & Law*(Seoul: Myco Int'l Ltd., 1994 Privater Druck).

이다. 따라서 과학사와 지성사에 대한 모든 역사가 법학에 해당된
다. 한국 법학에서 대부분의 종사자는 자신이 그 시대의 정통이며
주류에 속한다고 처신해왔다. 당연히 한 시대의 주류와 정통에서
다소 떨어진 논의는 소수에 속하는 것으로, 정치적 소수자와 같은
것으로 몰아 온지도 모르겠다. 과학사에 있어서의 파라다임의 전환
은 가장 먼저 자연과 우주에 대한 지식에서 일어났다. 지난 시대의
사회과학과 법학도의 태도는 과학사에 있어서의 파라다임의 전환
은 자신들과 관계없고 자신들의 영역을 특수한 담장에 의해서 격
리되어 왔다고 주장해 왔다. 정신과학의 독자성을 주장하는 지난날
의 태도는 이미 20세기에서 더 이상 지속될 수 없음이 밝혀졌다.[13]
오히려 학문 중 가장 파라다임의 변화가 현저하게 느껴지는 자연
과학의 최근의 상황을 들어보기로 하자. 그것도 우리 이웃의 일본
인 학자의 얘기를 들어보기로 하자.

"……시대를 뒤흔든 연구들은 당대의 주류에서 벗어난, 평균인
과 정통을 주장하는 사람에게는 일견 이단적으로 보이는 사고 방
식에서 출발했습니다. 그런 점에서 한·일 두 나라의 과학자들은
지나치게 체제 순응적인 관점에서 벗어나지 못하는 것이 큰 문제
입니다." 일본 최대 연구소인 이화학연구소(RIKEN·리켄) 소장이
자 2001년 노벨화학상 수상자인 노요리 료지(野依良治·71)박사는

---

13) "정신과학의 전통은 아직도 구대륙에 기원을 두고 있는 어떤 사회과학, 어떤 국법학에
    영향을 미치고 있다. 요약한다면 그 밑에 흐르는 것은 관념론 철학의 영향이다. 사회과
    학과 법학을 그 방법에 있어서 인간의 순수한 사유형식에만 의하려 할 때 현대의 산업
    사회에 있어서의 사회과학과 법학은 한 쪽 방향만으로 달리는 무리를 범하게 된다."
    김 철, "서론",『한국법학의 철학적 기초 - 역사적, 경제적, 사회 문화적 접근』(서울:
    한국학술정보(주), 2007). 또한 김 철, "제 3장, 경제사와 법은 서로 어떤 영향을 미치
    는가 - 세계경제사, 보편주의적으로 바라본 시점",『경제 위기 때의 법학』(서울: 한국
    학술정보(주), 2009).

한·일 두 나라 과학계에 공통적으로 내재된 약점을 이렇게 정리했다. … "과학계의 다수가 좇는 유행에서는 독창적인 연구가 진행될 리 없다"며 "나에게 노벨상을 안겨 준 연구 역시 주위의 반대가 심해 아예 시작을 하기 힘들 정도였다"고 말했다. … 노요리 박사는 "(기존의)법, (과거의)관습, (오래되어서)당연해진 제도권 교육과 과감하게 결별할 수 있는 전위적이고 이단적인 사고방식을 장려하는 과학계의 풍토가 필요하다"면서 "(학문)사회에서 전반적으로 (진취적이고 새로운 의견을 가진)소수자의 목소리를 소중하게 여기는 풍토가 과학의 발전을 지원하는 것"이라고 말했다. … 과학자에 대한 평가에 대해서도 "주류의 흐름만을 보여 주는 논문 발표나 인용 횟수에만 전적으로 의존하는 현재의 평가 방법은 매우 부적합하다."(조선일보, "과학 발전? 이단적인 사고 방식 존중해야 - 2001년 노벨화학상 수상한 日 노요리 박사", 2009년 1월 13일)

3.2 현대 미술의 비유와 한국 최현대 법학의 상황

어느 휴일, 서재의 책 사이에서 잠깐 졸다가 백일몽 속에서 환시를 본다. 비엔나 국립미술관 소장의 고야와 벨라스케스의 원화들이 걸려 있는 오스트리아-헝가리 제국(1809-1918)의 요제프 대공의 화랑이다. 합스부르크 왕가의 존엄성을 나타내는 왕립 예술의 화랑에 설치된 유리 쇼 케이스 안에 어느 한국의 법률가가 임금님의 목침 베개 같다고 칭찬한 바 있는, 최고급 양장을 입은 두터운 한국산 법학 교과서들이 진열되어 있다. 씬이 곧 바뀌고 - 꿈이니까 - 프로이센-프랑스 전쟁(1871) 때의 네덜란드 상점에 인상주의 화가 끌로드 모네가 일본 화가의 목판 판화가 찍힌 포장지를 유심히 보고 있다. 꿈속에서 생각하기를 흄, 인상주의 화가들은 미술을 도그마에 대한 의존에서부터 해방하려 하였다. 가로되, "그들은 생각 속의 대상이 아니라, 그들은 당위 속의 대상이 아니라... 그들은 존재하는 것을 본대로 그리려고 하였다." 관념으로부터의 이 탈피로부터 20세기 이후 현대 미술과 그 다양한 모험이 나타났었다. 아마 그랬을 테지.(김평우, 2008)

"……현대 미술에의 출구가 세기의 전환기에 인상파 화가들이 시도했던 종전의 도그마로부터의 벗어남이었던 것처럼,[14] 필자에게는 한국 현대 법학의 미래는 오랫동안 권위를 가져온 강단 법학과 교과서 법학의 합리적 극복에 달려 있는 것처럼 느껴진다."(김 평우, 2008)[15]

그러한 맥락에서 이 책에서 전개되는 본격적인 학술 작품 전시회는 간과 될 수도 있고, 주목 될 수도 있다. 스케치, 작은 소품들과 큰 전망의 대작이 섞여져 있다. 저자의 화풍 즉, 사물을 보는 방식이 다른 것을 주의해야 한다. 한국의 법학을 대상으로 하면서도 이전 한국의 강단 법학이 사물을 고정된 모습으로 파악하는 것에 대해서, 시대정신(Zeit – geist)[16]이라는 사물을 비추는 빛에 초점을 두고 있다. 실로 인상주의 화가들이 현대 미술의 기수가 될 수 있었던 것은 오브제 그 자체가 아니라 그 위에 내려 쬐고 있는 빛의 연구와 표현이었던 것처럼, 당연히 저자는 최근까지 한국의 법

---

14) 미술사에서 나타나는 대로 프랑스 인상파의 대두는 지금 우리가 볼 때는 이해할 수 없을 정도로 힘든 과정을 겪었다. 마네를 맏형으로 하는 인상파의 화가들은 그들의 그림이 프랑스 정부의 공식 전람회에 전시되는 것 조차도 처음에는 불가능 했고, 시간이 걸렸다. 기성 비평가와 제도권내의 기성화가들은 좀처럼 이들을 인정하려고 하지 않았다.

15) 김 평우, 서평, "한국 법학의 미래", 『대한변협신문』 제 227호, 2008년 6월 30일 월요일

16) 시대정신에 대해서는 이 책, 제3부 최현대의 경제공법 사상에서 집중적으로 논의하고 있다.

학이 검토하지 않고 받아들였던 "대륙법 전통"과 "순수 법학"이 세계사적으로 어느 시대정신의 발현이었던가를 비교 법제사적으로 조망한다. 이 작업은 프로이센, 프랑스, 튜더와 스튜어트 영국의 법제사, 더 나아가서 러시아와 동 유럽의 법제사를 비교하는 것으로 굉장한 시간을 요한다. 1989년 저자는 "러시아 소비에트 법 – 비교법 문화론적 연구", 1992년 "종교와 제도 – 문명과 역사적 법 이론"을 출간하고, 약 15년간 학회 활동과 그의 방법론에 의한 법학 교육에 몰두하여 연구 성과의 종합적 발표는 연기되어 왔다.

1993년 저자는 도이치 학자들이 공간(公刊) 이전에 쓰는 방법인 작은 사간본(Privater Druck, Private printing)을 인쇄하여(한국일보 학술란 1994.1.22(문화면 17면 보도)) 두 개의 대학원 강의에서 써 보고 더 연구를 계속시켰다. 그 때의 주제의 제목은 "한국 강단 법학의 특수성의 문제"로 표현했으나 내적 동기는 "한국 법학의 반성"이었다. 1999년에 저자는 다시 사간본의 논문집을 만들지 않을 수 없었는데 그 제목이 『한국 법학의 반성』이었다. 2007년에 저자는 1992년의 사간본을 기본으로 드디어 『법제도의 보편성과 특수성』의 제목으로 오로지 교육용의 책을 발간하였다.(2009년 현재는 절판되었음) 두 개의 사간본과 한 개의 간행물이 드디어 한권의 책으로서 나타나게 된 것이다. 이렇게 따진다면 이 책의 주제는 사간본이라는 증거가 남아있는 한 1993년 이후 16년 이상 걸린 셈이다. 그 16년 동안 인류의 현대사에서, 세계 제 1차 대전, 세계 제 2차 대전과 함께 역사의 큰 매듭으로 카운트되는 동유럽 러시아 혁명이(1989) 만개하고 중국의 개방화, 한국의 자유화 · 민주화도 급속도로 진행되었다. 저자는 러시아와 중국의 체제 변환이 실증적으로 어떻게 진행되는가를 스케치하고 있고, 체코와 러시아의 체제

변환을 비교하는 드문 연구를 하고 있다. 이 모든 시간 걸리고 생색나지 않는 연구의 궁극적 도달점은 놀랍게도 전통 한국 법학의 위치와 세계 법학에서의 위상(topology)이다. 모든 각론 뒤에 쓰여진 총론 부분인 맨 앞의 논문은 1997년의 초안을 이후 사간본의 형태에서 발전시키고 수정하다가 마침내 발표한 것이다.

가장 쉽게 이 책의 내용을 요약한다면 다음과 같다. "도대체 한국인들은 그 동안 법 공부를 어떻게 했을까." 이 내용은 동시에 "우리는 그 동안 무엇을 법학이라 하고 공부해 왔을까"이다.

제1부

한국법학의 반성

1910, 1920년대 이후의 한국법학의 관행이 현대적
상황에서 어떤 세계사적 맥락을 참조해야 되는가

제1장 우리는 어떤 법학을 해왔는가?

제2장 서양법 전통의 방법이원론의 역사와 방법이원론이
      한국 근현대 법학에 미친 영향

제3장 서양법 전통에 있어서의 실정법과 자연법의 관계

제1부의 동기

세계사의 진행에서 법학의 근대성과 법학의 현대성의 문제가 한
국에서 제대로 논의되어 왔던가?

　법학에서의 예언적·묵시록적 역할은 지금까지와 현재 영위되고
있는 것의 실상을 적나라하게 드러내고 성찰하며 반성하지 않으면
안 된다. 지은이는 한국법학의 과거와 현재에 대한 평가를 법제도의
보편성과 특수성의 문제로 파악하여 왔다. 세계사의 진행에서 법학
의 근대성과 법학의 현대성의 문제가 한국에서 제대로 논의되지 않
았음을 밝혀 왔다. 최근 법조계와 정부 그리고 법학계를 구성하고
있는 사람들의 전문적·직업적 오리엔테이션을 그들의 지식과 경험
에서 분석할 때 어떤 시대의 교육과 가치관 ― 그리고 이윽고 그들
의 법의식과 법 훈련의 시대성 ― 을 만날 수밖에 없다. 우리에게
영향을 준 어떤 경향의 법학과 법학에 대한 태도와 가치를 이제는
냉정하게 거리를 두고 객관적으로 비교하고 평가할 때가 온 것이다
(김철, 한국법학의 철학적 기초, 2007ㄱ). 개화기를 이어서 식민지
법학교육 이후 한국법학의 기본적 문화를 결정한 것은, 반성하건대
소급해서 조선조 500년의 법문화를 특징 지운 것과 닮은 점이 있다
(김철, 2007ㄱ). 이때 문화라고 한 것은 사고방식(how to think it)을
가리킨다. 주자학과 성리학의 세계는 2007년까지의 한국법학의 입
장에서 볼 때 근대 대륙의 관념론의 세계와 공통점이 많다(김철, 법
률 사상사 강의, 2007C). 조선 후기의 실학자들은 주자학의 전통에
서 벗어나고 싶어 했다(김철, 지식의 한계와 시대, 2007C).
　약간의 비약을 감수하고 논의한다면 20세기 한국에서 유례없이

오래 계속된 권위주의적 지배의 시대의 문화는 조선조 후기까지의 주자학의 시대와 닮은점이 있다고 할 수 있고 조선조에 한국의 규범이 주자학에 집착한 것과 같이 한국의 권위주의 시대에 법학자들은 관념론 철학에 집착하였다. 당연히 조선조 후기에 이르기까지 한국의 정통 유학이 세계사의 흐름을 전혀 무시한 것처럼 한국 현대의 권위주의적 지배기간 동안 한국의 전통적 법학은 세계사의 제2차 세계대전 이후의 시대정신과 1989년의 동유럽－러시아 혁명까지도 처음에는 눈감을 만큼 맹목적이 되어 갔다(김철, 한국법학의 철학적 기초, 2007ㄱ: 서문).

제1장 우리는 어떤 법학을 해왔는가?

1. 들어가는 말

한국법학계에 외국법을 공부한 학자들이 늘고 있다. 전통적으로 이론적인 배경을 제공한 프로이센과 도이치 그리고 흔히 이야기하는 대로 같은 대륙법계에 속하는 프랑스에서 본격적으로 다년간 공부한 분들, 학자로서 인정받은 분들뿐만 아니라 종전에는 비교적 희소했던 영미권 출신의 학자와 실무가도 늘어나고 있다. 이제는 몇 사람의 개척적인 소개자가 외국 이론의 대강을 극히 개괄적으로 설명하는 단계는 지나서 각 분과법에서 상당히 정밀한 부분까지 공부한 분들이 심도 있게 외국법을 소개하고 있다.

극히 단순한 에피소드로 시작해 보기로 한다. 우리가 가난했던 시절, 잘사는 집에 대한 호기심이 대단했다. 어느 집에는 우리 집에 없는 가재도구가 있고 그 집 식구들은 우리들이 지키지 않는 법도를 지키며, 질서 있게 행동하는 경우가 있었다. 또 더 큰 어느 집은 물질적으로뿐만 아니라 자손들의 번영도 대단해서 하는 일마다 잘 뻗어 나간 것을 본 적도 있다. 큰 집, 작은 집, 이름 있는 집, 부잣집, 관록이 많은 집, 학문이 많은 집 모두가 선망의 대상이 되었다. 어떻게 다른 집들은 그렇게 잘살까? 하는 일마다 잘될까? 법도가 높을까? 명성이 높을까? 날마다 가난한 집에서는 다른 집의 좋은 점을 칭찬하고 무엇인가 배우려 애썼다.

이것은 비유이다. 한국은 가난한 집으로서 선진국의 큰 집을 선 망했고, 무엇이든 선진국의 것이라면 빨리 들여와서 그들처럼 번영 하면서 살기를 원했다. 아마도 전 세계적으로 한국의 학자만큼 외 국법에 대한 탐구열이 높은 경우도 없을 것이다. 21세기로 넘어온 현시점에서 이제 다시 음미해야 할 것은 그동안 정신없이 들여오 고 모방했던 수십 년간을 정리해야 될 단계에 이르렀다는 것이다. 가난한 집의 자식들이 저마다 외지로 나가 보다 잘사는 집들의 자 식들을 모방하고 그들의 법도를 배워서 돌아왔다. 첫째, 아들은 언 덕 너머 대갓집의 법도가 가장 좋다고 한다. 둘째, 아들은 개울 건 너 양반집의 질서가 가장 좋다고 한다. 셋째, 아들은 장거리의 부 잣집의 물산이 가장 좋다고 한다. 넷째, 아들은 보다 현실적이어서 그런 집들은 모두 우리 집과는 너무 거리가 있고 그저 재 너머에 있는 친척아저씨의 집이 좋다고 한다.

이것은 썩 좋은 비유는 아니다. 특히 개인의 가계와 나라의 경영 을 평면적으로 비유했다는 점에서 그렇다. 그러나 이 비유는 가르 치는 점이 있다. 모든 아들은 자신의 경험한 한도 내에서 자신의 인식 범위 내에서 최선의 법도를 배웠으나 이 여러 아들이 있는 가 계는 앞으로 어떻게 되겠는가?

학문의 발전에 따라서 물론 법학도 분화를 거듭한다. 그러나 아무리 심오·정치한 법학의 어떤 분과도 법학 밖에서 본다면 필경은 한국법 학의 한 부분밖에 되지 못한다. 어느 나라의 법학도 어느 특정한 분과 만 독립해서 다른 분과와 관계없이 따로 고도로 발전한 예는 없다.

두 가지 문제를 제기하였다. 한국법에 있어서 외국법의 문제 그리고 분과법의 법학 전체와의 관계 이 두 가지 문제를 논의하기 위해서 잠정적으로 문화라는 개념을 쓰기로 한다. 왜냐하면 한국법은 어떤 경우에도 한국문명과 한국문화의 일부분이며 한국법학은 역시 어떤 경우에도 한국의 문명과 문화현상의 일부분이기 때문이다. 이런 논의에서는 조심성이 필요하다. 우선 한국문화라고 할 때 그 사전적 의미는 미래형이라기보다는 전통형을 지칭하는 경우가 많고 열린 시대를 가리키기보다는 닫힌 지난 시대를 가리키기가 쉽기 때문이다. 또한 한국법이라 할 때 개화기 이후 격동의 시기 동안 우리가 힘들여 배워 왔던 전 과정을 포괄하기보다는 열린 법체계와 대비되는 오히려 외따로 떨어진 닫힌 법체계를 연상하기 쉽기 때문이다. 이유는 개화기 이후 우리나라 법학의 역사는 외국법 수용 내지 모방의 역사였기 때문이다. 그럼에도 불구하고 2천 년을 수년 앞둔 현재에서 이와 같은 논의를 할 수밖에 없는 것은 문명과 문화의 원심력이 지나치게 세어졌을 때 해체의 우려가 있고 따라서 구심력의 문제가 생기지 않을 수 없기 때문이다. 우리나라 개화기가 밝은 계몽의 시기가 되지 못한 것은 다른 식으로 고찰할 수 있겠으나 극히 단순하게 원심력과 구심력의 균형이 깨어진 결과라고 얘기할 수 없을 것인가?

2. 한국법에 있어서의 외국법학의 문제

2.1. 개화기의 외국제도

우리나라에서 외국의 제도를 도입(최종고, 1982)하기 시작한 것은 병인, 신미양요를 거쳐 강화도 조약 때부터라고 하겠다. 개화기

의 시작에서는 이때부터 의식적으로 다른 나라의 문물과 제도를
배워야 한다는 개화파가 나타났다(이광린, 1974). 일본 배경의 개화
파, 청나라 배경의 개화파, 러시아 배경의 개화파, 일찍부터 아메리
카의 앵글로-색슨 제도까지 간 개화파로 기록되어 있다. 역사적으
로 우리나라의 개화에 직접 영향을 끼친 나라는 일본이다(김철,
2007b: 89~100). 가깝고 정치적 영향이 컸으므로 일본을 통해 개
화가 이루어졌다. 일본 개화기는 프로이센계, 네덜란드계, 그리고
브리튼계의 제도를 받아들인 것이다. 제2차 세계대전 이후 승전국
이었던 아메리카의 경제와 제도를 가장 열심히 배운 학생이 일본
이었다(위의 사람, 윗글).

2.2. 일본과 한국의 외국에 대한 태도

어느 통계에 의하면 일본인으로, 최선진국의 경제학 최종학위를
받은 숫자는 한국인과 비교해서 절반이 되지 않는다고 한다(문영
극, 1992). 또한 일본의 법학자가, 외국에서 활약하고 있는 경우를
제외하고 외국에서 최종학위를 받은 경우가 한국의 경우와 대비할
때 어떤 통계가 나올지 궁금하다. 아마도 경제학과 유사한 통계가
나오지 않을까 한다. 외국의 유수한 대학에서 법학의 최종적 학문
학위를 끝까지 추구하는 외국 학생들은 동아시아 출신으로서 대만,
한국, 일본이었던 때가 있었고, 경우에 따라서 필리핀과 베트남이
추가되기도 했다. 일본의 경우 일본 내의 대학에서 종사할 교수 지
망생이 외국에 장기 체류하는 경우는 한국이나 대만보다 희소하다
고 한다.17)

---

17) 2006년 한국 도산 법학회와 서울대학교의 초청으로 방한한 도쿄대학 법학부의 이또
    마꼬도(伊藤眞) 교수가 7월과 8월 동안 서울 중앙법원 파산부 회의실에서 연속 강좌를

2.3. 프로이센과 도이치법에 대한 심취

또한 한국법학이 관례적으로 인정한, 흔히 이야기되는 대륙법계 중 프로이센 도이치법의 연구에 있어서도 전 세계에서 어떤 독립국가도 그렇게 열렬히 그리고 때로는 이의 없이 심취하는 경우가 드물다고 한다. 이것은 통합 유럽의 미래와 관계된 유럽 공동체의 법에 대한 관심과는 궤적을 달리한다고 볼 수밖에 없다. 왜냐하면 유럽공동체의 법은 구성원인 유럽 여러 나라의 사정에 두루 통하는 법이 될 수밖에 없고 따라서 특수한 성격, 게르만인의 특수성과 관련된 부분은 오히려 유럽공동체의 앞날에 부담이 될 것이기 때문이다.

동양인의 버릇대로 중용을 취하기 위해서 최근에 증가하고 있는 아메리카 법학의 경우도 같은 식으로 말해야 될지도 모르겠다. 그러나 한국법학이 지금까지의 영향받은 것을 참조한다면 도이치법에 대해서와 똑같이 언급할 필요가 없을지도 모르겠다. 왜냐하면 우리는 지금 한국법과 한국법문화를 얘기하고 있는 것이지 학문 전반, 문화 전반 특히 대중문화나 매체문화를 논의하고 있지 않기 때문이다.

2.4. 제2차 세계대전 이후의 3분법의 시대

최근의 한국법학에서 검토 없이 되풀이하고 있는 이분법, 즉 대륙법 발원의 학문 경향과 흔히 얘기하는 대로 영미법 발원의 학문 경향을 집단주의적으로 구별하는 버릇을 경계하지 않을 수 없다. 물론 서구의 비교법학자의 가장 간단한 교과서에도 법계를 분류하고 역사적으로 앵글로 – 아메리칸 법계와 시민 – 대륙법계를 구별하고 있기는 하다(르네 데이비드, 1968, 1978). 이 구별에 대해서는

______

가졌을 때의 대담 내용.

제1차 세계대전 이후와 특히 제2차 세계대전 이후 점차로 양 법계가 상호 교차하고 있다는 설명 이외에 더 최근의 진행을 덧붙여야 한다. 제2차 세계대전 이후의 대표적인 비교법 논의는 시민 - 대륙법계, 앵글로 아메리칸 법계, 사회주의 법군의 삼분법이 세계의 법계를 설명하는 것으로 유지되어 왔다(김철, 1989).

2.5. 1989년 이후의 대변동

그러나 1989년 동유럽 - 러시아 혁명은 세계 비교법학 지도에 전례 없는 변화를 가져왔다. 결론은 삼분법이 고착되어 있는 냉전·탈냉전의 법 논리는 급격하게 변동하고 있다(김철, 1992c: 74~77). 서구의 학자가 대륙법과 영미법을 구별할 때는 역사적 진행에 큰 차가 있다는 것을 인정한다(Hazard, 1969, Berman, 1971). 그러나 개항 이후의 동아시아의 학자가 대륙법과 영미법의 차이를 이해하는 정도는 서구의 전형적인 비교법의 견지와 다르다는 것을 지금까지 잊고 있었다. 한국인은 서구의 전형적인 비교법 주의자가 될 수 없다.

2.6. 서양법 전통

동아시아인에게 법계보다 더 큰 것은 기저가 되는 문화와 문명의 문제이다(김철, 2003, 2007: 82). 다시 말하자면 대륙법계와 영미법계의 구별보다 더 크고 근본적인 것은 "서양법 전통(Western Tradition of Law)이라는 일관성이 존재하느냐."의 문제이다(해롤드 버만, 1983). 해롤드 버만은 1983년의 20세기 최대의 기념비적인 저작에서 종전의 비교법적인 구별을 넘어서서, 서양법 전통의 형성에 있어서의 혁명의 역할을 법제사에 추가하였다(위의 사람, 위의 책). 따라서 이런 비교법적인 전환에서 볼 때 대륙법계와 영미법계의 고전적인 구별은 동아시아인들이 그들의 교과서에서 유형화시킨 그런 거대한 차이점이 다른 시점에 의해서 정리되고 있다.

2.7. 서양법 전통에서 의미 있는 것

대륙법계와 영미법계의 역사적인 구별은 있어 왔으나 새로운 시대의 새로운 시점에서는 오히려 서양법 전통을 형성시킨 다른 중요 요인에 주목하고 있다. 한국식으로 얘기하면 영미법계나 대륙법계의 구별이 다른 전제조건을 가지고 있다는 것을 동아시아인들은 알 수 없었다. 세계법의 역사에서 의미 있는 것은 서양법 전통에 있어서의 시민혁명을 비롯한 혁명의 전통이라고 한다(Eugen Rosenstock Huessey, 1938, 해롤드 버만과 김철, 1992: 310~311).

3. 법치주의 개념에 대한 재검토

3.1. '독일형 법치주의'와 '영미형 법치주의'의 유형화

법치주의부터 생각해 보기로 한다. 한국의 법학 초학자가 법치주의의 개념을 처음 만나는 것은 아마도 헌법학 책이 아닐까 한다. 설명하건대 독일과 영미로 구분한다(권영성, 2005: 150, 김철수, 2006: 191~193, 허영, 2007: 613~615). 즉 독일에서는 법치국가(Rechtstaat)의 개념을 중심으로 해서 계몽군주시대 때부터 시작되었다고 한다. 영국에서는 법의 지배(Rule of Law)의 개념을 중심으로 의회 민주주의하에서 발달되었다고 설명한다(권영성, 위 책, 김철수, 위 책, 허영, 위 책). 또한 행정법 교과서에서는 당연히 서두에 법치주의에 대한 도입 부분으로 시작한다(김도창, 1983: 109, 김동희, 2007: 29, 홍정선, 2007: 42~44). 학생의 입장에서는 그 모든 설명에도 불구하고 법치주의와 입헌주의의 관계, 또한 법치주의와 민주주의의 관계가 썩 명료하지 않다. 그냥 독일과 영국의 법치주의가 다르다는 것으로 받아들이고 만다. 도이칠란트에 있어서도 입헌주의와 법치주의의 관계, 법치주의와 민주주의의 관계가 계몽군주시대 때부터 항상 문제가 되어 왔다는 것은 알기 힘들다(김철, 2007b: 54~57).

3.2. 자유주의냐 왕권주의냐는 고려하지 않는다

또한 교과서에서 유형화된 흔히 이야기되는 대로 '독일형 법치주의'와 '영미형 법치주의'가 언제의 이야기인가, 어떤 역사적 시점에서의 이야기인가, 2007년까지 진행된 법치주의는 어떤 모습인가, 현재의 모습이 차이가 있다 하더라도 혹시 공통되는 목표가 있지나 않을까, 차이가 있더라도 그 차이는 특정한 시점의 모습일 뿐, 도이치나 잉글랜드 혹은 아메리카의 법학자들은 어떤 공통된 사고를 하지 않을까 하는 생각은 할 수가 없다. 장단점이 있다면 혹시 서로 장점은 가지려 하고 단점은 버리려 하는 지식인에 있어서의 당연한 사고는 전혀 없을 것인가? 도이칠란트의 자유주의자와 잉글랜드의 자유주의자의 차이는 얼마나 될 것인가? 튜더 왕조(김철, 2007b: 61~63)의 왕권주의자와 빌헬름 프리드리히 대제(김철, 2007b:57)의 왕권주의자는 차이가 있기는 하겠으나, 한국의 법학도가 독일과 영국을 구별하는 만큼 클 것인가?

3.3. 독자적 사고가 빠진 법학

이 모든 것을 당장 대답하기에는 우리는 너무나 독자적인 사고를 하는 버릇을 키워 오지 못했다. 원전이 가지는 권위, 외국어로 표시된 문자와 현실과의 동떨어짐, 문자화된 법과 실제로 행해지는 법의 차이 이런 것들이 우리 법학자로 하여금 지극히 평이하고도 당연한 분별력을 가지는 것을 방해했다(김철, 2007a: 348). 그 이상으로 후진국의 법학자들의 공통된 문제는 법제도를 다루기 전에 일정한 법제도의 문화적 토양 그리고 그 문화가 성립된 경과에 대해서 충분한 주의를 하지 않은 탓이 아닐까?(김철, 2007a: 서문) 비교문화적인 고찰이 결국은 독자적 사고에 이른다는 것을 몰랐으리만큼 바빴다는 것이 아닐까?

3.4. 법치주의는 문화적 토양에서 자란 것이다

법치주의조차도 문화적 토양에서 자란 나무라는 얘기를 하고 싶다. 대부분의 법학자들이 외국에서 배운 법치주의는 좋은 수종이기는 하나 그 나무가 어디에서 잘 자란다는 것까지는 알아 오지 못했다. 잉글랜드의 법치주의, 튜더정부와 스튜어드정부에 있어서의 법치주의(김철, 윗글), 바이마르 공화국에 있어서의 헌법발전(권영성, 1984)과 정당(송석윤, 2002)에 대한 약간의 고찰이 있을 뿐이다. 또한 한국의 법학자들에게 항상 문제가 되어 왔던 이른바 영미형 법치주의와 이른바 독일형 법치주의에 대해서 그렇게 오랫동안 전거(典據)와 출전의 문제가 있어 왔음에도 본격적으로 종합적인 고찰을 한 것이 드물다고 할 수 있다. 분과법의 각 영역에서 비교법적인 고찰을 할 때 항상 문제가 되는 소위 독일법에 근거하느냐 또는 소위 영미법에 근거하느냐는 고민은 본격적인 이론가의 입장에서는 이론의 소지가 되지 못하는 것이지만 실제적으로는 한국의 법학계를 항상 힘들게 하는 기본적 갈등요소[18]이다. 어떤 학자의 경우 "해방 이후 계속 독일형 법치주의와 미국형 법치주의의 구별이 시대적 경향으로 나타났다."라고 기술하고 있다.[19] 잠정적으로 이 독일형 법치주의와 미국형 법치주의는 어떤 공법학자에게는 문제 접근의 방식이 될 수는 있다.

---

18) 한국법학의 현실은 때로는 공식적인 출판, 공식적 논문, 형식을 갖춘 언급에서 나타나지 않은 기본적인 문제를 깔고 있다. 왜 흔히 이야기하는 대로 소위 독일법, 소위 영미법의 이분법이 학자 사회에 있어서나 그의 사유방식에 있어서나 그렇게도 오랜 풀기 어려운 숙제가 된 것일까? 이 문제를 현상 그대로 학자의 학문배경으로만 생각하려 한다면 이 또한 동어 반복이 될 것이다. 대체로 한국에 도입된 비교법적 방법은 어떤 테마나 제도에 대해서 주도적인 법문화의 인용을 고루고루 하는 것이 학위논문 제작 시의 무난한 방식으로 되어 온 듯하다. 즉 1. 독일의 제도 2. 영미의 제도 3. 일본의 제도 4. 한국의 지금까지의 제도라는 식이다. 일견 반박할 수 없는 이와 같은 기술방법은 그러나 잘못될 경우 대단히 피상적이고 어느 하나의 제도에도 충분하지 못하는 그런 단점도 가지고 있다. 이런 방식이 잘못 쓰일 경우에 대륙법과 영미법의 이분법적인 태도를 그 근본에 있어서 완화시킨다고는 생각하지 않는다. 이른바 '세계의 법제도', '법의 만화경' 같은 제목은 서구의 법학자 중에서 초기 비교법론을 발전시킨 사람들의 방식으로서 어느 정도 비교인류학적인 관심을 깔고 있다. 이 경우 주도적인 법문화를 이미 가진 사람들이 '법의 만화경'으로서 백과사전적인 고찰을 하는 것을 비판적으로 보는 경우도 있다. 지식은 어느 경우에도 단순한 재미이거나 심지어는 여행 다니는 사람의 관광적 호기심 같은 것과는 다른 측면이 있어야 되지 않을까? 이런 면에서 본다면 다시 동어 반복이 되는데, 어느 한 제도라도 충분히 음미해서 깊이 연구하는 것이 오히려 도움이 된다고 할 수 있다. 그러나 문제는 거기에서 그치는 것이 아니다. 특정 제도에 대한 전문가가 한국의 경우 종합적인 이론가를 겸하게 됨으로써 다른 제도에 대한 불관용, 몰이해 같은 것을 동반함으로써 종종 초학자들에게 그릇된 오리엔테이션을 주는 경우가 있다. 기반이 되는 문화의 비교나 다른 사회구조의 비교가 근저에 있어야 나열식을 면할 수 있을 것이다.

19) 한국에서 미국헌법의 영향과 교훈. 이 언급은 한국법학계가 해방 이후 직면했던 가장 기본적인 문제를 그나마 정면에서 언급한 것으로서 그 표현의 문제를 떠나 진지함이 엿보인다. 한국의 학계의 경우 그 문제가 기본적이고 만성적이며 학계 전반에 걸친 문제일수록 공식적으로 언급하지 아니하고 개인적으로 해결하려는 습성이 있어 왔다(서원우, 1987).

4. 외국에서 수입한 법치주의의 개념을 사용한 예로서의 러시아에 있어서의 법치주의

예를 들면 1993년 소비에트연방에 이어서 러시아 공화국의 헌법이 성립될 때 방금 이야기된 독일형 법치주의와 미국형 법치주의의 이분법적 문제가 제기된 적이 있다(Brucel. R Smith, 1993). 그 내용에 대해서 형식적인 고찰을 하기 전에 우리는 이와 같은 질문을 하지 않을 수 없다.

4.1. 사회주의 법체계의 포기

이 어찌된 일인가? 한때는 20세기 법체계를 3분하였던 사회주의 법체계의 모국이었던 러시아가(김철, 1989) 사회주의 법체계를 포기하였다.[20] 다시 러시아는 그의 법체계와 헌법제도에 있어서 이른바 주도적인 서양제도를 다시 수용하는 단계로부터 출발하였다. 이 단계에 있어서 우리는 반문하지 않을 수 없다. 이것은 당연한 것인가? 사회주의 혁명 이전에 있어서 이미 러시아는 오랫동안 국가제도를 존속시킨, 나폴레옹 전쟁 당시 유럽 최대의 제국이었다.[21]

---

20) 러시아 헌법제정 전후의 사정은 서구의 주된 법체계에서의 법학자가 참여, 조언하였다. 대단히 특기할 만한 사항은 한국의 법학계와 유사하게도 아메리카와 도이칠란트의 법학자들이 경쟁적으로 참여한 점이다. 상세한 사정은 후술한다.

21) "유럽 혁명의 실패는 러시아의 콧대를 높였다. 러시아는 홍수에 잠긴 유럽에 홀로 우뚝 서서 유럽 구체제의 구원자가 되었다. 자유주의적, 급진적 유럽인에게 러시아는 지고한 적이었다. 증오했으나 존경했고 최대의 유럽국가로 인정했다." 러시아와 1848년의 혁명(김철, 1989).

4.2. 러시아의 법치주의 전통

도이치의 어떤 학자는 "러시아는 강한 법치주의 전통을 가지고 있지 못하다."라고 기술하고 있다(Karin Schmidt, 1992).[22] 도이칠란트 법치주의의 시각이라고 보인다. 왜냐하면 어떠한 외국의 영향도 보여주지 않는 러시아의 관습법을 담고 있는 루스카이아 프라우다(Russkaia Pravda)는 11세기까지 소급한다(김철, 1993). 비잔틴 문화의 계승자로서 동로마제국 패망(15세기) 이후 군주에 의한 법개혁, 수집의 법전 편찬은 짜아(Czar) 러시아의 주요한 과업이 되었다. 자유주의적 개혁의 군주 Alexander(1801 - 12)는 러시아 권리장전(Russian Charter of rights)을 계획하였으며, 알렉산더의 개혁 2기(1807~12) 시대의 미하일 슈페란스키(Michael Speransky)는 법과 합법적 절차에 기반을 둔 군주 체제를 기도했다. 법치국가의 계몽군주적 개념을 시도하였다(김철, 1993). 어떻게 해서 11세기부터의 러시아 관습법은 자취를 감추고 어떻게 해서 소비에트 해체 이후의 헌법제도와 법치주의에 외국의 법학자들이 더욱 강한 영향을 끼친다는 것인가? 이것은 정서적인 의문이 아니라 방법론적 질문이다. 이 질문에 해답하는 것은 많은 시간이 걸릴 것이다.

4.3. 자유주의 법제도의 맹아

자유주의적 법제도라면 이미 제정 러시아 때에도 그 맹아가 있

---

22) 1990년까지의 법 발전을 주로 다루고 있다. 도이치법과 제정 러시아의 관계에 대해서 개략적인 것은 구체적으로 법학에 대한 문제는 아니나 이인호 교수의 연구는 제정 러시아에 있어서의 지식인과 학자 그리고 관료에 대한 프러시아의 영향을 다룬 것이다. 자유 석공회는 프리맨(Free man)의 번역서로서는 적절하지 않게 보인다. 프리 메이슨(Free Mason)은 18세기 잉글랜드에서 시작된 비밀결사로서, 프로이센에서는 영향력 있는 인사들의 결사이었다.

었다고 우리는 본다. 모스크바대학 법학부의 최초의 러시아인 교수[23]이며 최초로 러시아 언어로 강의하는 러시아법사의 교수였던 데스니츠키는 그의 법학교육 방법론에서 1764년 이후의 스코틀랜드의 아담 스미스의 영향을 받고 있다. 자유주의적 법제도의 러시아에 있어서의 주창자였던 그는 비교적 일찍 대학의 직책을 떠났다고 한다(김철, 1989). 실로 220년 만에 러시아에 있어서의 자유주의적 법제도가 다시 나타났다고 할 수 있다.

4.4. 법에 기초를 둔 국가

1988년경부터 고르바초프 행정부의 주된 슬로건은 '법에 기초를 둔 국가(Pravovoe gosudarstvo)', 즉 법치국가였다. 법치주의가 새로운 개혁의 중심 테마가 되었다. 종종 이 러시아어의 번역은 미국에서는 '법의 지배(Rule of Law)'로 하기도 한다. 그러나 '법에 기초를 둔 국가'와 '법의 지배'는 차이가 있다.[24]

---

23) 1768년 이전에는 모스크바 대학 법학부의 교수는 전원 프로이센인이었고, 도이치어로 강의했다고 한다. 따라서 1768년 데스니츠키가 최초의 러시아인 러시아어를 쓰는 법학교수였다고 한다(김철, 1989).

24) 윌리암 버틀러는 '법에 기초를 둔 국가'와 '법의 지배'의 차이를 인정하여 '법의 지배 국가'라는 표현을 사용한다. 그 이유는 법 개념 중에서 보다 넓고 보다 근본적인 개념을 옹호하는 사람들에게 혜택을 주기 위함이라고 한다. 이때 넓은 의미의 법은 권리와 정의 그리고 언제 어디서나 우선하는 도덕법칙과 일치하며 어떤 시민이나 국가에 의해서도 침범되지 않는 법의 넓은 개념이라고 설명한다(William E. Butler, 1990, recited from Harold Berman, 1991). 도이치어로서의 법치주의는 러시아어의 법치주의와 대체로 같게 보는 것이 서구학자들의 시각이었으나 이것을 영어로 번역할 때 도이치어와 러시아어의 법치주의는 똑같은 어려움이 있다. 즉 영어권에서의 '법의 지배'(Rule of Law)로 해석하느냐 또는 방금 우리가 한국어로 쓴 '법에 기초를 둔 국가'로 해석하느냐의 문제이다. 버틀러가 러시아어를 번역하는 데 있어서 그의 영어에 있어서의 법의 지배와 같은 넓은 법 개념을 사용한 것은 러시아어의 앞으로의 법 발전에 그와 같은 희망을 표시한 것이라고도 볼 수 있다. 이미 논한 대로 엄격한 의미에서 도이치어나 러시아어의 법치주의와 영어의 법의 지배는 차이가 있다. 참고 유럽에 있어서 형식적 법치주의의 발달에 대해서는 (김철, 1993)

4.5. 빌려 온 법치주의와 반작용

러시아 법치주의의 개혁 이전의 문제는 무엇이었던가? 먼저 볼셰비키 혁명 전(1917년 이전) 제정 러시아 학자들에 의해서 법치주의는 뜨거운 논쟁의 대상이 되었고, 물론 그것은 19세기 도이치의 법학자들로부터 빌려 온 것이었다. 이 법치주의는 혁명 후에는 소비에트의 정치와 법문헌에서 공식적으로 비난의 대상이 되었다. 이론적으로 법치주의는 마르크스 레닌주의와 충돌하였다. "법은 모든 사회에서 지배계급의 의지의 반영이며, 국가는 궁극적으로 법에 의해서 구속되지 않는다."라는 것이 마르크스주의의 교의였다.

4.6. 해체기의 법치주의: 서구전통의 부활

그리고 실제에 있어서는 우리가 관찰한 바대로 법치주의의 개념이 소비에트 지휘부에 의해서 페레스트로이카 글라스노스트 그리고 민주화에 덧붙여서 강조되었다. 또한 1917년 이후 처음으로 소비에트의 법학자들은 법치주의의 개념에 있어서 그들을 한편으로는 플라톤, 아리스토텔레스, 키케로로 연결을 시키고 다른 한편으로서는 로크와 칸트에까지 정치사상과 법사상을 연결시켰다(Harold Berman, 1991). 또한 혁명 이전의 제정 러시아의 계몽주의 시대와 계몽군주에 의한 자유주의적 개혁 시대에 논의되었던 것들 중에서 러시아의 법치주의와 도이치의 법치주의를 논한 학자들이 다시 각광을 받고 있다. 역사는 71년 전으로 돌아갔다. 통일된 동서독이 그의 정신적 유대에서 괴테의 문학작품을 다시 확인하듯이 공산주의를 벗어던진 러시아는 도스토예프스키와 투르게네프의 두 가지 전통으로 돌아갔다. 이미 짐작하듯이 계몽시기에 있어서의 법치주의의 뉘앙스도 자유주의적 개념에서 수정된 군주주권에까지 두 가지의 방향이었다. 그러나 페레스트로이카까지의 지배적인 소비에트의 법학자들의 특징은 국가에 의해서 포고되고 인정된 법률과 분리되거나 혹은 더 높은 권위를 가진 어떤 법의 개념도 일반적으로 무시하거나 거부하였다.[25] 법사상에서 볼 때 따라서 소비에트 법은 헤겔과 마르크스의 지적 전통, 즉 강한 국가주의에 의한 이데올로기의 실현이라는 맥락에 서 있었다.

이제 우리는 한국어에 있어서 법치주의의 분명한 의미를 밝히는 데 이르렀다.

5. 한국문화에 있어서의 법치주의의 의미

5.1. 유교의 반법적 성향

전문어로서의 '법치주의'는 아마도 번역어로 보인다(권영성, 위 책, 김철수, 위 책, 허영, 위 책). 여기에 혼란이 있다. 우선 이씨 조선까지 계속된 중국문화의 영향하에서 법치(法治)는 흔히 예(禮)와 대립되는 위치에서 파악되었다(Chull Kim, 2007b: 271). 즉 가장 전형적으로는 춘추전국시대의 한비자의 법치사상이며, 그것의 실현은 진나라의 천하통일로서 나타났다. 이때 법의 성질은 주권자의 명령을 문서화한 것으로 가장 엄격한 의미에서의 실정법이었다. 법의

---

25) 각주 7과 같은 논문. 덧붙일 것은 이따금씩 자연법의 방향에 대해서 약간의 주의를 전혀 하지 않은 것은 아니었다. 그러나 국가의 권위와 밀착된 법, 즉 실정법주의에 대한 강한 집착이 1990년대에 이르기까지의 소비에트 전통의 법학자의 가장 큰 특징이다. 이런 점에서 이미 해체되었으나 소비에트 법체계는 존 우(Jhon Wu) 교수가 1955년에 사회주의 법은 논리적 목표를 향해 추구되는 실증주의라고 주장한 것은 타당한 것이다 (김철, 1989).

개념이 이와 같이 이론의 여지없는 절대권력자의 무력과 폭력을 배경으로 한 명령어였기 때문에 유교적 이상향을 추구한 철학자들은 이를 기피하고 폭력정치와 동일시한 것이다. 그들의 유토피아는 다른 방식에 의해서만 가능했는데 폭력 장치를 동반한 국가실정법이 아닌 보다 인간화된 인간관계의 이치에서 공동사회를 건설하려 했던 것이다(김철, 윗글). 오랜 전통사회를 통해(갑오경장 때까지) 지식인과 귀족적 관료인들에게 영향을 미친 동양의 경전은 따라서 국가의 무력을 배경으로 한 실정법을 사회의 구성원리로 하는 데 반대하였던 것이다. 유교의 반법적(反法的) 성향은 이와 같은 배경에서 계속된 것이다. 이런 전통사상은 동양적 전제정 아래에 있어서의 수천 년을 꿰뚫고 흘러 현재에 있어서도 동아시아인의 어떤 지적 특징을 이루고 있다(김철, 윗글). 실정법을 무시함으로써 폭군이 자주 나타나는 국가주의에 대해 등을 돌림으로써 이 지역의 지식인들은 상대적으로 제한된 자유를 누렸던 것이다. 예와 법을 상치된 것으로서 전자를 인간화된 이치로 파악하는 태도는 현대 한국에서도 정신의 기저를 이루고 있다.

5.2. 개화기, 메이지유신, 외관적 입헌주의

개화기 이후 정반대의 지식인 그룹이 등장하였다. 한국의 개화는 일본의 압도적인 영향하에서 주로 일본의 근대화를 가까이 두고 행해질 수밖에 없었는데, 군주정치밖에 경험하지 못했던 구한말의 지식인들이 메이지유신의 성과에 대해서 경탄한 것은 이론의 여지가 없다(이광린, 1969, 1973, 1974). 구한말의 자유 민권운동에 대해서는 극히 제한적인 것밖에 학계에 보고된 바 없거니와 반외세, 민족주의적 성향, 독립

자존의 태도와 민권운동에 대해서는 더 연구가 필요하다.[26] 따라서 근대화를 위한 국가건설을 위해서 법치주의를 수입할 때 군주를 중심으로 한 유럽형의 법치주의가 걸맞게 보였을 것이다. 외관적 입헌군주제도라도 그들에게 있어서는 대단한 성취로 여겨졌을 것이다.[27]

5.3. 전통 유럽형 법치주의

전통 유럽형 법치주의의 전형은 계몽적 절대주의에 입각한 프로이센의 경우를 들 수 있고, 이것이 1871년 이후 비스마르크헌법 아래에 있어서 실증주의 공법이론으로 전개되었다(김철, 2007b: 56~57). 1997년 현재 한국의 현대인이 가치 개념으로 파악하는 근대적 입헌주의의 이념형과는 약 120년 이상의 물리적 거리가 있을 뿐 아니라 100년을 더 거슬러 올라서 1794년 프로이센 일반란트법(김철, 2007a: 54~55)의 성립 당시까지 가더라도 지역적으로 프리드리히 빌헬름대제의 통치의 지역과 1789년의 프랑스 혁명의 직접적인 영향권과는 아득한 거리가 있음을 알 수 있다(김철, 위 책: 서문).

---

26) 구한말의 민권운동에 대해서는 독립 협회의 연구가 밝혀 줄 것이다(이황직, 2007). 당시의 조정이 대내적으로는 부패하여 민중을 착취하였으며, 대외적으로는 외세에 의존하였다는 점에서 반외세운동이 간접적으로 민권운동과 관련되었을 확률이 높다. 그러나 독립운동이 자주적 정부를 지향하였다면 민족주의적 성향으로 우선 민족적 구심점으로서 종래의 관습대로 군주를 옹호하였을 것으로 이 점에서는 민권운동의 한계가 있었을 것이다.

27) 유럽에 있어서 계몽적 절대주의와 형식적 법치주의의 결합에 대해서는 의외로 국내문헌이 많지 않다. 또한 1945년 이후 그토록 많은 법학자들이 유럽에서 수학하거나 유럽의 문헌으로 연구·강의하였음에도 그 모든 법학의 전제가 되는 전통적 유럽형 법치주의의 역사적 배경에 대해서는 연구가 희소하다(김여수, 1976). 또한 많은 법학자들이 해방 이후 정치적으로 수입된 민주주의에 대해서 그 위장된 모습에 대해서 환멸을 느끼면서 그 불안정의 대가를 무의식적으로 전통적인 유럽형의 형식적 법치주의에서 위안을 받으려 한 것이 아닌가 생각되기도 한다. 한국지식인의 속성은 안정감을 중시하는바 민주주의 가치가 표류할 때 형식적 법치주의의 약속이라도 믿어 보고 싶은 마음이었을지 모르겠다. 그러나 어떤 역사에도 입헌주의와 법치주의가 분리되고 입헌주의가 표류할 때 법치주의가 그 형식으로나마 안정감을 준 예는 없었다고 본다.

5.4. 개화기의 법학적 지식인

1910년 한일합방 이후 1919년 이후에야 근대적 대학교육의 시초
가 나타났는데, 이와 같은 식민지 정책에 의한 문화정치는 어떤 지
식인들을 산출하였을까? 1930년대에 활약한 한국의 신문학가의 한
사람인 춘원 이광수의 작품에서 나타난 법학적 지식인의 예를 들 수
가 있다.28) 직접적으로 나타나지 않으나 그들의 사회환경, 인간관계,
행태를 미루어 보건대, 그들이 의식하는 법의 세계는 지극히 제한된
것이 아닐 수 없다. 압제적인 통치체계인 식민지정부 아래에서 주어
진 최소한의 계층이동(김철, 2007b: 251~253) — 가난한 농촌청년이

---

28) 두 사람의 전형을 대중 앞에 내세운다. 관립대학 법학도이며, 일본으로부터 작위를 받
은 그러나 몰락한 가문의 아들과, 그 자신은 극빈한 농촌 출신이면서 재산이 있는 양
반(당시 1930년대에 구한말의 관직 명칭을 그대로 쓰고 있다. 이 소설의 배경은 1930
년대인데, 경성에 있어서의 거의 모든 유력 가문들이 일본으로부터 귀족작위를 받았다
든가 구한말의 고위관직을 역임해서 그 대가로 상당한 토지를 소유하고 있는 실정을
알 수 있다)의 가정교사와 집사를 겸해서 고학하고 있는 민립대학 법학도 이 소설은
춘원 이광수의 대표작인 무정보다 더 알려진 것이며 표면적으로는 당시 브나로드운동
을 고취한 것이라고 한다. 관심을 끄는 것은 당시 경성에 있어서의 법학도와 유력가문
과의 관계 또한 식민지 지식인들의 혼인 행태 같은 것이다. 이 문헌을 인류학적 시점
에서 볼 때 한국인의 의식의 어떤 원형(Archtype, Urform)을 밝히고 있다. 시점은 전통
사회와 근대사회의 교차점으로 보이며, 1997년 한국의 법학교육, 그것의 현황, 그것의
개선에 대해 제도적 접근을 시도하는 사람들은 한국인의 의식의 원형에 대해서 주의해
야 함을 환기하고자 한다. 즉 많은 제도적 개선이 한편의 일이라면 다른 일방 막상 한
국인의 의식 자체의 원형은 달라지지 않는 부분이 있다는 것을 인류학적 시점이 말해
주고 있다. 제도개혁이 종종 기대했던 결과를 가져오지 못하는 것은 한국인의 어떤 달
라지지 않는 원형 때문이 아닌가? 이 원형을 춘원 이광수가 표현한 것이 아닌가 보인
다. 청년 지식인들의 이상주의적 표현과 실제의 행태가 지극히 제한된 식민지 상류사
회에서 어떻게 나타나는가를 그려 주고 있다. 그들은 대단한 엘리트이며 혹은 이상주
의자이며 혹은 민중주의-귀족주의이기도 하나, 그들의 갈등은 실제로 어떤 행동을 하
는가, 어떤 선택을 하는가에 있다. 표명된 사회윤리와 그들이 개인적으로 보여주는 개
인윤리와는 현저한 격차가 있다. 이와 같은 이중성이 문제로 느껴지지 아니하고 오랫
동안 일반인에 의해서도 받아들여질 때 한국의 지속적인 사회윤리, 법과 윤리의 문제
는 일종의 공모의식을 가지고 이중성을 띠게 될 것이다. 현대 한국의 법학도의 행위체
계가 이와 같이 1930년대 식민지하의 지식인의 행위체계로 설명될 수 있을 때 한국인
의 이해는 어떤 다른 사회과학적 방식보다 인류학적 조망이 적절하다고 본다(이광수,
Chull Kim, 1991).

국가시험을 통해 신분상승을 하는— 을 법학의 목표로 하는 경우는 독립 이후에도 표류하는 통치체계(이제는 식민지정부가 아니라 민족정부이다) 아래에서 통치체계에 거슬리지 않고 주어진 절대 조건 안에서 신분상승을 하는 해방 이후의 법률가 집단(위 사람, 윗글: 253~256)도 그 원형에 속한다 할 것이다. 따라서 식민주의의 유산은 법학의 분야에서 해방 이후 반세기에도(서원우, 1987, 277~278) 의식의 원형에서 살아 있다 할 것이다. 따라서 도구적 법치주의(김철, 2007b: 55)는 어떤 경우에도 안정을 유지해 주며 한국인의 어떤 방향의 의식의 원형에 잘 맞았다고 할 수 있다. 이 범위를 벗어나는 법치주의는 학자에게나 학도에게 불안감을 주며, 가외(加外)의 희생을 요구하는 것처럼 느껴지는 것이다. 지금까지 한국어에 있어서의 법치주의를 한국문화에 있어서의 법치주의로 고찰하여 보았다.

6. 서양법 전통에 있어서의 고차법(高次法)

6.1. 12세기 신의 법과 자연법은 국가를 능가했다

서양법 전통에 있어서, 국가보다 높은 법의 개념은 12세기에 처음으로 체계화된 신법(神法)과 자연법의 이론으로 되돌아간다. 그리고 이와 같은 넓은 법 개념이 교회법의 관할에 속하는 사람들과 세속법에 속하는 사람들 간의 갈등관계 그리고 세속법 체계에 있어서도 왕의 법, 봉건법, 도시법, 상인법에 속하는 사람들 간의 갈등관계로 돌아간다. 실로 교회법과 세속법의 관할 충돌이 정치적 주권보다 더 높은 법의 원천을 찾아내는 노력으로 이어졌다(Harold Berman, 1983). 한국의 법학도도 익숙한 자연법과 실정법의 구별은 처음에는 신학자들과 교회법학자들에 의해서 쓰였다. 그들이 실정법이라고 했을 때 입법자에 의해서 부과된 법을 가리키는 것이며, 그들이 신의 법이라고 했을 때 한편에 있어서는 성서에서 다른 한편에 있어서는 인간성, 인간이성과 양심에서부터 출발한 자연법이 연원이 된 것이다.

6.2. 교회가 왕권에 복속해서 비로소 자연법이 능가되었다

16세기와 17세기에 이르러서 부분적으로 교회가 왕권에 복속함으로 인해서 통치자의 의도보다 더 높은 법의 원천이라는 생각이 처음으로 심각하게 도전되었다. 그러나 국가의 최고 통치자가 그의 뜻을 맞추어야 될 신의 법이나 자연법이 존재한다는 것은 여전히 부정되지 아니하였다.

6.3. 존재와 당위의 구별은 근세 절대주권을 강화시켰다

해롤드 버만에 의하면, 이 시대 새로운 철학적·과학적 개념이 법학에 있어서 당위와 존재의 구별을 하게 되었고, 이 구별 때문에 주권에 대한 새로운 정치이론은 누구나가 주권자의 명령이나 존재하는 어떤 법에 대해서 도전하는 권리를 부인하였다. 당위와 존재의 구별이라는 한국의 법학도가 처음부터 익히는 당연한 전제는 근세 국가주의 시대의 산물이며, 이와 같은 편리한 법철학으로 말미암아 근세 절대주권은 강화되었으나 법학은 이전의 풍부한 내용을 상실하였다(Harold Berman, 1991).

6.4. 국가주의에 입각한 법학

이와 같은 국가주의에 입각한 법학에 의해서 신의 법과 자연법은 존재하는 법의 영역으로부터 제거되어 도덕의 영역으로 물러갔

다. 따라서 남아 있는 법은 오로지 국가의 실정법으로서 강제력을
가지는 법이 되었다.

6.5. 시민혁명의 법학상 의미

이와 같은 16세기와 17세기의 절대주의 왕권에 봉사한 법학과
법 개념에 대해서 반격을 가한 것이 17세기 잉글랜드와 18세기의
아메리카 및 프랑스 혁명이었다(Harold Berman, 1991).

6.6. 메이지유신의 영향

우리나라의 경우 1910년부터 시작된 식민지치하 이전에도 구한
말의 법관 양성소시대에도 일본의 메이지유신(1989)(Richard H.
Minear, 1970)의 영향을 받았다고 할 수 있다. 메이지 헌법 주석서
를 쓴 이토 히로부미에 의하면 "황제는 하늘에서 내려왔으며, 신적
인 성질을 갖고 있으며, 신성불가침이다(Ito Hirobumi, 1889)." 따라
서 대한제국의 경우 그 성질상 절대군주 내지 계몽군주의 초기 모
습이었으므로 일본의 경우를 참조했다고 할 수 있다.

6.7. 영국의 법의 지배

역설적으로 법의 우위라는 의미에서의 법의 지배는 가장 최초로
는 1649년의 재판에 회부되어 반역죄로 사형언도를 받은 찰스 1세
에 의해서 쓰였다. 찰스 1세는 청교도 혁명 때 청교도 의회에 대해
서 자신의 변호를 하기를, 의회는 그를 재판할 법적 권위를 가지고
있지 못하며 따라서 그 재판은 영국의 근본법을 위반했다고 항변

했다. 그는 주장하기를 청교도 체제는 법의 지배 없이 권력이 지배했으며 이 왕국이 번영했던 모든 정부 체제를 변화시켰다고 주장했다(Harold J. Berman, 1991). 1885년에 다이시는 영국과 미국에서 널리 쓰이게 되는 '법의 지배'라는 용어를 그의 헌법학 입문에서 사용했는데 법의 지배란 정의의 어떤 기본원칙은 심지어 가장 높은 입법당국에 의해서도 합법적으로는 침해할 수 없다고 하였다. 찰스 1세와 마찬가지로 그는 가장 기본적인 법원칙을 근본법, 즉 영국 헌법에서 찾았다. 일시에 제정된 것은 아니었으나 1215년의 마그나카르타, 1628년의 권리 청원, 1679년의 인신 보호령(Habeas Corpus) 그리고 가장 중요한 것은 1689년의 권리장전과 함께 역사적으로 진화하는 보통법(Common Law)에서 찾았다.

6.8. 미국의 법의 지배

'법의 지배'의 용어는 미국에 있어서는 다소 다른 의미로 쓰이게 되었다. 영국이 합법성의 역사적 기초를 강조한 데 비하여 미국인들은 연방과 주의 성문 헌법적 기초를 강조하였다. 연방과 주의 헌법은 종교의 자유, 스피치의 자유,[29] 언론의 자유 그리고 결사의 자유와 같은 시민의 자유를 선포하였다. 더하여 미국헌법 수정 5조와 14조에 담긴 적법절차의 미국적 개념은 '절차적 정의'뿐만 아니라 '실체적 정의'까지 포함하게 되었다. 미국인들은 그들의 영국 조카들과 달리 의회 대신에 사법부에 헌법을 지킬 권위를 부여함으로써 견제와 균형의 정부체계를 도입하였다. 따라서 이것은 법의

---

29) 아메리카 헌법에 있어서의 스피치의 자유는 우리나라의 언론의 자유에 속하는 일부를 포함한다. 즉 공개적 연설은 스피치의 자유에 속한다. 언론의 자유는 우리나라에서의 언론매체의 자유에 해당된다.

지배의 개념에 새로운 차원을 추가한 것이 된다. 왜냐하면 적절한 사례에 있어서 시민은 어떤 법원에서도 입법부에 대해서 그의 법률이 틀렸다는 것을 다툴 수 있게 된 것이다. 새롭게 만들어진 입헌주의와 입헌성은 지금 이야기된 여러 가지 원칙들을 다 의미하는 것으로서 미국에서는 쓰인다(Harold J. Berman, 1991).

6.9. 신대륙의 입헌주의와 자연법이론

신대륙의 입헌주의에 내재하는 철학은 영국의 역사적 법학뿐만 아니라 자연법의 이론을 내부에 가지고 있다. 즉 이성과 양심에 뿌리를 둔 어떤 종류의 도덕원칙은 법적 구속력을 가지는 것으로서 생각된다. 이 점에 있어서 국가주의에 기원을 둔 절대주의적 입헌주의와는 날카롭게 대비된다.[30] 이 헌법의 언어는 법적 문서에 성문화되어 있다는 의미에서는 실정적이다. 그러나 헌법 언어가 궁극적으로 '자연'과 '자연의 신'에서 유래되었다는 점에서는[31] 그들의 성문화된 형식을 뛰어넘는 것이다. 따라서 헌법의 언어는 세대에서 세대로 옮아가면서 새로운 상황에 맞게 법원에 의해서 의식적으로 조심성 있게 조정되는 것이다(Harold J. Berman, 1991).

6.10. 프랑스의 법치주의

프랑스 혁명에 있어서 군주에 의한 자의적인 통치와 귀족의 불의한 특권에 대한 공격은 주로 '인간과 시민의 권리'의 이름으로

---

30) 1776년과 1781년의 아메리카 헌법은 1871년의 비스마르크 헌법과는 스펙트럼의 양극단에 있다.

31) 이것은 1776년의 독립선언서에 나타난 언어이다.

행해졌다. 그리고 인간과 시민의 권리는 입법, 행정, 사법을 엄격히 분리함으로써 보호될 것이었다.[32] 1791년의 헌법은 개인의 자연적 자유에 리스트를 포함하고 있었고 입법부는 여기에 침해할 아무런 법적 권한이 없다고 선언하였다. 그러나 실행의 문제에 있어서 그들에게는 영국과 같은 오래된 역사적 전통에 호소할 수도 없었고 입법부를 구속하기 위해서는 법의 궁극적인 원천은 입법행위이며 입법부의 입법권에 대한 외부적 통제는 단지 선거구민의 정치적 통제인 셈이다. 행정부와 사법부는 입법부를 견제하거나 균형시킨다고 생각되지 않으며 오히려 입법된 법률을 각각 집행하거나 적용할 뿐이다.[33] 따라서 프랑스에 있어서의 법치주의는 고차법(김철, 1993, 1994)이 아니라 국민의 여론에 프랑스 국가가 마지막으로 책임지는 것이라 생각된다. 따라서 법학적 용어로는 이러한 프랑스

---

32) 삼권분립의 이론은 흔히 몽테스키외의 '법의 정신'(1748년)에까지 소급한다. 몽테스키외는 권력분립의 원칙을 잉글랜드 헌법에 유래한다고 잘못 인용하고 있다(Harold J. Berman, 1991).

33) 1791년의 헌법은 프랑스에서는 입법부의 입법행위의 결과인 법에 우월하는 것은 없다고 선언했다. 이런 견해는 계몽시대의 개념을 반영하는 것으로서 '사람에 의한 정부'가 아닌 '法에 의한 政府'라는 계몽시대의 이념을 나타내는 것이다. 종종 흔히 우리가 이야기하는 대로 '인치(人治)'가 아닌 '법치(法治)'라는 식의 단순 법치 개념은 지금까지 얘기되어 온 법의 지배와 혼동되어 왔다. 그러나 구별되어야 한다(Harold Berman, 1991). 동아시아에 있어서 법치주의의 내용이 가장 간략하게는 '인치가 아닌 법치' 그리고 '법은 의회가 만든다.'라는 것으로 프랑스에 있어서 앙시앵레짐의 절대 왕권시대를 벗어나는 데 있어서 중요했던 것처럼 역시 동아시아인들이 동양적 전제정을 벗어나는 데 필요했던 것처럼 보인다. 그러나 현대의 대중 민주 정치에서 정치권력이 불의하게 의회의 다수 석을 점하는 경우에 있어서는 이와 같은 계몽시대의 기초적 법치주의만으로는 견제와 균형이 불가능하다는 것을 알 수 있게 된다. 따라서 잉글랜드에 있어서의 오래된 불문의 전통 또는 아메리카에 있어서 '냉정한 이차적 사고'를 할 수 있는 '가장 덜 위험한 정부기구(司法府)'의 강력한 견제장치가 더 진화된 제도이다. 도이치에서는 1945년 이후 헌법재판소에서 다수당의 횡포에 의해서 제정된 위헌적인 법률에 대해 위헌 판결을 내림으로써 의회에 있어서의 다수당의 횡포를 견제하는 역할을 해왔으며, 이로써 의회 내에서의 소수당의 권익 보호를 함과 아울러 소수당이 지나치게 과격한 행동으로 다수당의 법안 통과를 저지할 필요가 없게 만듦으로써 지나친 정치적 불안정을 예방하는 역할을 하고 있으며, 이러한 모든 것을 통해서 궁극적으로는 일반 국민의 권익을 옹호하고 있다.

헌법장치는 법실증주의의 헌법이론을 반영하는 것으로 보인다. 법실증주의 이론에 의하면 법은 일단의 법적 규범과 규칙으로 구성된다. 이러한 법적 규범과 규칙은 국가에 의해서 입법되거나 인정되고 강제적 제재에 의해서 강행된다. 프랑스 헌법에서는 프랑스 인민의 이름으로 국민의회에서 제정된 법에 대해서 더 고차의 법적 권위의 이름으로 도전할 수 있는 방법이 없다. 그 고차법이 역사에서 유래되었든 도덕원칙에서 유래되었든 개인 인격의 자연권은 실로 인간의 본성과 인간이성에서 유래한다. 그러나 이러한 자연권은 그것 자체가 입법부의 의지를 전복시킬 만한 자연법을 창출하지는 못한다(Harold J. Berman, 1991).

7. 우리나라 법학에 대한 몇 가지 성찰

해방 이후에 한국의 법학이 계속 참조한, 전쟁 이전의 도이칠란트에 있어서의 법치국가의 개념은, 그 이념으로 다음의 다섯 가지 요인을 들고 있다(서원우, 1987).

① 법률의 — 오로지 법률만의 — 전능(Omnipotenz)

② 행정의 법률에 의한 구속

③ 위법한 행정행위에 대한 국가 책임(Staatsschaftung)

④ 행정재판제도

⑤ 독자적으로 발전된 공법(Öffentriche Recht)의 존재(서원우, 위 책)

이것은 1910년대의 도이칠란트, 아니 프로이센의 공법학자(Richard Thoma, 1910: 274)에 의해서 정리된 특징으로[34] 1960년 다른 정치

______

34) 1910년은 제1차 세계대전 이전이며, 동아시아에 있어서 신흥 공업국가 일본이 대한 제

문화의 저자에 의해서(서원우, 위 책) 다음과 같이 대조된다. 즉 열거된 5가지의 특징은 같은 시대에 있어서 앵글로 색슨 법문화의 특징인 법의 지배(Rule of Law)와 대척(對蹠)적인 점에 있다고 한다(Ernst Fraenkel, 1960: 196).

이와 같이 고찰해 볼 때 본(Bohn)기본법 제정 이전의 도이칠란트의 법치국가의 이념(Idee der Rechtsschtaat)은 특수 독일적 법치국가 개념이라 할 만하다(서원우, 위 책).

또한 이러한 특수 독일적, 아니 특수 도이치적 법치국가 개념을 여러 세대에 걸쳐서 전수하고 내재화한 주변 국가의 법치주의도 이러한 맥락에서 특수한 법치주의로 부를 수 있다.

이와 같이 볼 때 해방 이후 한국의 법치주의에 가장 큰 영향을 미친 것 중의 하나는 특수한 도이치의 법치주의라고 볼 수 있다.

8. 한국법학에 영향을 미친 19세기 도이치에 소개된 법치주의[35]

8.1. 법과 국가를 동일시하는 법치주의

19세기 초에 도이치의 법과 정치사상에 소개된 법치주의(Rechtsstaat)는 역시 실증주의 법학의 반영이다. 이 용어는 다양한 의미로 쓰이게

국을 병합한 해이다.

[35] 이 연구의 심사자는 한국 공법의 특징을 소개하는 것으로 연구를 종결할 것을 권유하고 있다. 그러나 지금까지 한국의 법학계에서 밝히지 못한 것은 한국의 법학에 영향을 미친 도이치의 법치주의 역시 그 나라에 19세기에 소개된 것이라는 점이다. 따라서 한국 공법학의 특징을 그 연원에서 밝히기 위해서 19세기에야 비로소 도이치에 소개된 법치주의와 그것의 직접적 영향으로서의 러시아를 빼놓고는 한국 공법학의 한 가지 특징을 지적할 수가 없다. 심사자의 지적에 감사하면서 아직은 해방 이후의 한국 공법학의 특징을 정면으로 밝힐 수 없는 상황에서 간접적으로 19세기 도이치에 소개된 법치주의가 어떤 내용이며 그것이 제정 러시아에 어떤 영향을 미쳤는가를 설명하지 않을 수 없다.

되었지만 원래의 개념요소는 법과 국가를 동일시하는 것이었다.[36]
법치주의는 역사적 발전에서의 국민이 아니라 가장 우위의 정치적
권위의 의지가 또한 자연적 이성과 양심이 아니라 입법자의 의지
가 법의 궁극적 연원이며 강제요소라고 하는 것이다. 그러나 가장
우위의 정치적 권위도 법에 기초하여야 된다는 것이고 이때 국가
는 법치국가를 구성한다는 것이다. 중요한 것은 절대군주국가와의
구별인데 절대군주국가는 군주의 자의에 의해서 통치되는 것이고,
법치국가는 법에 의해서 다스려져야 되는 것이고 국가가 제정하는
법에 의해서 구속을 받는다는 것이다. 또한 법을 적용할 때 일관성

---

36) 법치주의의 용어는 1892년에 처음으로 Robert von Mohl의 저작에서 나타난다. 그러나 Immanuel Kant까지 소급한다. 그리고 칸트는 같은 용어를 사용하지 않고 비슷한 개념을 발전시켰다. Friedrich Darmstaedter는 1930년에 법치주의의 '고전이론'과 '현대이론'을 구별하고 있다. 법치주의의 고전이론은 중세까지 소급되며 칸트의 저작에서 정점을 이룬다고 한다. Otto von Gierke는 Althusius에 관한 그의 저작에서 마지막 장을 법치주의의 이념에 할애하고 있다. 그는 역시 알투지우스를 통해서 12세기까지 소급하고 마침내 자연법이론에까지 도달한다(Harold Berman, 1991, O. V Gierke, 1968). 그러나 이러한 법철학적 고찰은 법치주의의 도이치 용어가 폰 몰이나 다른 사람에 의해서 처음으로 쓰일 때 실제로 가졌던 의미보다 더 넓은 의미를 오로지 사상사를 통해 재부여될 때 정당화될 수 있는 것이다. 다름 슈테터는 19세기를 통해서 도이치 법치주의는 법과 국가를 동일시한 실증주의적 법학을 전제로 했으며 법에 대한 국가의 우선을 인정했다고 한다. 또한 "도이치 법치국가와 입헌주의의 차이는 법치국가에 있어서의 법의 지배는 통치자의 양보 위에 기초하는 것이다. 통치자의 양보라는 것은 권력의 행사에 있어서 국가가 자기 제한적으로 종사하도록 선택하는 것이다. 그러나 입헌주의에 있어서는 권력의 제한이라는 것은 역사적 전통과 철학적 원칙에 이의해 확립된 권리의 문제로서 발견되는 것이다."(슈테터, 1974) 이 차이는 형식적으로 들리겠지만 실제적 효과는 매우 크다. 다음과 같이 비유를 들 수 있다. '모든 힘을 주고 있는 아버지가 때때로 아이들에 대해서 독재를 행사하는 것을 당분간 자제하거나 심지어 아이들에게 어떤 자유의 영역과 행동의 독립성을 부여하는 경우'와 '행동의 자유와 자기 결정의 자유가 가족 구성원 안에서 주장되고, 원래 있는 것으로서 받아들여지는 어떤 가족' 간의 차이이다. 전자는 전능한 가부장의 경우이고, 후자는 민주적이고 화평한 가족 구성원의 경우이다. 전자는 도이치 법치주의(法治主義)의 비유이며 후자는 입헌주의(立憲主義)의 대비이다. 동아시아인들의 동양적 전제정(專制政, oriental despotis)의 지난 역사는 입헌주의보다는 전능한 가부장적 도이치형 법치주의가 지난날의 전통주의(傳統主義)의 연장선에서는 자연스러웠다고 볼 수 있다. 메이지 헌법(1889) 이후의 일본 그리고 갑오경장(1894) 이후 한국은 가부장적 도이치형 법치주의에 더 친한 상황이었다고 볼 수 있다(Harold J. Berman, 1991).

을 결여한다든가 일관성이 없음으로써 부패시키지 않는다는 것이다. 이러한 뜻의 법치국가의 개념은 완전히 지배적이지는 않았지만 19세기와 20세기 초기의 도이치와 러시아의 법사상과 정치사상에 영향을 끼쳤다(Harold J. Berman, 1991).

8.2. 도이치와 러시아 법치주의의 공통점

도이치의 '법치주의'의 개념이나 러시아의 '법에 기초한 국가'의 개념은 다음과 같은 점에서 일치한다. 국가가 법의 연원으로서는 가장 최고의 법원(法源)이라는 규정에서 도이치의 법치주의와 러시아의 법치주의는 법을 도구로 하는 지배이고 '법의 지배', 즉 '법 자체의 지배'는 아니다. 이 차이점은 근본법(fundamental Law)을 전제로 하느냐에 달려 있다. 근본법은 그 연원이 국가 밖에서의 원천에서 나오는 것이고 근본법의 변경에 있어서는 국가도 무력한 것을 의미한다(김철, 1993, 1994a, 1992).

순전히 이론적으로는 파시스트나 또는 독재체제도 법치국가를 구성할 수는 있다. 역사적 예에서 보는 바대로 도이치 제3제국의 국가사회주의 아래에서 법학자들은 도이치국가의 법치주의라는 근거하에서 사람들을 강제수용소로 보내는 재판을 옹호한 적이 있다.[37]

---

37) 법치국가의 역사 중 이 부분이 법학 초학자나 외부 인사들에게 법의 효력 및 법치주의의 진정한 의미에 관해서 이해하기 힘든 부분이다. 특히 한국에서는 법의 이념을 1. 질서 2. 법적 안정성 3. 정의로 설명하고 도이치의 대표적 법철학자인 라드부르흐가 제2차 세계대전 이후 법적 안정성에서 정의를 더 중요시하게 되었다고 요약한다. 법학자의 개인 윤리로서는 이해가 되나 도이치 법치주의의 역사로서는 거친 설명이다. 또한 한국의 법과 대학에서는 법치주의는 형식적 법치주의와 실질적 법치주의로 나누어진다고 설명하고, 제2차 세계대전 이후에는 실질적 법치주의로 진전한다고 설명한다. 형식과 실질로 구분하는 2분법적 논리는 19세기 이후의 강단법학의 대표적인 유형이다. 그러나 어떻게 형식적 법이 실질적 법이 되느냐를 설명하지 않고 있다. 2분법의 개념으로는 법조인의 행태를 분석한 연구가 있다(Richard A. Posner, 1995). 이 부분은 어떤 국가의 위기 시에 법조인의 생각과 행동이 어떻게 나타나는가를 분석한 것이다. 앞부

도이치와 러시아의 법치국가의 특징은 법의 기본 형태와 연원이 역사법학에서 이야기하는 관습이 아니요 선례도 아니요 자연법이론에서 이야기하는 형평도 아니요, 오로지 입법이라고 주장하는 데 있다. 관습 선례 그리고 형평은 실증주의 법이론에서는 입법으로 융합된다. 이럴 때 관습, 선례형평을 법으로 만드는 것은 입법당국에 의해서 받아들여지고 국가권력에 의해서 강제될 때만이다.

8.3. 강한 법실증주의 경향

따라서 19세기 유럽의 법사상에 있어서의 강한 법실증주의 경향은 다음과 같은 특징을 가지고 있다. 국가의 법은 동질적이고 완벽하게 다양한 연원의 법을 일괄적으로 입법행위에 의해서 법전화하는 것이다. 법전편찬운동이 국가법주의의 표현이자 국민적 통일의 상징으로 나타나는 것이다.[38] 법전편찬의 경우 국가의 모든 법질서가 입법부에 의한 입법행위에 담기는 정도에 따라서 넓은 의미의 법(Recht droit pravo jus)은 좁은 의미의 법(Gesetz, loi, zakon, lex)과 일치하게 되는 것이다. 따라서 '법의 지배'는 '법률의 지배'로 되고 법률의 지배는 '법을 도구로 하는 지배'가 되는 것이다.[39] 고르바

분은 제3국에서의 도이치의 판사들이 어떻게 행동했는가를 분석한 것이다.
제3국의 법치주의의 성격에 대해서는 법학뿐만이 아니고 도이치 문화 및 문화 연구가들의 최근 업적이 참고가 된다. 예컨대 도쿄 대학 독문과의 최근 주요 연구 테마가 '넓은 의미에 있어서의 제3제국이 사회상'이라고 한다.

38) 제정 러시아에 있어서는 1700년부터 1829년까지 법전편찬운동이 실패하고 1830년에서야 비로소 러시아 제국 법률 전집(Plonoe Sovranie) 42권이 편찬되었다. 러시아에서의 법전편찬의 전통은 1917년 이전에 있었던 연속적인 일련의 법전에 의해 증명되었듯이 한층 거슬러 올라간다. 루스카이아 프라브다(Russkaia Pravda)(러시아 법률)는 11세기에 채택되었다(김철, 1989).

39) 한국에 있어서의 법치주의는 교과서적 설명, 특히 철학적·사상적 설명이나 헌법학적 설명에 있어서는 넓은 의미의 법치주의를 의미하였다. 그러나 막상 분과법에 있어서의 법치주의가 각론에 들어가게 되면, 좁은 의미의 법, 즉 법률에 의한 지배로 바뀌는 것

초프 행정부가 법을 기초로 하는 국가 또는 법치국가 또는 법치주의를 슬로건으로서 내걸었을 때의 '법에 기초를 둔 국가'(Provovoe gosudarstvo)는 위와 같은 내용이었다. 마르크시즘에서 벗어나서 페레스트로이카를 시작했을 때 최초로 러시아 정부는 마르크시즘이 폐기한 제정 러시아의 법치주의를 들고 나온 것이다. 1988년 이후의 사정은 이후에 상술한다. 페레스트로이카 시대의 법치주의는 큰 흐름으로 보아서 소비에트 시대에 받아들여졌던 극단적 형태의 법실증주의와 다르지 않고 이때의 법은 넓은 의미의 법이 아니며 전체적으로 정당성이나 정의를 포함하기보다는 만들어진 법의 절대성을 의미하는 것이었다.

8.4. 한국에서 논의되지 않았던 부분

한국에서 논의되지 않았던 부분이 법치주의와 입헌주의와의 관계 또한 법치주의와 민주주의와의 관계라고 이미 말하였다. 법치주의와 입헌주의와의 관계가 밝혀지지 않으면 영영 한편에서는 '법과 질서'를 강조하고 다른 한편에서는 '국민의 권리'를 주장하는 상태가 계속될 것이다. 페레스트로이카가 법치주의를 슬로건으로 내걸었으나 이윽고 전반적인 문제는 입헌주의의 문제로 확대되어 간 것이 이것을 가리키고 있다.[40]

이 상례였다. 또한 이론가에 의한 설명은 넓은 의미의 법치주의가 되고 막상 실무가에 의한 적용은 좁은 의미의 법률에 의한 지배로 밝혀지는 것이 지금까지의 경험이었다. 따라서 법의 지배, 법치주의, 법치국가에 어떤 철학적 사상적 국가학적 의미를 부여하더라고 그것은 사전적이거나 어의학(語義學)적 문제일 뿐 국민의 경험은 여전히 가장 좁은 의미에 있어서의 법률의 지배로 경험되어 오는 것이다.

40) 법치주의와 입헌주의와의 관계는 비단 후진국과 중진국에서만 문제되는 것은 아니다. 실로 이 관계는 전형적인 민주주의 국가에서도 주기적으로 문제되는 것이며, 그 문제의 사이클이 급격할수록 위기상황으로 느껴지는 것이다(필립 노네이와 필립 셀즈닉, 1978).

9. 이 장의 요약

저자는 이 글에서 1. 한국 공법학에 있어서의 외국법의 문제를 논의하고, 2. 한국법학이 외국으로부터 수입한 법치주의 개념에 대한 재검토를 한다. 3. 수입된 법치주의를 사용한 역사적 예로서 러시아에 있어서의 법치주의를 고찰한다. 4. 해방 이후의 한국의 교과서가 다루는 법치주의의 기반이 되고 있는 한국문화에 있어서 개화기 이후 평균인의 의식의 일부가 된 법치주의의 의미를 법인류학 및 법사회학적으로 살펴본다. 5. 한국법학이 따르고 있는 서양법 전통의 법치주의의 원류를 밝히기 위해서 '서양법 전통에 있어서의 고차법(高次法)'을 해롤드 버만의 이론에 따라 고찰한다. 6. 서원우 교수가 요약한 해방 이후 한국의 공법학의 특징으로서 특수 독일적 법치주의의 문제를 다룬다. 7. 한국에서 식민지시대와 해방 이후 줄곧 세계사적인 보편주의의 등불 아래서 명백히 하지 않았던 19세기 도이치에 소개된 법치주의의 성질을 밝힌다.

■ 참고문헌

권영성, '바이마르공화국 후기에 있어서의 헌법발전', 『비교 헌법학』
    (서울: 법문사, 1984).
권영성, 『헌법학 원론』 (서울: 법문사, 2005).
김도창, 『행정법론(상)』 (서울: 청운사, 1983).
김동희, 『행정법I』 (서울: 박영사, 2007).
김여수, 『법률사상사』 (서울: 박영사, 1976).
김 철, 『러시아 소비에트 법 - 비교법 문화적 연구』 (서울: 민음사,
    1989).
김 철, 미국과 소련의 법체계, 김유남 엮음, 『미소 비교론』 (서울: 어
    문각, 1992)(김 철, 1992c).
김 철, 『법 제도의 보편성과 특수성―한국 공법학의 지향점을 위한
    비교법적 시도』 (서울: 훈민사, 2007)(김철, 2007 b).
김 철, "지식의 한계와 시대", 『법률사상사 강의록』 미출간 강의교재,
    2007c.
해롤드 버만과 김 철, 『종교와 제도-문명과 역사적 법이론』 (서울: 민
    영사, 1992)(김 철, 1992a).
김 철, 『한국 법학의 철학적 기초 ― 역사적, 경제적, 사회·문화적
    접근』 (서울: 한국학술정보(주) ,2007)(김철, 2007 a).
김 철, 『해체기(解體基)의 비교 제도론(比較制度論)』 -가치와 제도(서
    울: Myko International Ltd., 1994).
김 철, "Russian Jurisprudence" 미발표 영문원고, 1992(김 철, 1992b).
김철수, 『헌법학개론』 (서울: 박영사, 2006).
문영극, 『本民과 東明國』 (서울: Myko International Ltd., 1992).
서원우, '한국에서 미국헌법의 영향과 교훈', 『헌법이념과 행정법』 , 한
    국공법학회, 1987.
이광수, 한국문학전집 『흙』 (서울: 정음사).
이광린, 『한국개화사연구』 (서울: 일조각, 1974).
이광린, 『개화당 연구』 (서울: 일조각, 1973).
이정희, 『동유럽의 역사』 (서울: 대한교과서주식회사, 1986).

이황직, 『독립협회, 토론공화국을 꿈꾸다. 민주주의 실험 천 일의 기록』 (서울: 프로네시스, 2007).

최종고, 『한국의 서양법 수용사』 (서울: 박영사, 1982).

필립 노네이와 필립 셀즈닉, 김철 번역(미출간) 『법과사회의 변동』 (1978).

허 영, 『헌법과 헌법이론(상)』 (서울: 박영사, 2007).

홍정선, 『행정법원론(상)』 (서울: 박영사, 2007).

Brucel. R. Smith 'Constitutionalism in the New Russia', The Brookings Institution, 1993

Brucel. R. Smith & Gennady M. Danilenko ed, 'Law & Democracy in the New Russia', The Brookings Institution, 1993

Chull Kim, 'Legal Education - A Brief in Historical Socialogical Perspective- Collection of Essays', 『법제도의 보편성과 특수성』 (서울: 훈민사, 2007).

Chull Kim, "Religion & L:aw in East -- Asian Culture of Chinese Confucian Influence", 『법제도의 보편성과 특수성』 (서울: 훈민사, 2007).

Ernst Fraenkel, *Das amerikanische Regierungssystem*, 1960.

Eugen Rosenstock Huessey, *Out of Revolution - a Portrait of Western People*, Dartmouth Univ. press 1938

Harold Berman , 'The Rule of law and the Law -Based State (Rechtsstaat), *The Harriman Institute Forum* 'Vol.4 Nr ,May 1991 The W. Averell Harriman Institute for Advanced Study of the Soviet Union.

Harold Berman, *Law and Revolution : The formation of the Western Legal Tradition*, Harvard University Press, 1983

Ito Hirobumi, *Commentaries on the Constitution of the Empire of Japan* tr, Ito Miyosi, Tokyo,1889

Karin Schmid, 'Legislation on Administrative Procedure in Czechoslovachia and the Soviet Union', in Feldblugge ed. *The Emancipation of Soviet Law*, Martinus Nijhoff Publishers, 1992

Rene David, *Major Legal Systems In the World Today-An Introduction to the Comparative Study of Law*(English Translation by Brierly)1968. A second edition of this book was published in 1978.

Richard Thoma, "Rechtsstaatsidee und Verwaltungsrechtswissenschaft' *Jahrbuch d. oeff. R*, bd.4 (1910),

Richard A Posner, *Overcoming Law*, "The Profession in Crisis" German and Britain" Harvard University Press, 1995

Richard H. Minear, *Japanese Tradition And Western Law,* Harvard University Press, 1970

William E Butler, " The Rule of Law and the Legal system" in Stephen White, Alex Pravda, and Zvi Gitelman, editors, Development in Soviet Politics, 1990

Richard A Posner, *Overcoming Law*, "The Profession in Crisis: German and Britain" Harvard University Press, 1995.

Richard H. Minear, *Japanese Tradition And Western Law*, Harvard University Press, 1970.

William E Butler, "The Rule of Law and the Legal system" in Stephen White, Alex Pravda, and Zvi Gitelman, editors, *Development in Soviet Politics*, 1990.

제2장 서양법 전통의 방법이원론의 역사와 방법이원론이 한국 근현대 법학에 미친 영향

– 신칸트학파의 방법이원론은 1929년 이후의 세계 대공황의 도전에서 어떻게 변용했는가 –

한국 법학이 아직도 기본으로 하고 있는 신칸트학파의 방법이원론이 "서양법 전통(Western Tradition of Law)"에서 어떤 위치인가를 먼저 밝힌다. 그리고 이 철학적 방법론이 1920년대와 1930년대 이후 현재까지 한국의 법학교육에 어떤 실질적 영향을 미쳤는가를 반성한다. 짧은 문장으로 전편을 표현한다면 '좋은 철학적 방법론이 반드시 좋은 사회적 효과를 가져 오는 것은 아니다.'

1. 들어가는 말

고대문명의 종교사상과 고대 그리스 철학의 전통이 발전시킨 형이상학적 이원론은 종교학, 신학, 철학 그리고 법학의 교차적 관심 분야이다. 서양 사상의 전개에서 중세의 양검이론(Zwei – Schwert Theorie)은 이론이 아니라 실제로 중세 천 년간의 서유럽 세계를 지상의 권력과 교회의 권력으로 이분화하는 현실적 제도가 되었다.

그렇지만 형이상학적 이원론은 세속법과 교회의 법이라는 이분법적 구도 안에서도 자연법이라는 또 하나의 입지점을 가짐으로써 이론적으로 신의 법과 인간의 법 가운데 어느 쪽에도 속하지 않을 수 있었다. 자연법은 후고 그로티우스(Hugo Grotius, 1583~1645)에 이르러서 중세 천 년 동안의 종교와 교회의 위광에서 벗어나서 인간의 이성과 양심에 근거를 두기 시작했다. 이후 시민혁명을 가능케 한 근대 자연법은 이와 같은 맥락에서 생성되었다.

이 대목까지는 근대까지의 학문이 그러했던 것처럼 신학, 철학, 법학 및 모든 미분화된 인문사회과학의 공통되는 부분이다. 따라서 이 글의 다음 절인 '형이상학적 이원론과 자연법'은 현대에 있어서도 성과 속이라는 이분법적 구도를 기본으로 하고 있다고 여기는 신학자들과 관심을 공유할 수 있다. 이미 중세 말의 그라티아누스 시대에도 신학과 법학은 공통점이 있었다. 현대 한국의 신학이 성과 속의 전통적인 이분법을 견지하면서도 다시 성찰하는 것처럼[41] 한국의 전통 법학이 견지한 이원론[42]을 성찰하기 위함이다.

한국의 법학이 급속히 변화하며 전개되어 가는 현대사회 안에서 한편으로는 종교 및 윤리와 분리되고[43] 다른 한편으로는 인문과학, 사회과학을 비롯한 현대과학의 성과에서도 분리되어서[44] 고립된 율법학으로 진행되는 데 대한 많은 우려가 있어 왔다.[45] 한국법학

---

41) 이 성찰은 '프로테스탄트 윤리의 재인식'으로 나타나기도 하고(박영신, 1980, 2008) 또 한 왜곡된 이분법적인 사고 형태에 의해서 성스러움과 세속적임, 교회와 사회를 구별하는 전통을 성찰하여야 한다는 논의도 있다(강희천, 1995).

42) 신칸트학파의 전성기였던 1920년대와 1930년대의 방법이원론의 영향 아래 당위와 존재, 규범과 사실 세계를 엄격히 분리해 왔다.

43) 법과 제도의 종교적 차원, 종교의 한 차원으로서의 법 제도와 규범, 기독교가 서양법의 발달에 미친 영향에 대해서는 이 책(해롤드 버만 - 김철, 1992)을 볼 것.

44) 인문학(역사학, 철학)과 사회과학(사회학, 심리학, 경제학)의 시점을 받아들여 한국의 지금까지의 법학을 성찰한 것은 이 책(김철, 2007ㄱ)을 볼 것.

45) 분절화, 편린화되지 않은 온전한 법학의 방법론에 대해서는 이 책(김철, 2007ㄴ)을 볼 것.

내부에서도 법학 교육을 담당하는 강단법학가와 법이론가들이 1910년대에 형성되고 1920년대와 1930년대에 걸쳐서 설득력이 있었던 법학방법론에 대해 성찰하고 있다(서울대학교 법학연구소, 2006: 1~199)(한국법철학회, 2008).

이 글의 목적은 다음과 같다. 첫째, 이 연구는 현대 한국의 법학 교육의 기반이 된 신칸트학파의 방법론적 이원론이 주류 서양 사상사에서 어떤 위치를 차지하는가를 밝힌다. 둘째, 이 연구는 신칸트학파의 방법론적 이원론이 서양과 같은 형이상학적 전통이나 중세 천 년의 이원론적 세계관의 구조가 없는 한국에서 어떻게 쉽사리 단순화된 규범론과 당위론으로 전개되었는가를 밝힌다.

2. 형이상학적 이원론[46]과 자연법

2.1. 형이상학적 이원론의 원천으로서 헬레니즘과 유대교

서양의 지적 전통 중에서 가장 오래되고 이후의 문명과 문화에 지울 수 없는 영향을 미친 것은 형이상학적 이원론이다. 플라톤에 의하면, 이원론은 다음의 비유에서 시작한다. 즉 사람은 동굴에 갇혀 있는 죄수와 같다. 그는 동굴의 벽면을 향해 앉아 있고, 동굴의 벽에 비치는 그림자를 보고 있다. 동굴 입구에 켜진 일렁이는 불빛에 의해 동굴 바깥에 있는 세상의 그림자가 동굴 벽면에 비치고 있

---

46) 형이상학(Metaphysics)과 이원론(Dualism)의 합성어이다. 거의 모든 철학사는 형이상학을 고대 그리스 초기부터 설명한다(버트란트 러셀, 1945). 한국에서 형이상학적 이원론이라는 용어를 쓰기 시작한 법학자는 황산덕이다(황산덕, 1965: 31). 형이상학적 이원론을 법철학사를 설명하는 키워드로 본격적으로 강의에서 사용한 예는 김철이다(김철, 1993: 12, 김철, 2004: 32).

다. 이와 같이 사람은 세계의 참모습을 직접 볼 수 없고, 그의 존재의 조건, 즉 갇힌 사람의 인식 조건에 의해 오직 세계의 그림자만을 알 수 있을 뿐이다. 우리가 우리의 감각 또는 인식 작용에 의해서 파악하는 세계는 눈에 보이는 현상의 세계이다(러셀, 1960: 148~233, 최재희, 1975: 41~42).

2.1.1. 플라톤

플라톤은 눈에 보이는 세계와 구별되는 세계를 말한다. 이것은 이데아의 세계이다. 이 세계는 변전 무상한 눈에 보이는 현상계보다 더 가치가 있고 불변하는 세계이다. 눈에 보이지 않는 이 세계가 실재의 세계이다. '세상의 것'에 늘 주목하면서 살아가는 현대인의 어떤 경향에 비추어 보면, 이것은 세상을 사는 태도로서 세상 것에 대한 낮춤과 함께 세상의 것을 넘어서는 가치의 추구로 나타나서 이른바 세속주의적 생활 태도에 대한 경멸과 함께한다(김철, 2004: 33).

플라톤의 형이상학적 이원론은 경험적으로 증명할 수 없는 이데아의 세계를 설정한다는 점에서 형이상학이며, 눈에 보이는 세계와 눈에 보이지 않는 세계를 이원적으로 구분한다는 점에서 이원론이다. 이것은 고대 유대교에서 지상의 왕국과 하나님의 왕국이라는 이원적 파악과 병행할 수 있는 인식구조를 가지고 있다. 경건한 고대 유대인에게 이 세상 질서라는 것은 그것 자체로 가치 있는 것이 아니라 성서에 나타난 하나님의 질서에 합치될 때만 따를 수 있는 것이었다.47) 이윽고 도래할, 이 세상을 초월하는 하나님의 왕국 곧

---

47) 갠지스 문명을 포함한 고대문명은 어디서나 종교 문화의 특징을 띠고 있는 것은 고대 그리스가 철학으로 옮아가기 이전에는 종교 문화의 성격을 가진 것과 같다(F. M. Cornford, 1991). 따라서 하나님의 세상과 속세의 구별이라는 유대주의를 한 원천으로

천국에서의 영원한 삶이 더욱 바람직한 것이 되었다. 플라톤의 이원론에 있어서도 이데아의 세계는 현상의 세계보다 우월하다. "플라톤의 손은 이데아의 세계, 즉 지상이 아닌 다른 세계를 가리키고 있다."(Plato, 1988: 370)

2.1.2. 아리스토텔레스

이에 반해서 그의 제자 아리스토텔레스에게 있어서 현상과 실재의 관계는 플라톤에게 있어서와 같이 분리되지 않는다(러셀, 1960: 234). 그에게 있어서는 다른 문제가 더 중요하였다(Copleston, 1993: 292). 예를 들면 다음과 같은 것이다. "여기 도자기를 만들고 있는 도공이 있다. 그는 흙을 빚어서 질그릇을 만들고 있다. 흙은 흔히 얘기되듯 재료이다. 흙이 도기가 되는 것은 도공의 손을 거쳐 형체를 얻기 때문이다." 아리스토텔레스는 흙과 같은 질료가 도기로서의 형상을 가지는 생성의 진행을 주목한다(최재희, 1975: 49). 이를 잘 나타내는 또 다른 비유가 있다. "스코틀랜드의 북부 호수에는 네스라는 고생대 시대의 괴수가 살고 있다고 전승되고 있다. 네스가 호수면 아래에 있을 동안에는 아무도 괴물의 존재를 경험할 수도 증명할 수도 없다. 그것이 모가지 이상이라도 수면 이상에 드러낼 때, 비로소 사람들은 사진을 찍거나 눈으로 본 증인을 세우거나 해서 그의 존재를 증명할 수 있을 뿐이다. 그것이 물 아래 있을 때를 잠세(潛勢)라고 한다. 그것이 물 위로 고개를 내밀 때 현세(顯勢)라고 한다."(김철, 2007ㄷ: 18)

이와 마찬가지로 흙은 잠세에 있고, 도자기는 현세에 있다고 할 수 있다(Frederick Copleston, 1993: 312). 아리스토텔레스에게 인간

한 서양 고대문명은 피안과 차안의 구별이라는 고대 종교를 발달시킨 갠지스 문명과 종교 문화의 색채가 강하다는 점에 있어서는 공통점이 있다(김철, 2004: 33).

의 인식에 있어서 감각과 진리의 관계는 플라톤과는 다른 관계를 가지기 시작했다. 감각과 진리는 항상 분리되지는 않는다. 그래서 "아리스토텔레스는 그의 손으로 땅을, 즉 지상을 가리키고 있다."(안병욱, 1967) 형상과 질료에 대한 정리는 다음과 같다. ① 질료는 형상을 가짐으로써 그 현실성을 가지게 된다. ② 형상을 얻지 못한 질료는 단순한 가능성에 불과하다. ③ 질료가 가능성의 상태에서 형상을 얻어 현실성에 이를 때를 생성이라고 한다. ④ 모든 생성 과정에서 순수하게 기계론적으로 이루어지는 일은 없으며, 모든 일은 목적론적으로 일어난다(김철, 1999: 24, Copleston, 1993: 310).

고대 그리스인들은 자신 밖의 세계, 즉 외계 또는 우주를 파악할 때 눈에 보이는 것과 눈에 보이지 않는 것과의 관계를 생각하였다.[48] 위에서 든 플라톤과 아리스토텔레스의 예는 그들이 생각한 '보이는 것'과 '안 보이는 것'과의 관계이다.[49] "눈에 보이지 않는 문화에 주목한 것은 고대 그리스 문명의 경우 비교적 일찍 발달되었다."[50]

---

[48] 아리스토텔레스는 (1) 눈에 보이며 소멸할 것 (2) 지각할 수 있으며 영원한 것, 예를 들어 천체, (3) 지각할 수 없으며 영원한 것으로 분류한다. Aristotle의 *The Metaphysics, Book E*에 보인다(Copleston, 1993: 291).

[49] 현대 철학자 중에서 만년에 철학을 눈에 보이는 것(외관)과 진정한 존재와의 이원론에서 재출발한 것은 한나 아렌트이다. 그는 그의 최후의 저작의 제1장 Appearance에서 W. H. Auden의 시구로써 시작하고 있다. "Does God ever judge us by appearances? I suspect that he does."(Hannah Arendt, 1978: 19)

[50] 이것을 한국 현대 문화의 분석에 사용한 것은 이 책(김철, 2000)을 볼 것.

2.2. 형이상학적 이원론과 자연법[51]

2.2.1. 서양 고대문명에 있어서의 시민법, 만민법, 자연법의 관계

2.2.1.1. 시민법

처음에 로마가 도시국가로서 있을 때에는 로마 시민의 법인 '시민법'(Ius Civile)만이 있었다. 그 후에 로마는 차례로 인접해 있는 여러 민족을 정복하면서 그 판도 안에는 각기 다른 민족의 법의 지배를 받는 수많은 이민족이 포함되기에 이르렀다. 이때에 로마가 무력을 배경으로 로마의 시민법의 준수를 그들 이민족에게 강요하였다면, 그것은 확실히 '형평과 선', 즉 정의의 이념에 맞지 않게 될 것이다. 바로 여기에 각종 이민족에게 보편적으로 타당한 좀 더 고차적인 법이 필요하게 되었다.

2.2.1.2. 만민법

이러한 이유로 다수 민족을 상대로 한 '만민법'(Ius Gentium)이 나오게 되었다. 따라서 만민법의 근본정신은 '항상 형평하고 선한 것'을 찾으려는 태도에 있었고, 그 목적은 틀림없이 '각자에게 그의 것을 주는 항상 불변하는 의지'인 정의였다. 그 후 로마제국은 동방의 한구석인 축소된 판도(비잔틴) 안에서 그 여명을 유지하고 있었으나 정의의 이념만은 변함없이 보존되었다. 그것은 실제로 제정된 만민법을 통하여 나타나면서 또한 모든 입법에 있어서도 그것을 목표로 지향되어야 할 모든 법의 영원한 이념으로서 인정되었다. 그리고 바로 여기에 로마의 자연법(Ius Naturale) 사상의 특수성이 있다(황산덕,

---

51) 자연법의 역사를 고대로부터 중세와 근세 및 근대에 이르기까지 분석하기 위해서 형이상 학적 이원론의 전통을 사용한 한국의 학자는 황산덕이다(황산덕, 1965: 31~237). 그러나 2)-②의 글은 Harold J. Berman의 *Law and Revolution*(1983)에 가장 크게 의존하였다.

1965: 130, 최태영, 1977: 55, Hans Julius Wolff, 1951: 82～83).

2.2.1.3. 자연법

이와 같은 자연법의 성격을 고대 로마 3세기 중엽을 기준으로 활약한 법학자들이 다음과 같이 말했다. ① Paulus: 항상 형평하고 선한 것이다(Digesta, Ⅰ, 1, 11). ② Gaius: 법에 의하여 또는 관습에 의하여 지배되는 모든 국민이 준수하는 법은 일부는 그들에 고유한 것이고 일부는 전 인류에 공통된 것이다. 즉 어떤 국민이 자신을 위하여 자신이 제정한 법은 그 국가에 특유한 것이다. 이것은 그 국가에 특유하다고 해서 시민법이라고 부른다. 그런데 자연의 이성(naturalis ratio)이 만인 사이에 제정한 법은 만인 사이에서 다 같이 준수되는 것이다. 이것은 만민이 그것을 사용한다고 해서 만민법이라고 부른다(Digesta, Ⅰ, 1, 9). ③ Ulpianus: 한 사람, 한 사람에게 그의 것을 주는 영원히 그치지 않는 의지이다(황산덕, 1965: 128, 최태영, 1977: 55, Hans Julius Wolff, 1951: 82～83).

2.2.1.4. 자연법은 절대자의 존재를 전제로 하였다

이미 후기 스토아학파와 헬레니즘 문화에 있어서 '자연법'은 절대자의 존재를 전제로 하였다. 따라서 그것은 쉽게 그리스도교와 결합하였다. "로마는 세 번 세계를 정복하였다. 첫 번째는 로마의 군대로써, 두 번째는 로마 가톨릭으로써, 세 번째는 제도와 법으로써"(Rudolf Von Jhering, 1852～65)(최태영, 1977: 244)이다. 로마법의 특징은 자연법에 있었다. 로마·가톨릭은 자연법을 통해 시민법대전(유스티아누스 법전)의 주된 동기를 주었다(황산덕, 1965: 127).

2.2.2. 서양 중세의 자연법의 성격

2.2.2.1. 그라티아누스

1140년에 볼로냐의 수도사 그라티아누스는 서양 역사에서 최초로 가장 포괄적이고 체계적인 법학 논문집을 썼다(Kuttner, 1960: 2~19). 그 제목은 "A Concordance of Discordant Canons"이다. 그의 첫 번째 저작은 101개의 부문으로 나뉘어 있다. 그중 첫 번째 20개의 법의 항목에서 그는 신의 법, 자연법, 인간의 법, 교회의 법, 왕의 법, 제정법, 관습법으로 분류하고 이들 사이의 관계를 설명하였다. 이 범주들은 고대 그리스의 아리스토텔레스의 방식에 따라 고대 로마 법학자들이 이미 만든 것들로 자연법과 실정법, 보편법과 나라의 법, 그리고 관습법과 제정법을 구별하였다. 그라티아누스는 이들 열거된 법의 순서를 정하고 관계를 설명했다(Berman, 1983: 145).

2.2.2.2. 신의 법과 인간의 법 사이에 있는 자연법

그라티아누스는 자연법을 신의 법과 인간의 법 사이에다 두었다. 신의 법은 성서의 계시에 나타난 신의 뜻 자체이다. 자연법은 역시 신의 의지를 반영하고 있으나 동시에 인간의 이성과 양심에서도 발견된다(Harold J. Berman, 1983: 145). 따라서 그라티아누스는 세속 권위의 대표인 군주의 법(Leges)은 자연법(Ius Naturale)을 능가해서는 안 된다고 결론짓고 있다(Friedberg, 1879, 1959). 마찬가지로 교회의 법은 자연법을 침범해서는 안 된다. Ius(법)는 Lex(제정법)보다 상위 개념이다(Berman, 1983: 145).

2.2.2.3. 토마스 아퀴나스의 자연법

토마스 아퀴나스(Thomas Aquinas, 1225~1274)는 영구법과 자연법 및 사람이 정한 법을 구별하였다. 우주를 지배하는 절대자의 이성 자체가 영구법(Lex Aeterna)이고, 자연법은 영구법 중에서 인간의 이성을 통하여 인간에게 알려진 법이며, 사람이 정한 법은 자연법이 구체적으로 적용된 예에 불과하다(황산덕, 1965: 152, Berman, 1983: 287).

성 어거스틴(Augustine, 354~430)은 "정당하지 않은 법은 결코 법이 아니다."라고 주장하였다(황산덕, 1965: 139). 최고의 스콜라 철학자이고 그의 체계가 오늘에 이르기까지 가톨릭계의 모든 교육기관에서 가장 정당한 유일한 체계로 받아들여지고 있는 성 토마스 아퀴나스는 "사람이 정한 법은 질서 유지를 위해서 지켜져야 한다. 그러나 만약 사람이 정한 법이 신의 법(Lex divina) — 즉 영구법이나 자연법 — 에 위반될 때는 법으로서의 효력을 상실한다."라고 주장했다(Berman, 1983: 109~110, 황산덕, 1965: 152).

3. 근대 자연법의 특징

근대 자연법이 인간의 이성을 기초로 한 낙관적 합리주의의 경향을 갖게 된 것은 서양 중세 천 년을 통해서 그리고 근세에까지 자연법에 대한 가장 정통적인 해석을 하고 있던 스콜라 철학에서부터 해방된 탓이다(김철, 1993: 26, 35). 스콜라 철학의 자연법에서부터 근대 자연법의 이성적 합리주의로의 이행기에 결정적인 역할을 한 이론은 사회계약론과 사물의 본성론(Natur der Sache)이다.

3.1. 사물의 본성론

이 중에서 중세 전통의 자연법, 스콜라 철학의 자연법에서 신적인 요소를 제거하더라도 이미 인간의 양심과 이성은 하나님으로부터 부여받은 것으로 여전히 자연법을 성립시킨다는 것을 증명한 것은 네덜란드의 그로티우스(Hugo Grotius)였다. 그는 사물의 본성론을 극적으로 표현하였다. "신이 존재하지 않는다고 가정하는 것은 경건하지 않은 일이다. 그러나 만약 극단적으로 신이 존재하지 않는다고 하더라도 사물의 성질, 자연의 성질, 물건과 일의 본래적 성질은 변하지 않을 것이다. 즉 2×2＝4이다. 물의 성질은 위에서 아래로 흐른다."(김철, 2007ㄴ : 274)

그로티우스는 좁은 의미의 또는 원래의 의미의 자연법을 다음과 같이 정의하고 있다. "인간의 지성과 일치하는 이 사회보전(societatis custodia)의 본능은 원래적 의미의 법(즉 좁은 의미의 자연법)의 원천이 되는 것인데 이 법에는 타인에 속한 것을 침범하지 않을 것, 우리가 타인의 그 무엇을 점유하든 그것으로부터 이익을 얻을 경우에는 그것을 반환하는 것, 약속을 지키는 것, 자기의 과실로 말미암은 손해를 배상하는 것, 일정한 사물이 인간 사이에서 형벌에 해당하는 것을 인정하는 것이 포함된다."(그로티우스, *Prolegomena*: 38)[52]

3.2. 낙관적 합리주의

근대 자연법의 특징인 낙관적 합리주의는 '신으로부터 받은 것' 대신에 인간의 '이성에 의해서 간단명료하게 알 수 있는 것' 또는 인간의 보통의 상식과 경험에 의해서 누구나 알 수 있는 것으로 정의된다. 프랑스 인권선언 1조에 의하면 "우리는 다음의 사실을 스스로 명백한 것으로 받아들인다. 사람은 태어난 때부터 자유롭고

---

52) 전문 61구절로 되어 있는 프롤레고메나에는 그로티우스의 근본 사상이 요약되어 있다. 우선 만민법, 자연법, 의사법 등에 관한 정의를 내리고 있다.

평등하다." 자연법에서 초월적이며 신적인 것을 제거하면 근대 자연법에서와 같은 인간의 이성과 양심 중심이 되고 법의 지배의 초점은 이성의 원칙에 돌아가게 된다(해롤드 버만- 김철, 1992: 236).

3.3. 근대자연법의 상대주의 경향

따라서 근대 자연법의 경위는 인간중심적, 개별 인격 중심적 경향으로 흘러가서 "사람이 만물의 기준이다."라는 프로타고라스적 명제의 상대주의에 귀착할 수 있다. 이것은 근대 자연법의 2대 요소 중 하나인 사회계약설이 "사람과 사람의 계약, 합의가 사회의 출발이다."라는 내용이기 때문에 더욱 그러하다. 이러한 계약설의 논리적 극단의 하나는 다음과 같은 물음을 낳는다. "합의와 동의가 이루어지면 인간도 잡아먹을 수 있나" 론 풀러(Lon Fuller)는 이러한 계약설을 픽션으로 구성해서 질문을 유도한다(풀러, 1979: 20).

4. 형이상학적 이원론의 전통과 법학에서의 방법이원론[53]

4.1. 방법이원론과 '법 판단의 전제가 되는 사실 관계'

형이상학적 이원론의 전통은 이원론,[54] 이분법, 방법이원론으로

---

53) "이리하여 법철학은, 라드브루흐에 의하여, 평가적 고찰로서의 의의를 가지게 되는데 이러한 법가치의 고찰은 그에 의하여 또다시 다음과 같은 두 면에서의 한정을 받게 된다. 첫째로, 그는 칸트의 이원론에 입각하여, 존재로부터 당위를, 가치 무관계한 것으로부터 가치 관계적인 것을 추단하는 것을 원리적으로 불가능하다고 단정한다. 이리하여 법에 관한 실증주의, 역사주의, 진화주의는 모두 거부되고, 법의 당위와 법의 존재는 각각 별개의 고유법칙에 의하여 지배된다고 하는 라드브루흐의 방법이원주의(Methodendualismus)가 인정된다."(Radbruch, herausg. von Erik Wolf., 1956: 96)(황산덕, 1965: 401)

이어진다. 이것은 법학방법론과 관련되므로 법철학에서도 중요한 문제이다. 먼저 2008년 8월 현재 국내에서 출간된 중요한 법학 기본서의 구조와 항목 및 쓰인 방법을 살펴보도록 하겠다. 한국의 법학계에서 어떤 법학이 어떻게 강의되고 있는가를 사회과학적 방법으로 조사한 문헌은 찾아보기 힘들다. 따라서 필자의 경험에서 논의할 수밖에 없다. 구한말 법관양성소 설립 이후 100년 이상의 한국법학의 역사에서 아직까지 변함없는 사실은 법학 교과서의 내용이나 가르치는 내용과 방식에서 법 판단의 전제가 되는 사실 관계의 문제를 완전히 축출하였다는 것이다. 이른바 순수 법학의 이러한 규범 인식의 철저화는 법철학적으로는 신칸트학파[55]의 '당위와 존재의 이원론'(황산덕, 1965: 387)에서 나온 것이다.

다음에 존재(Sein)와 당위(Sollen)의 관점에서 보면, 모든 교과서의 저술은 이분법의 전제 위에서 당위와 규범에 집중하고 있다. 한국 법학 교과서는 사실적 측면, 즉 사회학적 측면은 존재의 영역으로

---

54) 칸트(Kant)의 철학은 이상과 현실을 엄격히 구별하는 이원론의 입장을 취하고 있다는 점에서 그 근본적인 특색의 하나를 나타내고 있다. 한국의 개화기 이후의 법학은 칸트의 이원론의 영향 아래에 있어 왔다. 칸트의 이원론의 내용은 다음과 같다. "우리가 현상계에서 확립할 수 있는 자연과학의 지식은 현상계 이외의 세계에까지 미칠 수는 없다. 즉 현상계의 배후에 있는 물자체(Ding an Sich)는 자연과학적 개념 구성의 한계 밖에 있다. 그리고 이러한 한계 밖의 세계는 실천 이성이 지배하는 세계인 데 반하여, 여기에서 실현될 도덕의 이상은 인간의 노력에 의하여 실현되어야 하는 것, 다시 말하면 당위(Sollen)인 것이며 있는 그대로의 존재의 세계인 것은 아니다. 사실의 세계는 약간의 예외도 허용될 수 없는 인과율이 지배하는 것이지만 이상에 의하여 규정된 도덕의 세계에는 사실의 여하에는 관계되지 않는 당위의 법칙이 시행되고 있다." 라드브루흐가 법의 당위와 법의 존재는 각각 별개의 고유 법칙에 의하여 지배된다고 하여 방법이원주의를 수립하였을 때의 근거가 칸트의 이원론에서 흘러나온 것으로 추정된다.

55) 신칸트학파는 마르부르크학파와 서남도이치학파를 포괄한다. 마르부르크학파는 대표적으로 한스 켈젠(Hans Kelsen, 1881~1973)을 들 수 있으며, 켈젠의 철학적 입장은 당위와 존재를 엄별한다(황산덕, 1965: 404). 서남도이치학파는 빌헬름 빈델반트(Wilhelm Windelband, 1848~1915)와 우리나라에 잘 알려진 구스타프 라드브루흐(Gustav Radbruch, 1878~1949)를 들 수 있다. 신칸트학파는 존재와 당위를 분리해서 파악하는 이원론으로 공통된 특징을 가지고 있다. 철학 일반의 사조로는 1920년대에서 1930년대에 풍미하였다(황산덕, 1965: 391).

분류하여 법학에서 정식으로 취급하지 않았다. 이것은 법학이란 어디까지나 규범의 문제에 국한해야 한다는 전제 때문이다. 최근의 법학자들이 어떤 법철학적 견해를 공식적으로 표명하든지 간에, 그들의 텍스트와 강의의 항목은 변함없이 한국법학 100년을 일관한 순수 법학의 입장에 서 있다고 볼 수 있다.[56]

4.2. 강단법학의 규범주의적 접근은 다른 접근을 봉쇄한다

이상과 같은 법학 개념의 이중적 성격에 대해 한국의 강단법학에서 예를 들어 살펴보겠다. 첫째, 법 개념에서 사회학적 또는 사실의 영역에서의 규율과 규범 영역(즉 형식으로 존재하는 규범에 의한)에 있어서의 규율로 이분하고 오로지 형식을 갖춘 규범에 의한 규율과 규제만을 법학 또는 법의 영역에 포함시킨다. 둘째, 한국의 강단법학에서 초학자들에게 법 개념을 소개할 때에는 규범적 의미의 법(Recht im Normativen Sinne)과 실질적 또는 사회학적 의미의 법(Recht im sachlichen Sinne od im soziologischen Sinne)으로 나누어 설명한다. 이러한 이분법에서는 규범주의적 접근 이외에 사실적이며 법사회학적인 접근은 봉쇄된다.

4.3. 1920년대와 1930년대의 신칸트학파의 현실적 영향

이와 같은 엄격한 이원론 아래에서의 경직된 관료적 형식주의가 제2차 세계대전 이후 계속 한국의 강단법학 또는 교과서 법학의 주류가 되었다. 일반적으로 서남도이치학파의 빈델반트(Windelband)는

---

56) 법학방법론으로서의 순수 법학에 대한 논의는 이 책(김철, 2007ㄱ: 204)을 볼 것.

경성제대 법철학 교수인 오타카 아사오(尾高朝雄)를 통해서 영향을 미치고 같은 학파의 구스타프 라드브루흐는 1920년대와 1930년대부터 해방 이후 계속해서 한국인 번역자들을 통해서 반박할 수 없는 권위를 갖게 되었다. 이 두 사람과 함께 한국법학에 더욱 근본적인 영향을 미친 신칸트학파의 학자는 마르부르크학파의 한스 켈젠이다.

한국에서는 인물 중심의 법철학 사상에 대한 관심 때문에 마르부르크학파의 한스 켈젠과 서남도이치학파의 라드브루흐를 별개로 취급하나 서양법철학사의 흐름이나 법학방법론의 입장에서 볼 때 존재와 당위의 이원론이라는 소위 방법이원론에서 출발하므로 공통점이 더 크다고 볼 수밖에 없다(황산덕, 1965: 387, 400, 403). 또한 1920년대 이후 한국과 일본에 끼친 현실적 영향은 법학의 범위를 법 판단의 전제가 되는 사회적 사실에서 거의 완전히 분리해서 오로지 규범주의적 접근, 곧 법규범의 가장 현실적 형태인 법규와 명령의 문자적 해석에 집착하는 경향을 가중시켰다.

방법이원론이 동아시아에 끼친 법학적 계몽주의의 영향은 부인될 수 없다. 최소한 현실과 구별되는 규범의 존재를 법학의 초기에 계몽하였다. 그렇지만 방법이원론에는 문제가 있었다. 방법이원론의 계보를 밝히는 것은 한국법학에 영향을 미쳤고 1920년대와 1930년대의 대륙법학의 주된 방법론이었던 방법이원론(즉 규범과 사실의 엄격한 분리론)에 대한 반성 때문이다.[57]

---

57) 신칸트학파의 계보(황산덕, 1965: 387~410)(김철, 1993: 15-1).
   A. 마르부르크학파(Marburger Schule)-A-1. Herman Cohen(1842~1918) A-2. Paul Natorp(1854~1924) A-3. Rudolf Stammler(1856~1938) A-4. Hans Kelsen(1881~1973)
   B. 서남도이치학파(Sued-west-deutsche Schule)-B-1. Wilhelm Windelband(1848~1915) B-2. Heinrich Rickert(1863~1936) B-3. Emil Lask(1875~1915) B-4. Gustav Radbruch(1878~1949)
   (최태영, 1977: 301)은 신칸트학파는 주로 선험적 방법을 순화하여 논리주의에 치중하는 마르부르크학파와 주로 가치철학, 문화 문제, 문화과학방법론을 내세우는 서남독일

4.4. 법학의 탄탄한 소재는 사회관계에서 일어난 사실의 세계이다

한국의 법학은, 법학도가 교과서와 강의실에서 경험하는 대로, 다른 인문 및 사회과학(사회학, 정치학, 경제학, 심리학, 인류학, 경영학)과 방법론에서 큰 차이를 보이고 있다. 한국법학은 사실의 세계와 규범의 세계가 전혀 다른 세계에 속하는 것으로 보고 이들을 서로 분리해서 취급한다. 법학은 규범을 다루므로 사실의 세계, 사실의 과학, 사실 관계는 전면적으로 추방한다. 법학은 사실 세계를 다루는 학문이 아닐 수 있다.

그렇지만 법학은 판단의 학문이다. 그런데 판단의 소재는 사회생활 관계에서 일어난 사실 관계이다. 바꾸어 말하면 법학은 사실 관계에 대한 판단의 전 과정을 다루는 학문이다. 따라서 법학을 추상적으로 이론화하지 않고 오히려 재판 과정 전후에 전개되는 모든 과정(입법 과정, 기소 절차, 재판 과정, 집행 과정)에 관한 학문이라고 정의할 수도 있다.[58] 만약 법학을 오로지 당위의 법칙만을 다루는 것으로 한정하면, 그것은 판사나 재판에 관여하는 주요 행위자들의 행위의 일부만을 포함한다. 즉 그들의 책상 위에 놓인 법전 내의 법규와 규칙만을 다루는 법학에 그칠 것이다. 이런 법학은 어떤 특정한 법치주의 국가의 특정한 사회상을 전제로 한 것이다.

4.5. 신칸트학파는 제한적 입헌주의 시대를 배경으로 한다

이러한 역사적 통찰에 대해서는 아직까지 논의된 적이 적다. 신칸

학파로 구별된다 하고, 켈젠은 마르부르크학파에서 제외하고 있다. 그러나 선험적 방법과 논리주의에 치중한다면 한스 켈젠이 마르부르크학파의 가장 중요한 법철학자임은 말할 필요도 없다.

[58] 입법학의 한국에서의 수립에 대해서는 최대권 교수의 저작들이 선구적이다.

트학파의 선험적 입지가 아무리 철학적으로 훌륭하다 하더라도 오늘의 우리는 이들의 선험적 이론을 경험적으로 검증할 수밖에 없다. 즉 이들 법철학자들이 활약한 1920년대와 1930년대의 세계는 그 자체로 의미 있는 것이 아니라 더 소급해서 그들이 성장해 왔던 1919년 이전의 앙시앵레짐의 법질서와 그 질서 아래에서 제한적 입헌주의의 법을 습득한 긴 소년기와 청년기를 배경으로 한다.[59]

4.6. 규범 – 사실의 이원론은 성(聖) – 속(俗)의 중세 이원론과 비견된다

지금까지 살펴본 대로, 형이상학적 이원론의 영향을 받은 선험적 이론에 기초를 둔 법학의 방법론은 신칸트학파의 방법이원론에서 대표적으로 나타나는 대로 당위 법칙과 사실의 세계 사이에 높은 벽을 쌓음으로써 규범이 사실의 세계에서 분리되는 경위를 보여주었다. 이것은 마치 고대 그리스의 형이상학적 이원론에서 출발한 중세의 신의 법과 인간의 법의 이원론이 중세 사회가 진행될수록 하나님의 나라를 대표하는 성(聖)의 세계와 지상의 권력을 대표하는 속(俗)의 세계를 점차로 분리시켜 간 것과 비교할 수 있다.

그러나 이미 형이상학적 이원론의 영향을 받은 중세 교부철학에서도 하나님의 법과 지상의 권력 사이에 자연법이라는 개념이 있

---

59) 한스 켈젠은 1881년부터 1973년까지 생존하였다. 1914년 제1차 세계대전이 발발하였을 때 33세였으며 1918년 제1차 세계대전이 끝났을 때 37세였다. 그가 37세였을 때 비로소 그의 출생, 성장, 교육의 주된 장이었던 오스트리아 – 헝가리 제국이 붕괴한 것이다. 다시 말하자면 37세 이전의 한스 켈젠의 사회 문화적 배경은 합스부르크 왕가(1493~1918)가 절대군주 내지 제한군주로서의 역할을 한 앙시앵레짐의 중심적인 제국이었다. 이 글의 취지와 의도는 한스 켈젠 법학방법론의 의미 내용 자체보다도 1921년 이후 한국법학에 미친 영향이다. 한국과 일본에 훌륭한 켈젠 전문가가 있어 온 것은 존중할 만하다.

었다. 이 자연법에서 근세 이후에 신의 뜻이라는 요소가 점차로 약화되면서 인간의 이성과 합리성이 강조되게 되었고 근대 시민혁명을 가능케 하는 근대 자연법이 나타났다. 사실과 규범 혹은 존재와 당위의 이분법은 위에서 살펴본 것과 같이 하나님의 세계와 지상의 세계만큼 이원적인 요소다. 이 이원론을 극복할 수 있는 용어였던 자연법은 근대 시민혁명 이후 점차로 정치적 에너지로 기억되고 제도 법학에서는 멀어지게 되었다.

4.7. 규범－사실의 간격을 극복하는 장치: 자연적 이치

현대 시민사회에서 규범과 사실 간의 간격을 극복할 수 있는 다른 법학적 장치가 없을 것인가? 이미 논한 바대로, 근대 자연법에의 통로를 열었던 네덜란드의 그로티우스는 사물의 본성론으로 불릴 수 있는 논의를 개시하였다. 사물의 본성론은 이와 같이 서양적 개념이나 사회구조나 역사의 진행 속도가 전혀 달랐던 다른 문명권에서는 최소한의 합리성을 추구하는 규범과 사실 간의 중간 지역이 없을 것인가.

5. 자연적 이치와 조리

5.1. 자연적 이치와 조리

사물의 본성이 서유럽의 민법에 실정법학 용어로서 등장한 것은 스위스 민법 제1조 제3항이다.[60] 이것의 로망스어 표현은 jurisprudence

---

60) 필자의 본고에서의 사고의 경위는 서양 철학사에 있어서의 주류로서 형이상학적 이원론

－giurisprudenza로 되어 있고, 독일어 표현은 Lehre und Ueberlieferung 로 되어 있다(곽윤직－손지열/김황식/양창수(엮음), 2005: 55).

조리의 원조에 해당하는 Naturalis Ratio(자연적 이치) 개념을 원용한 가이우스(Gaius)의 만민법 이해가 있다. 조리는 문명국에 의하여 승인된 법의 일반 원칙 혹은 원리라고 봄이 가장 타당할 것이다 (곽윤직 등, 2005: 54). 조리에 대한 이러한 이해는 일련의 근대적 민법전의 전통 속에서도 확인된다고 한다. 특히 '자연적 법원칙'(die natuerlichen Rechtsgrundsatze)에 의할 것을 규정하는 오스트리아 민법 제7조와 국가 법질서의 일반 원칙에 의할 것을 규정하는 이탈리아 민법례 제12조가 그러하다(곽윤직 등, 2005: 54~55).

우리나라 법률 체계에서 조리라는 용어가 나타나는 것으로는 민법 제1조가 있다. 민법 제1조에서는 "민사(民事)에 관하여 법률에 규정이 없으면 관습법에 의하고 관습법에 규정이 없으면 조리(條理)에 의한다."라고 규정되어 있다. 여기서 법률은 성문법을 의미하며, 관습법(慣習法)은 사실인 관습을 사회 통념적으로 인정한 것으로서 대표적인 불문법이다. 그리고 제3차적인 법원(法源)으로서 조리가 존재한다.

처음에 조리라고 번역했던 'Natur der Sache'의 서양어에 해당하는

의 근세와 근대까지의 궤적을 더듬는 데에서 시작했다. 그리스 로마 중세 유럽과 근세 및 근대의 자연법사상은 오늘날 특정한 지역주의, 국가주의를 넘어선 인류 공통의 유산이 되었다. 이러한 보편주의적 맥락에서 필자로서는 서유럽의 법학 중 독일에 있어서의 1945년 이후의 법철학의 흐름에서 본 자연법과 사물의 본성론을 참조하려고 한다. "벨첼의 입장에서 자연법에 남아 있는 내용은 무조건적 구속력을 갖는다는 이념, 사회윤리적 행위의 (규범적) '법칙성'에 관한 사상 그리고 규범적 구속력을 가진 '사물논리적 구조'가 존재한다는 전제일 뿐이다. 그리하여 이 연구의 마지막 부분에서 벨첼은 '사물의 본성'(Natur der Sache)이라는 이름으로 경험적 실재의 영역에서 법을 존재론적으로 근거지으려고 시도하는 새로운 발전 경향을 암시하고 있다."(노이만, 윤재왕 옮김, 1996: 448~449) 또한 다른 맥락에서 '규범적 의미가 있는 존재 구조'라는 표현을 쓰고 있다. 또한 사물의 본성과 자연법에 대해서는 이 책(심재우, 1999: 31~58)을 볼 것.

것을 살펴보겠다. 조리의 로망스어 표현은 jurisprudence – giurisprudenza 이다. 이것의 원조는 고전 로마 시대의 가이우스가 만민법(Ius Gentium)에서 원용한 자연적 이치(Naturalis Ratio)이다. 따라서 이미 말한 바와 같이, 사물의 본성과 자연적 이치는 같은 의미이며, 문명국에 의하여 승인된 법의 일반 원칙 정도의 넓이와 같게 된다(곽윤직 등, 2005: 54). 이런 넓은 의미를 한자어의 조리(條理)로 번역한 것이 과연 온당하다 할 수 있는가.[61]

5.2. 법의 일반 원칙으로서의 조리

법의 일반 원칙으로서의 조리는 민법의 취지에 비추어 성문법규와 관습법이 아닌 일체의 법 인식 자료라고 해석하는 것이 가장 넓은 해석이다(곽윤직 등, 2005: 54~55). 따라서 법률개정안, 협의의 사물의 본성, 일반적으로 이해되는 법의 일반 원칙, 법안 등을 포괄하는 것으로 이해된다. 이러한 의미의 조리는 실정성이 없으므로 법 존재 근거로서의 법의 원천은 아니다(곽윤직 등, 2005: 55).

현대 한국 공법학에서 조리를 어떻게 해석하고 있는가? 일반 사회의 정의감에 비추어 반드시 그러하여야 할 것이라고 인정되는

---

61) 현대 한국에서 조리가 법학 용어이기는 하지만 한자로 쓰인 한자문명권의 어의학적 근거는 있어야 될 것이 아닌가. 조리의 문헌학(文獻學)상 근거는 무엇인가? 「논어(論語)」 전주문 "학이일(學而一)"에 사리(事理)라는 용어가 나타나고 있다. 거기에서 "하늘에 대한 것은 천리(天理)요, 인간에 대한 것은 인리(人理)요, 사물에 대한 것은 사리(事理)이다."라고 쓰고 있다. 동양 고전에서 등장하는 사리의 법학적 용어가 조리라고 추정된다(김철, 2007ᴸ : 83~88). 그러나 인리와 구별되는 사리는 다시 그 의미를 확정해야 될 것이다. 'Natur der Sache'(Nature of Things or Matters)는 근대 이후는 자연적인 성질 이상을 의미하는 것으로서 물(物)의 본성을 따지는 것이다. 그로티우스(1583~1645) 시절에는 사물의 본성이란 새롭게 발견해 가는 자연과학상의 성질로부터 출발할 수 있었다. 그러나 루소와 프랑스 인권선언, 버지니아 권리장전의 시대의 자연의 본성은 놀랍게도 인간의 본성론으로 전개되어 "인간은 원래 자유롭고 평등하게 태어났다(프랑스 인권선언 1조)."라고 인간의 본성을 주장하기에 이르렀다.

조리는 법 해석의 기본 원리로서 또한 성문법, 관습법, 판례법이 모두 존재하지 않는 경우 최후의 보충적 법의 원천으로서 중요한 의미를 가지고 있다. "조리의 내용은 시대와 사회에 따라 변동이 있을 수 있지만, 근자에 일반적으로 행정법이론상 조리 내지 일반 법원칙(allgemeiner Rechtsgrundsatz)으로서 신의 성실의 원칙(신의칙)(이를 명문화한 예로 국세기본법 15), 신뢰 보호의 원칙, 비례·평등의 원칙 등이 중요시되는 경향이 있다."(김도창, 1986: 141) 또한 조리법의 항목에서 신뢰 보호, 비례·평등의 원칙을 같이 논하고 있다. 특히 신뢰 보호의 원칙을 영미법상의 금반언(禁反言, Estoppel)의 법리와 비교하고 있다(김도창, 1986: 141). 즉 그것은 일방 당사자가 전에 자기가 주장했고 타방 당사자가 이를 신뢰하였거나 신뢰할 가치가 있는 어떤 사실상태의 존재를 부인하지 못하는 원칙을 말하며, 이런 의미에서 국왕도 이 원칙의 기속을 받는다. 말하자면 정부는 언제나 신사여야 하고, 가령 납세자는 세무공무원으로부터 공정한 집행을 받을 것을 기대하고 또 받을 권리가 있다는 것이다. 그리하여 미국에서도 최근 선의신뢰제도의 입법 노력이 꾸준히 추진되고 있다(김도창, 1986: 141~142).

5.3. 한국법에 있어서 조리의 문제

마지막 질문이 남게 된다. 한국민법과 행정법에 있어서는 명백히 조리는 보충적 효력밖에 없게 된다. 그러나 만약 제정법이 조리법에 현저하게 반대 방향일 때에는 어떻게 될 것인가? 민법 제1조의 해석론으로는 끝나지 않을 것이다. 조리법이 평등 원칙이나 비례 원칙까지 포함한다는 것을 인정한다면(김도창, 1986: 148), 결국 헌법상의 원칙이라는 것도 가장 넓은 의미의 조리 내지 조리법이 헌법의 조문으로 구현된 것이라고 말할 수 있다. 왜냐하면 조리 내지 조리법의 원형인 Natur der Sache의 가장 넓은 의미는 정의의 원칙이 되기 때문이다. 다시 근대 자연법 중 추상적 자연법으로 환원되고 있다(심재우, 1999: 31).

6. 결론

6.1. 법의 존재론적 근거

법을 존재론적으로 근거 지으려는 노력이 제2차 세계대전 이후의 서유럽대륙의 경향[62]이라 한다면, 그러한 철학적 노력 이전에 이미 같은 방향의 노력이 신대륙의 사회학적 법학에서 나타났다고 할 수 있다(김철, 2007ㄱ: 50∼67). 한 걸음 나아가, 법학방법론에 있어서의 획기적인 전회는 이미 19세기 초의 구대륙에서 맹아를 찾을 수 있다.[63]

6.2. 신칸트학파의 시대가 어떤 도전을 받았나

신대륙의 법학방법론에 있어서 최신의 과학적 방법을 서슴없이 사용한 선구자들은 이러한 이전의 전통적 방법을 보충하는 것을 '사회학적 방법'이라 하였다(김철, 2007ㄱ: 188). 구대륙에서 신칸트

---

[62] 심재우 교수는 법을 존재론적으로 근거 지으려는 시도로서 사물의 본성론을 전개한 많은 연구들을 열거하고 있다(심재우, 1999: 42).

[63] 자유 법학, 심리학적 법학, 사회학적 법학에 대해서는 이 책(김철, 2007ㄱ: 185∼188)을 볼 것.

학파의 법철학의 시대인 1920년대 급격히 변동하는 사회적 맥락 속에서 아메리카 법학자들은 그때까지의 법학이 너무나 규범적이어서 법의 사회 안에서의 효력을 전혀 무시한다고 비판하기 시작했다.

6.3. 대공황 전기의 각성

무엇이 이들로 하여금 관례적이며 인습적인 법학방법론을 초과하기 시작했는가? 딜레땅뜨 취미나 현학적인 동기가 아니었다. 당시 세계적으로 대공황 전기였고 세계 정치 경제 사정은 전체주의 세력이 신흥 세력으로 부상하고 있었다. 1930년대까지 그들의 각성은 이전의 존경하던 선배들이 행한 법학 연구방법이 이제는 부적절해졌다고 느낀 것이다. 당시 경제사회의 강한 필요성은 법학도로 하여금 그때까지 취급하지 않았던 사회적 사실을 다루는 분야에 접하도록 했다. 아무도 사회적 사실에 대한 어떤 과학이 법학의 내용에 도움이 되는지 미리 알 수도 증명할 수도 없었다. 그러나 현실의 강한 필요성이 그들로 하여금 '무엇이든 도움이 된다면' 해 볼 만한 용기를 주었다.[64]

6.4. 왜 이런 논의가 어려운가

이 글의 중심 테마의 맹아는 이미 1993년 가을 학기 법철학 강의에서 시도한 것이다. 이후 15년간의 자제와 보류[65], 연구, 관찰을 거치고 발전시킨 것이다. 저자의 한국법학방법론 전반에 대한 보다 넓고 구체적인 논의는 저자의 최근 저서, 「한국법학의 철학적 기초 – 역사적, 경제적,

---

64) 법학방법론으로서의 법현실주의에 대해서 이 책(김철, 2007 ㄱ: 185~189)을 볼 것.

65) 90년대와 2000년대 중반까지도 한국 법철학계는 이러한 논의를 수용할 만큼 개방적이거나 서양법 전통에 대한 보편적 시각을 발전시키지 못했다는 것을 원인으로 들 수 있다.

사회·문화적 접근」과 「법제도의 보편성과 특수성 – 한국법학의 지향점을 위한 비교법적 시도」[66]에서 본격화되고 있다. 워낙 오래된 한국 교과서 법학의 편향과 고착이 법학계 밖에서는 전공의 벽 때문에 잘 알려져 있지 않아 왔고, 법학계 자체에서는 논의 자체가 기피되다가 최근 로스쿨 입법에 대한 사회적 관심과 함께 부분적으로 논의되어 왔다[67].

---

[66] 이 책은 2007년 극히 제한된 부수로 발간되었다가 2008년 절판되었다.

[67] 신칸트학파에 대한 가장 최근의 평가는 하버드 로스쿨에서의 "신칸트학파는 그 시대의 서유럽제국주의의 표현이었다" (Duncan Kennedy)

■ 참고문헌

강희천,『종교 심리와 기독교 교육』(서울: 대한기독교서회, 2000).
해롤드 버만/김철,『종교와 제도 - 문명과 역사적 법이론』(서울: 민영사, 1992).
곽윤직/손지열/김황식/양창수(엮음),『민법주해 제1권 총칙(1)』(서울: 박영사, 2005).
김도창,『일반 행정법론(上)』(서울: 청운사, 1986).
김정오,『현대사회사상과 법』(서울: 나남 2007).
김　철,『한국법학의 철학적 기초 - 역사적, 경제적, 사회·문화적 접근』(서울: 한국학술정보, 2007ㄱ).
김　철, "사리와 조리에 대해서",『법제도의 보편성과 특수성』(서울: 한국학술정보, 2007ㄴ).
김　철,『법 제도의 보편성과 특수성』(서울: 훈민사, 2007ㄴ).
김　철,『법철학 강의록』, 사간본(서울: 숙명여대 법과대학, 2007ㄷ, 2004, 1999, 1993).
김철, "현대 한국문화에 대한 법철학적 접근: 바람직한 시민 사회윤리의 정립을 위하여",『현상과인식』 2000년 봄·여름호 제24권 1/2호(통권 80호).
김　철,『러시아 소비에트법 - 비교 법문화적 연구』(서울: 민음사, 1989).
노이만, 울프리드(윤재왕 옮김), "1945년 이후 독일의 법철학"(한국법철학회 엮음),『현대법철학의 흐름』(서울: 법문사, 1996).
럿셀, 버어트란트,『서양철학사(상)』(정석해/한철하 옮김)(서울: 한국번역도서주식회사, 1960).
박영신, "'초월'의 추방, 그 문화의 정황", 한국인문사회과학회 2008년도 춘계학술대회 <한국 사회와 세속 문화>, 2008년 5월 31일 감리교 신학대학 백주년기념관 국제회의실.
서울대학교 법학연구소, "특집 21세기 법학교육의 방향모색",『서울대학교법학』 제47권 제4호(통권 제141호).
심재우, "사물의 본성과 구체적 자연법", 한국법철학회(엮음),『법철학연구』, 1999, 제2권(서울: 세창출판사, 1999).

안병욱, 『철학 개론』(서울: 삼중당, 1967).

최대권, 『법과 사회』(서울: 서울대학교출판부, 1992).

최봉철, 『현대법철학 - 영어권법철학을 중심으로 - 』(서울: 법문사, 2007).

최재희, 『서양윤리사상사』(서울: 서울대학교출판부, 1975).

최태영, 『법철학 - 서양법철학의 역사적 배경』(서울: 숙명여대출판국, 1977).

황산덕, 『법철학입문』(서울: 박영사, 1965).

Arendt, Hannah, *The Life of Mind*(New York: Harcourt Brace, 1978).

Barker, John. W., *Justinian and the Later Roman Empire*(Madison, The University of Wisconsin Press: 1977).

Berman, Harold J., *Law and Revolution - The Formation the Western Legal Tradition*(Cambridge: Harvard University Press, 1983).

Cicero, *De Republica* III 22/33. trans. by Keyes. 1928.

Copleston, Fredrick, *A History of Philosophy, vol.1: Greece and Rome*(New York: Doubleday, 1993).

Cornford, F. M., *From Religion to Philosophy*(New Jersey: Princeton, 1991).

Friedberg, E.(ed.), 49. Decretum, *Corpus Iuris Canonici, vol.1*(1879, reprinted, Graw, 1959) & 55. Ibid. Dist. 9, c. 1.

Fuller, Lon L. "The Case of Speluncean Explorers", Harvard Law Review Association(엮음), *Introduction to Law*, 20(Cambridge: Harvard University Press, 1979).

Grotius, Hugo, *Prolegomena* 38.

Hall, Jerome, *Readings in Jurisprudence*(Bloomington: Indiana University Press, 1938).

Institute for International and Foreign Trade Law Georgetown University Law Center(엮음), *Orientation In The U.S. Legal System*(Washington D.C.: G.T.U., 1979).

Jhering, Rudolf Von, *Geist des romischen Rechts 4 Bde*(1852～65).

Kim, Chull, "Religion & Law in East - Asian Culture of Chinese Confucian Influence", 『법 제도의 보편성과 특수성』(서울: 훈민사, 2007ㄴ).

Kuttner, Stephan, *Harmony from Dissonance: An Interpretation of Medieval Cannon Law*(Latrobe, Pa., 1960).

Plato, *The Laws of Plato*, Translated, with Notes and an Interpretive Essay, by Pangle, Thomas L.(Chicago: The University of Chicago Press, 1988).

Plato(in Twelve Volumes) X, *The Laws*(Volume I, Booksi − vi), Translated by R. G. Bury(London: William Heinemann, 1967).

Radbruch, *Rechtsphilosophie*, 5. Auft. 1956(herausg. von Erik Wolf).

Russel, Bertrand, *A History of Western Philosophy −and social circumstances from the earliest times to the present day*(Cambridge: Cambridge University press, 1945).

Schulz, Fritz, *History of Roman Legal Science*(Oxford: Oxford University Press, 1946).

Wolff, Hans Julius, *Roman Law −An Historical Introduction*(Norman, University of Oklahoma Press: 1951).

Wright, F. A., *Lemprier's Classical Dictionary*(London: 1972, 147).

제3장 서양법 전통에 있어서의 실정법과 자연법의 관계

한국의 역사는 다른 선진국보다 훨씬 더 법의 윤리적 기초가 의문시되어 온 과거를 가지고 있다. 경제 위기 전후 선진국의 최신 경향은 대전환 끝에 마침내 "법은 도덕의 한 가지이다."(Dworkin, 2008)까지 발전했다. 서양법 전통에서 도덕은 어디서 발견되는가? 자연법이 다시 등장한다.

1. 서문(Introduction)

1.1. 신뢰의 위기

최현대인은 인격적 통합의 위기를 겪고 있다. 이 위기는 이미 세계적 경제공황과 전체주의와의 전쟁 중 가끔 공포 속에서 그들 자신에게 그들의 생애가 무엇을 위해 있으며, 어디로 그들이 향하고 있는가를 스스로에게 되물어 볼 때 개별 인격체로서의 남자와 여자가 겪게 되는 그러한 종류의 위기이다. 이제 사람들은 그 질문을 개별 인격체로서뿐만이 아니라 나라 안에서 집단적으로도 묻고 있다. 산업화된 현대 국가의 모든 문화는 일종의 신경 질환의 가능성에 직면하고 있는 듯하다.

위협적인 질환의 주된 증상은 재정·금융을 포함한 공식제도에 대한 신뢰의 대량상실이다. 신뢰상실은 공식제도의 소비자의 측에서뿐 아니라 공식제도를 만드는 사람이나 공식제도를 분배하는 사람들 측에서도 마찬가지이다.[68]

1.2. 정신적 가치의 상실

두 번째 주된 증상은 정신적 가치와 윤리에 대한 대량의 신뢰 상실이다. 정신적 가치에 있어서도 사회나 대학의 낮은 자리에 앉는 사람들뿐만이 아니라 높은 자리에 오르는 사람들도 마찬가지이다. 어떤 세대에 있어서나 사람들이 정신적 가치에 대한 존중과 공식제도에 대한 존중을 잃고 있다는 불평이 들어오기 마련이라고 역사가들은 가르치고 있다. 그리고 우리들 역사의 앞선 어떤 시대보다도 더욱 열심히 정신적 가치에 집착하는 법을 지키는 동시대인이 있다는 것 역시 사실이다. 그럼에도 인격적 통합의 위기는 놓칠 수 없는 사실이다.[69]

1.3. 사회 정의의 문제

최현대사회의 상황은 공공 관심사의 중요 항목으로 사회 정의가 위치하고 있다. 시민의 권리, 대중의 반대, 도시의 무질서, 생태계의 파괴 그리고 무엇보다도 권력의 남용 등이 전례 없이 긴급한 사회 문제

---

68) 해롤드 버만과 김철, 『종교와 제도-문명과 역사적 법이론,-』제1장 법과 제도의 종교적 차원, p.33, 민영사, 1992년, 또한 김철, 현대의 법이론-「시민과 정부」의 법-Myko Int'l Ltd. 1994 현대의 표징 p.3.

69) 같은 사람, 같은 책 참조.

로 대두되었다. 이 사회 문제들은 정치적 공동체를 한계선까지 긴장시키고 있다. 이전에 사회 개혁의 수단으로서의 법제도는 중요한 문제로 떠올랐으나 이제는 법제도가 존재하고 있는 기초 자체, 법의 정당성 여부 그리고 국가제도의 윤리적 기초까지도 문제시하게 되었다[70].

1.4. 법치주의에 대한 회의

법학자들이 법학의 내부에서 각 분과법의 기술(技術)적 부분에 열중하고 있는 동안 법학 전부에 대한 강한 의문과 국가법의 존립 자체에 대한 회의가 다른 분야에서나 일반인에게서 일어나고 있다. 법과 질서가 단지 슬로건으로만 느껴질 때 법치주의는 그 내용이 공허하게 느껴지고 권리의 실천이 좌절될 때 입헌주의는 실감이 나지 않는다. 제2차 세계대전 종전 이후 60년 이상 진행된 경과가 어느 순간 덧없이 느껴질 정도로 인류사회의 기본적 문제점은 그 매듭이 완전히 풀리지 않고 있는 느낌이다. 기본적 문제점은 무엇인가? 나라에 따라 다르지만, 제2차 세계대전 이후의 신흥 국가에 있어서는, 입헌주의(立憲主義)의 문제가 두드러진다. 또한 신흥 국가와 함께, 선진국에서의 경제위기와 관련해서 법치주의(法治主義)의 문제가 다시 대두했다. 그리고 첫째와 둘째를 통해 가장 밑바닥에 놓여 있는 문제는 윤리적(倫理的) 기초(基礎)의 문제이다.

오랫동안 최현대인들은 제도의 문제, 경제성의 문제에 집착하였다. 제도개선, 제도개혁이 선진국으로 가는 모든 문제를 해결할 줄 알았다. 또한 어떤 정치적 소용돌이에서도 경제성의 문제는 증진시킬 수 있다고 믿었다. 그런데 이제 제도와 경제의 문제, 법과 경제의 문제

---

70) 참조, 필립 노네이와 필립 셀즈닉, 『법리학과 정책과학』, 김철 註, 미발표 번역문, Law and Society in Transition: Toward Responsive Law Harper & Law, 1978.

가 그 액면 그대로가 아니고 배면에 인간의 역사가 해결하지 못한 가
장 고질적인 문제가 있다는 것을 알았다. 도덕성의 문제이다. 개인의
도덕성, 집단의 도덕성, 사회의 도덕성 그리고 국가의 도덕성이다.

제기된 문제는 법학자의 전문화된 용어로 표현하면, '법과 윤리'의 문
제로 표기된다. 그리고 21세기를 9년 넘긴 국가사회의 법과 윤리의 문제
는 여러 측면에서 다룰 수 있다. 필자는 우선 법학자로서 다음에는 넓은
의미의 사회윤리를 다루는 교육가로서 이 문제를 접근하고자 한다.

1.5. 법실증주의의 경향

현대 법학과 한국사회의 가장 큰 문제 중 하나는 실정법에 대한
과다한 집착이다.[71] 실정법의 타당성, 타당범위, 윤리성을 철저히
검토하지 않아 온 한국법학의 관행을 되새기기 위해서 실정법과
자연법의 대칭적 개념을 설명한다. 실정법의 기초의 문제를 고찰하
고 법실증주의, 자연법론의 철학과 역사, 제도를 음미하면서 검토
하기로 한다. 주된 서술은 서양법 전통의 음미이나 동아시아의 특
징과 한국법학의 특징을 약술한다.

이 모든 과제는 분과법을 다루고 있는 이 전문 법학자의 일상적
인 과업과 작업의 수준을 넘는 것이다. 전문화가 이룩한 특수화는
한국의 법학자와 법조인도 산업화 이후 어느 정도 성취하였으나
전문화와 함께 진행되어야 할 다른 방향의 중요한 문제, 종합화와
이해법학(理解法學), 지식법학의 성취가 미미하다.[72]

---

71) 참조, 김철, "법제도의 보편성과 특수성", "행정법학의 역사", "튜더와 스튜아드정부에
    서의 행정과 법"의 세 에세이는 이 문제가 주제가 되었다. 특히 35페이지 "법의 문자
    에 집착함 對 근본법 또는 고차법"의 절을 주의, 『법제도의 보편성과 특수성』 (서울:
    Myko Int'l Ltd., 1993).

72) 이해법학과 지식법학에 대해서는 막스 베버의 '법과 경제', '법과 사회'의 오랜 전통에

1.6. 법과 윤리

　법학 초학자에게 있어서 지금 논의하는 영역은 '법의 효력의 문제', '법과 도덕의 문제'가 된다. 실정법과 자연법의 문제를 다루다가, '법과 질서'의 한국적 의미가 어떻게 전개될 수 있는가를 알게된다. 우리가 알고 있는 법치주의가 문명사에서의 어떤 특수한 유형인가를 다시 반추하게 된다.

　이 글을 쓰는 시점은 21세기의 한국이나 한국의 법, 법의 지배와 입헌주의와의 관계를 보다가, 우리는 법제도사의 근대의 가치와 현대적 가치를 다시 주목한다. 약 80년간의 전례 없는 전체주의적 질서를 해체한 러시아가 다시 문명사의 주된 시대의 가치 – 근대의 가치에 회귀하는 것을 관찰하고 나서, 다행스럽게 생각하면서도 1989년 동유럽 – 러시아 혁명 초기에 가졌던 성급한 기대를 반성하지 않을 수 없다.

　윤리는 흔히 제도와 법, 경제와 다른 영역이며 다른 개념으로 받아들여져 왔다. 흔히 윤리는 법제도나 경제와는 분리되거나 경우에 따라서는 긴장 또는 갈등관계에 선다고 생각하도록 유도되어 왔다. 즉 "경제를 위해 어느 정도 윤리는 뒤에 물러나야 된다."는 식이다.

따라 제도와 법을 객관적으로 인식하는 데서부터 더 나아가 제도와 법을 역사적으로 이해하는 데까지 나아간다. 참조, Max Weber, *Wirtschaft und Gesellschaft*.4 Aufl Tuebingen 1956.

이해법학(Verstehende Jurisprudenz)의 방식에 대해서는, 보라, Shira B. Lewin, "Economics and Psychology: Lessons For Our Own Day From the Early Twenties Century", p1298,*Journal of Economic Literature*, Vol. ⅩⅩⅩⅣ(September 1996) This notion is closely related to what

Max Weber called Verstehen. Weber argued that, in the social sciences, we can not perform the controlled experiments that are possible in the physical sciences. However, the social sciences possess something better than experiments; In studying human beings, we have a significant advantage because we are ourselves human being, and we can therefore comprehend the motives behind human behavior directly through our own introspection. This Verstehen, or intuitive understanding of human motivation, is what distinguishes the human sciences from the physical sciences(Weber 1922, pp.18 – 19).

또는 "윤리 의식과 법 감정은 다르다."라는 식이었다. 두 가지 사고방식을 지난 시대에 지구촌을 제패한 신자유주의가 고취하였다. 결과는 부패이다. 1981년 이후의 지구촌의 산업화 사회는 부패 구조를 깔고 성장하여 왔다. 이 부패 구조를 가능케 한 것은 법의 탈윤리화(脫倫理化)와 형식주의적 법치주의라고 할 수 있다.

2. 실정법의 효력의 문제 – 법실증주의와 자연법론

실정법은 왜 효력을 가지는가 – 타당성과 강행성 – 오래된 두 가지 문제 – 실정법 이외의 다른 법이 존재하는가?

법(Recht, Droit, Jus, Pravo)과 법률(Gesetz, Loi, Lex, Zakon)은 다른 뜻이다. 법은 집단 명사이며 법률은 개별화된 것이다. 실정법은 의회에 의해 통과된 국가의사로서 강제력을 가지는 법이다. 법은 최초에는 넓은 의미의 뜻으로 실정법과 함께 다른 법도 포함한다.

법이 왜 효력을 가지는가에 대한 근본적인 의문은 고대 그리스 때부터 두 가지 방향이 있다. 첫째, 국가기관에 의해서 강제력을 가지기 때문이라는 것이다. 둘째, 강제력보다는 타당하기 때문에, 궁극적으로 올바르기 때문에 효력을 가진다는 뜻이다. 인간의 문명만큼이나 오래된 이 두 방향의 대답은 긴장관계에 있어 왔다. 인간의 법에 대한 생각을 두 방향으로 요약하면 강제력 때문에 효력을 가진다는 생각을 법실증주의라고 하고 이에 대해서 타당성을 가지기 때문에, 올바르기 때문에 효력을 가진다는 생각을 자연법론이라고 한다. 법실증주의와 자연법론의 대립은 국가주의자(國家主義者)와 국가주의 아닌 자의 대비만큼이나 오래되고 스펙트럼의 여러 면이 있다. 이 문제는

법의 기초에 대한 법철학적인 근본 물음이다. 이 근본 물음에 대한
문명사회에 널리 퍼진 문외한들의 역사적 에피소드는 도이치 제3제
국의 법치주의였다. 나치의 법관들은 '법의 이름 밑에서', '법에 정해
진 절차에 따라', 수백만의 이방인들을 죽음의 장소로 내보냈다.73)

2.1. 현대에 있어서 자연법론의 약화

법 효력에 대한 전문적 법이론은 방대하다. 자연법론과 실정법론
의 긴장에 대한 역사는 실로 인간 공동체의 역사만큼이나 길고 복
잡하다. 요약하면 최근까지 전문화된 법철학자들의 용어에서는 어
느 정도 이 오래된 긴장은 이완된 느낌이다. 산업 사회와 기술 사
회의 영향 때문이다. 이것은 철학이 과학철학으로 중점이 바뀌고
형이상학과 윤리학이 다소 뒤로 물러난 것과 괘도를 같이한다. 이
제 법이론가들은 다른 용어로 사유하기를 택하기도 한다.74) 그러나

---

73) 도이치 제3제국의 법집행과 전후 처리문제에 대해서 참조, Richard A. Posner *Overcomming
Law* 특히 Part One '4 The Profession in Criss: Germany and Britain' pp.145, Harvard
Univ, Press, 1995.
전후 전범처리에 대해서는 참조, Hannah Arendt, *Eichman in Jerusalem－a Report on the
Banality of Evil* 1994 edition, Penguin Books. 이 문헌은 도이치 출신의 망명 철학자 한
나 아렌트가 나치의 주요 전범이었던 아이히만의 예루살렘 전범재판을 취재한 것이다.
인상적인 것은 아이히만은 시종 당시의 법제도 안에서 그는 그저 성실히 나날을 살아
가는 생활인으로서 평범하게 주어진 일을 처리했다고 술회하는 데 있다. 부제목이 「악
(惡)의 일상성(日常性)과 평범성(平凡性)」으로 붙은 것은 이와 같은 이유이다.
또한 제2차 세계대전 직후의 전범처리를 둘러싼 소비에트 러시아와 다른 연합군과의
관계에 대해서는 *Neremberg Trial No.46 Law in Eastern Europe,* A Series of Publication
issued by the Documentation Office for East European Law, Leiden University 1993.
Martinus Nijhoff Publishers.

74) 자연법과 법실증주의의 이원적 대립은 역사적으로 의미 있으나 1980년대에 와서는 특
히 자연법이라는 용어가 법학전문어로서는 지나치게 부피가 커져서 정확하게 다룰 수
없다는 생각에서 이 오래된 용어를 우회하는 법학자가 있다. 그러나 이런 경우에도 자
연법의 어떤 부분을 완전히 기피하지 못하는 것은 인류문화 자체에 대한 태도와 마찬
가지이다.
Ely는 그의 법학방법론에서, 해석주의(解釋主義, interpretivism)와 비해석주의(非解釋
主義non－interpretivism)를 대비시키고 있는데, 이것은 법실증주의 대 자연법론의 이분

관점이 다를 뿐 기본적 문제는 같다.

2.2. 실정법에 대한 사유

실정법에 대한 사유는 대칭적으로 자연법에 대한 사유를 동반한다. 인간의 국가생활에서 국가제도가 완비된 어떤 경우에도 실정법만의 지배는 생각하기 힘들다. 이에 대한 사유는 플라톤과 아리스토텔레스 때부터 시작되었다. 현대인은 국가제도가 사회제도를 거의 압도하고 경제와 사회 모든 부분에 있어서 거의 완벽하게 보이는 제도법 위에서 살고 있어서 국가법 이외의 어떤 법도 그의 생활에서 직접적으로 찾아내기 힘든 것처럼 보인다. 그러나 이것은 외관일 뿐 우선 어떤 국가법도 완벽하지 않다. 어떤 법이 존재할지라도, 있을 수 있는 모든 사건과 사례(事例)에 대해서 입법자가 모든 경우를 총괄한다는 것은 불가능한 일이고, 순전히 입법 기술상의 문제에 있어서도 어떤 문제에 대해서 법을 제정한다는 것은 이미 제정법 이외의 사항을 양해한다는 것을 동시에 의미한다. 어떤 입법자의 의도도 인간의 개별 사례에 완벽하게 타당할 수 없다.

2.3. 실정법에 대한 집착과 숭배

그러나 실정법에 대한 집착과 숭배는 또한 인간의 공동생활과 국가생활에 있어서 항상 있어 왔다. 그 이유는 첫 번째는 맞지 않는 실정법이라도 전혀 없는 상태보다는 낫다는 생각이다. 무엇보다 나은가? 인간의 변덕, 기분, 그때그때의 상태, 결정하는 자의 개인

법과 대비할 수 있다. John Hart Ely, *Democracy and Distrust, A Theory of Judicial Review*, Harvard univ. press, 1980.

적 속성 또는 결정하는 자가 폭군일 경우의 비일관성은 파괴적인 경향을 가져온다. 따라서 "악법도 법이다." 두 번째로 근세 절대주의 국가 이후 공동생활의 초점이 한 사람 혹은 소수의 최종 결정자에게 귀착된 경우 국가의사의 제도화의 필요성이다. 이것은 첫 번째의 경우가 인간성의 자연과 관련된 데 비해 두 번째는 절대주의 시대의 특징이다.

2.4. 법실증주의는 근세 절대주의의 산물이었다

이제 우리는 인류의 역사를 이 문제를 위해 개관해야 될 단계에 이르렀다. 실정법주의 또는 법실증주의의 근거가 되는 주권자의 의사 또는 국가의사는 역사적으로는 근세(近世)의 특별한 산물이다. 서양에 있어서의 중세 사회는 동아시아의 한국인이 생각하기 어려운 다원화(多元化) 경향이 있었다. 재판 관할권의 문제에 있어서 그러하다. 중세 사회의 재판 관할권은 단일한 세속 군주의 영역에 속한 것이 아니었다. 교회법과 교회법정은 약 1천 년에 달하는 긴 세월 동안 세속 권력과 평행해서 관할 신민에 대한 관할권을 동시에 가졌다. 또한 중세 말의 법의 원천은 교회법뿐만 아니라 봉건법, 상인법, 길드법, 도시법, 왕의 법, 장원법과 같은 우리로서는 경험하지 못한 다양한 지역과 직능법을 가지고 있었다.[75] 동아시아인이 법이라는 문자에서 연상하는 것은 흔히 국가 형벌권의 표현으로서의 형벌 법규이며, "법을 엄하게 함으로써 기강과 풍습이 선다."는 전통사회의 단일한 국가의지의 표현이다. 또한 동아시아인의 경험에서 압도적인 법은 거의가 국가독점의 단일한 입법권을 생각한다.

---

75) 참조, Harold J. Berman, *Law and Revolution － The Formation of the Western Legal Tradition*, Harvard Univ, 1983.

우리는 서양 근세 절대주의의 국가적 표현인 국가주권의 최고성,
영토고권(高權), 영민고권(領民高權)이 확립될 당시의 국가법 절대
주의를 상기하고 있다.76) 절대 왕권이 확립된 시기는 국가마다 다
르다. 유럽에서 최초로 절대 왕권이 성립된 것은 부르봉 왕가로서
18세기 초에 확립되었다. 1774년의 루이 16세가 "내가 곧 국가이
다."라고 하였을 때 루이 16세의 의사가 곧 프랑스 국가의사이고,
왕의 의사의 형식화가 곧 법률이 되었다.77) 1871년 남도이치연맹
이 프러시아의 북도이치연맹과 조약을 체결했을 때 도이치 제국이
성립되고 프러시아 왕이 도이치황제가 되었다. 그 이전의 사정은
의회의 반대를 분쇄하고 통일을 수행하기 위해 빌헬름 1세가 군대
개혁을 시작하고 비스마르크를 수상에 임명하였었다. 이와 같이 비
스마르크 법체계는 군대와 관료집단을 등뼈로 하는 관료 국가였
다.78)

---

76) 흔히 일반 이론이 강단법학으로서 발달된 한국의 헌법 교과서에는 일반 국가학
(Allgemeine Staatslehre)의 유산으로서 국가의 3요소를 1. 주권 2. 영토 3. 국민으로 기술
한다. 이런 방식과 이 방식의 연원인 일반 국가학(Allgemeine Staatslehre)은 그 성립의
토양 자체가 근세 절대주의 국가성립기이다.
   프로이센의 경우 비스마르크 헌법 이전에는 여러 분방으로 나누어진 연합국가와 같은
형식이었고, 오늘날과 같은 국가적으로 테두리 지어진 단일 국가가 아니었다. 국가 성
립과 건설기에 있어서의 관변 지식인의 임무 중의 하나가 새롭게 건설된 제국의 국가적
의미를 신민에게 고취하고 국가주의를 전파하는 데 있었다. 실로 프로이센 국가학은 비
스마르크 시대에 있어서는 신흥 공업국가의 유럽에 있어서의 팽창과 괘적을 같이했다.
이 점은 메이지 국가학도 같다.
   메이지유신에 의해서 국가제도를 정비한 일본 제국은 이윽고 동아시아에 있어서의 팽
창과 함께 국가주의를 신민에게 고취할 필요성이 있었다. 비스마르크 헌법학과 메이지
헌법학(明治 憲法學)은 이와 같이 절대주의의 부름에 호응하는 것이었다.
   특별히 흥미로운 것은 1889년의 메이지 헌법학에 대한 가장 큰 공로자는 이토 히로부
미(伊藤博文)였다. 따라서 한일 합방 이후 설치된 관립 대학과 민립 대학의 법학과 헌
법학의 교재는 주로 1889년의 메이지 헌법에 대한 가장 권위 있는 반공식적 주석서였
던 이토 히로부미 著의 일본국 헌법으로 추측된다.
77) 김철, 『법제도의 보편성과 특수성』, 특히 행정법학의 역사, p.26, Myko International
   Ltd. 1993.
78) 위의 사람, 위의 책, p.24, 1993년.

2.5. 절대주의와 국가 통일에 봉사했던 관변법학

이와 같은 역사 속에서 프랑스와 프로이센의 법학이 발달하였다. 당연히 법학자는 절대주의의 국가 통일에 봉사하는 관변(官邊) 법학자였다. 군주의 의사가 곧 국가의사인 법률을 가장 '법학적 방식에 의해서', '과학적 방식에 의해서' 해석하고 방어하는 임무를 수행하였다. 그들에게 있어 실정법 이외의 다른 요소를 인정한다는 것은 겨우 성립된 중앙집권 국가의 영속성을 위협하는 것이었다. 실정법의 효력에 다른 요소를 더하는 것은 국가의 중심인 군주의 우위를 의심하는 것이었다. 따라서 법률의 해석에 있어서도 관료국가나 혹은 군대에 의해서 유지되는 국가의 특징대로 획일성(劃一性)과 예외 없음을 특징으로 하고 있다.

지금까지 절대주의 시대의 서양의 주권의 확립과 그에 따른 주권자의 명령인 실정법의 우위를 개관하였다.

서양법 전통의 역사를 개관함에 따라서 우리는 동아시아 그리고 한국에 있어서의 시대구분에 주목하지 않을 수 없다. 서양에 있어서의 절대주의는 근세(近世)의 특징이며, 근세는 이윽고 정치사상과 법사상에 있어서 시민혁명의 시대인 근대(近代)로 이행하는 것이지만, 동아시아에 있어서는 근세와 근대의 분수령이 문제가 된다. 언제부터 시민계급이 주역이 된 근대사회로 볼 것인가? 우리가 익숙한 서양법 전통의 주된 흐름으로써는 불충분하다. 일본의 경우 1889년의 메이지 헌법이 근세 절대주의의 표현인 동시에 또한 일본의 개화가 시작되었다는 점에서 근대성을 인정하지 않을 수 없다. 즉 부분적으로 교육과 사상에서 일본의 절대주의는 근대사회의 어떤 특징을 배양하는 것을 주도하였던 것이다. 제2차 세계대전이 끝날 때까지 일본에서 서양 근대사회의 특징인 자발적이며, 참여적인 시민계급이 공동체에 관여한 일은 물론 없다. 이런 의미에서 종전과 함께 비로소 시민적 근대성은 시작되었다고 볼 수밖에 없어 보인다. 한국의 경우 1910년부터 1945년까지 식민지의 경험을 가졌다는 점에서 그리고 제2차 세계대전 이후 패전국이 아니라 승전국의 힘에 의해서 독립하였다는 점이 특기할 점이다. 1945년 이후 비로소 근대적 입헌주의가 시작되었고, 서양적 의미에 있어서의 근대 시민사회의 시작도 이때부터로 볼 수 있다. 식민지 경험은 한국의 법과 사회에 동아시아에 있어서도 특이한 점을 추가하였다.[79]

3. 서양 근대에 있어서의 법의 성립과 효력의 문제 - 아메리카와 프랑스 혁명

3.1. 근대의 특징

근세 절대주의 왕권에 반대한 시민계급의 출현은 근대의 특징이다. 법의 개념에 있어서 이미 논한 대로 근세 절대주의 왕권이 법실증주의를 국가적 통일과 대외적 팽창의 도구로 삼았던 데 비해, 근대 세계는 이와 같은 왕권에 의한 실정법을 부인하는 데서부터 출발하였다. 법의 개념에서 이때 시민계급에 봉사한 것은 자연법의 개념이었다.[80]

---

79) 흔히 한국의 법치주의를 역사적으로 접근하는데 동아시아적 특징만을 위주로 하는 경우가 있다. 이것은 서양 전통의 법치주의를 주안점으로 하는 경우보다는 나은 것이지만 제2차 세계대전 이후에 성립된 신생 독립 국가 중 식민지의 유산을 사회 구조상 그대로 가지고 있다는 점에서 일면 제3세계의 법과 사회의 특징도 참조할 만하다. 참조, Stewart MacPherson *Social Policy in the Third World*, Wheatsheaf Booksltd, 1982. 문학 이론에 있어서 주도적인 서구문학의 이론과 구별된 제3세계의 문학이론을 한국 문학의 이론에 적용시켜야 된다는 주장이 있다. 참조, 趙東一, 『한국 문학의 이론』.

3.2. 근대 자연법의 특징

근대 자연법의 특징은 첫째, 합리주의, 둘째, 개인주의, 셋째, 급진주의라고 볼 수 있다. 1789년 8월 26일 프랑스 국민의회에 의해서 채택된 인권선언의 전무는 천부 불가양 그리고 신성한 인권의 개념과 시민의 청구권을 '자명한 원리'라고 선언하였다. 제퍼슨에 의해서 집필된 아메리카의 독립선언문 역시 '자명한 원리'에 기초하고 있다.[81] 이 양 선언서에서 '자명한 원리'라고 한 것은 무엇인가? 더 이상 설명할 필요가 없는 수학적 공리와 같은 것으로 표현하고 있으나, 그 내용은 근세 이전 사회에서 보편적으로 받아들여졌던 세속법과 구별되는 자연법의 존재를 배경으로 하고 있다. 중세 사회에 있어서 자연법은 신의 법으로부터 유래하며 성서에 계시된 신의 법과 인간의 자연에서 출발한 법으로 구성되어 있었다. 르네상스 이후의 인간 중심주의와 합리주의가 이러한 중세적 자연법에서 초월적 요소를 제외하고, 이윽고 이성의 시대의 특징으로 인간 이성의 자연이라는 뜻으로 자연법의 의미 내용을 전용하였다. 근대인들은 이제 더 이상 법 개념에 있어서 신의 권위를 빌릴 것도 없이 스스로 명료하고 간단한 원리를 자연법으로 개념하였다.[82] 둘째, 근대 자연법의 또 다른 특징으로서의 개인주의는 프랑스 인권선언 제1조의 "모든 인간은 출생 및 생존에 있어서 자유롭고 평등한 권리를 가지고 있다."와 토마스 제퍼슨의 독립선언서에

---

80) 근세의 흐름은 1. 르네상스 2. 종교개혁 3. 합리주의로 요약된다.

81) 프랑스 인권선언은 참조, 황산덕, 『법 철학』, p.79, 법문사 또한 아메리카 독립선언은 같은 책, p.80.

82) 근대 자연법이 이성주의와 합리주의의 특징을 가진 것은 이 시대의 특징이다.
John Finnis, *Natural Law and Natural Rights*, Clarendon Press. Oxford. 1980. 또한 Leo Strauss, *Natural Right and History*, The University of Chicago press, 1953.

"우리들은 만인이 평등하게 창조되었다는 것, 만인이 창조주로부터 어떤 양도할 수 없는 권리를 받았다는 것, 이러한 여러 권리들 중에는 생명, 자유 및 행복의 추구가 포함되어 있다는 것을 자명한 진리라고 믿는다."에 나타나 있다. 개인주의라고 얘기할 수 있는 것은 자유롭고 평등한 권리의 주체가 출생 및 생존에 있어서의 모든 인간이다.

3.3. 근대 자연법에 있어서의 인간관

이때 인간은 근세 절대주의에 있어서의 집단(集團) 명사(名詞)로서의 국민이 아니다. 또한 중세 봉건주의에 있어서의 특정한 직능(職能)집단, 길드에 속한 사람, 장원(莊園)경제(經濟)에 속한 사람, 어떤 계층(階層)에 속한 집단이 아니다. 이것은 제퍼슨의 독립선언서에 더 한층 명료히 나타나는데, "창조주로부터 …… 권리를 받았다."라는 구절은 그리스도교의 창조론에서 "인간은 신의 모상에 따라서 창조되었다."라는 성서적 진리의 영향을 받고 있다. 이때 창조된 인간은 국민으로서의 인간이 아니다. 계층 집단으로서의 인간이 아니다. 직능 집단으로서의 인간도 아니다. 농노로서의 인간도 아니다. 귀족으로서의 인간도 아니라는 뜻일 것이다. 인류의 한 사람으로서의 개인으로 창조된 것이라는 뜻이다. 이와 같이 근대의 두 가지 문서에 의해 처음으로 인간은 집단이 아니라 개인으로 다시 태어나게 된 것이다.[83] 셋째, 근대 자연법론의 급진주의적 성격

---

83) 아메리카 독립혁명과 그리스도교와의 관계에 대해서
   김철, "수정제1조에 관한 연구 ─ 조항성립사와 해석의 문제─" pp.47─75, 『해체기의 비교제도론』, 1992, 1994. Myko International Ltd.
   또한 아메리카의 국가와 교회와의 관계에 대해서는 같은 사람, "국가와 교회와의 관계 ─수정 제1조의 판례분석을 중심으로─", 같은 논문집, pp.26─46.

에 대해서는 인권선언문과 아메리카 독립선언서의 "모든 인간은 자유롭고 평등한 권리를 가지고 있다. 또한 모든 사람이 평등하게 창조되었고 모든 사람이 창조주로부터 양도할 수 없는 권리를 받았다."는 구절에서 보일 수 있다. 프랑스 제1공화국과 아메리카 연방 성립의 제도적 기초가 된 두 문서는 처음으로 공식적으로 인간의 평등한 출생과 평등한 권리를 선포한 것이다. 이와 같이 1776년과 1789년의 양 선언의 언어가, 공식적으로 표명되어서 형성적 힘을 가지기 시작한 근대 자연법의 내용이다.

3.4. 아메리카 헌법과 프랑스 헌법의 정당성의 연원으로서의 자연법

따라서 아메리카 합중국 헌법과 프랑스 제1공화국 헌법은 그 정당성의 연원을 이와 같이 표명된 자연법에 두고 있는 것이다. 이 자연법이 이후의 넓은 의미의 법의 지배의 원천이 되는 것이다. 순수한 법철학의 문제로서는 이와 같이 제도를 기본적으로 바꾼 자연법을 형성시킨 것은 근대 자연법론 중 존 로크와 루소의 자연법이다.[84] 근대 시민사회의 이론 중 사회 계약설의 한 종류는 인간의 자연 상태에 있어서의 비관적 가정을 전제로 해서, 로크와 루소와는 다른 형태의 자연법론, 즉 홉스에 의한 거대 국가의 형성과 주권의 절대성으로, 절대 국가의 성립에 이바지했다. 지금까지 보아온 대로, 근세 절대주의의 해체와 근대 시민사회의 성립에 주된 역할을 한 것은 실정법의 이론이 아니라 자연법의 이론이었다. 따라서 절대주의 성립시기에는 법실증주의가, 근대 시민사회의 성립시기에는 자연법이론이 주도하였다. 법의 효력의 문제도 또한 같았

---

84) 참조, 김여수, 『법률사상사』, pp.49 - 50, 54 - 64(서울: 박영사, 1976)

다. 자유주의적 자연법론의 결론에 의하면 시민의 동의 없는, 사회
계약의 위탁의 범위를 넘는 법의 성립은 원천적으로 무효였다.

4. 동아시아에 있어서의 법실증주의 영향 – 메이지 헌법과 식민
지 법학 교육

4.1. 일본 메이지 국가 성립에 미친 실증주의적 공법이론

동아시아에 있어서의 사정은 어떤가? 이미 우리가 보아 온 대로
일본의 근세 국가 성립에 법실증주의 특히 실증주의적 공법이론이
봉사했음을 밝혔다.[85] 여기서 우리는 메이지유신으로부터 시작된
일본 계몽기에 시작된 일본의 법학에 대해 주의하지 않을 수 없다.
분과법의 영역에 따라 물론 다른 방식이 쓰였겠지만 어떤 법학도
그 시대의 산물이다. 1889년 메이지 헌법 성립 이후 1945년 제2차
세계대전 종전 때까지 일본의 입헌주의와 법치주의의 내용이 분과
법의 분기에도 불구하고 법학의 방법을 결정했을 것이다. 계몽기
이후 일본의 신법학에 강한 영향을 끼친 것은 유럽에 있어서의 절
대주의적 자연법론의 영향하에 있던 법학자들이라고 생각된다. 프
로이센 일반란트법[86]의 경우 계몽적 절대주의에 입각한 황제의 가
부장적 배려를 로마법의 훈련을 받은 관료법학자들이 입법화한 것
이다. 이 경우 법의 효력은 두말할 나위 없이 입법자, 주권자, 절대

---

85) 각주 9 참조. 또한 김철, "유럽에 있어서의 형식적 법치주의의 발달", p.16, "명목적 법
치주의와 형식적 법치주의의 결합", p.18, 『법제도의 보편성과 특수성』(서울: Myko
Int'l Ltd., 1993).

86) 참조, 김철, '유럽에 있어서의 형식적 법치주의의 발달', p.16, 『법제도의 보편성과 특
수성』(서울: 훈민사, 1993).

권력자의 명령적 행위이다. 신민의 복지는 그들에게 원래 있은 것이 아니라 국가의 가부장적 권력이 그들에게 배려하는 것이다. 일본의 법학자가 이와 같은 계몽적 절대주의의 영향 아래에 있었으리라고 추측이 된다.

4.2. 근대의 자연법은 제2차 세계대전 이전에는 거의 영향을 미치지 못했다

따라서 일본의 경우, 1945년 이전에 존 로크나 몽테스키외 또는 루소의 자연법사상이 직접적으로 제도화된 경우는 거의 없다고 추측된다. 1945년 이전에 일본법학의 영향 아래에 있었던 한국의 경우도 크게 다르지 않을 것이다. 따라서 법의 효력의 문제나 법의 연원으로서의 자연법의 존재는 순수 사유의 형태로는 가능했겠으나 어떠한 현실적인 제도와 또는 이것을 에너지로 하는 시민사회의 존재는 찾아볼 수 없다고 생각한다. 특히 식민지 지식인에게 허락된 최소한의 지적(知的)인 공간(空間)은 이상에서와 같은 전반적 분위기 아래에서 더욱더 법률의 지배가 좁은 의미에서 또한 형식적인 의미에서 또한 되도록이면 기술법(技術法)적인 영역에서 유효하였다고 볼 수 있다. 해방 이후도 상당히 오래 계속된 이와 같은 법학의 특징은 실로 한두 세대로는 바뀔 수 없는 것으로 1945년 이후에 입헌주의의 표류가 가중시켰다고 볼 수 있다. 따라서 1945년 이후에도 지속된 식민지 교육의 영향과 명목적인 입헌주의는 법치주의로 하여금 다음에서 서술하듯이 가장 좁은 의미의 법률의 지배로 일관하게 되는 것이다.

5. 절대주의 법학과 존재와 당위의 이원론

5.1. 절대주의적 자연법론의 특징

근세 서양의 절대주의 시대에 발달한 절대주의적 자연법론의 특징은 다음과 같다. 첫째, 모든 법은 영원한 최고의 원리에 기초를 두고 있다. 둘째, 최고의 원리에서 출발하여 논리적 사유의 방법에 따라서 법의 기본원리와 모든 법 명제를 세부에까지 추론한다.[87] 절대주의적 자연법론의 다른 이름인 법학적 자연법론의 둘째의 특징인 그 방법을 보면 그것은 이성에 의한 최고의 원리에서 출발하는 한에 있어서는 합리주의의 견지에 입각한 것이고 또한 최고의 원리에서 세부에 걸쳐 합리적으로 법을 연역하는 한에 있어서는 바로 체계화의 태도인 것이다. 연역적 합리주의와 체계화는 이 절대주의적 법학의 뚜렷한 특색을 이루는 것이라고 할 수 있다.

법이 기초를 두는 영원한 최고의 원리는 다음과 같다. "모든 사람은 힘껏 평화로운 사회관계를 유지하기 위하여 노력해야 한다."(Sammuel Pfufendorf(1632 – 1694)). "네가 타인에 의하여 행해지기를 바라지 않는 것은, 너도 또한 타인에 대해서 하지 말라."(Christian Thomasius(1655 – 1728)).

이와 같이 설명된 최고의 원리는 과연 도덕 법칙과 무엇이 다른가? 흔히 절대주의 법학의 한 분기인 절대주의적 자연법론이 그 자연법의 인식에 있어 도덕과 우선 자연법을 구별한다고 설명하나 방금 든 이 명제에서 영원한 최고의 원리라고 예를 든 것으로서 도

---

87) Wagner, Heinz, *Das geteilte Eigentum im Naturrecht und Positivismus, Untersuchungen zur Deutschen Staats – und Rechtsgeschichte*, begründet von O.v. Gierke, 149 Heft, 1938. S. 38 – 9. 김여수, 위의 책, p.65에서 인용.

덕법칙 아닌 것이 없다. Pufendorf의 명제는 평화의 주제로서 모든 종교와 윤리에 공통된 명제이다. 토마지우스의 명제는 성서의 황금률로 더 알려진 것이다. 그 시대의 법학자들에 의해서 표명된 최고의 법원리는 그 내용은 인간의 오래된 도덕원칙, 윤리원칙, 종교의 내용일 뿐이다.

5.2. 근세 법학의 탈종교, 탈윤리의 경위

여기서 우리는 근세 이후의 법학의 일반적 경향에 대해 엄격히 지적할 수밖에 없다. 근세법학의 특징은 고대 그리스, 로마의 정신적 원류와 중세 천 년의 종교적 전통의 연장 위에 있었다. 그러나 이미 논한 대로 중세는 양검이론에 의하여 교회권과 군주권이 병립하고 있었는 데 비해서 근세의 정치적, 국가적 특징은 강대해져가는 세속군주의 주권에 있었다.[88] 근세인의 정신적 유산은 지적(知的) 훈련이나 도덕적 훈련은 스콜라 철학과 이전의 신학과 관계되어 있었다. 새로이 추가된 고전 문명의 요소에도 불구하고 여전

---

[88] 르네상스와 근세 절대주의의 성립, ……가치 체계와 권위에서의 해방(解放)은 개인주의의 성장으로 그리고 이윽고 무정부주의의 지점으로 나아갔다. 르네상스 시절의 사람들의 마음에는 이전의 지성적, 도덕적, 정치적인 모든 훈련은 모두 스콜라 철학과 교회 정부와 관련되어 있었다. 그러므로 르네상스의 사람들에게는 교권으로부터의 해방은 도덕과 정치에서의 해방을 의미하는 것이었다. …… 15세기 이탈리아의 도덕적·정치적 무정부주의는 극도에 이르렀으며, 마침내 마키아벨리의 이론이 나왔다. 참조, 김철, 현대의 법이론 -「시민과 정부의 법」- pp.1-2.
이러한 폐단의 한 면에서는 오랜 정신적인 속박에서 벗어남이 일부의 사람들로 하여금 예술과 문학에 놀라운 업적을 남길 수 있게 하였다. 그러나 이런 사회는 불완전한 것이다. …… 종교개혁과 반종교개혁은 이탈리아의 스페인의 복속과 결합되어 이탈리아와 근세 르네상스의 장단점 모두에 끝장을 내고 말았다.
이 움직임이 알프스 북쪽까지 퍼졌을 때 똑같은 무정부주의의 성격을 가지게 되었다. …… 르네상스를 통해서 부활된 인문주의는 이윽고 다음과 같은 조건을 만나게 되었다. …… 무질서 속에서 왕권은 강화되고 이 왕권이 상인과 결합되어 이윽고 절대주의 국가로 이행하게 되었다.
Bertrand Russll, *A History of Western Philosophy*, p.491(George Allen & Unwin Ltd. 1979).

히 정신적 유산의 중심에는 종교적 영향이 강하게 있었다. 그러나 근세법학의 객관적 환경은 중세 봉건주의가 아니요, 교회법의 관할도 아니요, 이제는 새롭게 일어나는 민족국가의 절대군주였다.

따라서 근세 법학자는 시대의 추세에 맞추어서 종교적 요소, 윤리적 요소를 그들의 학문의 전제에서 제거하고 되도록 세속적이며 중성적인 개념을 만들지 않으면 안 되었다. 우리가 위의 절대주의적 자연법의 '최고 원리'에서 본 바대로 이것은 원래 종교적 가르침과 다르지 않다. 그러나 그들은 이것을 법학적 원리로 따로 개념하기를 원했다. 또한 이들 원리는 윤리 원칙과 다르지 않다. 그러나 그들은 윤리의 이름으로 세속군주의 목적에 봉사하는 법학자가 될 수 없었다. 실로 **종교와 윤리에서 독립된 중성적 법 개념이라는 것은 이와 같이 세속군주의 목적에 봉사하기 위한 법학자들의 가장된 개념이었다.**

5.3. 법학의 과학화와 중성적 법 개념

이와 같은 목적을 위해서 '법학의 과학화'가 행해졌는데, 15~16세기에 새로 발견된 고대 로마법 중 시민법의 부분이 이와 같은 중세법의 탈종교화, 탈윤리화에 상당한 개념적 장치를 부여했다. 16세기와 17세기에 이르러서 부분적으로 교회가 왕권에 복속함으로 인해서 통치자의 의도보다 더 높은 법의 원천이라는 생각이 처음으로 심각하게 도전되었다. 그러나 국가의 최고 통치자가 그의 뜻을 맞추어야 될 신의 법이나 자연법이 존재한다는 것은 여전히 부정되지 아니하였다. 이 시대 새로운 철학적·과학적 개념이 법학에 있어서 당위와 존재의 구별을 하게 되었고, 이 구별 때문에 주권에 대한 새로운 정치이론은 누구나가 주권자의 명령이나 존재하는 어떤 법에 대해서 도전하는 권리를 부인하였다.[89] **당위와 존재의 구별**[90]**이라는 한국의 법학도가 처음부터 익히는 당연한 전제는 근세 국가주의 시대의 산물이며, 이와 같은 편리한 법철학으로 말미암아 근세 절대주권은 강화되었으나 법학은 이전의 풍부한 내용을 상실하였다.**

이제 법학자는 신학과 윤리학에서 독립된 주장을 할 수 있게 되었다. 법학의 중립화를 위해서 되도록 새로 만들어지는 법 개념은 그리고 무엇보다도 법학적 방식은 원칙에서 연역되는 순수 논리와 사유의 방식으로 가장 큰 특징은 법의 세계 외부에 있다고 생각되는 정치적, 사회적, 경제적 변수를 제거하는 일이었다. 이와 같이 법적 사유는 순수 논리와 연역적 사유가 되었다. 이것이 절대주의적 자연법론의 내용이다. 유럽에 있어서 근세 절대주의 군주의 보호하에 행해진 입법행위와 법전 편찬은 이와 같은 법문화의 반영이었

---

89) Harold J. Berman, "The Law - Based State", (Rechtsstaat)(with special reference to developments in the Soviet Union) *The Harriman Institute Forum Volume 4,* Number 5 May 1991, the W. Averell Harriman Institute for Advanced Study of the Soviet Union Columbia University.
이 연구를 필자에게 보내준 해롤드 버만 교수에게 감사한다. 그러나 한국 대학의 사정은 이 연구에 의거한 본격적인 연구를 거의 10년 이상 지연시켰다.

90) 한국법학의 입문 과정에서 가장 처음에 나오는 절이 법과 도덕의 구별이다. 이것은 고등학교에서의 교과 수준이라면 그런대로 교육적 의미가 있다고 하겠다. 그러나 법과 도덕을 엄격히 구별하는 이 방식은 항상 어디서나-즉 제2차 세계대전 이후의 주된 문명권 어디에서나 보편타당성을 지닌 법학방법론은 아니다. 이 구별론의 연원은 신칸트학파의 방법이원론으로 우리나라에서 널리 읽히는 라드부르흐도 서남 도이치학파에 속한다고 한다.
이 방법이원론이 법학상의 거의 유일무이한 것으로 한국법학에 자리 잡은 것은 시민적 민주주의를 경험하지 못한 일본을 통해서 서양의 법학을 수입한 탓이다. 일본 사회의 특성상 서양의 원류 중에서 그들의 개화기와 절대주의 성립기 그리고 국가 팽창기에 그들에게 필요하며 이해 가능한 것만 선택적으로 수용하였고 이것이 종전 이전의 법학 교육을 통해 한국에도 종전 이후 50년이 되기까지 영향을 미치고 있다. 존재와 당위의 엄격한 이분법은 칸트 원류(源流)의 관념적 법철학의 순수 사유로는 가치가 있으나 자유주의적 자연법론의 시민 문화에서는 그 적용이 대단히 제한적이다.

다. 프로이센 일반란트법(Allgemeine Landrecht für die Preussischen Staaten)은 법학적 자연법론의 영향하에 만들어진 것이다. 이와 같이 '정치체제에 불구하고 효력을 가지는' 일반법의 존재는 이와 같은 환경에서 만들어졌다.

6. 계몽적 전제군주 체제에서의 법실증주의와 자연법론의 관계

6.1. 계몽적 전제주의와 결합한 법학적 자연법론

국가의 법이 오로지 주권자의 명령 형태로만 족하다는 법실증주의와 법의 올바름, 타당함을 근거로 하는 자연법론의 대립을 고찰하여 왔다.

계몽적 절대군주하에서의 법학자들도 위 절에서 본 바대로 법의 일반원리를 자연법적 원칙에서 구하였다. 그 구별의 큰 의미는 근대의 자유주의적 자연법론 영향하에서의 입법으로 넘어가게 되었다. 실로 프로이센의 프리드리히 빌헬름의 법전 편찬 작업,[91] 러시아의 카테리나 치하의 입법 작업,[92] 알렉산더 치하의 법전 편찬 작업[93]은 모두가 위 절에서 말한 절대주의적 자연법론의 영향하에서 법학적 자연법론이 행한 것이다. 이 한도 내에서 법이 주권자의 명령이라는 법실증주의는 제한된 의미이나 자연법론과 교차하고 있

---

91) 참고, 김철, 특히 p.25, 『법제도의 보편성과 특수성』(서울:훈민사, 1993).

92) 참조, 김철, '제2장 러시아 - 소비에트 체계의 역사적 기초(歷史的 基礎)' 또한 'p.516 러시아 근대 법학(近代 法學)의 부분' 『러시아 소비에트 법』(서울: 민음사, 1989).

93) 참조, 같은 사람, 같은 책, p.527, '러시아 소비에트 법문화연표', 또한 참조, 김철, "한국법의 문제점", p.24, 러시아에 있어서의 국가주의 전통, 1997, 미발표논문.

다 하겠다. 따라서 근세 절대주의 시대에는 다음과 같이 말할 수 있다. 법실증주의와 자연법론의 구별은 법이론상으로는 엄격한 구별이 일단 가능하다. 이때 법실증주의와 엄격히 구별되는 자연법론은 윤리학, 신학, 형이상학 또는 국가철학의 형태로 논의될 수밖에 없다. 그러나 지금까지 우리가 고찰한 대로 이와 같은 자연법론의 내용을 순수 사유형태로서만 존재하는 것이 아니라 근세 절대적 자연법론자에게 영향을 미쳐 절대군주가 계몽주의의 정신하에 행한 많은 입법 작용에서 간접적으로 영향을 끼친 것이다. 따라서 이론상 구별되는 이 이분법은 위에서 말한 바대로 제한된 의미에서는 서로 교차하게 된 것이다.

6.2. 절대권력과 정당성의 문제

이 이유는 우리들의 성찰로 가능하다. 어떤 절대군주도 자신의 주권의사에 의한 입법행위를 정당화하는 기반을 무시하지 않는다. 즉 어느 정도 안정된 절대권력은 그것의 번영을 위해서라도 안정성과 예측가능성을 위해 자연적 정의와 신민의 법 감정을 송두리째 무시하지는 못한다. 아니 실제로는 잉글랜드를 포함한 유럽 전역에서 프랑스 혁명의 여파가 결과적으로 비엔나체제에 의해서 구체제 쪽으로 굳어졌다 할지라도, 여러 나라에 있어서의 사정은 구체제(Ancient Regime)의 무제한적 절대권력이 안심할 만한 사정은 못 되었다고 볼 수 있다. 어느 정도 군주는 늘 신민의 뜻을 제한적으로 수용해야 되었고 그렇지 않는 경우에도 신민의 복지는 군주체제에 있어서도 마지막 정당성의 보루가 되었었다. 법의 윤리성의 문제는 비단 현대에 있어서의 민주주의를 경험한 시민사회에 있어서만의 문제는 아니었다. 법의 정당성의 문제는 고대로부터 철학자뿐만이 아니라 집권자 쪽에서도 늘 문제를 삼아 왔던 것이다. 심지어 생각할 수 있는 가장 적나라한 권력의 표현인 고대 중국의 형법의 경우에 있어서도 이의 정당성을 위한 윤리적 변론은 항상 가능했다.

6.3. 소비에트 법에 있어서의 정당성의 문제

현대 세계에서 가장 실정적 의미의 명령법을 구사한 1930년대의 스탈린 체제에서조차도 조세프 스탈린은 소비에트 법에 그의 사람들이 그 법제도가 원래 옳다고 믿게 하는 요소, 즉 정서적 요소와 종교적 요소를 도입하였다. 그렇지 않았으면 소비에트 법의 설득적 요소는 전적으로 사라져 버리고 스탈린조차도 전적으로 폭력의 위협만으로는 지배하지 못했을 것이다. 스탈린은 잠재적 적에 대해서 모든 폭력을 행사하였으나, 모든 지위와 계층의 사람들 사이에 지지를 획득하는 원천으로서 '사회주의적 적합성'을 고취하였고, '사회주의적 적합성'과 '법의 안정성'의 이름으로 소비에트 법원의 존엄과 소비에트 시민의 의무와 권리의 신성함을 다시 건설하려고 시도하였다.[94]

따라서 실제에 있어서 어떤 실천적인 입법가도 오로지 주권자의 명령이라는 이유만으로 특정한 법을 신민에게 강요하지는 않았다. 항상 정당성, 도덕성 그리고 신민의 복지의 이름 아래였었다.

---

94) 헤롤드 버만과 김철, 『종교와 제도 - 문명과 역사적 법이론 』 - , p.42, 보라, 헤롤드 제이 버만, 『소비에트 유니온에 있어서의 정의: 소비에트 법의 해석』(제2판, 케임브리지, 매사추세츠, 1963).

7. 근대 자유주의적 자연법론에서의 자연법과 법실증주의 - 법 개념의 역사성, 시대성

7.1. 절대적 자연법론과 자유주의적 자연법론의 구별

흔히 전문적 법학자들은 자신의 영역이라는 울타리 뒤에서 되도록이면 보다 넓은 고찰을 피함으로써 제한된 영역의 직업적 순수성을 지키려 한다. 따라서 특히 근세 유럽의 황제의 법학자의 전통 또한 제국의 법학자의 전통의 연장선에 선 법학자들은 근세(近世)와 근대(近代)의 구별이 주는 중요한 자연법론의 차이, 즉 절대적 자연법론(絶對的 自然法論)과 자유주의적 자연법론(自由主義的 自然法論)의 구별을 회피한다. 법학적(法學的) 자연법론(自然法論)이 절대주의적 자연법론의 다른 이름인 것은 역사적으로는 그의 현대의 출발시점까지 계속된 상황이다.

존 로크와 장 자크 루소는 따라서 전문 법학에 있어서는 오로지 철학이나 사상이 연계된 기초과목에서만 잠시 취급하는, 법학의 영역이 아닌 오로지 정치사상이나 순수 철학의 영역에서만 문제가 되는 것으로 다루어 왔었다. 이것은 법 개념에 있어서 몰시대성(沒時代性), 즉 어떤 법 개념이 어느 시대에 어떤 필요에 의해서 나타났는가라는 것을 의식적으로 회피함으로써 안정성을 기대할 수 있다는 태도[95]이다.

---

[95] 한국의 법학의 분과에서 그 개념의 시대성을 논해 주는 것은 헌법학의 일부 개념, 행정법학의 일부 개념에 그친다고 말해도 과언이 아니다. 사법학(私法學)의 분야에서는 흔히 근대 민법의 원칙에서 현대법의 원칙으로 넘어가는 몇 줄의 설명은 실제로는 동아시아인들이 역사적으로 경험하지 못한, 서구인들이 17세기부터 수세기에 걸쳐서 이루어 낸 근대의 성과를 몇 가지 사회·경제 문제를 서술한 후 곧 황급히 현대의 문제로 옮아가는 몰역사성(沒歷史性)을 범하고 있다. 「법은 논리가 아니라 경험이다.」 (Holmes, Common Law)
계약자유의 원칙은 역사적 경위를 생략하고 그것의 극단적인 폐단으로 옮아가는데 이것은 물론 일반 이론으로서는 타당성이 있다(Gillmore, Death of Contract Law). 그러나 한국에서의 법학교육의 실상은 다음과 같은 비유가 적절하다. 이것은 흡사 10대의 소

7.2. 단절의 시대에는 자연법이 나타난다

국가와 사회의 구성 원리로서의 근대 자연법의 대두가 인간의 역사에 가져온 것은 이전의 국가, 이전의 사회와는 급격한 단절(斷絶)이었다.[96] 우리는 현대세계에 있어서의 열전과 냉전의 원인이 된 이데올로기 전쟁에 지난 세월 지나치게 많은 정력을 소모하였기 때문에 실로 인간의 역사에서 지속적인 의미가 있는 것은 1917년의 러시아 혁명이 아니라, 17세기와 18세기에 있어서의 근대인의 혁명이었다는 것을 항상 잊기 쉽다. 법학의 영역에서 특정 분과를 제외하고는 근대 시민혁명이 한국사회나 한국국가의 성립에 있어서 또한 한국법학의 전개에 있어서도 어떤 중심적인 테마를 가져야 하는지 잊기 쉽다. 흔히 현대사회의 문제, 즉 독점의 문제, 사회악의 문제, 갖가지 도시화의 문제에 몰두해서 막상 근대성(近代性)의 문제를 검토하는 것을 간과한 것이 아닌가 반성해 볼 일이다.

년이 청년기를 거치지 않고 바로 중년의 법칙으로 옮아가서 조로(早老)에 빠지는 것과 같다. 도식적(圖式的)이며, 유형화(類型化)한 지식의 주입(注入)이 어떤 결과를 가져오는지는 현재 한국의 법학이 어떻게 쓰이고 있는가를 관찰하면 알 수 있다. 제도(制度)만의 문제가 아니고 학문 내용(內容)도 문제이다. 옳고 바름(正誤)의 문제가 아니라 경과(經過)의 문제이다.

형법학에 있어서 자유주의적 국가관은 현재 지배적인 여러 형법이론과는 아무 관계도 없는 것처럼 형법 교과서는 주로 기술적(技術的)인 개념 장치(槪念 裝置)에 열중하고 있다. 근세 절대주의에 있어서의 형법과, 사회 계약론이 가져다준 자유주의 국가에 있어서의 형법이 그 기본에 있어서 무엇이 다른지 명료하게 제시하는 바가 없다. 이러한 형법을 종전(終戰) 이후 약 65년간 계속한 뒤의 한국의 법학은 주로 어디에 쓰이고 있는가?

근대 자연법론은 철학이며, 이론이며, 사회의 설명이었으나 그 내용의 영향은, 수세기에 걸친 국가와 사회의 대변동을 인간의 의식의 수준에서 예비하였다. 시대적 가치가 충분히 부하(負荷)된 어떠한 법학 이론도 근대 자연법론의 영향에서 보는 바대로 그의 충실한 학도로 하여금 사회변화를 일으키게 할 것이다. 법학의 여러 개념 장치가 명료한 시대의 가치를 의식하지 않은 것은 한국만의 특징인가? 또는 1997년 현재 여전히 사회의 구조와 국가의 구성에서 절대주의적 요소, 중세적 요소를 그대로 가지고 있는 흔히 말하는 '불변의 인간성' 탓인가?

96) 근대혁명의 서구인에 대한 영향에 대해서는 Eugen Rosenstock Huessey, *Out of Revolution —A Portrait of Western Man*, 1938.

제2부 한국강단법학의 보편성과 특수성

– 세계사의 맥락에서의 관찰

제2부의 동기

지금까지의 한국의 공법 이론의 역사는 서양에서 발달한 공법 이론을 명확한 시대 배경을 인식하지 않고 추상적으로 번역해왔다는 전제에서 출발한다. 따라서 한국에서 흔히 "대륙법"으로 불리는, 서유럽대륙의 법체계도 앙샹레짐 시대의 것이냐, 2차 대전 이후의 것이냐를 분별할 수 없었다.

법학에서의 예언적 · 묵시록적 역할은 철저하게 지금까지와 현재 영위되고 있는 것의 실상을 적나라하게 드러내고 성찰하며 반성하지 않으면 안 된다(김철, 한국법학의 반성, 1997). 지금까지의 한국의 공법이론의 역사는 서양에서 발달한 공법이론을 명확한 시대 배경을 인식하지 않고 추상적으로 번역해 왔다는 전제에서 출발한다(김철, 2009ㄱ). 지은이는 한국법학의 과거와 현재에 대한 평가를 법제도의 보편성과 특수성의 문제로 파악하여 왔다. 세계사의 진행에서 법학의 근대성과 법학의 현대성의 문제가 한국에서 제대로 논의되지 않았음을 밝혀 왔다. 한국의 법학에 영향을 준 어떤 경향의 법학과 그것에 대한 태도와 가치를 이제는 냉정하게 거리를 두고 객관적으로 비교하고 평가할 때가 온 것이다(김철, 2007ㄱ). 이 출발점은 1부와 같으나 2부에서는 보다 구체적으로 한국에 수입된 서양법 이론을 각론적으로 고찰한다.

"서양법사의 대범한 단락으로는 근대 시민혁명기를 예비한 것은 계몽철학 시대로부터 시작된 근대 자연법론의 태풍의 시기라고 할 수 있다. 서양 근대 법사상이 조우(encounter)한 적군은 앙시앵레짐(ancient regime)으로 대표되는 절대주의나 그 변형으로서의 제한적 계몽군주제가 감싸고 있는 중세 사회의 사회·경제적 구조였다는 데에는 이론의 여지가 없다. 서유럽대륙에서는 비교법의 역사에서 보건대, 1919년 제1차 세계대전이 끝날 때까지 앙시앵레짐이 옹호하는 모든 것들이 존속하였다. 한국의 법학은 이 점도 간과하였다(김철, 현대법과 사회학적 법학, 2006). 서유럽대륙에 있어서, 프랑스 혁명을 저지한 구체제의 마지막 보루는 오스트리아-헝가리 제국과 프로이센 제국으로 제1차 세계대전의 결과 비로소 붕괴하였다. 제1차 세계대전의 세계사적 의의는 한국의 법학계에서는 무시해 왔다. 중세 신성로마제국 이후의 유럽대륙의 지배자로서의 구체제에 대한 반대는 1789년 프랑스 혁명과 나폴레옹 전쟁에 의해서 시작되어 제1차 세계대전(1914~1918)이 끝남으로써 매듭지어졌다. 제1차 세계대전 이후 절대주의 내지 타협적인 계몽군주에 의한 회색시대가 끝난 것이다. 한국의 법학이 1920년대에 영향받은 것은 신흥 일본제국이 참조한, 1919년 이전의 서유럽의 구체제에 속하는 프로이센과 오스트리아 헝가리 제국에서 황제의 보호 아래에서 번성한 구체제를 기반으로 한 절대주의적 자연법론이었다. 서유럽의 영향 중에서도 구체제에 속하지 않는 사상과 철학은 이미 불온한 것으로서 분류되었다(유진오, 양호기). 제1차 세계대전에 의해서 서유럽 세계가 새로운 법학의 시대로 들어간 것을 한국의 법학자들은 동아시아의 역사적 제약으로 바로 보지 못하게 된 것이다. 따라서 흔히 '대륙법'으로 불리는, 서유럽대륙의 법체계도 앙시앵레짐 시대의 것이냐, 제2차 세계대전 이후의 것이냐를 분별할 수 없었다. 그리고 식민지시대의 명칭대로의 '대륙법의 계수'는 역시 몰역사적이며 몰가치적인 맹점을 가지고 있는 것을 지금까지의 한국의 기초법학은 무시해 왔다. 예를 들면 프로이센 일반란트법(ALPS 1794년)에서 전제하는 법치주의는 명백히 전체주의와 군국주의의 표현일 뿐, 제1차 세계대전 이후나 제2차 세계대전 이후의 세계사의 주류에서 평가할 때 '계속'할 수 있는 것도 아니며, '전통'으로 존중해야 될 것도 아니다(김철, 2006). 지금까지 한국의 법학은 '법치주의'라는 전제 아래에서, 서유럽대륙에서 1789년 프랑스 혁명에서 1919년 합스부르크 왕가와 호헨쫄레른 왕가의 몰락에 이르는 긴 과정을 바로 보지 않았을 뿐 아니라 제1차 세계대전 이후의 경위도 참조하지 않았다. 명백히 루이왕조의 법치주의도, 샤를르마뉴 황제의 법치주의도 합스부르크 왕가나 호헨쫄레른 왕가의 법치주의도 법이라는 이름으로 통치하기를 원하였다. 프로이센 통일제국(1871~1919)의 법치주의는, 유럽 앙시앵레짐의 마지막 보루였던 로마노프 왕가의 제정 러시아에 크게 침투하여, 최전성기에는 모스크바 대학 법학부의 모든 교수는 프로이센 출신으로 채워졌다(김철, 러시아 소비에트 법, 1989). 실로 1917년 볼셰비키 혁명으로 붕괴될 때까지, 유럽 구체제의 완강한 참호였던 제정 러시아의 법치주의는 서유럽 구체제가 발달시킨 절대주의적 법치주의를 답습하였다. 제1차 세계대전과 러시아 혁명이 경과하면서, 당시 영국을 제외한 전 유럽에서 절대주의적 자연법론을 표방한 앙시앵레짐의 세 개의 제국이 사라져 갔다. 만약 동아시아의 1919년의 사정이, 일본제국의 팽창으로 특징지어지지 않았더라면 제국의 영향 아래 절대주의적 법치주의를 학습하고 있던 조선도 달라졌을 것이다. 일본제국은 이미 서유럽에서는 붕괴해 버린 프로이센과 오스트리아 헝가리 제국의 절대주의적 법치주의가 그들의 제국을 위해서는 꼭 필요했고, 이를 '계수'할 국가적 필요가 있었다. '대륙법 전통'이라는 것은 이때 전제군주에 의한 일반적 금지에 대한 조건부 해제의 방식 중 가장 논리적이며 설득적인 것으로 법학 엘리트에게 학습되었다. 이러한 역사적 경위를 가진 절대주의적 법치주의의 대륙법 전통은 약 1세기가 경과한 뒤, 2006년 한국의 한 경제인에 의하여 다음과 같이 인식되고 고백된다.”(김철, 『한국법학의 철학적 기초』, 2007ㄱ)

“절대주의 대륙법 개념은 이기적이고 무질서한 국민을 전지전능한 왕이 계도해야 한다는 생각에서 나왔어요. 그래서 모든 게 국가의 허가 없이는 못 하게 돼 있습니다. ‘원칙금지, 예외허용’이지요. 이와 달리 영미법은 왕권 제약에서 출발했기 때문에 ‘원칙자유, 예외금지’입니다.”(규제개혁위원회 민간위원장 박종규, 이코노미스트, 2006. 12. 10.)

제1장 법의 보편성과 특수성의 문제

1. 보편과 특수

1.1. 대비(對比, Contrast)

이미 논해진 대로 그리스 고대 철학의 시대에 인간사와 자연사에 있어서 보편성과 특수성이 대비되는 형상이 존재하는 것을 발견하였다.
대비(對比, Contrast) 또는 조응(照應, Correspendence)이라고 할 수 있다.
보편성은 공시적(共時的) 보편성과 통시적(通時的) 보편성으로 생각할 수 있으며, 특수성에는 그 개념 자체가 이런 구분을 용인하기도 하고 불필요한 경우도 있다. 그러나 특수성도 시간, 장소에 따른 특수성으로 생각할 수 있다.

1.2. 법의 보편과 특수

법학자로서 우리가 다루는 제도 또는 규범, 즉 넓은 의미의 법에 대해서, 그 확인, 판단, 실시, 적용에 있어서 항상 보편과 특수의 문제가 존재한다는 것을 주목해 왔다.
보다 가깝게 느껴지는 문제는, 구한말 이후 대한 제국이 받아들인 새로운 법과 제도의 확인 및 판단에 따르는 평가의 문제이다.

구한말 때만은 아니라고 오늘의 법학자는 느낄 것이다. 흔히 얘기되는 새로운 제도의 유입이나, 적용 실시는 건국 이후 지금까지도 앞으로의 한국법학의 내용과 관계된다고 할 수 있다.

1.3. 통시적 보편성

통시적 보편성의 예는 흔히 역사, 즉 법제사의 예를 흔히 들 수 있다. 즉 20세기의 스웨덴에서 적용, 실시된 옴부즈맨 Ombudsman 의 제도는 그 원형(原形)이 로마 공화정시대의 호민관(護民官, Tribinus Plebis)[97]에서 비롯했다. 20세기의 산업 국가들이, 그 공법 제도에 있어서, 옴부즈맨 제도를 연구[98] 또는 적용하는 예는 쉽게 얘기해서 "제도는 통시적 보편성을 가진다."라고 요약될 수 있다.

1.4. 메이지유신과 한국의 개화기

동아시아 국가 중 외국 문물을 일찍부터 수입해서 재미를 본 나라가 일본이다. 이유는 동아시아 국가 중 제일 먼저 문호를 개방했다. 메이지유신[99]이 그 예이다.

---

97) 호민관(Tribus Plebis): 기원전 5세기 전반의 로마에 있어서 귀족과 평민의 계급투쟁의 결과 평민의 이익을 옹호하기 위하여 설치되었다고 전해진다. Tribus 평민회의 직권행위에 대한 거부권, 뜨리부스 평민회를 소집하고 제안하는 권한, 뜨리부스 평민회의 의결의 집행과 자기의 권리행사를 확보하기 위한 징계권을 가졌다. 당초 호민관의 권력도 그 불가침성을 인정하는 취지가 평민 간에 서약되고 또 귀족도 실제상 그것을 다투지 못했다는 사실에 근거하고 있었으나 평민회의가 법률의 효력을 인정받은 기원 287년 전에 이르러 호민관은 정무관으로서 국법상 승인되었다. 제정 시대에 다른 정무관과 마찬가지로 무의미한 존재가 되었다. 인용, 법률학 대사전, p.1301, 법학연구원, 1990년.

98) Ombudsman 제도의 연구는 세계적인 흐름이 되었다. 우리나라에 있어서는 변재옥, 김철용 교수의 연구 업적이 있다. 외국의 예는 무수히 많으나, 대표적인 저서를 가진 예로 Colunbia Law School의 Walter Gellhorn 교수를 들 수 있다.

99) 메이지유신(Meiji 維新)에 대해서는, Richard H Minear, pp.105 - 147, *Japanese Tradition and Western Law*. Harvard Univ. Press.

우리나라에서 외국의 제도를 도입하기 시작한 것은 병인, 신미양
요를 거쳐 강화도 조약 때부터라 하겠다. 개화기의 시작에서는 이
때부터 의식적으로 다른 나라의 문물과 제도를 배워야 한다는 개
화파가 나타났다. 일본 배경의 개화파, 청나라 배경의 개화파, 러시
아 배경의 개화파, 일찍부터 아메리카의 앵글로-색슨 제도까지 간
개화파로 기록되어 있다.[100]

역사적으로 우리나라의 개화에 직접 영향을 끼친 나라는 일본이
다. 가깝고 정치적 영향이 컸으므로 일본을 통해 개화가 이루어졌
다. 일본 개화기는 프로이센계, 홀란드계, 프랑스계 그리고 브리튼
계의 제도를 받아들인 것이다.

식민지 시절에 우리나라는 일본을 통한 간접적인 문물과 제도에
의한 식민정책에 의한 교육과 개화가 이루어졌다.

제2차 세계대전의 결과, 우리나라는 연합군의 승전에 영향을 받
아 직접 선진국의 문물과 제도에 노출되게 되었다.

1.5. 제2차 세계대전 이후의 법의 보편성과 특수성

법제도의 보편성과 특수성의 문제는 정식으로 제기되었다. 그러
나 충분한 음미와 연구가 실시, 적용에 앞서지 못한 것은 1945년
이후의 제도사가 기록하고 있다.

1.5.1. 서구적 개념의 가치가 실린 법치주의의 보편과 동양적 전제정의 나라에서의 특수

최초로 제기된 제도의 보편성의 문제는 제2차 세계대전 이후 연

---

100) 개화기에 대해서는, 참조, 이광린(李光麟), 『한국 개화기 연구』, 일조각. 1969. 또한
    같은 사람, 『개화당 연구(開化黨 硏究)』, 1973.

합국의 영향 아래 있었던 모든 나라들에 공통된 과제였다. 즉 근대적 입헌주의(近代的 立憲主義)와 서구적 개념의 가치가 부하(負荷)된 법치주의(法治主義)의 문제였다. 특히 전통적 사회나 이른바 동양적 전제정(Oriental Despotism)의 나라에서는, 상술한 근대적 입헌주의와 그에 필수하는 '법에 의한 행정', 즉 법치행정의 역사적 가치가 보편주의적 요구로 등장한 반면, 이에 대해 흔히 반대 방향으로 인지될 수도 있는 다른 가치가 존재해 왔다. 즉 전통주의와 관련된 것들, 새로이 각성되고 고무된 민족주의와 관련된 것들.

우선 이들의 관계를 보편과 특수의 관계로 파악할 수 있는 것은 1990년대의 현대의 잠정적 시점이다. 이를 법철학적 사유의 하나의 구체적 실례로 하자.

1.5.2. 형식적 법치주의는 구한말에 이미 시작되었다

1945년 이후의 법치주의의 보편과 특수에 대해 생각해 보기로 하자. 형식적 법치주의의 전통은 구한말의 극히 짧았던 계몽군주시대에 이미 역사적으로 경험하였다.[101] 특기할 만한 것은 전형적인 가부장적 왕권시대였던 조선조에도 Oriental Despotism(東洋的 專制政)의 동반자였던 전통적 의미의 법의 개념을 이미 발견할 수 있다.[102] 물론 이에는 아직 연구 성과가 부족하고, 기초 학문에 대한 더욱 신중한 종합이 필요하다.

식민지 정책의 도구였던 주어진 제정법은 실질적 법치주의와 분리된 형식적 법치주의가 그 형식화의 극단에까지 나타난 것으로

---

101) 1905년 형법대전(刑法大全), 680조에 달하는 방대한 형사입법과 민법, 행정법 관계조항. 1908년 대폭개정, 민사관계 조항 삭제. 416조의 형사조항이 있었음. 참조, 박병호, 『한국 법제사(韓國 法制史)』, 최종고, 『법학사(法學史)』.
102) 전통적 법의 개념에 대해서는, 박병호, 『한국법제사고(攷)』, 법문사, 1987.

볼 수 있다.

경찰국가도 어떤 종류의 법치주의를 가진다는 것은 계몽군주를 자처한 유럽의 근세 절대주의의 왕권이나 제정 러시아의 경우에서 발견될 수 있다.[103]

2. 유럽에 있어서 형식적 법치주의(形式的 法治主義)의 발달

2.1. 프로이센(Freussen)

프로이센(Freussen)의 경우, 외관적 입헌 군주정과 관련이 있어 왔다. 계몽적 절대주의에 입각한 프로이센 일반란트法(Allgemeine Landrecht fur die preussischen Staaten, 1794. 6. 1. 공포)은 사생활의 말단까지도 규율하려 하고 있다. 그것은 일반적인 명제를 따르면서 높은 정도의 공동체 구속성을 강조하고 있다.[104]

계몽적 절대주의라 하나 이는 황제 프리드리히 빌헬름 1세의 신민(臣民)에 대한 가부장적 절대권이 나타나는 것이다.

예를 들면 건강한 어머니가 그 아이에게 수유(授乳)하는 의무를 법으로 정하고 있고(같은 법 Ⅱ－2 §67 bis§69) 모(母) 또는 유모(乳母)는 2살 이하의 아이를 밤중에 같은 침대에 재우는 것을 금하고(같은 법 Ⅱ－20 §738) 또한 부부의 성생활에 대한 세밀한 관계까지 법적인 권리 의무로서 규정하고 있다(같은 법 Ⅱ－1 §174 bis §181).

---

103) 제정 러시아의 법치주의에 대해서는, 김철, 『러시아－소비에트 법연구－비교법 문화론적 연구』, 민음사, 1989.

104) 김여수, 『법률사상사』, pp.69－70(박영사, 1976).

2.2. 비스마르크 헌법의 실증주의 공법이론

이와 같은 전통의 법치주의는 1871년 이후 비스마르크 헌법 아래에 있어서 실증주의 공법이론(實證主義 公法理論)으로 전개되었다고 하는데[105] 우리가 가치 개념으로서 파악하는 근대적 입헌주의(立憲主義)의 이념형(理念型 Idealtypus)과는 거리가 먼 것이 의문의 여지가 없다. 오토 마이어(Otto Mayer)에 의해서 체계화된 실증주의 공법이론은, 이와 같은 맥락에서 이해할 필요가 있다.[106]

2.3. 오토 마이어(Otto Mayer)의 행정법이론은 비스마르크 헌법과 맥락이 같다

한국의 행정법학이 법치주의의 설명에서, 명료한 가치개념에 입각하지 않고, Otto Mayer에 의한 개념장치를 그 총론 부분에서 길게 소개하지 않을 수 없는 것은 우리 역사의 지난 식민지의 유산 때문이다.[107]

2.4. 비스마르크 헌법 아래에서의 행정재판제도는 메이지 헌법 시대의 일본과 잘 맞았다

어떠한 개념 장치에 의하든 간에, 이와 같은 법치주의는, 서유럽사(西歐史)의 주류(主流)에서 파악된 근대적 가치 개념(近代的 價値 概

---

105) 김도창, p.109(1985, 청운사).

106) 김도창, 같은 책, 같은 면.

107) 한국의 법학교육과, 지난 식민지의 유산에 대한 고찰은; Chull Kim ;"Legacy of Colonialism -A brief historical overview of legal education in Korean Universities." *History, Thought & Law*, Collection of Article(Seoul: Myko Int'l Ltd., 1993)

念)에서 멀리 떨어져 있다. Otto Mayer의 법률학적 방법에 의한 행정법의 체계는 1870년대의 프로이센에 있어서의 형식적 입헌주의의 결과이다. 입헌주의가 근대의 실질적 성과(實質的 成果)를 담지 못할 때, 법치행정 역시 절대적 자연법론(絶對的 自然法論)의 일반론적, 기계론적 세계관(機械論的 世界觀)108)을 제국의 신민에게 강요하게 된다.

이와 같이 프로이센과 비스마르크 헌법 아래서의 행정제도와 행정재판제도는 메이지유신 이후의 일본의 국내사정과 요구에 잘 맞았다. 그리고 식민지 통치를 위한 명목적 법치주의의 이론으로도 손색이 없었다 할 수 있다. 이것이 해방 당시까지의 우리나라의 사정이었다.

3. 명목적 법치주의와 형식적 법치주의(形式的 法治主義)의 결합

3.1. 명목적 의미의 헌법 아래서의 명목과 실질의 분리

1945년 이후 제6공화국 헌법에 따른 문민정부 이전의 한국의 입헌주의는 실질적 의미의 헌법이 아니라 외관적 명분에 따르는 명목적 의미의 헌법이었다고 본다. 따라서 법치주의 전반이나 법치행정의 원리 역시 근세 계몽주의 법학의 이분법(二分法)이 편리하게 보여주는 대로 명목과 실질, 형식과 내용의 분리를 보여주었다.

---

108) 절대적 자연법론(絶對的 自然法論)의 기계론적 세계관(機械論的 世界觀은) 초기 공업사회에 있어서의 인간과 도구(道具)와의 관계에서 시작된 것일 수 있다. 참조, Chull Kim ;*The Way We Think*. unpublished Course Material(Seoul: Dept. o. Law, SMU, 1992)

3.2. 자유주의 시대의 한국 국내의 법치주의

1945년 이후의 국가체계 밖의 사정은 연합군의 승리로 시작되는 자유주의적 '법의 지배'의 침투적 영향이었다.

한국의 저명한 학자에 의해서[109] 요약된 대로 "해방 이후 계속 도이치형 법치주의와, 아메리카형 법치주의의 구별이[110] 시대적 경향으로 나타났다."고 일단 이해할 수 있다. 서원우 교수는 다시 1945년 본 기본법 제정 이후에 있어서 서부 도이칠란트의 법치주의가 그 이전과는 현저히 달라진 것이라는 당연한 전제(前提)를 달고 있다.

3.3. 잊힌 문제 - 전후 도이칠란트와 전후 일본의 청산과정

실로 1945년 종전(終戰) 직후 서부 도이칠란트의 최대의 문제는 나치 전범 처리(Nazi 戰犯 處理)와 전쟁 이전의 군국주의적 요소의 청산이라고 요약될 수 있는 것은 전후 맥아더 사령부하에 있어서의 일본의 사정과 마찬가지다. 흔히 부르는 대로 라인 강의 기적과 일본 경제의 기적은 이와 같은 전전(戰前)의 군국주의적 요소의 철저한 청산 위에서만 가능하였다. 1950년대의 서부 도이칠란트의 정치 사회의 큰 이슈는 도이치 사람 자신이 재교육(再敎育)되는 것이었으며, 이 과정은 흔히 한국을 비롯한 세계사의 주류에서 멀리 떨

---

109) 서원우, 헌법이론과 행정법, 1987, 한국공법학회, 한국에서 미국헌법의 영향과 교훈.

110) 1945년 종전 이후의 동아시아 특히 군국 일본에 점령당했던 지역의 정치문화나 대학 문화를 한국인의 입장에서 특화시킨 언어로 이해할 수 있다. 그러나 1945년 이후의 세계 문화의 넓은 입장에서 파악할 때는, 오히려 전쟁 이전의 전체주의적 법치주의의 남은 부분과 전쟁 이후의 주조(主潮)가 된 자유주의적 법치주의의 이분법으로 유형화(類型化)하는 것이 서원우 교수의 원래 의도가 아니었나 생각해 본다. 구독일 - Totalianism, 미국 - Liberalism의 자유연상은 시대의 정치 상황과 배치되지는 않으나, 엄격하게 볼 때 오히려 제2차 세계대전 동맹국의 법문화와 Anglo - Saxon을 주류로 한 법문화의 대칭으로 볼 수 있지 않을까?

어졌던 지역에서 잊기 쉬운 역사이다.

3.4. 제2차 세계대전 이후의 시대정신(Zeit – geist)으로서의 자유주의와 보편주의적 법의 지배가 한국에서는 어떤 한계를 가졌나

개념적으로 파악하는 방식, 또는 법학자의 습관인 유형화된 언어를 잠깐 떠날 때, 자유주의적인 근대의 가치는 서구 연합국(Western – Alliance)의 관련 지역에서 기존의 제도·규범을 거스르면서 전후 약 60년 동안 모든 법제도에 영향을 끼쳤다고 할 수 있다.

이와 같은 보편주의적 '법의 지배'와 한국에 있어서의 형식적 법치주의의 대조는 보편과 특수의 관계로 이해할 수 있다.

4. 전쟁 이전의 도이칠란트에 있어서의 법치국가 개념

4.1. 법률의 전능(Omnipotenz)

해방 이후에 한국의 법학이 계속 참조한, 전쟁 이전의 도이칠란트에 있어서의 법치국가 개념은, 그 이념으로 다음의 다섯 가지 요인을 들고 있다.[111]
① 법률의 더구나 법률만의 전능(Omnipotenz)
② 행정의 법률에 의한 구속
③ 위법한 행정행위에 대한 국가 책임(Staatsschaftung)
④ 행정재판제도
⑤ 독자적으로 발전된 공법(Oeffentriche Recht)의 존재[112]

---

111) 서원우, 앞의 책, p.278, .Richard Thoma가 제시한 (1910) 특수 독일적 법치국가 개념의 전형적인 개념이라고 한다.

112) 서 원 우, 앞 의 책 ,p.277, 인 용 Richard Thoma, "Rechtsstaatsidee und

이것은 1910년대의 도이칠란트, 아니 프로이센의 공법 학자에
의해서 정리된 특징으로[113] 1960년 다른 정치문화의 저자에 의해
서[114] 다음과 같이 대조된다. 즉 열거된 5가지의 특징은 같은 시대
에 있어서 앵글로 색슨 법문화의 특징인 법의 지배(Rule of Law)와
대척적(對蹠的)인 점에 있다고 한다.

4.2. 특수 독일적 법치국가 개념

이와 같이 고찰해 볼 때 본(Bohn) 기본법(基本法) 제정 이전의 도
이칠란트의 법치국가 이념(Idee der Rechtsstaat)은 특수 독일적 법치
국가 개념이라 할 만하다.[115]

또한 이러한 특수 독일적, 아니 특수 도이치적 법치국가 개념을
여러 세대에 걸쳐서 전수하고 내재화(內在化)한 주변 국가의 법치
주의도 이러한 맥락에서 특수한 법치주의로 부를 수 있다.

5. 한국의 법치주의가 제2차 세계대전 후에도 전쟁 전의 특수
한 지역적, 국가적 법치주의 언어를 계속 사용한 이유

무엇이 한국으로 하여금 제2차 세계대전이 끝난 후의 약 60년
이상을 그 법치주의의 형태와 언어에서, 1910년대에 논의된 특수한
지역적, 국가적 법치주의의 언어를 차용(借用)하게 했는가.

Verwalungsrechtswissenschaft" *Jahrbuch d. oeff. R.* Bd.4(1910), S.274ff.

113) 1910년은 제1차 세계대전 이전이며, 동아시아에 있어서 신흥 공업국가 일본이 대한
제국을 병합한 해이다.

114) 서원우, 앞의 책 ,p.277. 인용 E. Fraenkel, *Das amerikanische Regierungssystem.* S. 196ff(1960)

115) 서원우, 앞의 책, 같은 면.

국가체계와 사회체계에 대한 지금까지의 공식적인 법학 언어로
는 설명될 수 없는 면이 있다. 우선 들 수 있는 것은 다음과 같다.

5.1. 조선 시대의 사회의 성격과 국가의 성격(김평우, 2006)

5.2. 사회적 기풍에 있어서 조선 - 대한제국 - 일본제국 - 대한민
국의 기초 사회의 특징: 권위주의적 문화형 및 권위주의적
문화형이 초래한 심리학적으로 특화된 의미에서의 권위주의
적 성격(Authoretarean Personality)[116]

5.3. 한자문명권(漢子文明圈)의 특징으로서 귀족주의적(貴族主義
的) 문인계급(文人階級)이 통치하는 사람에 의한 지배 - 인
치(人治, Rule of man)의 전통 중 부정적인 면

5.4. 유교 문명권(儒敎 文明圈)의 기본적 특징으로서, 유럽의 중
세와 대조되는, 지상(地上)의 권력(權力)과 천상(天上)의 정
신적 권위(精神的 權威)와의 미분리[117]

5.5. 무엇보다도 식민지의 유산(legacy of colonialism)으로 요약할
수 있는 군국 일본에 의한 도구적 법치주의(道具的 法治主
義)의 강요[118]

---

116) T. W. Adorno et el, The Authoretarean Personality, Preface Xi(New York: Harper&Brothers,
1950). 김철, "사회적 차별의 심층심리학적 접근 - 법 앞의 평등의 내실을 위하여", 『한국
법학의 철학적 기초』(서울: 한국학술정보(주), 2007).

117) Chull Kim, *Law & Religion in Chinese Culture* (Seoul: Myko Int'I Ltd., 1993)

118) Chull Kim, "Legacy of Colonialism - a Historical Perpective on Legal Education in Korea
Universities," (Seoul: Myko Int'I Ltd., 1991)

제2장 공법의 역사

History of Constitution and Public Law

1. 각국의 공법이 왜 다른가, 어떤 점이 다른가

우리나라의 공법학의 특색은 그 출발에서 실증주의 공법이론(實證主義 公法理論)의 영향을 받았다.

1.1. 19세기의 프로이센(도이칠란트)

도이칠란트는 효율적이고 정확한 것을 좋아하는 게르만 민족의 국가이다.

비스마르크의 통일 이전에는 소규모의 공국으로 나누어진 나라이었다.

중앙집권을 보다 효율적이고 정확하게 하기 위해서는 제도가 필요한데,[119] 이러한 필요성에 의해 나타난 것이 행정법[120]이다.

행정제도와 행정법은 제정된 것이다.[121]

---

119) 1871년 비스마르크 헌법으로 도이칠란트 통일이 선포되고, 제국이 성립됨.

120) 오토 마이어 O. Mayer(1846~1924)의 실증주의 공법이론(實證主義 公法理論)

121) 19세기 도이칠란트에 있어서의 권력분립은, 3권의 동등한 분립이 아니라, 법률의 지배, 즉 집행권에 대한 법률의 우위를 제1요소로 하고, 다음에 법률 아래에서 단일권력으로서 존재하는 집행권의 내용으로서 사법과 행정은 동등한 지위에서 병존한다는

비스마르크(Bismark) 법체계 아래에서의 행정법의 성격은 주권의 강력함을 특징으로 하는 통일국가 형태에서 결정되었다. 그리고 군대(陸軍)와 관료 집단을 등뼈로 하는 중앙집권 국가였다. 그래서 이 국가는 제도, 즉 행정제도 및 행정법이 필요하였다. 그 이유는 시민들과의 관계를 규율하고 내부관계를 규율하기 위해서였다.[122]

그 행정법의 성격은 20세기 후반에 있어서와 전제가 다르다. 프로이센(Preussen)의 행정법은 19세기에서의 도이칠란트 행정법의 출발이다.[123]

1.2. 나폴레옹 헌법 시대의 프랑스

통일전제왕국(統一專制王國)이 일찍 성립되었기 때문에 공법의 역사는 프로이센 - 도이칠란트보다 먼저 성립되었다. 행정재판제도는 프랑스에서는 1800년대[124]에 확립되었다. "그러므로 프랑스 행

것을 제2요소로 하는 것이라고 한다. O. Mayer의 권력분립의 제2요소, 사법과 행정의 동위는, 사법재판소에 의한 행정에 대한 간섭을 배제하고, 행정재판소 제도를 주장하는 근거가 되었다. 김도창 『일반 행정법론(上)』, p.109.

122) 비스마르크 Bismark법 체계 성립 때까지의 주요 사항은 다음과 같다.
　　1861. 빌헬름 1세 군대개혁을 시작, 의회는 이를 반대 투표함.
　　1862. 의회 반대를 분쇄하고, 통일을 수행하기 위해 비스마르크를 수상에 임명함. 비스마르크의 중요 임무는 어떤 대가를 치르고도, 군대 개편을 유지하는 것이었음.
　　1871. 프로이센 - 프랑스(普佛) 전쟁에서 파리 함락, 프랑스 3공화국 분쇄됨.
　　1871. 남도이치연맹 프러시아와 북도이치연맹과 조약 체결, 도이치제국 성립, 프러시아 왕이 도이치의 황제가 됨.
　　도이치 통일이 완성된 사실이 베르사이유의 루이 14세 궁에서 세계에 선포되다. 인용은 Ferdinand Schwill, *A Political History of Morden Europe*, pp.468 - 479, Charles Scriber's Sons, 1911.

123) 예를 들면 ,슈타알 Stahl (1802~1861)의 '형식적 법치 국가론(法治國家論)'의 역사적 맥락은 다음과 같다. 1848년 이후의 외견적 입헌군주제; 1871년 이후의 비스마르크 Bismark 법체계; 인용은 김 도창, 『일반 행정법론(一般行政法論)(上)』 p.109. (서울: 청운사, 1986)

124) 혁명과 공화정, 그리고 보나파르트 헌법 아래에서의 행정 및 공법 제도의 성립의 연대기는 다음과 같다.
　　1744 - 89 Louis 14세의 절대 왕정
　　1789 절대주의 붕괴

정법의 180여 년이 오늘날의 행정법의 역사이며, 행정법과 행정법학의 모국이 프랑스라고 일컫는 연유도 여기에 있다."라고 한다.125)

1.3. 나폴레옹 헌법 아래에서의 국 참사원(國 參事院, Conseil d' Etat)

1799년 12월 22일에 '공화 8년의 헌법'으로 불리기도 하고 통령제 헌법으로 불리기도 하는 보나파르트 법체계가 성립하였다.

정부는 제1통령에게 집중되었다. 입법 기능은 투표권 없는 호민관과 심의권 없이 투표만 하는 입법 기구에 주어졌다.

권한이 나누어짐으로써 이 입법 기능과 관련된 두 기구의 힘은 나누어지고, 이윽고 모든 영향을 잃게 되었다.

또 다른 쿠데타에 의하지 않고, 단순히 타이틀을 바꿈으로써 보나파르트 통령은 프랑스를 절대군주로서 지배할 수 있는 나폴레옹 황제로 나가는 길을 열었다.126)

이 '공화 8년의 헌법' 제52조에 근거를 두고 1799년 12월 25일 국 참사원(國 參事院, Conseil d' Etat)이 설치되었다. 이것이 프랑스 행정재판제도의 '빛나는 전통'이다.127)

1789~91 국민의회(The National Assembly)
1792~95 국민공회(The National Convention)
1793~94 공포정치
1794~95 열월당(熱月黨)원의 지배(The Rule of the Thermidorians)
1795~99 5人 집정관에게 행정권이 주어짐. 입법은 500人 위원회와 Council of Ancients에 맡겨짐.
1799. 11 보나파르트가 5人 지도제를 무너뜨림.
1799~1804 통령시대
1799 보나파르트 헌법
1801 보나파르트 뤼네빌의 평화(Peace of Lunevile), 제1통령 프랑스의 재건을 시작하다.

125) 김도창, 『行政法』 p.45.

126) Ferdinand Schwill, 위의 책(*Supra*.)

127) 김도창, 앞의 책, p.96.

지방 행정 재판소의 전신인 도 참사원(道 參事院, Conseil de préfecture)
이 같은 1799년에 발족하였다.

1.4. 나폴레옹 헌법 시대의 행정제도

프랑스의 내부 행정은 혁명 동안 무정부 상태였다. 1791년의 혁
명은 프랑스를 83개의 도 또는 현(懸, department)으로 나누고 지방
자치제도에 의해서 왕이 지명한 구중앙행정부를 보충하였다. 실제
로 모든 공직은 선거제가 되었고, 따라서 정치활동을 요구하였으
며, 이러한 의무에 익숙하지 못한 투표자들은 곧 염증을 느끼게 되
었다. 시민들은 투표에 참가하기를 거절하고, 투표권이 소수의 전
문 직업 정치인 손에 표류하도록 내버려 두었다. 공포 시대 때에도
공식제도는 포기되었다. 보나파르트의 등장과 함께 중앙통제의 전
통적 정책에 대한 복귀가 행해졌다. 83개의 모든 현에 제1통령에
의한 지사가 임명되고 소환되었다. 이와 같이 프랑스 전국은 제1통
령의 손에 장악되었다. 보나파르트는 그의 놀라운 정확성의 감각으
로 지배의 폭과 깊이에 있어서 어떤 왕권신수설 시대의 군주도 할
수 없었던 정도로 그의 제도를 완성하였다.[128]

19세기 후반기에[129] 프랑스 행정법의 기초가 된 권위 행위, 관리

---

128) 제국의 시대(1804~1815)의 연보
　　1806, 프러시아와의 전쟁
　　1807, 러시아와의 전쟁
　　1808. 6, 틸지트의 평화, 나폴레옹, 경력의 절정에 오르다.
　　1812, 러시아 침공
　　Schwill, *Supra*.

129) 이 시대의 주요사항은 다음과 같다.
　　1871. 프러시아와의 전쟁에서 파리 함락; 프러시아와 조약을 맺고 혼란에 빠짐 ;
　　의회가 평화를 선포했으나 왕당파가 다수여서 공화국 선포 좌절 ; 파리의 공화파
　　가, 의회에 불만을 품고 중산층과 의회에 반대해서 저항 ; 내란 상태에 빠짐; 각

행위의 학자인 라페르(E. Laferriere)는 1887년에 '행정 재판과 소송 청
구권'을 간행했으며 주관적인 제도이론(Théorie de I'institution)의 오
오류(M. Hauriou)는 1874년에 '행정법 개요'를, 1897년에 '프랑스 행
정법 연구'를 간행했다.130)

1.5. 프랑스 혁명 이후의 사법부의 위치

앙시앵레짐하에서의 사법재판소는 전제군주의 행정의 현대화 및
사회 개혁의 여러 시도에 대하여 정면으로는 아니나 종종 실효적
인 반대 운동을 전개한 바 있다. 이러한 사법재판소의 저항은 루이
15세 및 루이 16세 때에 그 절정에 달하였던 것이다.

또한 제헌 혁명의회의 최초 조치 중의 하나는 1790년 8월 16일
부터 24일까지의 법 제정에 의하여, 사법재판소에 의한 행정권에의
도전 의도 또는 도전의 가능성을 완전히 봉쇄한 것이었다.

이 원칙은 5년 후 공화력 3년의 데크레(decree)에 재천명되고 있
는바 "법관은 어떠한 종류의 행정 행위에 대해서도 재판할 수 없으
며, 그렇지 아니할 경우에는 법적으로 처벌된다."131)

1.6. 사법부가 행정권 내부에 대한 재판을 하지 못하는 전통

① 오랜 앙시앵레짐 아래에서나,
② 1789년의 대혁명에 의해 절대 왕조가 무너진 다음 해인 1790
   년의 제헌 혁명 회의에 의해서나,

계층의 의견을 대표하는 수천 명이 처형, 유배당함 ; 국민 의회(National Assembly)
가 정통 정부가 됨. Schwill, *Supra*.

130) 김도창, 『일반 행정법론』(上), p.46.

131) Propser Weil 저, 김동희 譯, 『프랑스 행정법』, p.15.

③ 다시 모든 대혁명의 주체였던 회의체 정부가, 보나파르트에
   의해서 통령 정부 - 1인의 수중에 다시 모든 권한이 장악된
   시대에 있어서도, 변하지 않는 제도의 전통이 있다.

   즉 절대 왕조 - 제헌 혁명회의 - 보나파르트 통령 정부로 이어지
는 세 개의 전혀 다른 역사적 단계의 어느 시기에서도, 사법부가
행정권 내부에 대한 재판을 하지 못하는 점은 일관되었다. 행정에
대한 재판이 행정기관의 내부에서만 이루어지는 이러한 일관성이
부르봉 왕조 이후의 근대까지의 프랑스 법문화의 특징이라고 할
수 있다.

   이 법문화가 산출한 "국 참사원(Conseil d' Etat)은 1799년 이후 제
3공화정(1817~1940), 제4공화정(1946~1958)의 헌법에서는 명문의
규정을 두지 않고 참사관 임명에 관한 규정을 두고 제5공화정 헌법
은 입법 참여권을 규정하여, 150년의 전통을 자랑한다."고 한다.132)

2. 튜더(Tudor, 1485~1603)와 스튜아트(Stuart, 1603~1629) 정부에서의 공법 관행과 법

2.1. 튜더(Tudor) 정부의 왕권과 시민

   튜더 정부(1485~1603)는 왕권의 위엄의 원칙과 대중의 동의를
결합하는 데 지극히 성공적이었다. 왕권과 시민은 튜더 질서에 필

---

132) 김도창, 앞의 책, p.96.

수적이었다. 그러나 어느 쪽도 다른 쪽에 대해서 궁극적인 우위를 주장하지 않았다. 그리고 왕권 위엄의 원칙과 대중의 동의의 원칙은, 성질에 있어서 반대 명제이기는 하나, 갈등관계에 들어가는 일은 드물었다.[133]

2.2. 자의(恣意)도 아닌 리갈리즘도 아닌 튜더의 법문화

국왕의 대권(大權)을 단순히 자의(恣意)에 의한 권력으로 환원시키지도 않았으며 또한 튜더 시대 사람들은 과도하게 경직(硬直)된 리갈리즘, 즉 형식적 법치주의(形式的 法治主義)에 흐르지도 않았다.[134]

2.3. 허용된 범위를 훨씬 넘는 행동의 반경을 국왕에게 요구함

즉 튜더 인들은 코먼·로와 제정법의 지배에 의해서, 그들에게 허용된 범위를 훨씬 넘는 행동의 반경을 국왕에게 요구하였다. 법의 밖에서 그들은 공공의 선(公共의 善)을 위해서 광범위하고 확정되어 있지 않은 행동의 자유를 선언하였다. 그들의 주장은 새롭거나 부적당하지도 않았는데, 왜냐하면 행동의 자유는 그들이 전승(傳承)받은 권위의 일부였기 때문이다. 그러나 그들의 재량권(裁量權)의 정력적인 적용은 다음과 같은 특징을 가지게 했다. 즉 정부(政府) 구조(構造)의 변화(變化)뿐 아니라 그것의 운용(運用)에 깔려 있는 관행(慣行)이 형식적 법의 제한에 복종하기보다는 정부 권한의 재량적 측면(裁量的 側面)을 강조함으로써 15세기와는 다른 변화를 보였다.

---

133) Sir David Lindsay Keir, *The Decline and Fall of Concillar Government*, 1603~1660.

134) Ibid, p.154.

2.4. 튜더인에게는 여론의 지배가 법의 지배가 되었다

여론의 결과인 헌정 관행은, 나중에 그 여론을 주도하는 상황에 따라 변하지 않으면 안 된다.[135] 이러한 여론의 변화와 함께, 그리고 이미 선행되어 있었기 때문에, 스튜아트 왕조가 1603년에 시작되었다.

16세기에 있어서의 재난과 영광은 왕과 신민(臣民)과의 독특한 동반관계를 만들었다. 한쪽의 우세가 강하게 주장되면 다른 쪽에서는 지체하지 않고 일치되었다.

2.5. 코먼·로와 제정법과 구별되는 행정법 체계가 달리 필요 없었다

이 시대의 법체계에 있어 코먼·로와 제정법의 성격은 다른 유럽의 절대군주정에서와 달랐으며, 한국에서 널리 이해된 대로, 행정권의 우월한 의사를 제도적으로 표현하는, 행정 내부에서의 심판기구인 '행정제도(system administratif)'나 또한 코먼·로나 제정법과 구별되는 '행정법(Verwaltungsgesetz)' 체계도 달리 발전할 필요가 없었다.[136]

2.6. 왕과 신민의 화해는 경직된 제정법이나 형식적 법치주의를 필요로 하지 않았다

국왕의 대권(大權)과 신민(臣民)의 동의(同意)의 화해의 결과인 튜더 법체계에서부터 스튜아트 법체계에서 주의할 점은, 이후의 코먼·로의 영향 지역에서 지속적인 전통이 된 것이 성립되어 가고 있었다는 것이다. 경직된 제정법주의나 리갈리즘, 즉 형식적 법치

---

135) Ibid, p.154. "End of the Emergency Period (1) the Succession"

136) 김도창, 『일반 행정법론』, 1986, 청운사 同旨, 서원우, 『현대 행정법론』(서울: 박영사, 1979), 최송화, 김동희 교수의 취지도 같다.

주의에 대척되는 전통이 형성되어 가고 있었다는 것이다.

이 전통의 형성 과정에 앞서, 또한 고찰되어야 할 점은, 1600년
대의 잉글랜드는 다른 법문화에서 볼 수 없는 정도의 '다양하고 역
동적인' 심판 기구들, 즉 법정 조직을 가지고 있었다[137)는 것을 지
나쳐서는 안 된다.

2.7. 스튜아트 정부와 제정법(1629~1638)

1629년에서 1638년까지 화해의 결과인 정부는 다시 시련을 겪게

---

137) Thomas A. Green, "English Courts in 1600. A.D.", *Anglo-American Legal History*, course
material, u. of Michigan Law School(Ann Arbor: Mich. Law School, 1980).

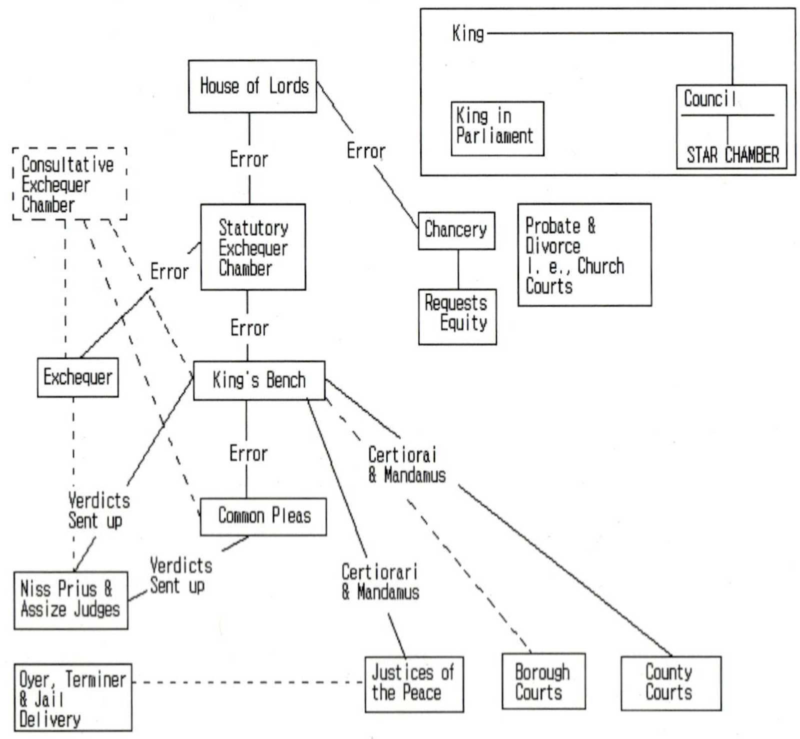

되었다. 법이나 관행을 위반하지 않고도 스튜아트 정부는 의회 없이 때울 수가 있었다. 위기의 시기는 튜더 왕조와 함께 끝났고, 평화시의 목적을 위해서는, 왕권(王權)은 단지 정부의 통상적인 평화의 기구만을 요구하였다. 법은 국왕이 요구하는 모든 것을 주었다.

법은 왕의 행정행위(行政行爲)의 계량기준(計量基準)이 되었다.[138]

의회 해체 뒤에 선포된 국왕의 선언은, 쉽사리 반박될 수 없는, 법과 정책의 두 방향의 근거에서 의회에 반대되는, 이성적인 호소를 할 수 있었다. 권리청원(1628)에 의해서 제한되는 왕정 체제(王政 體制)가, 최근에 와해된 하원(下院, House of Commons)의 통어할 수 없는 진행보다는 이상적으로 생각되었다. 아마 가까운 장래에 의회는 왕권(王權)과 역사적 관계를 재개하고, 정부와 정책을 통제하려는 그 의도는 다시 한 번 나타날 것으로 보였다.

한편 국왕의 행정부는 법의 문자(文字)에 엄격히 집착하면서 국민의 복지(福祉)를 증진시키는 은혜로운 과업을 수행하고 있었다.

3. 법의 문자(文字)에 집착하는 것과 근본법(根本法) 또는 고차법(高次法)

3.1. 경직되게 해석된 법은 반대자들을 억압하는 데 쓰였다

법의 쓰인 그대로의 문자에 의존하는 경직성이 지나치게 강조되어서는 안 된다. 이렇게 경직되게 해석된 법은 정부의 실정적인 행정행위와 반대자들을 억압하는 것을 정당화하였다. 법이 허용한 것

---

138) Ibid, p.196.

은 언제나 첫 번째로 커먼·로 법정 - 즉 보통법 법정들로 하여금 말하게 한 것이었다. 이때까지 법정들은 명백히 그리고 참으로 적절하게 왕권의 편에 정렬하였다. 판사들의 왕권에 대한 저항은 결코 강하지 않았다.

설명은 그들의 집행부에 대한 의존(依存)에서 발견된다. 그러나 의회와는 달리, 그들은 적법성(適法性)에만 간여하였고 정부 입법(立法)의 정책(政策)에는 간여하지 않았다. 그들이 집행한 법준칙(法準則)은 — 의회와 달리 — 잘 변하지 않았고, 흔히 왕권의 편에서 강하게 말해졌다.

3.2. 에드워드 코크(1552~1636)[139]

에드워드 코크가 법원장(Chief Justice)으로 간여한 사례를 제외하면 그러하다. Bates 케이스에 Ship - money 케이스까지의 일련의 흐름은 왕에게 호의적인, 지속되는 판례의 연속이었으나, 어느 것도 잘못 결정된 것은 아니었다.[140]

Edward Coke[141]와 Lord Chancellor Ellesmere가 대답해야 될 물음은 다음과 같았다.

---

139) Berman, "The Origins of Historical Jurisprudence: Coke, Selden, Hale," 103 *Yale Law Journal*(1994), pp.1651 - 1738.

140) Ibid. p.197.

141) Stuart 시대의 최고의 법관, 1606년 보통법 법정(Common pleas) 법원장(Chief Justice)에 임명되기 전에, 이미 하원 의장과 검찰 총장(Attoney - General) 역임. "왕권은 법의 명에 보다는 법률가의 명에에 반대하여, 반항하려는 경향이 있다."

178

3.3. 커먼·로의 우위 또는 고차법

보통법 법정은 어느 성문법에서 서로 일치하지 않는 조항 중의 하나를 버릴 것인가?

커먼·로와 일치하지 않는 결과를 가져오는 성문법의 조항(또는 條文)을 무효로 할 것인가?

만약 그들이 이미 무효로 선언한 조항을 의회가 다시 입법화한다면, 계속해서 적용을 거부할 것인가?

제임스王의 제1차 의회가 일반의 정책에 따라 입법하는 데 실패한 것을 감안한다면 성문법의 조항을 무효로 한다는 것의 의미가 나타난다. 잉글랜드의 모든 정치적으로 의미 있는 그룹들이 '의회에서의 王'이 법을, 변화하는 상황에 맞추는 데 있어서, 궁극적이고 주권적인 힘을 가진다는 데 동의하는 상황이었다.

의회가 입법을 거절하는 사항에 대해서, '의회에서의 왕'의 거부권에만 매이는 그런 권한을 어느 기구가 가질 것인가?

James 1세 시대(1603~25)의 잉글랜드의 어느 누구도 하원(下院, House of Commons) 단독으로 '주권을 가진다.'라고 하지 않았으며, 아무도 이 주권(主權)을 王에게 양여하지 않았다. 그렇다면 어느 기구가 남아 있는가?[142] 그 기구는 어떤 권위에 의해서 이 일을 할 것인가?

1610년 보통법정(Court of Common Pleas)에서 결정한 Dr. Bonham's case 판결문의 부수의견(Dictum)에서, 코크 경(Edward Coke)은 그 연원을 따지면 St. Germain과 Fortescue의 자연법에 비추어서만 읽힐 수 있는 어떤 더 높은 '권리'의 생각을 소개하였다.[143]

---

142) Thomas Green, *Development of Law and Legal Institution; Anglo-American Legal History*, unpublished course material, (Ann Arbor: The University of Michigan Law School, 1977)

143) Thorne, Dr. Bonham's Case, 54L.Q.R. 543(1938) Ⅳ - 27.

Bonham Case(1610)의 판결 자체는 자연법이론보다는 잉글랜드 보통법 지배의 선례로부터 이끌어 낸 것이라는 의견도 있다.[144]

3.4. 보통법이 의회 입법을 통제한다

그러나 2년 뒤 Rowless v. Mason(1612)에서, "만약에 성문법에 앞뒤가 맞지 않는 모순이 있거나, 관습법에 합리적이지 않은 것이 있다면, 보통법은 Dr. Bonham 케이스에서처럼, 이를 받아들이지 않고 거부할 것이다."라고 한다.

Coke의 여러 케이스에서의 기본적인 논점이 엄격한 성문법의 해석이었기 때문에, 이후에 프락네트(Plucknett)가 검토한 것처럼, '왕권과 의회를' 다 같이 제한할 수 있는 근본법(Fundamental law)의 사상이 근거가 되었다고는 보기 힘들다고 논리를 전개하는 법률가도 있다.[145]

Coke이 인용한 Fitzherbert의 Cessavit 42에서 그리고 Copper v. Gederings 에서 법정은 애매모호하지 않은 성문법을 조용히 무시해 버렸다. 그리고 이는 Sir Coke이 Dr.Bonham's Case에서 한 것과 같다.

많은 경우에 보통법이 의회 입법을 통제하며, 때때로 완전히 무효로 재판하여 정하는 것은 우리의 기록에 쓰여 있다. 의회의 제정법이 보통의 권리와 이성에 반할 때, 앞뒤가 맞지 않을 때, 실시 불가능할 때, 보통법

---

144) Ibid, IV - 27. 이것은 Coke의 4번째 의견에 대한 Plucknett의 견해의 일부이다. 그러나 Plucknett 역시 결론적으로는 지금까지 널리 받아들여진 자연법(Natural Law), 고차법(高次法, Higher Law) 그리고 근본법(根本法, Fundamental law)에 Coke가 호소하고 있다는 Sir Frederick Pollock의 의견에 참여하는 것처럼 보인다.

145) Thorne, ibid.
그러나 Sir Frederick Pollack의 언급, "비록 Coke는 교회법 주의자는 아니었지만 그의 이론은 궁극적으로는 유럽에서 팽배하고 있던 교회법 주의자(Canonist)의 이론에서 나온 것이다. 그리고 이 점에서 Coke는 동시대인에 의해서 추종되었다. Dr. Bonaham 케이스에서 Coke가 고취한 믿음은, 의회 입법이 침해할 수 없는 더 높은 '권리와 정의'의 원칙이 있다는 독트린이었다." 인용은 Thorne, Supra., IV - 25.

이 이를 통제하며 이러한 제정법이 무효임을 선언하려는 것이다. ……

3.5. 어떤 입법도 근본법을 침해하지 못한다

Raoul Berger는 설명한다.

17세기의 법률가와 아메리카 식민지는, Coke의 의미를 더욱 간단하게 해석하여, 잉글랜드 의회의 어떤 입법도 '근본법(fundamental law)'을 침해하지 못한다는 것으로 받아들였다.146)

Coke의 의견은 아메리카 식민지의 저항에 법적인 주석(Footnote)을 달아 주는 것이나 같았고 많은 인용이 새로이 잇달았다.147)

Coke의 인용이 아니라면 Blackstone의 주석이었다. Blackstone의 원칙은 '의회 우위'의 원칙이었다. 사람들은 Coke에 의지했고 이것이 독립 때까지 계속된 것이다.

이것이 보통법 체계나 특수한 보통법148) 지역에서는, 행정권의 우위로서 역사적으로 성립한 행정재판제도와 그에 따른 특수한 행정법체계가 따로 이루어지지 못한 이유이다. 의회입법(Act of Parliament)까지도 무효로 할 수 있는, 위에서 본 전통은 행정부가 그 집행권의 우위를 법치주의의 형식으로 강요하는 것을 용인하지 않았다. 근대 입헌주의의 실질적 성과이며, 법의 지배(Rule of Law)의 내용이 된 이 근대의 가치는, 훨씬 뒤에 산업사회로 변질된 시민적 상황이 다른 흐름을 요구할 때까지, 코먼·로(Common Law) 세계의 번영을 보장하는 의의를 가졌다.

---

146) Raoul Berger, "Doctor Bonham's Case : Statutory Construction", 위의 책.

147) 대표적인 예는 1786년 Rhode Island에 있어서의 "paper money" case, Trevett v. Weeden.

148) 아메리카 합중국의 법체계는 특수한 보통법 체계로 시작하였다. 참조 : 김 철, 제1장 비교법론의 출발, 『러시아-소비에트 법체계 - 比較法 文化論的 研究』, (서울: 민음사, 1989)

제3장 한국의 공법학(公法學)

On Korean Public Law Study

1. 법현상과 법률관계

법현상(法現像)은, 사회 전체의 문제로 본 것이고 구체적으로 법률관계이다.

이것은 논의의 이유가 있다.

법률관계라 할 때 당사자의 문제가 먼저 생긴다.

우리가 소송법에서 이미 배웠던 당사자 적격의 문제가 있다. 또한 민법총칙에서 다룬 사람(人)에 대한 모든 규정들, 대리에 관한 규정, 모든 것이 포함된다. 채권관계에서 가장 구체적으로 나타나는 당사자 간의 권리의무 관계는 모든 법률관계에서 공통이다.

왜 이런 전제로 시작하는가?

2. 공법관계는 과연 법률관계에서 아주 특수한가

흔히 공법관계라고 부르는 법률관계를 방금 이야기한 법률관계의 성질과 완전히 다르고 전혀 다른 것이라고 밀어붙이는 경우가 있다. 과연 완전히 다른 것인가? 달라서 전혀 다른 범주(category)로 밖에 논의될 수 없는가? 기초적 성질은 같지 않을까? 법치주의는 공통된 큰 전제가 아닐까? 흔히 공법에서의 법현상을 국가 전체, 또는 사회 전체의 법현상으로 생각해서 당사자의 문제나 그 밖에 법률관계의 기초사항이 해당되지 않는다고 구분해 버리는 버릇이 있어 왔다. 이것은 대단히 잘못된 오해이고 한국에서 공법학과 사법학의 차이를 과도하게 과장한 결과이다.

지금까지의 공법학 또는 헌법학의 내용이 국가 전체 또는 사회 전체라는, 즉 공익에 초점을 맞추었고 공익(公益)의 주체는 누구인가? 공권의 주체는 누구인가? 누가 공익을 실현하는가? 이 문제를 검토하는 데 많은 시간을 쓸 수 없었다. 결과적으로 한국의 공법학은 당사자가 분명치 않은 이론적 경향을 띠게 되었다. 따라서 국가철학 또는 사회철학의 거시적 이론들이 역사적 컨텍스트 없이 인용·소개되어 오고 있었다. 어떻게? 예를 들면 프로이센 - 도이칠란트(Preussen - Deutschland) 국가주의 시대의 국가학 이론이나 그 연장선상의 이론 또는 18세기 이후 절대주의 시대를 가장 오래 가졌던 프랑스의 공역무이론(公役務理論, service publique)[149]들이 이

---

149) 공역무(公役務 service publique)
　　 "사회적 의존의 실현과 발전을 위하여 정부에 의해 규율·확보·감독되는 모든 활동이다. 요컨대 일반 이익적 수요를 만족시키기 위한 절차 즉 공역무에 종사하는 직원과 그 목적을 위하여 제공된 재산에 관한 사항은 모두 공법적 규율의 대상이며, 공역무(公役務)의 제 원칙의 지배를 받는다고 할 것이다. 이는 1873년 관할 재판소의 불랑꼬 판결에 의하여 판례에 도입된 이후 공역무학파로 체계화 되었다. 공역무(公役務)가 프랑스 행정법의 중심개념으로 등장한 것은 20세기에 들어와 점차 행정재판권이 판례로서 확대되는 경향을 보였고 행정을 종전처럼 권력행위로만 국한시킬 수 없고 널리 공역무의 조직과 작용으로 관념할 필요가 있었기 때문이다. 그러나 근래에 와서 공역무가 발전 증대하여 각 공역무 사이에 동일한 원칙을 적용할 수 없게 된 점, 사적 조직에 의한 공역무의 관리를 인정하게 된 점, 또는 중요산업의 사유화현상이 증대함에 따라 공역무에 대한 사법의 침투가 행해진 점 등을 이유로 공역무의 개념이 행정법의 중심개념 또는 행정재판권의 지표로서 역할을 할 수 없게 되었다." 이상의 인용은 변재옥, 『행정법강의』, (서울: 박영사, 1991) p.44~45.

길을 걸었다. 또한 역사적 검토 없이 전혀 배경이 다른 제도를 인용·소개하기도 했다.

3. 관념론 철학의 영향

법학의 이론적 경향은 대단히 필요한 것이나 사회 사정, 법률관계의 실제를 떠나서는 곤란한 것이다. 이 점에 있어서 법학은 정신과학(精神科學)과 구별된다. 정신과학의 전통은 아직도 대륙에 근거지를 두고 있는 어떤 사회과학, 어떤 국법학(國法學)에 영향을 미치고 있다. 요약한다면 그 밑에 흐르는 것은 관념론(觀念論) 철학의 영향이다. 사회과학과 법학을 그 방법에 있어서 인간의 순수한 사유형식(思惟形式) 'Reine Denkensform der Menschen'에만 의하려 할 때 현대의 산업사회에 있어서의 사회과학과 법학은 한쪽 방향으로만 달리는 무리를 범하게 된다. 따라서 현대법학의 정신은 고전 및 근대정신을 걸쳐서 현대 산업사회의 사회관계, 법률관계, 인간관계를 포괄할 수 있어야 한다.

4. 법학에 있어서의 낭만적 풍조

한국에 있어서의 공법학의 지적(知的)인 전통이 식민지시대 이후의 대륙에 있어서의 지적 전통을 답습하고 있는 것은 학자 개인의 생활로서는 어쩔 수 없다 하겠으나, 시대의 흐름에 따라서, 다른 사회과학에서 보는 바와 같이, 대상이 되는 사회, 사회관계의 성질,

법률관계의 성질이 달라져 버렸다. 더욱 특기할 만한 일은 산업사회의 인간을 보는 눈이 고전시대와는 달라졌다는 것이다. 한국의 공법학이 오해가 많은 것은 한국의 지적(知的)인 역사와 마찬가지이다. 어느 학문이나 마찬가지로 한국의 학자법(學者法)은 대학 사회 내에서부터 출발하였다.

식민지시대 이후의 기초적 교양은 대체로 얘기해서 사회현상의 직접적 연구에서보다는 간접적 문헌에서, 1차적 자료가 아니라 2차적 자료, 생의 현장에서의 교양이 아니라 현실에서 멀리 떨어진 교양인의 자세를 가지게 한다. 식민지의 사회현상을 법현상으로 정면으로 다룰 수 없었으므로 한국의 학자법(學者法)은 사회과학과 함께 낭만적 성격을 띠게 되었다.

학문에 있어서의 낭만적 성격은 학자나 그 학문이 현실 사회의 상황과 고립되거나 절연되어 있는 경우에 나타나는 것으로, 역사적 예를 들면 프랑스 혁명 이후 왕정복고기에 사상적으로는 자유주의의 세례를 받았으나, 국가사회의 현실에 있어서는 전혀 동떨어진 생활밖에 할 수 없었던 대륙의 지식인들에게 나타났다. 문학사조(思潮)에 있어서의 낭만주의는 그 자체가 인간의 생활에 관계되는 것으로 개별 인격과 관계되고 계몽주의적 의의가 있다. 지금 여기서 논하는 것은 사회과학이나 법학에 있어서의 낭만적 풍조이다. 이미 이야기된 대로 식민지시대, 해방 이후 그리고 초기 공업화 시기에 한국의 학자들은 특히 공법학에서 낭만주의적 국가관, 사회관, 인간관의 특징을 보여주었다. 가장 특기할 만한 것은 이러한 풍조의 밑바닥에는 귀족주의적 학자관, 즉 왕의 신하로서의 관방학을 염두에 두는 심리학이 작용하였다. 이 경우 법학은 시민의 법률관계를 전제하기보다는 이른바 더 대국적이며, 큰 문제, 즉 왕의 집정관이 왕국 전체를 통치할 때 쓰이는 정책과 관련되어 있었다. 구체적인 정책은 아니고, 막연히 그러한 위치를 염두에 두고 학문을 진행시켰다.

이런 사유방식(思惟方式)은 헌법학과 행정법학의 서술방식에서 많이 나타나며 법철학과 법사상사의 어떤 부문도 일반 철학과 구별할 수 없는 점에서 마찬가지라 하겠다. 이런 의미에서 한국이 헌법학의 어떤 지체된 부분은 독립 이후에도 프로이센-도이칠란트(Deutschland) 및 메이지유신 시대의 국가학(staatslehre)의 전통에서 벗어나지 못하고 있다. 한국의 행정법학의 지난 과거에 집착한 부분은, 다른 과학과 교류한 부분을 제외하고는 그 기본적 풍토가 역시 프러시아 국가 성립 시의 관방학(官房學)의 전통에 머물러 있다.

어떤 시점(視點)에서는 근대주의 가치의 실현 및 주체를 생각한다면 불가피하였다고 얘기할 수도 있다. 실로 위로부터 과해진 근대의 가치가 이미 지적한 국가사회의 공통된 점이라면 이해의 가능성이 없는 것도 아니다. 그러나 역사적 맥락이 다르다. 1990년대의 한국의 근대주의 가치는 위로부터의 방향뿐 아니라 아래로부터 또한 옆으로부터의 모든 자발적 방향을 포함하고 있고, 따라서 18세기와 19세기의 전형적이거나 비전형적인 보편사회의 역사를 참조하고 지나야 할 정도이다.

5. 강단(講壇)법학의 분절화와 그 영향

가장 크고 당연한 가치를 한국의 공법학이 그 출발에서부터 잊기 쉽다. 법학의 어떤 나누어진 분과 하나를 연구하면서 다른 분야를 다 잊는다면 그 하나조차도 살아남을 수 없게 된다. 실제의 법관계나 판례를 예를 들어 본다면 여러 법관계의 여러 양상을 다면적으로 고려하여야 한다. '개념 법학의 실용적 분과'의 단순 구획으로써는 파악하기 힘든 경우가 생기고 있다. 때때로 한국의 공법학은 당사자가 없는 법학이 되는 경우가 있다. 행정소송법이라는 것이 있으나 모든 소송절차에 관한 기본은 '민사소송법'에 있다.

때때로 어떤 경우에 있어서는 대학원의 맨 마지막 단계까지도 전공의 구분이 그리 필요하지 않는 경우가 있다. 맨 마지막 단계에서 겨우 필요한 때도 있다. 언제 어떻게 왜 생긴 '전문화' 또는 '구분'인지 음미해 볼 필요가 있다. 그렇지 않은 경우에는 너무 닫힌 전문화가 진행될 수도 있다. 한국의 전문법학의 상태는 한국사회나 법조계의 실제와 또는 법학교육의 바람직한 방향에서도 멀리 떨어져 있다.

사회과학의 각 분야

| 자연과학 | 인문과학 | 법학 | a | b | c |

학문을 이런 식으로 나누어 '다른 분야의 사항'은 모두 제외해 버린 후, 또 그 속에서 법학을 개념법학의 장치로 더 나누어, 자신의 전문어 속에서 고립되는 현상을 초래하는 경우가 있다. 어떤 법학자가 민사(民事)에 대한 기초사항을 완전히 제외하고, 어떤 법관계의 사항에 관해 논의한다면 그것은 현실에 있을 수 없는 법관계의 논의가 되고 만다. 어느 분야 내에서의 전문화란 흡사 개인주의적 성향이 매우 발달한 집안에서 가족끼리 전혀 관여 안 하고 사는

경우 이것이 극도로 진행되어 타인과 같이 사는 결과가 나타나는 경우와 비슷하다. 책임 있는 가족의 구정원은 다른 가족에게도 의무감을 느낀다. 분업화(分業化)가 일어난 후의 공장도 마찬가지다. 최일선(最一線)의 사람은 부품 하나만 보면 되지만 중간관리자는 더 많은 부분을 보아야 하고 최종관리자는 전체를 다 보아야 한다. 적절한 비유는 아니나 많은 경우, 한국의 법학이 분절화(分節化)되어서 내부적 해리(解離) 상태에 이르지 않기 위해서는 참조해야 할 것이라고 생각한다.

6. 외국제도에 대한 한국인의 태도

우리나라 사람들의 외국제도에 대한 태도는 권위 추종적이다. 어느 나라에 어느 제도가 2000 몇 년에 시작해 좋은 효과를 거두었다면 도입하고 싶어 하는데, 그것을 우리나라에 도입했다고 해서 당장 그렇게 좋은 효과가 나타나지 않는다.

6.1. 일본의 개화기와 한국의 개화기

동아시아 국가 중 외국 문물을 일찍부터 수입해 재미를 본 나라가 일본이다. 이유는 동아시아 국가 중 제일 먼저 문호를 개방했다. 메이지유신이 그 예이다.

우리나라에서 외국의 제도를 도입하기 시작한 것은 개화기이다. 구한말의 - 개항의 계기는 병인, 신미양요, 강화도 조약이었다.

그 후 의식적으로 외국의 문물을 배워야 한다는 개화파가 나타났다.

제일 직접적인 영향을 미친 것은 일본이다. 지리적으로 가깝고 정치적 영향이 컸으므로 일본을 통해 개화가 이루어졌다.

개화파   일본 배경의 개화파
청나라 배경의 개화파
러시아 배경의 개화파
일찍부터 아메리카의 앵글로 색슨
문화까지 간 개화파

일본 문물은 프로이센계, 홀란드계, 프랑스계, 브리튼계 등등을 포함하여 수입한 것이다. 식민지시대와 식민지 종주국이 동맹국으로 전쟁을 수행할 때 우리나라에 있어서 프로이센계 제도의 관심이 높았다.

제2차 세계대전의 결과 우리나라가 해방이 됨으로써 연합군의 승전에 직접적인 영향을 받았다. 특히 앵글로 색슨계의 제도는 해방 이후에 비로소 시작되었다고 해도 좋다.

우리나라 사람의 외국제도에 대한 태도는 '권위 추종적'이다.

동아시아 국가의 개항 및 개화기(계몽기) 및 그 이후의 진행에 대해서 더 연구되어야겠고[150] 제도가 도입된 후의 변형이 고려, 음미되어야겠다.

6.2. 외국문물과 외국제도의 유입

제도보다 문물이 먼저 들어온다. 외국의 문물 때문에 제도에 관심을 갖게 된다. 처음에는 외국의 문물을 접촉할 때, '놀랍다.' 문물이 놀랍기 때문에 제도에 관심을 갖는다.

---

150) 개화기의 법 문화에 대한 최신 문헌, 이황직, 『독립협회, 토론공화국을 꿈꾸다-민주주의 실험 천 일의 기록』, (서울: 프로네시스, 2007)

구한말 귀족 자제로 구성된 신사 유람단을 보내 산업제도, 교육제도, 군사제도, 재판제도, 행정제도를 시찰하게 했다.

지금도 외국의 제도에 대해 교육제도, 경제 산업제도, 재판제도, 행정제도에 관심을 가진다. 경제, 사회의 제도의 골격을 이루는 것이 법제도다.

도입된 외국제도의 예는 옴부즈맨(Ombudsman)[151]으로, 현대에서는 스웨덴 국가제도에서 나타났으며 역사적으로는 로마제도에서의 호민관(護民官)[152]제도에서 유래한다.

---

151) 옴부즈만(Ombudsman)
　　의회에 의해 임명되고 의회로부터 직무상 독립성을 가지는 기관으로서 국정을 통제하고 국민의 권리구제를 위하여 조사권, 권고권을 가지나 결정권을 가지지 아니하는 의회의 대리인을 말한다.
* 이 제도의 특징
　　1. 의회에 의해 임면되고, 의회를 대신하여 국정을 통제하고, 의회에 대하여 보고의무를 진다.
　　2. 옴부즈만은 직무수행에 있어서 의회의 개별적 지시를 받지 아니하는 독립성이 있다.
　　3. 옴부즈만의 권한은 의회의 통제권의 영역인 국정 전반에 미친다.
　　4. 옴부즈만은 개인은 의회의 권리구제를 위한 활동에 있어서 민원신청이 없는 경우에도 신문보도 또는 직무활동을 통하여 권리침해가 있는 것으로 확인되면 권고 등의 권한을 행사할 수 있다.
　　5. 옴부즈만은 민원처리에 있어서 고정된 형식절차에 구애됨 없이 융통성 있는 처리를 할 수 있다.
* 이 제도의 존재이유
　　1. 행정권의 전문적 분화와 확대강화로 행정국가화의 경향이 진행되고 입법기능에 있어서도 행정부의 주도권을 빼앗기는 실정에 빠지게 되어 국가권력 간의 분립 및 의회제도가 형해화 되고 있는 바, 이를 시정하기 위해 의회의 행정통제를 실질화 하고 행정권 강화를 견제하는 것으로 옴부즈만 제도가 각광 받게 되었다.
　　2. 권리구제제도의 불충분성을 메우기 위하여 옴부즈만 제도 또는 민원처리 제도를 채택하게 되었다. 『법률학대사전』, (서울: 법학연구원, 1990)
152) 호민관(Tribunus plebis)
　　기원전 5세기 전반의 로마에 있어서 귀족과 평민의 계급투쟁의 결과 평민의 이익을 옹호하기 위하여 설치되었다고 전해진다. 뜨리부스 평민회의 직권행위에 대한 거부권, 뜨리부스 평민회를 소집하고 제안을 하는 권한, 뜨리부스 평민회의 의결의 집행과 자기의 권리행사를 확보하기 위한 징계권을 가졌다. 당초 호민관의 권력은 그 불가침성을 인정하는 취지가 평민간의 서약되었고, 또 귀족도 실제상 그것을 다투지 못했다는 사설이 근거하고 있었으나 평민회의가 법률의 효력을 인정받은 기원 287년 전에 이르러 호민관은 정무관으로서 국법상 승인되었다. 제정시대에는 다른 정무관직과 마찬가지로 무의미한 존재가 되었다. 『법률학대사전』, (서울: 법학연구원, 1990)

공화정 시대의 로마제도 중 Curie(民會)와 Tribunus(平民會), Senatus
(귀족원/원로원)가 있었는데 평민회 내부에 권한이 집중된 tribunus
plebis(護民官)를 두었다. 그 목적은 귀족의 권리에 배치되는 평민
의 권리를 옹호하기 위해서였으며, 공화정부터 황제정에 이르기까
지 존재하였다.

옴부즈맨은 고대 로마의 호민관 제도를 현대에 살린 것이다. 호
민관 제도가 우리나라에서 70년대에 벌써 논의됐는데 다른 나라(도
이치, 프랑스, 앵글로 색슨계)에서도 논의되었다. 이 옴부즈맨 제도
는 각국에 영향을 미쳤다. 역사적 보편성이 나타난 예이다.

어느 나라가 어떤 제도가 좋다고 해도 그 나라에서는 항상 더
좋은 제도를 찾고 있다. 우리나라 사람이 볼 때, 특정의 외국제도
가 좋아 보이나 외국인의 입장에서는 그 제도에 대한 불만은 항상
있게 마련이다. 따라서 외국에 대한 선망을 제외하고 현실적으로
외국제도를 볼 줄 알아야 한다.

외국제도에 대한 현실적인 태도의 요약은 '유토피아적인 이상적
인 제도는 지상에 없다.'고 요약된다. 외국의 제도, 국내제도, 제도
자체, 심지어 법 자체에 대해서도 마찬가지이다.

제4장 법률해석학

On Hermeneutical Approach of Law

1. 관리사회의 논리

법률해석학[153]은 공식적으로 조직화된 근대의 관리사회(管理社會)의 논리이다. 사회는 공식적으로 조직화된 사회뿐 아니라 다른 성질을 가진 사회로써도 구성되어 있다. 관료제[154]나 기업과 같은

---

153) 법해석학

현행 실정법 질서의 규범내용을 체계적으로 인식함으로 임무를 하고 재판에 의한 법의 구체적 실현을 위하여 통일적·조직적인 해석을 가하는 실용적인 법학을 말한다. 법규의 개별적 의미 내용을 일차적 대상으로 하는 점에서, 법체계를 대상으로 하는 제도론과 달라 미시적 법률학이라고 할 만하다.

해석법학, 실용법학, 체계적 법학이라고도 불린다. 법의 해석이 일반적 법규를 목적론적으로 고찰하고 구체적인 규범의 뜻을 발견하여 창조하는 논리적·기술적 조작인 것으로 법해석학의 성격도 한편으로 실용적 기술이고, 다른 한편으로는 논리적 인식이라고 하는 특색을 지닌다. '실정법'론이 특징으로 초학자나 입문자의 훈련에 쓰인다. 이 점으로 보아 이것은 사회에 있어서의 사실적 법현상을 과학적으로 탐구하는 법사회학, 법규범의 순수한 논리적 인식으로 지향하는 순수법학과도 다르다. 주어진 법규 내용을 대상으로 하는 점에서, 법규의 창조를 목적으로 하는 입법론(legislation) 그리고 법의 가치를 탐구하는 '가치론적 법철학'법의 형성, 성장과 소멸을 탐구하는 '형성론적 법제사 – 제도사'와도 구별된다. 법의 형식적 해석에 시종하는 개념법학, 법의 목적적 고찰을 존중하는 목적법학 및 이익법학, 법원의 자유로운 탐구를 주장하는 자유법학, 법을 정치의 수단으로 이해하는 정치적 법학 등 법해석학에도 시대의 변천에 따라 여러 가지 입장이 있으나 주로 개념법학을 다룬다. 『법률학대사전』

154) "임명직의 전문 행정관이 민족책임을 부담하지 않고 정치지도를 행하는 정치형태 절대주의 하에서 법률·군사·세제 등의 전문 막료가 군주의 유력한 지주로서 권력을 지배했을 무렵에 발달했다. 시민적 자유·민주적 제도에 대한다." 인용은 같은 책, p.152

근대 이후의 공식적 사회는 법률해석학이 적용된다. 관리사회로 옮아가면서 후기 산업사회의 특징과 함께, 관리사회의 법률해석학의 여러 원칙은 타당하기도 하고 맞지 않는 부분도 생겼다.

2. 법률해석학의 유사 신학적 성격

이와 같은 성질을 법률해석학의 유사 신학적(類似 神學的) 성격155)이라 한다. 법학의 초학자는 법률해석학을 항상 객관적인 원칙과 질서를 가진 것으로 생각한다. 이러한 정돈된 법률해석학의 세계는 폭을 넓혀 생각한다면 인류가 가질 수 있었던 세계관 중에서 외계와 자연의 질서를 고정된 것으로 보는 그러한 세계관에 뿌리를 두고 있다.156) 변화하는 사물을 인간이 파악한다는 것은 대단히 힘들다. 움직이는 사물을 사진 찍을 때를 생각해 보라. 사물을 고정시키는 방법은 인간에게 안정감을 준다. 따라서 법률해석학의 고정된 방식은 해당되는 공식 조직에 대해 안정감을 부여하는 것은 사실이다.

법률해석학이 타당할 수 있는 구분은 사회현상 중에서 개별화된 사회관계의 구체적인 구분으로서, 사회를 시간적으로나 공간적으로 설명하거나 이해하거나 예견하는 데 있어서는 무리가 있다. 이것은 법률해석학의 도구적 성격이라고 한다. 법률해석학이 정밀해진 것은 이와 같은 상황에서이다.

---

155) 신학은 이미 여러분이 배운 바대로 인간의 객관적 지식에 대한 체계적인 그 총체를 설명하는 철학과는 성질이 다르다.

156) 인간이 외계를 파악하는 방식에는 두 가지 방법이 있어 왔다. 고전철학이 중점을 두어 왔던 그리스철학의 초기 세계도 엄격하게 크게 분류할 때 자연과 외계를 고정된 것으로 파악하는 방식과 변화하고 있는 것으로 파악하는 방식으로 나눌 수 있다는 것을 20세기 후반에 와서야 알게 되었다. 고전 철학의 주된 지식체계가 지금까지 주로 학문의 세계에서 성행시킨 방식에 의하면 사물을 고정된 것으로 파악하는 사유에 기초를 두고 있다.

3. 과학주의와 기계적 세계관

근대의 과학주의가 인간에게 부여한 것은 우선 기계적 세계관
(Mechanische Weltanschuung)을 들 수 있다. 근대의 법률해석학은
산업혁명 이후의 기계적 세계관에 기초해 있다.[157] 기계적 세계관
은 관료제의 합리화와 경영조직의 효율성에 이바지하였다. 전통사
회에서 벗어나는 데 있어서 목적을 가진 기구로서의 사회관은 어
느 정도 도움이 되었다. 중앙집권적인 절대군주제는 근대국가의 개
념정립에 큰 영향을 미쳤는데 사회 전체를 기계처럼 조직된 체계
로 만들어 보겠다는 생각을 절대군주와 관방학자들이 하게 되었다.
동양사회에 있어서 모든 근대화의 초기에 Technology의 도입과 함
께 법률해석학의 초기 형태가 도입되었다.[158] 보다 최근에 있어서
의 세계관은 컴퓨터에 의한 경영혁신을 들 수 있다. 또한 컴퓨터의
작동원리나 놀라운 기능이 인간이 최초의 기계장치에서 느꼈던 감
탄과 영향을 대신하고 있다. 그러나 자동제어장치가 줄 수 있는 세
계관 역시 단순화된 세계관의 일종이다. 법률해석학은 컴퓨터 시대
에 있어서도 다른 모습으로 나타나게 된다.

4. 신화의 해석론

전혀 다른 해석론의 예를 들어 보기로 하자.

---

157) "법률해석학은 편리하나, 그것으로 일관하면, 인간을 기계적 세계관으로 무장시키게
된다."
기계적 세계관은 인간이 만든 기계장치에 대한 감탄으로부터 시작되었다. 도구의 정
확성, 틀림없는 성질(Puenktlichkeit)은 변덕스러운 인간이 흉내 낼 수 없었다.
158) 가장 간단한 기계 시계장치가 전통사회 사람들에게 준 충격과 영향을 상기하라.

신화(神話)의 해석학은 문명 현상과 인간사회의 다른 합리성을 추구하는 것이다. 흔히 인간사회의 다른 합리성이라는 명칭으로 신화 해석학에 접근하려고 하나, 이것 역시 인간의 이성이 관여하는 한 어떤 수준의 합리성을 추구하는 것이 아닐 수 없다. 법률해석학 이외에 왜 다른 해석학이 필요한가? 직접적인 설명은 아니나, 과학주의가 좁은 의미로 쓰이는 한 인간에게 모든 것을 줄 수 없다. 법률해석학은 인간을 합리적으로 훈련한다. 때로 부작용이 있다. 기계적 세계관에 강하게 영향을 받는다. 철저한 법률해석학은 절대군주는 계몽군주시대에 가능했던 엄격한 계통적 관료질서(Strict bureaucracy hierarchy)의 논리이다. 역사적인 예로 제정 러시아가 근대화를 시작한 이후의 관료사회를 들 수 있고 20세기의 또 다른 예는 1인 지배하의 동유럽 체계(해체 이전의 상태)에 해당한다.

신화의 해석학은 기계적 세계관의 세계가 아니다. 그래서 신화의 해석학을 예를 들 수 있다.

기계적 사회론자가 생각하면 문제가 간단히 해결될 것 같다. 작은 사회에서 논리적으로 기능을 가르고, 효과를 넣으면(input) 논리적으로 효과가 올라간다(output). 그런데 이런 방식 자체가 어디서 출발하였을까? 사회를 기계 장치로 보는 것이다.

5. 기계적 세계관의 논리적 극한치는 전체주의이다

기계적 세계관의 논리적 극한치는 전체주의적 사고방식이다. 인간을 그 역할에 있어서 기계장치의 일부로 보는 것이다. 어떤 명칭에도 불구하고 인간이 가졌던 권력의 마지막 단계는 기계적 세계관을 기초로 하고 있다.

20세기에 성립된 관리 과학의 어떤 경향은 기계적 세계관을 표방하고 있지 않더라도 능률과 효율만을 목적으로 할 때 저절로 전체주의 성향을 띠게 된다. 경제학의 어떤 경향, 경영학의 어떤 경향, 행정학의 어떤 경향, 법학의 어떤 부문은 엄격한 학문적 방법론의 성찰 위에 놓이지 않으면 그 도구로서의 성격 때문에 전체주의적 경향에 가깝게 끌리게 된다.

후진국에 있어서의 개발 위주의 사고방식이 방법론적으로 미숙한 고도의 Technology나 그에 해당하는 관리과학과 결합할 때 장기적으로 봐서 파괴적인 결과를 가져오게 된다. 역사적인 예는 1989년에 해체된 기술적으로 진보되고 관리 능력 역시 탁월했던 동유럽의 공업 선진국에서 볼 수 있다(체코와 헝가리의 Technology 수준과 관리 능력은 우리가 생각하는 것보다 훨씬 높다).

6. 전문인의 기계적 세계관

지식인이 또는 전문가가 그 어떤 훌륭한 활동에도 불구하고 기계적 세계관 위에 서 있을 때 주위를 불행하게 만들고, 결정권과 결합될 때는 장기적으로 볼 때 자신과 타인을 파괴로 몰고 간다. 후기 공업사회가 직면한 가장 큰 위험은 기계적 세계관의 사고방식이다.

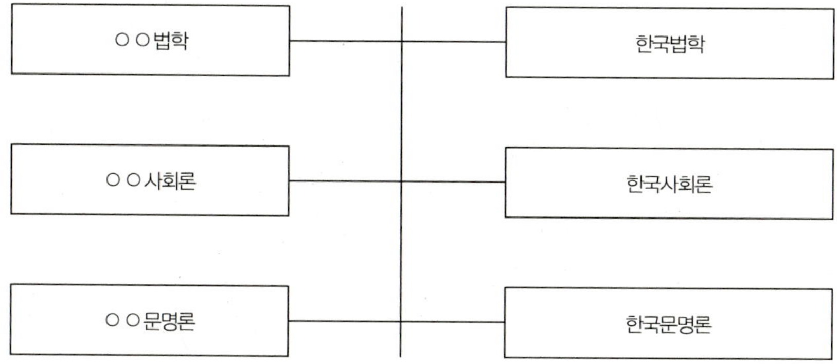

　법률해석학이 자체적으로 충족되는 경우도 있으나 근본적으로 모든 법학은 해당되는 사회론, 문명론의 기반 위에 있다. 기반을 보지 않으면 실족하게 된다.

제5장 사리(事理)와 조리(條理)[159)]에 대하여

On Nature of Things and Matters

1. 개관

사리(事理)는 법학 용어로는 조리(條理)를 가리키는 것이다.

우리나라 법률 체계에서 조리라는 용어가 나타나는 것으로는 민법 제1조가 있다. 민법 제1조에서는 "민사(民事)에 관하여 법률에 규정이 없으면 관습법에 의하고 관습법에 규정이 없으면 조리(條理)에 의한다." 라고 규정하고 있다. 여기서 법률은 성문법을 의미하며, 관습법(慣習法) 은 사실인 관습을 사회 통념적으로 인정한 것으로서 대표적인 불문법이 다. 그리고 제3차적인 법원(法源)으로서 조리가 존재하는 것이다.

조리의 문헌학(文獻學)상 근거는 무엇인가?

논어(論語) 전주문 '학이 일(學而 一)'에 사리(事理)라는 용어가 나타 나고 있다.[160)] 거기에서 "하늘에 대한 것은 천리(天理)요, 인간에 대한 것은 인리(人理)요, 사물에 대한 것은 사리(事理)이다."라고 쓰고 있다.

---

159) 김철, 1부 2장 서양법 전통의 방법이원론의 역사와 방법이원론이 한국 근현대 법학에 미친 영향 5. 자연적 이치와 조리, 『한국법학의 반성』(서울: 한국학술정보, 2009).

160) "사리(事理)는 「한비자(韓非子)」, 「해로(解老)」를 비롯하여 「한서(漢書)」, 「사마천전 (司馬遷傳_」, 「논형(論衡)」, 「선한(宣漢)」등에 보인다. 송대(宋代) 성리학 에서는 사물지리(事物之理)라고 하여 인사(人事)의 리(理)와 자연물의 리(理)를 모두 포괄 하는 개념으로 쓰였다." 인용은 유교사전편찬위원회,『유교대사전』(서울: 박영사, 1990)

2. 인격화한 지식과 도구적 지식

논어(論語) 학이편(學而篇)의 시작은 "학이시습지(學而時習之)면 불역열호(不亦說好)아."라고 쓰여 있다. 이것은 도구로서의 지식, 즉 도구적 지식에 대척되는 것을 알 수 있다. 즉 이 말은 학습을 하는 이유에 대하여 기술하고 있는 것이다. '說好', 즉 '즐겁지 아니하겠는 가'라는 표현은 니체[161]의 '즐거운 지식'과도 상통하는 표현이다.

3. 지식에 대한 태도

현대에는 지식의 활용 — 도대체 어디에 쓸 것인가? — 에 관심이 모이고 있다(Instrumentalism). 그리고 이러한 도구적 개념은 '도구 적 인간'(Homo Faber)이라는 개념에서 발생되는 것이다.

법학(法學)을 연구 또는 학습하는 이유는 무엇인가?

우선 살아가는 데 있어서 유용하게 사용하기 위해, 즉 도구로서 사용하기 위해 연구 학습한다고 할 수 있다. 그러나 과연 사용, 수 익이 전부인가? 또한 이를 유용하게 사용하고 있는가? 법률, 관습 법, 조리 등을 적용시킴에 있어 아무 장애도 느끼지 않는가?

고전 인문주의자의 지식에 대한 태도는 '즐거움(樂)'이었으며 이 를 최고의 가치(Utmost value)로 여겨 왔다(공자, 니체).

---

161) 그리스 고전 문헌 학자, 나중에 현대의 실존주의 철학의 길을 열었다.

4. 동양고전(東洋古典)에 있어서의 사리와 조리의 구조

앞에서 나온 '천리(天吏), 인리(人理), 사리(事理)'는 이 세상에 존재하는 세 가지 이치이다. 여기서 사리를 깨달으면 현명한 학자요, 인리를 깨달으면 인간을 총괄할 수 있는 자이며, 천리를 깨달으면 현인(賢人)의 경지에 도달한 자이다. 이러한 과정하에서는 깨달음이 즐거움이 될 수밖에 없다. 그러나 논어에서는 인간 중심으로 모든 것을 파악하고 있기 때문에 인리(人理)를 깨닫는 것을 중요하게 여기고 바람직한 인격자를 원하는 방향으로 나아가고 있다.

그러나 사리(事理)는 인간 밖에서 객관적으로 존재하는 물건162)과 일에 대한 이치이기 때문에 자연적으로 한자(漢字)문화권에서는 인리(人理)보다는 덜 중요시되어 왔다. 즉 통치하는 사람은 관리로 나아가고 대개 양반계급으로 구성되어 시문(詩文)이나 경학(經學), 역학(易學) 등이 이에 해당하였다. 따라서 생활관계에 있어 문제가 발생할 경우에는 인리(人理)에 치중하여 그것을 해결하려 하였으며, 결국 중용(中庸)과 인화(人和)가 중요 가치로 여겨지게 되었다. 즉 이익사회가 아닌 공동사회가 지배하던 시대였다.

5. 법체계와 조리 – 관료제

전통사회는 생산양식과 사회관계가 아직 미분화되어 있는 사회이다. 따라서 사람에 대한 이치로써 통치하는 것이 가능하였다. 그

---

162) '물건'이라는 것은 Ding(Thing), 즉 자연과학의 영역이라고 볼 수 있다. 이러한 자연과학의 기초는 수학이나 물리학인데 한자(漢字)문화권에서는 이러한 분야는 중인계급에 속하는 것으로 보아 천시하였다.

러나 사회가 점차 분화하고 복잡화하게 되면서 점차적으로 인적 요소를 떠나게 되었다. 따라서 인적 요소만을 표준으로 하는 방식은 곤란하게 되었다.

이러한 상황하에서 자본주의가 점차 발전하여 가게 됨에 따라 서유럽에서는 점차적으로 인적 요소를 배제한 관리(管理)기구(機構)가 등장하게 되었다. 그것이 바로 일 중심의 관리체계인 관료제(Bureaucracy/Bürokrtie)이다. 인리(人理)에서 사리(事理)로의 변화과정이 전통사회에서 현대사회로 발전되어 가는 과정이었다.

또한 서유럽에 있어서 관료제가 등장하면서 인리(人理)에서 사리(事理)로 전이되어 가는 와중에 등장한 것이 공법체계와 공법원칙이다. 공법체계란 관료제의 언어(language)였다. 이러한 공법체계는 인간의 개별적인 특성(자의, 멋대로, 변덕, 욕심, 정서)에 기반을 둔 것이 아니라 인간의 보편적 합리성이 기준이 되는 것이다. 즉 공법체계(法體系) 역시 사리(事理)에 기반을 두고 있는 것이다.

결국 공법체계와 관료제는 그 궤를 같이하고 있는 것이며, 관료제의 발전이 가능하였던 것은 인적 요소를 떠난 원칙인 공법체계의 발전에 의한 것이다. 이들은 상호 작용하고 있으며 양자 모두 기업이나 정부조직과 모두 관련되어 있는 것이다.

그렇다고 해서 한자(漢字)문명권에서 관료제가 존재하지 아니하였던 것은 아니다. 이곳에서도 전통적인 관료제는 존재하고 있었으며 고대 중국의 국가들, 예를 들어 '한(漢)'이나 '진(秦)'과 같은 경우에는 강력한 중앙집권체제가 확립되어 있었다. 그러나 이들 국가의 관리라는 것이 사리에 의한 것이 아니라 인치(人治, rule of man)에 그 기반을 두고 있었다. 춘추전국시대에 나타났던 상앙이나 한비자의 법가사상(法家思想)도 그러한 의미에서 인치의 변형일 뿐이었다. 그러나 자본주의하에서의 관료제라는 것은 법체계에 의한 전통사회의 용어와 현대사회의 용어를 구별해야 할 필요성이 상존하고 있는 것이다.

6. 서양법 전통과 동양 문화에서의 조리 비교

사리의 법학적 용어가 바로 조리이다. 조리의 규범성을 더욱 강조한 법학적 표현이 '조리법'이다. 이러한 조리가 한자문화권의 고전에서 등장하고 있고 그 어원학적 의미는 한자문화권에서 문화적으로 특화시킨 모든 의미를 내포하고 있는 것이다. 비교하여 서유럽 전통에서 조리와 비슷한 의미로 사용되었던 용어는 'Natur der Sache(Nature of Things or Matters)'이다.

이들 두 가지의 의미를 비교해 보면 그 둘이 완전하게 같지는 않다. 조리의 경우는 사물의 사리를 뜻하며 동양의 고전인 『논어』에 수록되어 있다. 'Nature of Things'는 사물의 자연적인 성질163)을 의미하는 것으로서 물(物)의 본성, 즉 자연적 성질을 따지는 것이다. 물(物)의 본성을 단순히 감각으로 파악할 수 있는 것 이상으로까지, 즉 사물의 본질론까지 구명한 대표적인 흐름의 시초가 그리스 자연철학이다.

결국 민법 제1조의 조리가 내포하고 있는 것은 인간 문명에 있어서의 판단의 소재를 가리키고 있는 것으로서 그 내용은 어마어마하다.

---

163) 예를 들면 "물은 흐른다" 라든가 혹은 "물은 0℃에서 언다" 등의 것이다.

7. 법학적 용어로서의 정의(定義) 문제

법률 조항은 여러 개념 요소들의 집합이다. 이 각각의 개념 요소
들은 각각의 해석도 가능하고 기술적 정의도 가능하다. 그러나 이
각각의 개념 법학적 정의는 조리, 사회 통념, 사회 상규에 위배되
지 않는 경우로써 완결되기는 어렵다.

한국문화에 있어서의 조리는 많은 문제를 발생시킨다. 비단 우리나
라만 그러한 것이 아니라 한자문명권 전체가 그러할 것으로 보인다.
사정(事情)은 역사적인 차이로 인해 서로 완전하게 대치하지는 않는다.

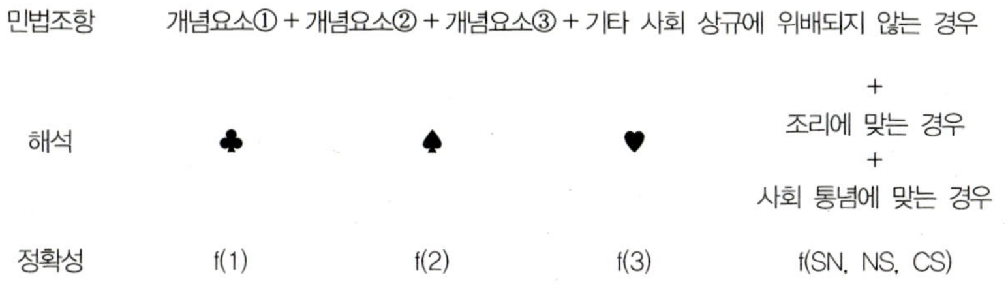

사리(事理)는 인리(人理)의 하위에 종속한다는 것이 한자문명의
특징이다. 조리를 적용함에도 언제나 인적 요소가 포함되게 되는
것이며, 이익사회에서도 인적 요소가 가미된 원만성이 강조될 수도
있다. 이러한 경우 인적 요소를 배제해야 할 경우와 포함시켜야 하
는 경우의 문제를 해결해야 한다.

8. 행정상 공법과 조리

행정법규의 사실적 관련성(relavancy)을 강조하는 경우 개별화, 특징화된 법관계를 구성할 것이나 그 가치 연관성 때문에 마지막에는 조리에 의존하게 된다.

조리법은 법의 일반 원칙(General theory of Law)에 관계되고 인간 판단의 궁극적 기준이 되고 마지막 담보가 된다.

■ 참고문헌

권영성, "바이마르공화국 후기에 있어서의 헌법발전", 『비교 헌법학』(서울: 법문사, 1984)

권영성, 『헌법학 원론』(서울: 법문사, 2006)

김도창, 『행정법』(서울: 청운사, 1981)

김도창, 『일반행정법론(一般行政法論)(上)』(서울: 청운사, 1986)

김동희 譯, Propser Weil, 『프랑스 행정법』(서울: 박영사, 1980)

김여수, 『법률사상사』(서울: 박영사, 1976)

김 철, 『러시아 소비에트 법 - 비교법 문화적 연구』(서울: 민음사, 1989)

김 철, 사간본(Privater Druck), 『법제도의 보편성과 특수성』, (서울: Myko Int'l. Ltd., 1993)

김 철, 사간본(Privater Druck), 『해체기(解體期)의 비교 제도론(比較制度論)』/가치와 제도, (서울: Myko Int'l. Ltd., 1994)

김 철, 사간본(Privater Druck), 『현대의 법이론-시민과 정부의 법』(서울: Myko Int'l. Ltd., 1994)

김철수, 『헌법학개론』(서울: 박영사, 2005)

문영극, 『本民과 東明國』(서울: Myko Int'l Ltd., 1992)

박병호, 『한국 법제사(韓國 法制史)』(서울: 법문사, 1995)

박병호, 『한국법제사고(攷)』(서울: 법문사, 1987)

박일경, 이항녕 등 편, 『법률학대사전』(서울: 법학연구원, 1990)

유교사전편찬위원회, 『유교대사전』(서울: 박영사, 1990)

변재옥, 『행정법강의』(서울: 박영사, 1991)

서원우, "헌법이념과 행정법", 한국공법학회편, 『한국에서 미국헌법의 영향과 교훈』(서울: 대학출판사, 1987)

이광린, 『개화당 연구(開化黨 硏究)』(서울: 일조각, 1973)

이광린, 『한국 개화기 연구』(서울: 일조각, 1969)

이광수, 『흙』, 한국대표문학전집, (서울: 삼중당, 1974)

이인호, "모스크바 자유 석공회와 장미 십자단", 『러시아 지성사』(서울: 지식 산업사, 1980)

이정희, 『동유럽의 역사』(서울: 대한교과서주식회사, 1986)

최종고, 『법학사 (法學史)』(서울: 경세원, 1986)
필립 노네이와 필립 셀즈닉, 김철 번역(미출간)『법과사회의 변동』, 1978
허 영, 『헌법과 헌법이론(상)』 (서울: 박영사, 1990)
해롤드 버만과 김 철, 『종교와 제도-문명과 역사적 법이론』(서울: 민영
    사, 1992)

Brucel. R. Smith "Constitutionalism in the New Russia", Brucel. R.
    Smith & Gennady M. Danilenko ed, *Law & Democracy in the New
    Russia,* (Wasinton D.C.: The Brookings Institution, 1993)

Brucel. R. Smith & Gennady M. Danilenko ed, *Law & Democracy in the
    New Russia,* (Wasinton D.C.: The Brookings Institution, 1993)

Chull, Kim, "Law & Religion in Chinese Culture", *History, Thought &
    Law, Collection of Article*(Seoul: Myko Int'I Ltd., 1993)

Chull Kim, "Legacy of Colonialism-A brief historical overview of legal
    education in Korean Universities." *History, Thought & Law, Collection
    of Article*(Seoul: Myko Int'I Ltd., 1993)

Chull Kim, 'Legal Education − A Brief in Historical Socialogical Perspective
    − *Collection of Essays'*, Sookmyung Women's Univ.Seoul, Korea,
    1991.

Chull Kim ;The Way We Think. unpublished Course Material(Seoul: Dept.
    o. Law, SMU, 1992)

E. Fraenkel, *Das amerikanische Regierungssystem.* S. 196ff(1960)

Ferdinand Schwill, *A Political History of Mordern Europe* (New York:
    Charles Scriber's Sons, 1911)

Harold Berman, "The Rule of law and the Law -Based State" ("Rechtsstaat"),
    The Harriman Institute Forum 'Vol.4 Nr ,May 1991 The W. Averell
    Harriman Institute for Advanced Study of the Soviet Union.

Harold Berman, *Law and Revolution: The formation of the Western Legal
    Tradition,* (Cambridge: Havard University Press, 1983)

Ito Hirobumi, *Commentaries on the Constitution of the Empire of Japan* tr, Ito
    Miyosi, (Tokyo,1889))

Karin Schmid, 'Legislation on Administrative Procedure in Czechoslovachia and the Soviet Union', in Feldblugge ed. *The Emancipation of Soviet Law*, (Amsterdam: Martinus Nijhoff Publishers, 1992)

Raoul Berger, Doctor Bonham;s Case: Statutory Construction. in Thomas Green, *Development of Law and Legal Institution; Anglo-American Legal History*, unpublished course material, (Ann Arbor: The University of Michigan Law School, 1977)

Richard A Posner, "The Profession in Crisis-German and Britain", *Overcoming Law*, (Cambridge: Harvard University Press, 1995)

Richard H. Minear, *Japanese Tradition And Western Law*(Cambridge: Harvard University Press, 1970)

Thomas Green, Development of Law and Legal Institution; Anglo-American Legal History, 1500~1580, unpublished course material(Ann Arbor: The University of Michigan Law School, 1977)

Thorne, 'Dr.Bonham's Case'Ⅳ-27, 54 *L.Q.R.* 543,1938.

---

164) 본 연구는 2009년 5월 13일 공법판례와 이론연구회에서 발표한 것을 일부 수정한 것임.

제3부의 동기

최현대 법학에서 가장 강력한 조류는 법의 경제분석이다.(가 재환, 2005)(김 철, 2007ㄱ, 2009) 이 방법은 새로운 발견을 법학에 추가했는데 세계 경제 위기 이후 경제학과 법학의 새로운 통찰과 반성을 가져왔다.(김 철, 2009) 최대 논점은 경제적 보수주의와 경제적 자유주의의 문제와 신자유주의의 영향이다. 제3부는 2008~2009년의 세계 경제 위기를 계기로 발간한 『경제위기 때의 법-뉴딜법학의 회귀 가능성』(2009)의 후속 연구로 그때까지 한국의 학계와 언론계를 풍미한 보수와 진보의 이분법이라는 지적 배경의 오류를 지적하면서 쓴 것이다. 수입 법학의 잘못된 편향은 한국 법학 100년의 역사를 통하여 현재까지 이어지고 있다.

서양법 전통에서 1945년의 2차 대전 종결은 인간의 존엄과 가치를 시대 정신으로 하는 자유주의의 큰 흐름이 문명국의 보편주의가 되었다는데 있다. 2차 대전 종결 이후 64년이 지났다고는 하나 인류사의 큰 흐름에서 볼 때 여전히 자유주의가 본류인 것은 말할 것도 없다.

이러한 자유주의의 역사에서 최현대사의 큰 맥락은 1989년의 동유럽-러시아 혁명에 있어서의 자유주의의 폭발적인 영향이 해체 위주의 자유지상주의(Libertarianism)로 나타난 것과 이와는 달리 1978년부터 더 정확히는 1981년부터 아메리카를 비롯한 선진 공업국가와 그 영향권 지역에 약 30년 동안 맹위를 떨친 신 자유주의를 들 수 있다. 1945년 이후 세계의 정치 체제는 승전국 중심의 자유주의를 시대 정신(Zeit-geist)으로 했는데, 신 자유주의와 자유지상주의는 이러한 시대 정신의 변종 또는 결과적으로 반 시대 정신(Anti-Zeit geist)으로 작용한 것으로 보인다.

1. 한국법학과 사회과학에 있어서의 기본 어휘와 용어의 정리 - 자유(freedom, liberty, Freiheit), 자유주의(liberalism), 자유화(liberalization), 자유주의자(liberalist or liberals)

1.1. 로널드 드워킨(Ronald Dworkin)과 폴 크루크만(Paul Krugman)의 자유주의

자유에 대한 어휘를 정리해야 될 필요성은 특히 한국에서 번역된 전문어를 통용시키는 저널리즘과 아카데미즘에서 착오와 혼동이 있기 때문이다. 예를 들어 2008년 10월에 방한한 옥스퍼드와 뉴욕대학의 로널드 드워킨(Ronald Dworkin)은 그의 "why we all are liberals"(1995)에서 liberals의 문제를 다루고 있고, 2008년 11월에 노벨 경제학상을 수상하고 2009년 5월에 방한한 폴 크루크만(Paul Krugman)은 그의 "The conscience of a liberal"(2007)이라는 정치경제학적 저작으로 주목을 끌었다. 두 사람 모두 스스로를 liberal로 자처하고 있는데 한국어로 직역하면 자유주의자가 된다. 최근 크루크만의 한국어 번역에서 일반 독자에게 오해를 줄 수 있는 근본적인 오역이 발견된다.[165]

그런데 이 두 사람의 자유주의가 사전적 의미대로 자유를 기본으로 한 사상이라고만 한다면, 예를 들어 지난 시절, 즉 1870~1890년대까지의 자유주의나 1885~1895년까지의 이른바 보수주의 시대(Conservative Era)의 자유주의와 어떤 차이가 있는가가 문제가 된다. 왜냐하면 이미 이 자리에 있는 분들이 다 아시다시피 근대 시민혁명 초기의 자유주의와 제1차 세계대전 이후 전 세계의 법학

---

165) 자세한 것은, 본 연구 각주 16 참조.

사조가 현대법의 원리로 옮아간 이후의 자유주의는 내용이 다르기 때문이다. 더욱 극단적으로는 영국 산업혁명 직후의 자유방임의 자유주의와 존 스튜어트 밀(J. S. Mill)의 자유주의가 다르다는 예이다 (김철, 2009: 187 - 188).

1.2. 자유주의와 관여주의(intervention)와 불관여주의(non - intervention)의 관계

초기 자유주의는 개인주의적 인간관과 사회관을 전제로 했다. 고전 자유주의는 개인을 싸고 있는 조직의 힘, 공동체(Community)의 규정력을 최소로 파악하였다. 서서히 시장의 힘에 있어서의 불평등은 현대 기업과 산업기술의 성장과 함께 한 사람의 경제적 자유는 다른 사람의 자유의 억압으로 통하는 것을 증명하였다(Smith, 1980: 281)(김철, 2009: 188). 이때 자유주의자는 두 갈래로 나뉘었다. 한 그룹은 어쨌든 구제와 교정이 이루어져야 한다고 한다. 다른 그룹은 여전히 불관여주의(Non - interventionism)나 자유기업(Free trade)이라는 도그마에 집착하였다. 전자가 밀(J. S. Mill)이며 후자는 허버트 스펜서(Herbert Spencer)이다(김철, 제4장 1989년 이후 세계체제가 자유화되면서 한국에서 역시 이루어졌던 자유화 과정은 어떠했는가?, <경제위기 때의 법학>, 2009). 여기에서 우리는 자유주의의 역사에서 관여주의(interventionism)와 짝짓기를 하느냐, 불관여주의(Non - interventionism)와 짝짓기를 하느냐의 문제를 만나게 된다.

1.3. 1989년 가을 동유럽 - 러시아 혁명 - 급격한 자유화의 예

최현대사에서 가장 현저하고 폭발적인 자유주의의 영향은 1989

년 가을 동유럽 - 러시아 혁명에 의해서 구공산지역이었던 중동부 유럽 전부와 제2차 세계대전 이후 지구상의 정치지도를 반분했던 원인 제공자로서의 소비에트 러시아(김철, 러시아 소비에트 법 1989)가 해체되고 '자유화'됨으로써, 새로운 양상을 띠게 되었다. 어떤 시기에도 이처럼 한때 완강하고 강한 지속력을 보였던 체제가 그 밑바닥에서부터 동요하고, 1917년 이후 80여 년 동안 인간의 역사를 이분했던 여러 사회주의 제도들의 톱니바퀴가 그 힘을 잃고 붕괴되는 경과가 나타난 적은 없었다(김철, 1993: 37). 중부, 동부 유럽과 소비에트·유니온의 전 영역에서 사유화(privatization)[166] 또는 사사화(私事化)가 진행되어 있다(김철, 1998, 2007ㄴ). 이와 같이 사회주의 법군은 와해되어 갔다(김철, 1989, 2007ㄴ, 2009). 이후에 어떤 전개를 보여주었는가?

1.4. 자유주의자를 비난하기 - 신생 러시아 공화국(김철, 법 제도의 보편성과 특수성, 2007ㄴ: 195 - 198)

1992년에서 1994년 사이 러시아에서 일어난 '자유주의자를 비난하기'는 특이한 것이다. 무엇이 문제였던가? 가장 심각한 문제는 가격 자유화로 인한 삶의 질의 급격한 저하에 있었다. 문제의 근원

---

166) 1993년 신러시아 헌법 제9조에 의해서 토지는 사소유권의 객체가 될 수 있고 역시 국가소유, 사유지 또한 다른 형태의 소유권의 목적이 될 수 있음을 밝히고 신러시아 헌법 제36조에서 개인과 개인들의 연합은 사소유권의 영역에서 토지를 보유할 수 있다. 따라서 신러시아 헌법 제9조와 제36조는 구시대의 헌법으로부터는 결정적인 불연속, 즉 단절을 보여준다. 구소비에트 헌법은 국가만이 토지를 포함한 모든 천연자원의 배타적인 지배권을 향유한다고 선언하였다. 김철, "동유럽 러시아 혁명 이후의 러시아와 개방 이후의 중국", 213 - 218, 『법 제도의 보편성과 특수성』(서울: 훈민사, 2007ㄴ). 그러나 1993년의 러시아 헌법의 주된 부분들은 이와 같은 사적 소유권을 정상적인 시장경제에서 전형적으로 발견되는 정도까지 발전시키지 않았다. 더하여 사적 소유권의 행사에 대해서 잠정적인 제한을 가하고 있다. 1995년 6월 26일 토지법 초안의 제1독회에서 국가 Duma는 토지법의 다른 초안을 통과시켰다.

은 무엇인가?(김철, 법 제도의 보편성과 특수성, 2008: 196) 러시아 내부의 어떤 논자는 하버드의 경제학자 제프리 삭스의 경제정책을 너무 바짝 좇아서 충격요법을 행한 것이 동티가 났다고 했다.

"1945년 이후의 일본인들은 아메리카인이 되기를 원하지 않았다."

"일본인들은 그들의 자기 동일성을 지켰기 때문에 ― 국가주의라 든가 또는 전통에 대한 집착 ― 전후 부흥에 성공했다."

또 다시 맹렬한 반성이 전후 서부 도이치의 경제부흥에 대한 선 망으로 나타난다.

"도이치인들은 가격 자유화부터 서둘지 않았다." 여기에 대해서 도이치의 흔히 말하는 대로 사회적 시장경제론자들이 이미 1990년 대 초반부터 이론을 제공한 바 있다.

"우리는 먼저 노동의 복지부터 건설했다. 다음에 법과 질서를 확 립했다. 그 다음에 사회적 시장경제를 도입했다. 네 번째 단계에 시장가격을 자유화했다."

이와 같은 근거에서 최근 러시아의 어떤 지식인들은 시장경제와 가격 자유화를 너무 빠른 것으로 그리고 너무 아메리카적인 경제 정책이 삶의 질을 망쳤다고 하고 있다. 그리고 이와 같은 공격에 더하여 역사적으로 1917년의 볼셰비즘 혁명도 러시아 인텔리겐치 아의 극단적인 모습이 나타난 것이고 1990년대의 극단적 자유주의 도 이런 맥락에서 파악하려고 한다.

"한때 마르크스에 홀렸다가 이제는 제프리 삭스에게 홀렸다."(김 철, 2008ㄴ: 196 ― 197)

1.5. 자유지상주의(Libertareanism)의 문제 - 로렌스 레식의 동유럽 · 러시아의 해체에 대한 증언

10년 전인 1989년 봄, 유럽의 공산주의는 마치 지지대가 뽑힌 텐트처럼 무너졌다. 전쟁이나 혁명이 공산주의를 몰락시킨 것이 아니었다. 지쳐 쓰러진 것이다. 중 · 동부 유럽에 새로운 정체체제, 새로운 정치사회가 탄생하였다. 나와 같은 헌법학자들에게 이 사건은 충격적이었다. 1989년에 로스쿨을 졸업한 나는 1991년부터 시카고에서 강의를 시작했다. 시카고대학에는 중 · 동부 유럽에서 새롭게 시작된 신흥 민주정치에 관한 연구소가 있었다. 나는 그곳의 연구원이었다. 그 뒤 5년 동안 무수한 시간을 비행기에서 보냈고, 맛없는 모닝커피를 기억할 수 없을 만큼 수없이 마셨다.
중부 유럽과 동부 유럽에는 과거 공산주의자였던 사람들에게 어떻게 통치해야 하는가를 가르쳐 주려는 미국인들로 가득했다. 하지만 그들의 자문은 장황했고, 어리석기까지 했다. 몇몇 미국인 방문자들은 신흥 입헌공화국에 말 그대로 헌법을 팔아먹었다. 새로운 나라를 어떻게 통치해야 하는가에 관한 설익은 생각들이 무수히 많았다. 미국인들은 이미 입헌주의가 잘 기능하고 있는 국가로부터 왔지만, 어떻게 가능하였는지 그 원인에 대한 실마리는 알지 못했다.
연구소의 취지는 조언을 주는 것이 아니었다. 우리가 그들을 지도하기에는 아는 것이 너무 없었다. 우리의 목적은 변화와 발전방법에 관한 자료를 모으고 관찰하는 것이었다. 우리는 변화를 이해하길 원했지 변화의 방향을 잡아 주길 원치 않았다.
우리가 목격한 상황은 이해할 수는 있었지만 충격적이었다. 공산주의가 몰락한 이후 처음에는 국가와 국가의 규제에 대항하는 거대한 분노의 파도와 함께 정부에 대한 반감이 팽배했다. 그들은 그냥 내버려 두라고 말하는 것처럼 보였다. 정부가 하던 일을 새로운 사회인 시장과 민간조직에 맡겨라. 공산주의가 몇 세대 지난 후에 발생한 이런 반발들은 충분히 이해할 만하였다. 지난날의 지배 기구의 압제 장치들과 어떠한 타협이 있을 수 있단 말인가?
특히 미국의 미사여구들은 이런 반발을 상당히 뒷받침했다. 자유지상주의라는 미사여구. 시장이 지배하게 하고 정부의 간섭을 배제하라. 그러면 반드시 자유와 번영이 성숙할 것이다. 모든 것들은 스스로 해결될 것이다.

국가의 지나친 규제는 필요 없고, 들어설 여지도 없다. 그러나 모든 것이 스스로 해결되지 않았고, 시장이 번창하지도 않았다. 정부는 불구가 되었으며, 불구가 된 정부는 자유에 대한 만병통치약이 아니었다. 권력은 사라지지 않았다. 단지 정부에서 마피아로 옮겨 갔으며, 때로는 국가에 의해서 마피아가 조성되었다(김선경, 1998). 치안·사법·교육·의료 등 전통적인 국가기능의 필요성이 마술처럼 사라지지 않았다. 필요를 충족시키는 사적 이익들도 등장하지 않았다. 오히려 요구들이 충족되지 않았다. 사회의 치안이 사라졌다. 지금의 무정부 상태가 이전 세 세대의 온건한 공산주의를 대체하였다. 번쩍이는 네온사인은 나이키를 광고하고 있었고, 연금생활자들은 사기주식거래로 생계비를 다 털렸으며, 은행가들이 모스크바 거리에서 훤한 백주에 살해되었다. 하나의 통제시스템이 또 다른 것으로 대체되었지만, 어떤 시스템도 서구의 자유지상주의자들이 말하는 자유체제는 아니었다(이상은 인용문임) (Lessig·김정오 옮김, 2002: 31-33)(김 철, 2002c: 275-277)(김 철, 2009: 192-194)[167]

2. 자유주의의 한계

2.1. 권위주의에서 다수의 지배로 옮겨 갈 때 어떤 문제가 생기는가[168]

1990년대부터 시작해서 2000년대에 이르기까지 한국의 법문화의 최대 문제는 무엇인가? 이미 고찰한 대로 일단 권위주의에서 다수의 지배로 옮겨 가고 민주주의의 가치가 국가와 사회, 개인생활의 중심 테마가 되었다. 한국사회의 자유화는 문민정부에서 급격히 진행되었는데 많은 예상치 않은 문제가 생겨났다. 우선 자유주의의

---

167) Lawrence Lessig Code and Other Laws of Cyberspace, 김정오 역, 『코드 사이버 공간의 법이론』, 31-33(서울: 나남출판, 2002), 김철, 서평 "사이버 공간의 법이론", 275-277, 『헌법학연구』, 제8권 제1호, 2002ㄷ, 김철, 『경제위기 때의 법학-뉴딜 법학의 회귀가능성 』, 192-194(서울: 한국학술정보(주), 2009).

168) 김철, "1989년 이후 세계체제가 자유화되면서 한국에서 역시 이뤄졌던 자유화 과정은 어떠했는가?", 171 - 188, 『경제위기 때의 법학』(서울: 한국학술정보(주), 2009).

애초의 모습대로 쉽게 말하면 개인을 떠난 전체는 아무 의미가 없다. 전체주의는 이미 사라졌고 개인 인격이 최초의 출발점이 되었다. 이때 개인 인격은 어떤 권위주의적 강제나 속임수 없이 자유롭게 스스로의 이익을 위하여 생존을 위하여 결정할 수 있어야 한다. 자유주의 철학은 억압이 없는 상태에서는 누구나 그렇게 할 수 있다는 것이다. 사회 안의 개인은 어떻게 행동하는가? 여러 수준의 사회가 있기는 하나 그 구성체로서의 개인 인격이 최초의 단위가 되고 의사자유, 계약자유, 법률행위자유가 개인 인격이 사회 안에서 움직이는 방식이다. 모든 헌법적 장치 중 국민의 자유와 권리에 관한 헌장은 이러한 의사자유를 가지는 개인의 권리를 보장하는 장치이다. 그렇다면 정치적 공동체의 형성은 어떠한가? 각 개인이 그들의 의사를 헌법적 장치를 통해서 집적함으로써 이루어진다. 모든 공익의 결정, 정치적 결정은 다수결의 원칙에 의해서 자유로운 개인의 자유로운 표현행위로써 이루어진다. 이것은 실로 1648년, 1776년, 1789년의 중요한 근대의 역사에서 이미 나타난 바이다. 몹시 단순하게 표현된 근대 입헌주의의 원칙은 1990년대부터 한국의 정치사회는 물론 부분사회의 중요한 구성원리가 되었다. 비교법적으로 본다면 1989년 동유럽 - 러시아 혁명 이후 새롭게 나타난 동부 유럽과 구소비에트 연방에 속하는 광대한 지역에서 근대 입헌주의에 입각한 다수의 지배, 다수결의 원칙에 의한 정부가 수립되고 정책이 집행되기 시작했다. 이제 한국과 연혁이 매우 다른 동유럽, 러시아 지역의 국가들이 자유주의적 입헌주의 원칙에 의해 국가와 사회를 수립한다는 점에서는 유사한 측면이 드러나게 되었다.

한국인들은 1960년에 이미 짧은 기간 시민혁명을 경험한 바 있었다.[169] 입헌주의 원칙이나 다수결의 원칙은 다양성에 대한 관용

의 원칙과 함께 1960~1961년에 최고조에 달했다.[170] 1993년에 다
시 문민정부를 수립했을 때에는 한국인들은 이미 근대적 입헌주의
나 다수결의 원칙의 문자에는 익숙했다. 그러나 자유주의가 다수결
의 원칙을 동반하여 진행할 때 나타나는 제도적 문제, 법의 지배
내지 법치주의의 문제에는 경험이 없었다. 이 문제를 법사회학적으
로 관찰하기 위해서 법률 전문가가 아닌 일반인 또는 생활인의 법
의식과 자연적 행동을 관찰대상으로 한다.

2.2. 개인 간의 합의가 자유주의의 처음과 끝인가[171]

이미 논한 대로 권위주의 해체기(기준점 1989, 1993)에서, 자유
주의를 다시 기본 에너지로 출발할 때부터 개인 의사가 합치되기
만 하면, 어떤 종류의 개인의 의사라도 합의로써 유효하다는 통속
적인 시류가 있었다. 개인의 '자유로운 의사'를 초과하는 사회 규
범은 자유를 제한하며, 억압적인 것으로 생각되었다. 사인 간의 합
의야말로 새로운 자유주의의 처음이요 끝이라고 생각되었다.[172] 유
사(類似) 근대인이 탄생한 것이다. 근대인을 기다리고 있는 함정과
절벽은 나날의 체험주의에 밀려 존재하지 않는 것이 되었다. 1990
년대에 한국인은 자유로운 근대인으로서 너무나 감격해서 도취해
버린 것이다. 도처에서 계약 자유의 폐해, 의사 자유를 조리상의

---

169) "4·19혁명, 6·8민주항쟁 등은 혁명이며 국민적 정당성이 있었다." 김철수, 『헌법학
    개론』, 61(서울: 박영사, 2007).

170) 제3공화국에 해당하는 1963년부터 1972년까지의 헌법을 위헌 법률 심사제도와 관련
    하여, 비교적 덜 권위주의적인 것으로 평가하는 수도 있다.

171) 김철, "당사자의 임의에 의한 사법적 관계의 강조", 179－180, 『경제위기 때의 법학』
    (서울: 한국학술정보(주), 2009).

172) 합의를 외형으로 하면서, 그 실상은 기본권과 자유를 침해하는 경우는 어떻게 하는가
    에 대해서는 예측할 수 없었다.

한계173) 너머로 가져가는 생활에서 오는 무리와 피로감이 나타났다. 당시에 모든 사회 문제를 개인의 문제로 환치하고174) 사회기구나 제도, 조직의 문제를 개인과 개인의 사적 인간관계의 문제로 환원하여175) 단순화시키는 방식이 유행하였다. 세계적으로 관찰할 때, 지구의 저쪽에서 1917년 이후 또는 1945년 이후 사람들의 생활을 결정해 왔던 국가적 제도가 1989년을 기해서 와해되고 문명 세계의 약 반을 점유했던 실정적 질서가 해체되었다. 러시아-동유럽 혁명의 와중에서 관찰할 때 개체를 넘는 수준의 사회, 공동체, 국가의 모든 제도와 문제는 불확실하게 보였다. 한국에 있어서 동유럽과 러시아와 같은 정도는 아니나 권위주의에서 이행하는 시기의 불확실성 속에서 개체의 확실성을 추구하였다고도 할 수 있다. 이와 같은 개인의 문제는 정치적 공동체를 형성하고 중요한 정책을 결정할 때에도 단순화된 모습으로 나타났다. 즉 원자화한 개인은 투표에서 다수를 구성하기만 하면 다수결의 원리에 의해서 어떤 결정도 할 수 있다. 한국에 있어서는 오래 계속된 권위주의의 폐허 위에서 단순 다수결에 의한 수많은 결정이 행해졌다. 범위를 더 넓혀서 1770년대에 이미 근대 입헌주의를 실천하고 제1차 세계대전 이후에는 이른바 현대적 국가로 이행한, 지구상에서 가장 이른 자

---

173) 한국민법상 조리는 법의 원천이다. 조리는 또한 신뢰 보호의 원칙과 함께 행정법의 일반 원칙으로 인정된다. 조리는 또한 법의 일반 원칙으로 인정된다.

174) 한국인의 사고방식은 한국문화의 일부를 이룬다. 어떤 문제의 개인적 측면과 사회적 측면이 다 같이 존재할 때 사회적 측면을 다루기 힘들 때에는, 아예 없는 것으로 간주하고 문제의 개인적 측면으로 환치하는 오랜 문화가 있어 왔다. 예-교육에 있어서의 성취를 오로지 피교육자의 개인적 자질의 함수로 환치하는 경우. 사회적 사고(건물과 교량 붕괴 등)의 인과관계를 오로지 가장 협소한 관계 개인의 인적인 요소로 파악하는 경우.

175) 예를 들어, 공적인 조직의 역할 분담자들의 업무 수행이 사적인 인간관계같이 진행되는 경우. 이 경우 조직의 규범은 개인적 인간관계의 문제로 변용하게 된다.

유주의적 전통의 실천자로서 들 수 있는 아메리카에서도 세기말에 다수 지배의 원리에 대해서 반성적으로 성찰하는 사람이 나타났다. 오랜 선거의 경험, 오랜 재판의 경험, 많은 분쟁을 사법적인 해결이라는 현대적인 방식으로 경험한 미국인들은 대표적인 법철학자를 통해서 다음과 같이 묻기 시작했다. "사람들은 다수결이라면 무엇이든 할 수 있다고 생각하는 버릇이 있다. 과연 최전성기의 영국의회는 남자를 여자로 바꾸는 것 이외에는 무엇이든지 할 수 있다고 믿어져 왔다. 자유로운 개인의 집합체인 민주사회는 그 의사의 다수만 획득하면 무엇이든 할 수 있는 것일까?"

2.3. 자유주의에 대한 반성 - 드워킨[176]

1995년에 유사한 문제를 법철학적으로 추구한 사람이 로널드 드워킨(Ronald Dwokin)이다. 그는 자유주의 liberalism의 전통에 서서 이 문제를 추구하였다(Dworkin, 1995: 1 - 6).

Buckley v. Valeo(424 U.S. 1, 96 S.Ct. 612, 46 L.Ed. 2d 659, 76 - 1 USTC P9189, U.S. Dist.Col., Jan 30, 1976) 판결의 평석에서, 드워킨은 민주정치의 두 가지 측면을 지적한다. 즉 한국인이 1990년대에 익히 경험한 다수지배의 원리이다. 아메리카의 민주주의는 다수지배의 원리로서 세계인에게 알려져 왔다. 그러나 1995년에 드워킨은 텔레비전과 민주주의(Television and Democracy)에서 미국 민주주의가 쇠퇴하고 있고, 그 주된 이유는 정치적 캠페인에서의 텔레비전이 차지하는 압도적인 비중을 들고 있다. 그가 쇠퇴의 이유로 드는 것은 입후보자들이 텔레비전 캠페인 경비를 부담하기 위해서

---

176) 김철, "1990년대의 자유주의, 한계, 자유지상주의에 대한 비교 법철학적 논의", 194 - 201, 『경제위기 때의 법학』(서울: 한국학술정보(주), 2009).

엄청난 액수의 선거자금을 거두어야 하고,[177] 그 결과로 '특수 이해관계의 자금과 아메리카의 입법부의 행동과의 유독한 연합'을 들고 있다(Dworkin, 1995: 1 – 6). 그가 민주주의 쇠퇴의 또 다른 현상으로 드는 것은 평균적인 미국인들은 투표율이 점점 낮아지고 있다는 것이다.[178] 그가 지적하고 있는 것은 자유주의를 기초로 한 다수의 지배(Majoritarian rule)에 대한 반성과 성찰이다.

2.4. 자유주의의 전제가 되는 몇 가지 명제에 대한 사회과학적 연구를 위한 세미나는 1995년 가을, 뉴욕 대학 법과대학의 *The Program for the Study of Law, Philosophy & Social Theory*(New York: New York University School of Law, 1995)에서 집중적으로 논해졌다. 대표적인 논자 중 하나를 들면 시카고 법과대학의 카스 선스타인이었다.

2.4.1. 카스 선스타인의 명제와 증거(김철, 2009: 204 – 207)

카스 선스타인의 명제: 자유주의자, 자유지상주의자들은 맹점을 가지고 있다.

증거 1. 사람들은 경제학적 게임에서 합리적으로 행동하지 않는다. 자신의 이익과 게임과 관계된 상대방에게 '가장 이익이 되도록' 행동할 것 같고, 경제원칙에 따라 행동할 것 같으나, 실제로는 그렇지 않다. 경제학적 예측의 실패

---

177) 이 문제에 대해서는, 약 12년 뒤 2007년에 폴 크루크만의 증언이 있다. "아메리카의 보수주의 운동을 이끄는 힘은 바로 돈이다. 소득 불평등 증가와 누진세 철폐, 그리고 복지제도의 철회, 즉 뉴딜정책 이전으로 돌아감으로써 이득을 보는 어마어마한 부호들과 몇몇 대기업이 재정적으로 이들을 지원한다."(폴 크루크만, 2007: 026)

178) 1992년 아메리카 대통령 선거에서는 유효유권자의 절반 미만이 실제 투표하였고, 1994년 중간선거에서는 단지 38%가 투표하였다(Dworkin, 1995: 1 – 6).

증거 2. 사회심리학자 씨알디니의 실험결과(Cialdini, Cacioppo, Bassett, & Miller, 1978: 463)

사람들의 행동에는 그 개인뿐 아니라 다른 사람의 규범적 행동이 영향을 미친다. 사람들의 성향 또는 취향 또는 단순히 좋아함(preference)은 합리주의자들, 경제학적 사회과학자들 또는 행동과학자들이 전제로 하고 있는 바와 같이 고정되어 있지 않다. 실험심리학은 사람들의 확정된 취향에 대한 고정관념을 깨 왔다.

증거 3. "과연 사람들이 흔히 우리가 들은 듯이 그의 선택에 의하여, 그가 원하는 대로, 그의 이익대로, 합리적으로 자유롭게 행동하는 것일까?" 이 물음에 대해서, "비교적 그렇다."라고 대답하고, "그렇기 때문에 사람들이 필요로 하는 것이 자유일 뿐이다."라고 대답하는 것이 자유주의의 전제이다.

세기말 상황(1990년대 후반~2000년대 전반)에서는 그렇지 않다는 대답이 강하다. 그 증거는 청소년 흡연에 대한 보고서에도 나타나 있다(Sunstein, 1995: 2).

2.4.2. "개인은 자유롭게 합리적인 선택을 한다."라는 자유론자의 논의에 대해서(김철, 2009: 205 - 207)

"이 시절의 자유론자의 지배적인 논의방식은 합리성, 선택 그리고 자유라는 3가지 키워드에 집중되어 있다. 자유라는 중심 주제는 정치적 선택(투표), 시장에서의 유통(구매) 그리고 마지막에는 대학에서의 합리성(선택)의 문제로 요약된다. 이들 자유의 주제는 극히 단순한 방식으로 요약, 적용되는데 단순 논리가 현실에 적용된 대표적 예이다.

1) "정부는 국민의 취향과 선택을 존중해야 한다."라는 기본명제

는 칸트류의 당위명제이다. 당위명제는 목표가치를 천명하는 것이다. 그런데 종종 자주 당위명제를 되풀이하면 흡사 언어의 환각적 효력에 의해서 실지로 그 당위명제가 현실화되는 것처럼 느껴질 때가 있다. 많은 신생국가가 정치적 표어를 당위명제로 내걸고 실지 관행은 문제 삼지 않는 경우가 많다.

2) "시장은 구매자의 취향과 선택을 존중해야 한다."라는 기본명제는 역시 당위명제이다. 이 당위명제가 현실로 나타나기 위해서는 실지로 시민의 시장에서의 자유가 존중될 수 있는 조건을 미리 성취해야 한다.

3) "대학은 소비자인 학생의 취향과 선택을 존중해야 한다."라는 기본명제 역시 목표가치인 당위명제이다. 그런데 당위명제의 반복이 학생의 대학에서의 자유를 실지로 존중하는 것은 아니다.

자유론자 또는 자유주의자의 이러한 언어사용 방식은 맹점을 가지고 있다(김철, 2000b: 36). 이른바 사실과 규범의 논리적 구별은 논리적 법학에서는 엄격구별이 가능하나 심리학적 관찰에서는 혼용된다. 즉 '한다'와 '하여야 한다'의 구별은 논리상으로는 가능하나 사회심리학으로 관찰할 때는 혼용되는 경우가 많은데 이것이 대중심리조작을 하는 정치적 프로파간다에서는 자주 나타난다.

2.4.3. 자유주의적 선택의 전제가 되는 취향과 좋아함은 상수인가?(김철, 2009: 206-207)

흔히 개인주의적 자유주의자의 마지막 보루가 되는 "자유로운 선택"의 보다 세밀한 구조를 관찰한다. 자유주의적 선택의 기초 부분이 되는 취향(preference)과 선택(choice)은 모든 종류의 사회 조사나 시장 조사에서 기초사항으로 불변의 상수로서 취급되어 왔다.

그러나 일련의 사회심리학자들의 실험으로서는 어떤 개인의 좋아
함이나 취향도 이미 주어진 것이 아니다. 만들어 갈 수 있고 이미
만들어 왔다.

개인의 구체적인 행동에 관계되는 자유에는 구체적인 상황의 규
범과 역할이 현실적으로 관계하고 있다는 것이 사회심리학자의 보
고이다(Sunstein, 1995: 2).

3. 보수주의 시대(Conservative Era)와 소위 '진취적 시대 (Progressive Era)'의 실상(김철, 2009: 71 - 73)

3.1. 진취주의의 역사(김철, 2009: 71 - 73)

아메리카 제도와 법의 역사에도 1885년에서 1895년까지를 구질
서의 시대(Arnold Paul)로 본다. 1890년에서 1900년까지는 시장의
내림세와 규제 국가의 오름세로 본다(Faulkner: 74 - 79, 91 - 93).
테오도르 루스벨트의 시대인 1900~1912년에 현대 아메리카가 탄
생한 것으로 본다(George E. Mowry: 6 - 10, 14 - 15). 우드로우 윌
슨과 제1차 세계대전 기간인 1910~1917년을 진취의 시대로 간주
한다(Arthur S. Link: 18 - 21, 66 - 80).

1915년 2월 22일 FTC가 성립되고, 행정부는 기업 규제라는 실험
을 진수시켰다. 윌슨은 FTC 안에 재계의 카운슬러와 친구를 조성
하기를 원했다. 브랜다이스와 루브리(Rublee)는 위원회가 아메리카
경제상황의 역동적인 역할을 할 것을 기대했고 실망하였다. 1900년

부터 아메리카가 제1차 세계대전에 참전할 때까지를 실지로 거의 모든 사가들이 '진취적인' 또는 '진보적인' 시대로 레벨을 붙여 왔으니, 그 실상은 보수주의의 시대라고 할 수 있다는 주장이 있다 (Gabriel Kolko, The Triumph of Conservatism, 1963: 2 - 15).

아메리카에 있어서의 진취주의 또는 진보주의(Progressivism)는 원래 기업과 산업 조건의 정치적 합리화를 위한 운동이었다. 그 운동의 전제는 공동체의 일반 복지와 공익은 비즈니스의 구체적 필요성을 만족시킴으로써 가장 잘 이루어질 수 있다는 것이었다. 그러나 규제 그 자체는 어김없이 규제 관련 산업의 리더들에 의해서 행해졌다. 그리고 그 규제의 방향은 산업의 리더들이 받아들일 만하든가 바람직하다고 느끼는 목표로 향해졌다(Kolko, 1963: 2 - 3). 부분적으로 이것도 규제적 움직임은 통상 규제되는 지배적 사업자들에 의해 주도되었기 때문이다. 그리고 규제의 움직임은 정치적 리더들의 거의 보편적 믿음에서 결과한 것이기도 하다. 사소유권 관계가 본질적으로 존재하는 대로의 기본적 정의를 믿었는데, 이 믿음이 정치 지도자들의 가능한 행동들의 궁극적인 한계를 만드는 것이 되었다.

이른바 '진취 시대'(Progressive era)의 특징은 경제에 대한 정치적 규제라기보다는, 주요한 경제적 이익으로서의 비즈니스가 정치를 통제한 것이다(Kolko, 1963: 2 - 3). 따라서 흔히 생각하듯이 규제나 반규제냐의 문제가 아니다. 또는 국가통제냐 자유방임이냐의 문제가 아니다. 어떤 규제가 누구에 의해서 행해지느냐의 문제였다. 이른바 '진취 시대'에 비로소 다음과 같은 일이 있어났다. 정치적 이념적 기후 변화가 생기고, 서서히 경제적 독립은 저하되며, 새롭고 더 큰 기업 합병이 나타남에 따라서 점점 더 많은 중산층 아메리카인들은 새로 생긴 산업과 재정의 왕국들이 아메리칸 드림을 오용 또는 남용했다고 확신하게 되었다(Ellis W. Hawley, 1966: 6-9).

개혁의 철학은 1912년 우드로우 윌슨(Woodrow Wilson)의 신자유(New Freedom)와 테오도르 루스벨트(Theodore Roosevelt)의 신민족주의(New Nationalism)의 격돌 때 나타난다. 전자는 브랜다이스로 대표되어서 트러스트가 금융성이나 생산성 때문이 아니라 라이벌을 불공정 행위로 제쳤기 때문에 특권을 누린다고 했고, 신민족주의자는 경제적 집중은 대량생산과 선발 기술의 불가피한 결과라고 했다(Hawley, 1966: 6-9).

4. 경제적 보수주의와 경제적 자유주의(김철, 2009: 73-75)

4.1. 경제적 보수주의와 경제적 자유주의(Economic Liberalism)[179]의 경계(김철, 2009: 73-75)

러셀 갤로웨이는 1790년부터 1982년까지의 미국 연방대법원의 역사를 부자와 가난한 자의 문제에서 분석 서술하고 있다(Russell Galloway, 1982 & 1991). 그는 빈부문제에 대한 입장을 다음과 같이 정리한다(김철, 2005: 17).

첫째, 경제적 보수주의(economic conservatism)는 전형적으로 다음의 확신에 근거한다. 부를 재분배하는 어떤 주된 노력도 정부에 의해서 행해져서는 안 된다. 정부의 주된 역할은 물질적 복리를 국민

---

179) 이 문제에 대한 논의는 다음의 연구 발표문을 참조할 것(김철, "빈곤과 부에 대한 차별문제: 헌법과 파산법의 눈에서" 한국사회이론학회 2005년 후기학술대회 「빈곤과 우리사회」, 2005년 12월 17일 성신여자대학교 수정관 313호(2005ㄱ)).

이나 기업이 개인적으로 추구할 때, 호의적인 환경을 만들어 주는 것이고, 재산권 소유자의 권리를 보호하는 것이다. 최소국가(minimal state)의 기능이며, 사법부의 역할도 여기에 있다고 본다. 미국법학사에서 여기에 속하는 사람은 해밀턴(Alexander Hamilton), 마샬(John Marshall) 초대 대법원장, 스토리(Story) 대법관, 필드(Field) 대법관, 닉슨 대통령, 레이건 대통령, 아버지 부시와 아들 부시 대통령.

둘째, 경제적 자유주의(economic liberalism)는 다음의 믿음을 특징으로 한다. 한 나라의 부(richness)는 빈곤의 짐을 가능한 한 완화시키는 방법으로 분배되어야 한다는 믿음이다. 미국법학사에서 여기에 속하는 사람은, 제퍼슨(Thomas Jefferson) 대통령, 잭슨(Andrew Jackson) 대통령, 태니(Taney) 대법관, 브랜다이스 (Louis D. Brandeis) 대법관, 루스벨트 (F. D. Looservelt) 대통령, 다글라스(William O. Douglas) 대법관.

4.1.a 신보수주의가 루스벨트 – 아이젠하워 노선에 대한 반작용으로 일어난 경위를 보자

2007년에 폴 크루크만은 두 가지 입장 이외에, 원래 한 입장에서 출발했으나 차츰 다른 입장의 정책을 추구한 경우의 예로, 공화당의 아이젠하워 대통령의 예를 든다. 그리고 아이젠하워가 루스벨트 행정부의 정책을 계승한 데 대한 반발로 새로운 보수주의(new – conservatism)가 일어나고, 세월이 지나서 강력한 정치운동으로 자리 잡았다고 한다. 1964년 골드워터 – 1980년 레이건으로 연결된다 (폴 크루크만, 2007: 25).

약 200년 이상의 역사를 통해, 경제적 보수주의와 경제적 자유주의의 서로 대치하고 있는 둑을 따라서, 경제와 법제도의 긴 강물이 흘러왔고, 이 긴 흐름을 특징짓고 구분 짓는 것은, 개혁(reform)과 반

개혁(counter-reform) — 정치경제적 의미에서 — 의 시도이다. 1776
년에서 1789년에 이르는 건국 시기로부터 현재에 이르기까지, 경제
적 자유주의와 경제적 보수주의를 기반으로 한 정치, 경제, 법문화
는 갈등과 대립, 타협과 조정, 반동과 개혁의 모든 매듭을 거쳐서,
적어도 다음의 4가지를 빈부 문제에 대한 기본적 논의 주제로 확
정하였다(Russell Galloway, 1982& 1991)(김철, 2005: 17).

4.1.1. 4가지 빈부문제(김철, 2009: 75)

4.1.1.1. 과다한 부채에서 국민을 구제할 것인가.

4.1.1.2. 나라의 부를 재분배할 것인가.

4.1.1.3. 부유층의 형태를 규제할 것인가.

4.1.1.4. 빈곤층의 조직화된 행동에 관심을 가질 것인가.

5. 폴 크루크만의 증언[180)

5.1. 중산층 중심의 사회에서 양극화 사회로의 변천

"제2차 세계대전 이후 미국은 중산층 중심의 사회였다. 제2차 세
계대전으로 소득이 대폭 늘어난 수천만 미국인들이 도시 빈민가와
농촌의 가난에서 벗어나 자신의 집을 소유하고 전에 없이 안락한
삶을 누렸다. 반면 부자들은 설 자리를 잃었다. 그들은 수적으로도
밀렸고 대단히 부유하지도 않았다. 빈민들은 부자들에 비해 많긴
했지만 사실 전체적으로 그 수가 적었다. 따라서 경제적 공동체의
식이 두드러졌다. 즉 대다수 미국인들은 물질적으로 상당히 비슷한

수준의 풍요를 누렸다.”(폴 크루크만, 2007)

180) Paul Krugman, *The Conscience of a Liberal* (New York: W. W. Norton&Company, 2008).
(예상한 외 옮김)『미래를 말하다』(서울: 웅진, 2008). 그러나 이 번역본은 기본용어
의 국역에서 영어 원본을 대조할 수 없는 일반독자에게 근본적인 오해를 줄 수 있는
오류를 범했다. 즉, liberals를 “진보주의자”로 번역하였다. liberals는 어간 liberal이
liberalism 또는 liberalist와 같다. 영영사전의 liberals는 one who is open minded or
generous to new ways의 뜻이 가장 오래되고 one who is not object to reform의 뜻이
최근 것이다. The Oxford Learner's Dictionary(Oxford University Press, 1963) 한영사전
의 뜻으로는 “자유주의자”와 “liberalism을 주장, 신봉하는 사람”을 뜻한다. The New
World Comprehensive English · Korean Dictionary, 1310(시사영어사, 1973). liberal은
전통 · 관례에 어긋나는 생각에 대하여 편견을 갖지 않고 남의 그러한 견해도 이해
하는 사람을 뜻하고 liberal보다도 적극적이며 더욱 직접적인 행동을 취하는 경향이
있는 경우에는 progressive를 쓰는데 정치 · 교육 따위의 개혁에 찬동한다는 뜻이다
(시사영어사, 1973: 1310).
그러나 이것은 사전적인 뜻이다. 아메리카 헌법사에서 liberal의 위치는 conservative에
대치되는 것으로, 제로를 기점으로 +방향과 -방향으로 전개되어 있는 수평의 선분의
정반대에 놓여있는 것이다. 이때 제로를 중립(neutral)이라고 할 수 있다. 더 쉽게 말
하면 헌법 판례에 있어서 대법관들의 판단이 보수 쪽이냐, 또는 이와 대척되며 다른
방향으로 뻗어나가는 것이냐를 잴 때 liberal이라고 한다. 이때의 liberal은 보수와 대치
하는 또는 반대되는 자유주의라는 뜻이다. 그러나 이 경우에도 저널리즘이 어떤 대법
관의 판례에 대한 결정이유가 “그의 성향이 진보적이기 때문에, liberal로 기울어졌다”
라는 표현을 쓸 수도 있다. 이때 진보적(progressive)라는 형용사는 역사적으로 서유럽
에서 절대주의 왕권이나 절대주의 시대의 세계관에 대해서 계몽주의 시대 때 새로운
지식인들의 태도를 서술할 때 쓰여진 것이 역사적 기원이다. “진보의 개념은 인간이
명료하게 생각하고 사물을 적절하게 다루기만 하면 사회상태의 끊임없는 향상의 가
능성이 있다는 것이며 사회는 세상일에 있어서 더 좋은 상태로 움직여 나간다는 생각
을 지칭한다.”(김 철, 1989: 496)(John Bary, The Idea of Progress, London: Macmillan,
1920) 이때의 진보(progress)는 서유럽의 계몽주의 시대(enlightened peoples of historical
age, l'age de lumière, Aufklärung und Zeitalter der Kritik)의 지적 · 도덕적 생각의
변화와 개조와 관계있다(John Bary, The Idea of Progress, London: Macmillan, 1920).
그러나 이것은 어디까지나 서유럽의 지성사와 계몽주의와 관련된 역사적 의미로서의
진보를 뜻한다. 아메리카 헌법사와 정치사에서 구체적으로 나타난 진보주의운동은 현
실적으로 유진 뎁스(Eugene Debbs)가 이끌었던 진보당(progressive party)을 지적할 수
있다. 폴 크루크만이 2007년에 레이거니즘 시대의 정치 · 경제학적 저작을“The
Conscience of Liberals”라고 제목을 붙이고 그 내용은 법학적으로 볼 때는 아메리카
헌법사에서 나타난 경제적 보수주의에 대칭되는 의미로서의 경제적 자유주의의 모습
을 경제사 및 정치사와 관련해서 설득적으로 서술한 것이다. 이런 폴 크루크만의
2007년 저서를 번역할 때, liberals를 한국어의 “진보주의자”로 옮긴 것은 아메리카 헌
법사와 경제사에서의 conservative와 대칭되는 것이 liberal이라는 것을 모르고 한국식
으로 번역한 것이다. 이 논문을 2009년 5월 13일에 발표했을 때 어떤 헌법학자는 자
신도 폴 크루크만의 한국어 번역본을 읽었는데 아무래도 liberal을 (최근 한국사정을
감안할 때) 진보주의자로 번역한 것은 적절하게 보인다고 얘기하였다. 여기에 대해서
발표자이며 논문저자는 만약에 한국어 번역자가 진보주의자로 번역한 것이 이유가
있다고 본다면, 이것은 한국어를 다시 영어로 번역할 때는 liberal이 아니고 progressive

5.1.1. 경제적 균등이 중도노선을 가져온 경위

"경제적으로 균등했던 미국은 정치적으로도 중도노선을 지켰다. 내

로 번역되는 순서를 생각해야 된다고 설명했다. 또한 폴 크루크만의 1930년 이후의
공황의 경제학의 소재는 프랭클린 루즈벨트 이후의 아메리카의 입법과 경제정책을
중심으로 하고 전개된 경제적 보수주의와 경제적 자유주의의 양대 흐름인데, 폴 크루
크만은 이 큰 그림에서 유진 뎁스의 진보당과 진보주의에 대해서는 언급을 하지 않고
있다. 폴 크루크만의 관심은 한나라의 부는 빈곤의 짐을 가능한 한 완화시키는 방법
으로 분배되어져야 한다는 믿음을 토대로 한 경제적 자유주의와 부를 재분배 하는 어
떤 노력도 정부에 의해서 행해져서는 않되며 정부의 주된 역할은 국민이나 기업이 물
질적 복리를 개인적으로 추구할 때 호의적인 환경을 만들어 주는 것이고 최소 국가의
기능이며 사법부의 역할도 여기에 있다고 보는 경제적 보수주의를 역사적으로 고찰
하는 데 있었다. 그의 자유주의는 그 자신의 특정한 가치나 태도를 주장하거나 표현
하는 것이 아니라 아메리카 건국 이후의 두 개의 큰 흐름 이라는 전통 위에 서서 그
리고 그 두 개의 전통이 갈등을 일으키지 않고 다른 정당과 정부에 의해서도 추구되
었던 시절을 회상하는 것으로 시작한다. 이런 방식은 아카데미즘에 있어서는 법학이
든 경제학이든 가장 신뢰를 주는 방식이고 특정한 사회운동을 지지한다던가 선호한
다던가 하는 이데올로기적 접근과는 전혀 다른 것이다. 그런데 만약 폴 크루크만의
liberals를 "진보주의자"로 번역한다면 그리고 그의 자유주의 전통의 결론을 "진보주
의 운동"으로 번역한다면 이미 말한바대로 아메리카 정치사에서의 진보당(progressive
party)와 혼동이 된다.
그럼에도 불구하고 아메리카 경제사와 법제사에서 나타난 보수와 자유의 대척되는
입장이 2008년과 2009년의 한국에서는 보수와 진보의 대립이라는 검토되지 않은 이
분법으로 비춰지는 것은 무슨 이유일까? 해답은 한국에 있어서의 사회과학과 법학은
자유주의 자체에 대해서 역사적 검토가 소홀해왔다고 지적할 수 있다. 즉 한국에 있
어서의 저널리즘과 아카데미즘의 어떤 방식은 어떤 경우에는 자유라는 것은 평등과
모순되는 것으로(김 철, 한국 법학의 철학적 기초, 2007a: 135) 개념적으로 파악하고
따라서 자유는 평등 또는 진보와 모순되고 대립되는 것으로 무의식중에 파악한다. 쉽
게말하면 자유주의는 평등주의와 대립되는 것이고 또한 자유주의는 진보주의와 대립
되는 것이다 라고 생각하기 쉬운 것이다. 물론 이것은 서유럽에 있어서의 계몽주의
시대때부터 나타나기 시작한 자유, 진보, 평등 같은 것들을 역사적 시대에 따라서 검
토하지 못한 탓이라고 할 수 있다.
이렇게 설명함에도 불구하고 한국에 있어서의 전반적으로 부실한 번역학문은 여전히
우리나라 법학계에 제법 알려진 드워킨은 자유주의자로 번역하면서 폴 크루크만과
드워킨은 아마도 (한 사람은 경제학자요, 한 사람은 법 철학자니까)그 기본적 입지가
다르다고 생각하는 것으로 인도하였다. 우리나라 법철학계와 철학계에서 잘 알려진
Ronald Dworkin은 2008년 10월에 방한해서 "법과 자유주의(Law and Liberalism)"라는
논문을 발표하고 이것에 앞서 1995년 논문 "Why we all are liberals"을 뉴욕대학에서
발표하였다. 논문 저자는 2008년 10월 드워킨의 두 개의 세미나(월, 화요일)에서 직
접 단도직입적으로 그 당시 세계 경제위기의 벼랑 앞에서 힘을 얻고 있었던 폴 크루
크만의 liberalism과 드워킨 자신의 liberalism이 무엇이 다르며 무엇이 같은가를 질문
하였다. 그 대답은 경제적 자유주의를 지칭하는 폴 크루크만의 입장과 자신의
liberalism이 일치하며 경제사와 헌법사에서 나타난 이러한 입장의 대법관들에 대해서
도 같은 입장을 명백히 표명하였다.

가 젊었을 때에는, 민주당과 공화당의 외교정책과 국내정책 가운데 많
은 부분이 일치했다. 공화당은 뉴딜정책의 성과를 되돌리려 애쓰지 않
았으며 꽤 많은 공화당 의원들이 메디케어를 지지하기도 했다.……"

5.1.2. 중산층의 중도노선에서 양극화 사회로 변천된 경위

그러나 1980년대가 되자 중산층 중심과 중도노선의 정치가 미국
사회 진화의 끝이 아니라는 사실이 분명해졌다. 경제학자들은 소득
격차가 급격히 확대되었다는 근거자료를 내놓기 시작했다. 즉 대다
수의 미국인들은 경제적으로 거의 또는 전혀 발전하지 않았지만,
소수의 집단들이 훨씬 앞질러 나아가기 시작했다. 정치학자들도 정
치적 양극화 증상을 증명하는 자료를 내놓기 시작했다. 정치인들은
좌나 우의 극단으로 치달았고, 이러한 경향은 2007년까지 계속되었
다. 계층 간의 수입의 불평등은 1920년대만큼이나 크며, 정치적 양
극화도 전례 없이 심해졌다."(폴 크루크만, 2007: 019)

5.2. 변화의 흐름이 경제에서 정치로 흘렀다는 통념이 과연 옳은가

폴 크루크만은 2006년의 정치학자 3인의 연구를 인용하여[181] 역
사는 경제적 불평등과 정치적 양극화가 하나가 되어 일종의 춤을
추어 왔다는 견해를 소개한다. 그렇다면 경제적 불평등과 정치적
양극화가 같이 춤을 추도록 만드는 것은 무엇일까라는 누구나 할
수 있는 의문을 제기한다. 그리고 그 대답으로는 경제적 불평등이
춤을 주도하고 변화의 흐름이 경제에서 정치로 흐른다는 누구나
이해할 수 있는 설명을 먼저 소개한다.

---

181) 크루크만, 같은 책 20에서 인용, Nolan McCarty, Keith Poole, and Howard Rosenthal, *Polarized America: The Dance of Ideology and Unequal Riches*(MIT Press, 2006).

5.3. 제도와 규범, 정치적 환경이 경제학적 환경보다 더 중요하다[182]

그러나 폴 크루크만의 혜안은 그와 같은 상식에 대해서 경제사학을 조사함으로써 다른 방향으로 인도한 데 있다. 그가 주목한 경제사학자 클라우디아 골딘(Claudia Goldin)과 로버트 마고(Robert Margo)[183]는 미국 전후의 중산층 사회는 흔히 생각하듯이 엄청난 물질주의와 정치 부패가 같이 일어났던 도금시대로부터 점진적으로 진화된 것이 아니라 오히려 프랭클린 루스벨트 당시의 뉴딜정책의 결과로서 비교적 짧은 기간 안에 만들어졌다는 것이다.[184] 루스벨트 행정부의 뉴딜정책과 전시 통제의 결과인 비교적 평등한 소득 분배는 그 후로 30년 이상 지속되어서 제2차 세계대전 이후의 미국 중산층 사회의 기반이 되었다는 것이다. 이 역사적 사실에서 폴 크루크만은 흔히 한국의 지식인과 상식인들이 생각하는 일상적 사고를 깜짝 놀랄 만큼 뛰어넘는 추론을 이끌어 낸다. 즉 흔히 한국인들이 생각하는 것처럼 경제학적 환경이 제도와 규범을 좌우하는 것이 아니고 거꾸로 제도와 규범이 소득 분배에 끼치는 영향이 크다. 더하여 더욱 놀라운 것은, 소득 분배에 끼치는 영향은 객관적인 시장의 힘이 그렇게 중요한 역할을 하지 않는다는 것이다(폴 크루크만, 2007: 023)(김철, 2008: 81).

---

182) 김철, "폴 크루그먼의 불평등의 경제학과 김철의 아노미의 법학", 81－83, 『경제위기 때의 법학』(서울: 한국학술정보(주), 2009).

183) Claudia Goldin and Robert Margo, "The Great Compression: The Wage Structure in the United States at Mid－Century", *Quarterly Journal of Economics*, 107, no.1(1992), pp.1－34.

184) 임금구조에 있어서의 대압착이 일어났다고 한다.

5.4. 폴 크루크만의 '길었던 도금시대'에 대한 성찰

그는 지금까지 알려진 아메리카 역사가와 다른 점이 있다. 아메리카 법제사에 있어서도 1870년부터 1890년까지를 물질적 풍요와 부패가 함께 일어난 도금시대로 보며, 1885년부터 1895년까지를 계약자유와 소유권절대를 기본으로 하는 보수주의 시대로 설정하며, 1891년부터 1900년까지를 시장의 하향과 규제국가의 상향시대로 본다. 1900년 이후부터 비로소 현대 아메리카의 탄생시대로 보며, 우드로우 윌슨과 제1차 세계대전 기간인 소위 진취적 시대는 1910년부터 1917년으로 본다(김철, 2008: 이 책의 취지). 이에 반해서, 폴 크루크만은 '역사가들의 심기를 불편하게 만들 수도 있는 위험을 감수하면서' 그러니까 아메리카 역사의 시대 구분의 다수설을 충분히 의식하면서, 1870년대부터 뉴딜정책이 등장한 1930년대까지의 60년간을 길게 하나로 묶어서 '길었던 도금시대'로 본다.[185]

그의 논지는 우선 1910년부터 1917년의 진취적 시대의 성과를 부인하는 것이며,[186] 또한 1900년부터 시작된 테오도르 루스벨트

---

185) 이와 비슷한 견해는 Peter Beinart, "The New Liberal Order", TIME, 22 – 24(New York, November 24. 2008). Robert Wiebe를 인용하여 현대 미국 자유주의는 진취적 시대(Progressive Era)에 탄생했다고 한다. 진취적 시대는 1910년에서 1917년의 우드로우 윌슨과 제1차 세계대전 기간을 의미한다(김철, 2009: 이 책의 취지). 그때까지 아메리카의 거대한 기업독점이 자본주의를 강자와 야만자만이 살아남을 수 있는 정글로 바꾸고 있다는 것이 진취주의의 내용이었다. 대공황의 와중에서 루스벨트가 취임할 때까지는 아메리카 자본주의라는 에코 시스템이 나선형으로 죽음의 행진을 하고 있었고, 아메리카인들은 루스벨트가 했던 것처럼 정부가 제어해 주기를 소리 높여 외치고 있었다. F.D.R.은 전례 없는 규모의 정부자금을 풀었고 실업자와 연로자들을 위해 새로운 보호망을 만들었으며, 산업계가 어떻게 행동해야 되는가에 대한 규칙을 부과했다.

186) 1900년부터 아메리카가 제1차 세계대전에 참전할 때까지를 실지로 거의 모든 사가들이 '진취적인' 또는 '진보적인' 시대로 레벨을 붙여 왔으나 그 실상은 보수주의 시대라는 주장이 있다(Gabriel Kolko, The Triumph of Conservatism, 1963: 2 – 15)(김철, 2009: 71 – 73). 진취주의 또는 진보주의(Progressivism)는 원래 기업과 산업 조건의 정치적 합리화를 위한 운동이었다. 그 운동의 전제는, 공동체의 일반 복지와 공익은 비

시대의 성과도 별 큰 의미를 두지 않는 것이다.[187] 그의 근거는 무엇인가? 시대의 레벨 붙이기보다 실질적인 진전을 파악하는 것이다. 우선 불평등 상태에 대한 그의 논의 중에서 대공황시대까지 사실상 도금시대가 계속되었다는 장기 도금 60년 설은 특히 재즈시대에 대한 논의에서 머튼과 같은 사회학자에 의해서 정당화될 수 있다(김철, 2009: 100－107). 재즈시대는 제1차 세계대전이 종결된 1918년부터 약 10년간의 호황기이며 급격히 증가한 경제적 부가 청교도적 전통을 압도해서 유한계급이 나타나고 대중의 감각이 호사와 안락, 사치에 길들여졌던 시대이다. 이 시대의 법학적 특징은 사적자치, 계약의 자유, 회사와 기업의 자유와 생산력과 거래량의

즈니스의 구체적 필요성을 만족시킴으로써 가장 잘 이루어질 수 있다는 것이었다. 그러나 규제 그 자체는 어김없이 규제 관련 산업의 리더들에 의해서 행해졌다. 그리고 그 규제의 방향은 산업의 리더들이 받아들일 만하든가 바람직하다고 느끼는 목표로 향해졌다(Kolko, 1963: 2－3). 부분적으로 이것도 규제적 움직임은 통상 규제되는 지배적 사업자들에 의해 주도되었기 때문이다. 그리고 규제의 움직임은 정치적 리더들의 거의 보편적 믿음에서 결과한 것이기도 하다. 사소유권 관계가 본질적으로 존재하는 대로의 소유권의 기본적 정의를 믿었는데 이 믿음이 정치 지도자들의 가능한 행동들의 궁극적인 한계를 만드는 것이 되었다. 이른바 진취시대의 특징은 경제에 대한 정치적 규제라기보다는 주요한 경제적 이익으로서의 비즈니스가 정치를 통제한 것이라고 보는 것이다(Kolko, 1963: 2－3). 따라서 흔히 생각하듯이 규제냐, 반규제냐의 문제가 아니다. 또는 국가통제냐 자유방임이냐의 문제가 아니다. 어떤 규제가 누구에 의해서 행해지느냐의 문제라고 보는 것이다. 그렇다면 비즈니스의 리더들에 의해서 그 방향과 범위가 조정되는 규제는 누구에 의해서라는 물음에 대해서는 여전히 비즈니스에 의해서 행해졌던 이른바 자율통제의 시대라고 볼 수 있고, 간판으로 내건 기업과 산업조건의 정치적 합리화를 위한 운동으로서의 진취주의(Progressivism) 또는 진보주의와는 거리가 있다는 것이다.

187) 크루크만의 논의는 역사의 실질적 내용으로 볼 때, 다음과 같은 근거가 있다. 왜냐하면 이른바 '진취 시대'에 다음과 같은 일이 일어났다. 정치적·이념적 기후변화가 생기고 서서히 경제적 독립은 저하되며 새롭고 더 큰 기업합병이 나타남에 따라서 점점 더 많은 중산층 아메리카인들은 새로 생긴 산업과 재정의 왕국들이 아메리칸 드림을 오용 또는 남용했다고 확신하게 되었다(Ellis W. Hawley, 1966: 6－9)(김철, 2009: 73). 따라서 1910~1917년의 진취적 시대의 실상은, 진취주의의 철학은 우드로우 윌슨의 신자유(New Freedom)의 주창으로 나타났으나 테오도르 루스벨트의 신민족주의가 옹호한 대량생산과 신기술의 불가피한 결과로서의 경제적 집중의 격돌로 사태를 완화시키지 못했다는 내용이다(김철, 2009: 73).

증가이다(김철, 2009: 63 - 64).

　폴 크루크만이 도금시대가 1920년대까지 지속되었다고 보는 증거로 내놓는 것은, 미국 대부호들의 숫자이다. 버클리대학교의 경제사학자 브래드퍼드 드롱(Bradford DeLong)[188]을 인용해서 미국의 평균적 노동자 2만 명의 연간 총소득보다 더 많이 버는 사람들을 조사하였다. 이 조사에 따르면 1900년 미국에는 22명, 1925년에는 32명, 그러다가 1957년에는 16명이 되고, 1968년에는 13명으로 줄었다. 다른 증거도 제시하는데, 소수의 사람들에게 부가 집중된 것을 보여주는 토지의 집중도는 1900년대나 1920년대 말이나 비슷하다고 한다(Paul Krugman, 2007: chapter 02).[189]

　그의 주장은 1929년 10월 24일 시작된 세계대공황의 치유자로서 나타난 루스벨트 대통령의 뉴딜정책과 뉴딜입법이 그 이전 약 60년간의 부의 불평등을 치유해서 제2차 세계대전 이후의 중산층 중심의 안정된 아메리카 사회를 건설했다는 것이다.

---

188) Bradford DeLong, "Robber Barons", econ161.berkeley.edu/Ecom_Articles/carnegie/DeLong_-Moscow_paper2.html.

189) 크루크만에 의하면 불평등이 심각했지만 사회는 어느 정도 안정된 상태로서 도금시대에 이룩한 경제성장은 모든 계층에 혜택을 주었다. 대부분의 아메리카인들은 1870년대보다 1920년대에 더 잘살았다. 식생활과 건강이 개선되었고 싱크대와 전기가 기본이 되었으며 대중교통수단이 발달했다. 그러나 크루크만은 대공황의 치유책으로서의 뉴딜 이전에는 복지제도 또는 푸드 스탬프 제도 등 소득 재분배에 관한 정책이 없었고, 사회보장제도나 의료보험 등 사회보험제도를 도입하지 않았다(같은 사람: 036 - 037).

6. 아메리카의 보수주의 혁명과 신자유주의

6.1. 보수주의 혁명의 역설적 기반으로서의 60년대와 70년대의 반전, 반문화, 반가치의 청년문화에서의 자유주의

보수주의 운동의 대표적인 인물이며 감세론자인 그로버 노퀴스트(Grover Norquist)는 "미국을 사회주의자들 일색이던 테디 루스벨트 이전의 시대, 즉 소득세·상속세·규제 등이 없던 시대로 되돌리고 싶다."고 말하기도 했다(크루크만, 2007: 026).

뉴딜 시대는 1930년대부터 제2차 세계대전을 경유해서 1950년대의 브라운 판결 시대까지 계속되었다. 이후의 아메리카의 법과 정책은 다른 당이 집권하더라도 뉴딜정책의 성과를 역전시키려 하지 않았고 중산층 위주의 안정적 기조를 유지했다고 본다.[190] 1960년대에 이르러서 제2차 세계대전 이후의 경제적 번영이 낳은 아이들이 아메리카의 대학을 채우기 시작했다. 그들은 안정된 중산층의 아이들이었고 그전 세대와 달리 제1차 세계대전과 제2차 세계대전의 어려움이나, 1930년대에서 거의 25년이나 계속된 세계 대공황의 직접적인 경험에서는 멀리 떨어져서 대체로 '번영의 아이들'이었다(Peter Beinart, 2009: 23). 60년대 후반부터 이들은 아메리카 전역의 대학을 거점으로 직접적인 명제로서는 베트남 전쟁을 반대하는 운동을 시작하였다. 60년대의 반전 운동은 현재 평가할 때 베트남 전쟁은 어쨌든 귀결이 났고, 나머지 70년대 운동의 의미는 그 세대가 주장했던 자유가 무엇이었던가에 초점을 맞춘다. 60년대부터 70년대 후반까지 아메리카 사회를 요동치게 한 이들 운동의 요.

---

190) 크루크만, 같은 책, 18을 참조.

약은 인종문제, 성적 자유문제, 중산층의 가치문제에 집중되어 있었다. 이른바 문화적 다양성의 주장으로 간판지워지는 가치문제는 대공황 이후 뉴딜정책에 의해서 안정되었던 그리고 건국 이후 아메리카 사회의 보이지 않는 축이었던 가족의 가치, 교회의 가치 그리고 성조기에 의해서 상징되는 국가적 단합의 가치에 대해 도전하였다. 성적 자유문제는 이러한 기본 가치와도 관계되는데 어쨌든 1960년대 후반부터 1970년대 후반까지 계속된 반전운동, 반전통주의는 청년문화에 전례 없는 영향을 미쳤다. 이들 운동은 2009년 현재에서 볼 때는 거의 새로운 거론을 할 필요가 없는 것이지만, 1960년대 후반부터 1970년대 후반까지는 뉴딜정책과 제2차 세계대전에 의해서 그리고 사법 적극주의에 의해서 번영했던 아메리카의 전형적인 중산층 시민에게는 충격과 함께 심각한 반작용을 불러일으켰다. 이들에게는 '번영의 아이들'이 주장하는 새로운 자유의 내용은 무질서를 의미하는 것이었다. 당시 상당수의 백인 근로자에게 있어서는 인종적 자유라는 것은 폭동과 범죄를 의미하는 것이었다. 또한 성적 자유라는 것은 이혼과 가족의 해체를 의미하는 것이었다. 또한 문화적 다양성과 문화적 자유라는 것은 건국 이후 아메리카 중산층들이 존중해 왔던 세 가지의 기본가치, 즉 가족, 교회, 성조기에 대한 존중을 거두어들이는 것을 의미하게 되었다.

6.1.1. 선량하고 사회의식이 없는 평범한 시민의 경우

이와 같은 경위로 대체로 1970년대 후반에 이르러서 선량하고 그다지 사회의식이 없는 평범한 아메리카의 시민들은 '번영의 아이들'이 구가하는 자유주의에 대해서 반역할 만한 충분한 분위기가 형성되어 갔다(Peter Beinart, 2009: 23). 이 시기에 로널드 레이건은

자유주의의 반대명제로서의 보수주의가 나가야 될 방향을 향후 40
년간 자신과 다른 보수주의 운동가들이 추구해야 될 정치적 비전
을 보여주었다. 그의 정치적 성공의 출발점은 이미 말한 바대로
'번영의 아이들'이 구가한 자유에 대한 반감을 가지고 있는 아메리
카의 전통적인 중산층의 정서에 있다고 볼 수 있다. 또 다른 그의
성공의 비결은 이미 말한 아메리카 시민의 문화적 아이덴티티에
대한 불안감보다 더 공산주의에 대한 두려움과 민권운동에 대한
백인들의 반발심에 있었다고 본다(크루크만, 같은 책: 027). 이러한
분위기에서 1978년 뉴딜 이후의 큰 반작용으로서 탈규제 경제정책
이 처음으로 시도되고, 1981년 로널드 레이건은 고결한 보수주의
원칙론자의 전형으로 대통령에 당선되었다.

6.2. 뉴딜시대(1933~1954)의 반작용으로서의 신자유주의 또는 신보수주의(neo-conservatism)

대공황 시기에 아메리카의 시민들은 무엇을 원했는가. 첫째, 정
부가 자신들의 은행 예금액을 보장해 주기를 원했다. 또한 정부가
자신들의 월급을 어쨌든 보장해 주기를 원하고 은퇴 이후에는 연
금을 보장해 주기를 원했다. 또한 정부가 고장 난 경제 시스템에
정부 자금을 쏟아부어 다시는 경제위기가 오지 않는 것을 원했다.
평균적인 아메리카 시민들은 그 이전 시대의 자본주의 방식이던
정글의 법칙이 자유라고 믿지 않게 되었다. 1930년대 중반부터
1960년대까지 아메리카 정부는 시장에 대해서 행정 명령을 부과했
는데, 다시 말하자면 규제를 했다. 평균적인 아메리카인들은 이러
한 정부의 역할에 의해서 대공황 이전의 경제적 정글이 다시 안전

하고 쾌적한 장소로, 즉 잘 가꾸어진 자본주의의 정원으로 변화했
다고 믿었기 때문에 계속해서 루스벨트식의 자유주의에 투표를 해
왔다. 이 경향은 1960년대와 1970년대의 이미 말한 청년문화의 내
용으로서의 문화적 자유주의와 성적 자유에 대한 반작용이 평균적
인 아메리카인들을 휩쓸 때까지 계속되었다. 대공황의 시대에 이전
의 구질서에서 번영했던 보수주의자들은 뉴딜정책과 뉴딜입법이
경제적 자유를 침해한다고 주장했으나 25년이나 계속된 장기침체
는 그들에게 기회를 주지 않았다.

6.2.1. 신보수주의의 기원

1981년 이후 활발하게 전개된 아메리카에 있어서의 신보수주의
의 기원은 우선 시카고학파의 경제학자인 밀턴 프리드먼(Milton
Friedman)이 주축이 되어서 1930년대 이후 아메리카 사회의 인프라
를 구축하는 데 도움이 되었던 케인즈 이론에 맞섰다. 또 한 무리
의 사회학자들은 빈곤과의 전쟁, 교육에 대한 연방지원 정책, 노인
의료 지원정책 등을 포괄하는 국가계획에 반대하였다. 대공황과 뉴
딜정책 그리고 뉴딜입법이 만든 아메리카 사회의 인프라는 1960년
대까지 번영의 기초가 되었다. 1960년대의 청년문화, 반문화, 반전
운동에 대한 아메리카 평균인들의 염증 이외에도, 아메리카 사회에
보수주의 경제학자들이 등장하게 된 것은 역사적으로는 이유가 있
다. 왜냐하면 산업화 사회에서는 끊임없이 산업혁명 초창기를 상기
하게 되고,[191] 그 시대의 시대정신이었던 아담 스미스의 자유시장
원리를 떠올리게 되는데, 근대 경제학이 이 시기에 성립하였다. 당

---

191) 대략 1770년대부터 1820년대 또는 나라에 따라 1830년대까지가 산업혁명의 초기이
다. 개인 기업 중심으로 생산 및 유통업이 활발하게 일어났으며, 상인의 자본이 경제
활동의 원동력이었다(김철, 2009: 141).

시 정부의 활동은 산업혁명 초창기의 테크놀로지나 기술 혁신에 큰 역할을 하지 못했으며, 최소한의 역할을 하고 있었다.

6.2.2. 산업혁명 초기의 시대정신 – 아담 스미스의 자연법학(Natural Jurisprudence)(김철, 1989: 520)과 경제학

이후에도 경제발전의 최초 동인이 개인의 창의성에 의한 이노베이션에 있다는 산업혁명 초창기의 경험이 민간 경제를 대표하는 경제학자들에 의해서 늘 제기되어 왔다. 아담 스미스의 인간의 이기심을 통한 공동의 선의 구현에 있어서의 보이지 않는 손의 지배는 통찰력이 있었으며, 그 시대의 시대정신을 대변하였다. 고전적 정부 모델이 중상주의 시대의 절대권력이나 현대 이후의 정부 모델과 비교해서 크게 제한적인 것도 큰 이유이다. 정부의 개인에 대한 자유방임이 최대의 번영을 약속한다고 믿어졌다. 세계 경제사의 흐름은 이때를 법제도에 있어서의 고전 모델 제1기와 동반하는 시기임을 보여준다(김철, 2007ㄴ, 2009: 141 – 144).

아담 스미스의 시대로부터 세계 대공황까지는 고전 모델 제2기(1830년대, 1840~1880년대, 1890년대)와 고전 모델 제3기(1880년대, 1990~1930년대, 1940년대)라는 경제사의 두 개의 시대구분을 경유한다. 1929년에 팍스 아메리카나 체제의 세계 경제는 그때까지 경험하지 못했던 참담한 시장의 실패를 경험했다. 그때까지도 당시의 주류 경제학자들은 경제계획이 필요하다고 생각하지 않았다. 그러나 25년이나 계속된 대침체기간 동안 정부의 전반적인 역할 확대 없이 회복이 불가능했던 것은 말할 필요도 없다.

6.2.3. 고전경제학으로의 원상복귀와 반작용적 보수주의

위기가 지나가자 경제학자들은 기존 입장으로 돌아가고 재빨리 대공황 이전의 입장을 회복하게 되었다. 자유시장 경제학자들은 식품과 약의 안전성을 규제하는 정부의 조치도 인정할 수 없고 뉴딜 정책 전반과 그 이전의 규제조차도 부정하기 시작했다. 밀턴 프리드먼은 1960년대의 대표적인 반작용적 보수주의자였던 골드워터의 선거유세에 가담하였다(크루크만, 같은 책: 151).

7. 시대정신(Zeit Geist)과 법학 그리고 경제학

7.1. 법학과 경제학의 기술성과 전문성

2008년 가을, 경제위기가 가시적이 되기 전까지는 대부분의 경제학자들은 경제학의 기술성, 높은 정도의 수량 분석, 고도의 테크닉을 동반하는 전문성에 몰입하여서 경제학이 다른 학문과 마찬가지로 어떤 시대의 시대정신 안에서 움직인다는 것을 받아들일 수 없었다. 이 점은 법학도 거의 마찬가지다. 현대의 법학은 법학 내부에서의 계속적인 분화와 전문화, 독립화를 지향했기 때문에 역시 높은 정도의 일반인들이 알 수 없는 전문성과 기술성을 구가하기에 이르고 따라서 한 시대의 법학이 어떤 시대정신을 나타내고 있다는 생각은 좀처럼 할 수 없었다.

그러자 2008년 가을이 왔다. 넓은 의미의 경영경제학에서 그때까지 성과를 누린 가장 전문화된 분야는 경영경제학에서 주로 월가의 재정과 증권, 유가증권을 대상으로 하다가 당시 최첨단으로 여겨지던 파생상품에 대한 기상천외한 현학적인 수학적 모델을 발전시킨 금융공학이었다. 이들은 주로 고도로 추상화된 수학적 모델을 수단으로 그때까지의 상식으로는 이해하기 힘든 새로운 상품의

가능성의 전도사였다. 법 분야에서도 월가의 유가증권과 금융파생
상품을 뒷받침하는 법률가들이 가장 앞선 선구자들로서 여겨지고
있었다. 그러자 파국이 왔다.

7.2. 미시경제학과 신보수주의 시대의 특징

미시경제학과 가격이론의 시대에 대부분의 경제학자들은 장기적
인 경기변동을 다루는 거시경제학이나 경제사학에 대해서는 진지
하게 고려하지 않았다. 왜냐하면 대부분 어떤 선진국가도 임기 4～
5년의 정부의 경제정책과 그 행정 수반의 성취와 관련해서 시장의
성취를 논하기 때문에 그 범위를 넘는 장기적인 변동에 대해서는
별 큰 동기부여가 없었다. 그러나 2008년 가을에는 이윽고 그때까
지의 경제정책의 주도적인 입장에 있던 사람들조차도 속수무책이
되고 말았다. 이것은 마치 79년 전의 상황과 비슷한 점이 있었다.
"대폭락, 대침체 그래서 1929년에 시작된 대공황에 대해서는 재계
나 노동계 그리고 학계의 거물들 중 누구도 예상이나 준비가 없었
다."(김철, 2009: 67)

7.3. 위기가 오자 비로소 거시 및 역사적 연구에 눈을 돌리기 시작
하다

위기의 가을에 그때까지 별 각광을 받지 못했던 경제사학자 중
Niall Ferguson이 경제위기에 대한 역사적인 해석을 일반에게 알리
기 시작했으며[192] 같은 시기에 신케인즈학파에 속하는 Joseph

---

192) Niall Ferguson, "The End of Prosperity?"(New York, TIME, 2008. 10. 13).

Stigliz 역시 경제위기에 대한 총체적인 원인 규명과 전망을 일반에게 알리기 시작했다.[193) 2008년 노벨 경제학상을 수상한 Paul Krugman이 2007년 저서에서 아메리카에 있어서의 경제위기의 거시적인 맥락을 1978년부터 시작된 어떤 시대적 특징, 특히 1980년대부터 시작된 레이거노믹스(Reaganomics) 이후 약 28년의 세계적 영향을 분명하게 지적하였다(Paul Krugman, 2007 & 2009).[194)195)

7.4. 2008년 경제위기의 맥락은 1980년대 초까지 거슬러 올라간다

1980년대는 로널드 레이건이 대통령이 되고 월가가 초강세를 보이기 시작한 때이다. 1980년부터 2007년까지 아메리카의 새집 값의 중위수는 4배로 뛰었으며 1982년부터 2007년까지 Dow Jones 산업 평균지수는 803에서 14,165로 약 15배 이상, 약 20배 이하로 폭등하였다. 비슷한 기간에 아메리카 가계의 가처분 소득에 있어서의 주택 담보부 채무와 소비자를 위한 소비자 부채는 35%가 증가하였다. 레이거노믹스 초기인 1982년 가계 평균 저축률은 가처분 소득의 11%였으나 경제위기가 노출되기 시작한 2007년 저축률은 1% 미만으로 사실상 제로에 접근하고 있었다(Kurt Andersen, "Dont's pretend we didn't see this coming for a long, long time", TIME, p.30, April 6, 2009). 이 시대를 레이건주의라고 부르든 레이거노믹스라고 부르든 또는 신자유주의라고 부르든 그 시대적 특징에서 위기의 가을 이후 6개월이 지난 현재에서 이의가 없는 듯하다. 한때

---

193) Joseph Stiglitz, "The Way Out. How the financail crisis happened, and how it must be fixed"(New York, TIME, 2008. 10. 27).

194) Paul Krugman, *The Conscience of Liberal* (New York: W. W. Norton&Company, 2007).

195) Paul Krugman, *The Return of Depression Economic and The Crisis of 2008*(New York: W. W. Norton&Company, 2009).

한국에서는 신자유주의 비판에 골몰하는 사람들을 신좌파 혹은 진보주의로 여기는 경향이 있었다. 확실히 지난 시절 신자유주의의 공격수들은 주로 유럽과 아메리카에서의 여러 오리엔테이션을 가진 좌파라고 특히 철학에서는 얘기할 수도 있다. 그러나 2008년 세계 경제위기 이후 적어도 경제학과 법학의 영역에 있어서는 긴급한 실천적인 요구 때문에 이런 좌우 구별은 사라지고 있다. 특히 묻혀 왔던 경제사학을 인용할 때 철학적이고 이념적인 설명이 아니라 신자유주의 시대의 특징을 통계치로 증거함에 따라서 이런 이념적 좌우 구별은 경제위기의 해법 이후 사라지고 있는 듯하다.

7.5. 레이거니즘 또는 레이거노믹스는 한 시대의 시대정신(Zeit Geist)을 제한하였다

엄격히 말하면 반 시대정신이다. 왜냐하면 세계 제 2차 대전 종전 이후, 21세기의 지금에 이르기까지의 64년간을 꿰뚫고 흐르는 주된 시대정신은 "인간의 존엄과 가치"를 위주로 하는 큰 흐름으로써의 자유주의였고, 신자유주의 또는 레이거니즘은 존엄권과 같은 것이 포함되었다고 보기 힘들기 때문이다. 왜냐하면 부의 극대화는 직접적으로는 2차 대전을 승리로 이끌고 전후 질서를 기초지운 인간의 존엄과 가치와 행복 추구권과는 연결되지 않고 오히려 수단 가치이기 때문이다.

어떤 인문학자는 1980년부터 2007년까지의 약 27년간의 신자유주의의 시대정신을 다음과 같이 표현한다(Kurt Andersen, 2009).

7.5.1. 청교도 정신과 법학

1980년대까지 청교도 정신 아래서 건국한 아메리카는 네바다 주와 뉴저지 주를 제외하고는 도박을 법으로 허용하지 않았다. 그러다 이 기간 중 12주가 법으로 허용하고 어떤 형태로든 도박성 게임을 합법화한 곳은 48개 주에 이른다. 말하자면 건국 이래 아니 건국 이전의 뉴잉글랜드 식민지의 청교도 공동체 이후 약 300년 이상 계속된 아메리카의 기본적 법과 윤리의 관계가 레이가니즘 시대에 거의 퇴화한 것이다.

7.5.2. 아파트 평수 늘리기와 몸무게 늘리기

평균적인 아메리카인들의 생활공간 역시 넓어지고 호사해졌다. 즉 장기적 호황으로 여겨지는 시절 동안 평균적인 아메리카인들의 주택규모는 늘어나서 침실 세 개짜리가 침실 네 개 반이 되었다. 통계에 의하면 장기 호황 동안 평균적인 아메리카인들의 몸무게는 매년 1파운드씩 늘어났고 2008년 현재 아메리카 성인들의 체중은 어떤 연령에도 호황이 시작되던 1980년대 초의 사람들과 비교하면 적어도 20파운드(9kg)가 더 무거워졌다고 한다. 즉 평균통계에 의하면 2009년 45세의 아메리카인 남자는 1982년 45세의 아메리카인 남자보다 9kg 더 무겁다는 얘기다. 통계에 의하면 레이거노믹스가 시작되기 이전의 1970년대 후반에는 모든 아메리카 사람들의 15%가 비만이었는데, 2009년 현재는 약 33%의 사람들이 비만이라고 보고된다.

7.5.3. 포드 방식이 도요타에 밀림

이 기간 중에 산업계에서는 어떤 일이 일어났는가? 1920년대에 있어서 세계 경제사에 기록될 만한 자동차 공업을 일으켜서 Fordism이라는 생산라인 혁명을 제2차 세계대전 이후에 퍼트려서 라인 강의 기적과 전후 일본의 경제기적을 일으켰던 아메리카의 자동차산업은 지난 25년간 계속 깊은 수렁에서 헤어나지 못했다. 맥아더 헌법(1948)과 마샬 플랜(1945)은 전후 초토화한 일본과 도이치에서 제2차 세계대전의 승전자요 군정의 실시자였던 아메리카가 (가혹한 폐전책임에 대한 제1차 세계대전 직후의 전후 배상 대신에) 패전국에 대해서 역사에 전례 없는 혜택을 베푸는 것이었다. 레이거노믹스 시대 이후 아메리카에 있어서의 고급 자동차의 대명사는 도요타와 벤츠, BMW가 되었다. 사이버 공간을 창출한 인터넷 혁명이 신경제의 새로운 동력을 아메리카에 부여할 것으로 믿었으나 이것 역시 합리적이고 이성적인 수준이라기보다 기적과 마법에 대한 미신 같은 점이 있었다고 한다. 같은 레이가니즘 시대 전형적인 대중문화의 창, 즉 호머 심슨의 만화에서는 아메리카인의 전형적인 모습은 철부지 어린애 같음, 무책임함, 멋대로 행동하고 싶어 하고 변덕이 심함 그리고 절제를 몰라서 인구의 1/3이 비만에 걸려 있으며 그러면서도 낙천적인 것으로서 그리고 있다(Kurt Andersen, 2009: 30).

7.6. 레이거니즘 시대의 경제와 법을 한쪽으로만 달리는 동물들의 떼로 형상할 수 있다

얼룩말 또는 사슴들은 추격을 받을 때 한 방향으로만 달아난다. 절벽 같은 곳에 이를 때까지 계속한다. 동물들의 집단행동은 자기 보존에 썩 도움이 되지 않는 경우가 있다. 인간 사회의 집단행동은 집단주의(Collective behavior) 때문에 일어난다(김철, 2007 법철학 강의). 고전적인 예는 1930년대 세계 대공황 초기에 나타났다. 대공황에 이를 때까지의 행태는 비유적으로 얘기되고, 대공황이 일어나자

실지로 문자 그대로 심리적 공황에 몰린 이해관계자들이 절벽에서 가 아니라 월 스트리트의 높은 건물에서 뛰어내렸다(김철, 2007).

레이가노미즘 또는 자유지상주의의 80년대가 90년대와 2000년대를 휩쓸고 나서 대공황 이후 79년 만에 대침체(The Great Recession)로 돌입한 지 약 1년이 지났고 금융재정 체제가 장파열을 일으킨 지 약 6개월이 지났다. 그러자 80년대와 90년대, 2000년대를 반성하는 인문주의자 중에서 당시의 아메리카와 그 압도적인 영향에 있던 세계 경제가 마치 끝없는 평원에서 최고 속도로 질주하다가 21세기에 들어서자 마침내 절벽에 도달했다는 반성이 일어났다. 중력 법칙은 다시 제 모습을 드러내고 한쪽만으로 질주하던 선진산업사회는 추락하였다(Kurt Andersen, 2009).

7.7. 슘페터(Jeseph Schumpeter)의 창조적 파괴설(1942)이라는 다른 해석

코요테 떼들이 절벽에서 추락해도 다 몰살하지는 않는다는 비유도 있다. 즉 기업의 파산이나 경우에 따라서 어떤 산업 전체의 패퇴도 길게 보면 경제체제가 자기 교정하는 건강하고 필요한 부분일 뿐이라고 설명하는 것이다.(Kurt Anderson, 2009). 그러나 이러한 비유가 나타내는 79년 만의 충격적이고 이례적인 고통은 전 세계인들이 감내해야 될 것이고 '자기 교정하는 경제체제'의 부담을 누가 져야 할 것인가는 여전히 남아 있는 문제이다. 2008년 9월 이후 흡사 1929년 10월 당시처럼 그때까지 지배적인 영향력을 끼쳤던 재계나 실업계 그리고 학계의 거물들 중 누구도 예상이나 준비가 없었던 것처럼 레이거노믹스 시대에 지배적인 영향력을 끼쳤던

사람들은 점차로 이것 역시 흡사 1929년의 경우처럼(오히려 대공
황 초기에 1920년대의 경제 사상의 이단아들이 역사상 전례 없는
경기 침체에서 입장에 강화를 받은 것과 비슷하다) 아무 예상이나
준비가 없었고 같은 시대에 다른 입지점을 가졌고 따라서 소수 의
견의 대표자로 여겨졌던 사람들의 목소리가 경청되기 시작했다(김
철, 2009: 48 - 50).

7.8. 스티글리츠 (Joseph Stigliz)의 규제의 경제학과 크루크만 (Paul Krugman)의 경제사적 통찰

두 사람 모두 자유지상주의 시대의 주조와는 달리 일관되게 정
부의 규제기능과 이를 통한 자유지상주의의 교정에 역점을 둔 점
에 공통점이 있다. 두 사람 모두 자본주의의 역사 중에서 1929년에
시작된 세계 대공황의 경험에서 태어난 공황의 경제학과 관계있다
(Paul Krugman, The Return of Depression Economics & the Crisis of
2008). 두 사람 모두 케인즈주의자로 알려져 있다. 1930년에 발간
된 존 메이나드 케인즈의 화폐론은 대공황의 전기에 아메리카에서
는 환영받지 못했으나 이윽고 아무런 대안이나 방법이 없었기 때
문에 점차로 루스벨트의 뉴딜정책과 입법의 교과서 노릇을 하게
되었다. 1932년에 케인즈는 미국에서 말했다. "지금은 빈곤에서 오
는 위기가 아니고 풍요에서 오는 위기이다." 당시에도 어떤 목소리
는, 위기에서의 탈출구는 잠재적 생산력을 현재화시켜 사용하는 데
있다고 주장했으나, 케인즈는 바보 또는 광인의 소리라고 반박했
다. 경기에 민감한 금융인들은 인플레이션의 심각한 위험은 없다고
시민들에게 확언하고 다닐 수밖에 없었으나 그들의 진정한 의도에

서는 그렇게 바랄 만한 충분한 근거도 찾을 수 없는 상황이었다(김철, 2009: 68 - 69).

미국에서는 윌리엄 포스터와 같은 저소비주의자들의 글이 출판되었으나 추종자는 별로 없었다. "고소득층의 소득은 아메리카가 굴러가도록 만드는 충분한 비율로 자동적으로 소비되지는 않는다. 그래서 연방정부는 이 잉여소득을 취해서 그것을 써야 한다."라고 데이비드 코일이 주장한다. 그러나 포스터의 가장 강력한 제자는 유태계 금융인의 에클레로 포스터를 주의 깊게 읽고 저소비현상을 사업가로서의 경험으로 재해석하고는 그의 스승을 구체성과 전략성에서 능가하는 권고를 내놓았다. 그에 의하면 문제는 정부를 구매력의 증가를 가져오도록 사용하는 것이다. 해답은 정부 지출에 있으며, 공공사업과 구제사업이었다(김철, 2009: 69).

8. 에필로그

법학 전공의 교수로서 경제학적 방법을 본격적으로 연구하기 시작한 것은 1993년경이었다. 저자는 처음에 코어스(Coase)의 논문집을 개인적으로 번역하면서 검토하기 시작했다.[196] 다음에 포즈너(Posner)를 대학원 과정에서 강독·교수하면서 이해하기 시작했다.[197] 90년대의 노벨상 수상자인 알프레드 노스(Alfred North)의

---

196) R. H. Coase, "The Problem of Social Cost", *The Firm. the Market and the Law*(Chicago, Univ.o.Chicago Press, 1988).

197) Richard A Posner, *The Economics of Justice*(Cambridge, Harvard Univ. Press, 1981 & 1983). 상세한 것은 참조, 김철, "1980년대부터 2000년대까지 아메리카 법학의 주류를 이루었던 입헌주의 경제학의 한국에 있어서의 의미는 무엇인가", 261 - 289, 『경제위기 때의 법학 - 뉴딜 법학의 회귀 가능성』(서울: 한국학술정보(주), 2009).

<제도변화와 경제적 성취>를 법제도 연구의 새로운 등불로 삼기 시작했다.[198] 점차로 법개념과 법제도의 형성과 진화가 경제사와 관계있다는 생각으로 1994년 <현대의 법이론-시민과 정부의 법>이라는 사간본 논문집에서 1770년대부터 1990년대까지의 경제사적 단계와 법제도적 시스템의 상호관계를 논문형식으로 정리해 보았다. 1990년대는 거의 매년마다 노벨 경제학상의 수상자들이 법제도나 법과 관계있는 경제적 연구로 수상한 기억을 가지고 있다. 스티글리츠가 규제에 관한 연구로 경제학상을 받았을 때, 이것은 한국의 공법 및 규제법에 좋은 이론을 제공할 것이라는 생각을 가졌다. 법제도에 대한 경제적 분석은 종전의 법학적 방법에 비해서 더 명료하고 합리적인 측면이 있었다. 포즈너의 공법학방법론은 처음에는 작은 연구회에서 발표했는데 그때 코멘트한 소장학자는 외국에서 돌아온 지 얼마 안 되는 사람이었다. 그가 비공식적으로 코멘트하기를 "포즈너는 원래 아메리카 학계에서는 주류로 분류되나, 이번 발표에서 밝혀지게 된 것은, 누가 포즈너를 다루느냐에 따라서 양상이 달라질 수도 있다."라고 했다. 필자는 단지, 포즈너의 한국적 적용에 있어서 필자의 경험을 반영해서 아주 온건하게 비판했을 따름이다. 포즈너의 비판자 중에서, 이념적 문제가 아니고, 법의 경제분석에 원래 내재하는 문제를 지적한 사람이 있었다. 예일대학의 에릭슨(Robert C. Ellickson)[199]은 고전경제학에 입각한 법과 경제분석 자체를 비판하면서 고전경제학이 기반으로 하고 있는 인

---

198) Douglas C. North, *Institutitons, Institutional Change and Economic Performance*(Cambridge, Harvard Univ. Press, 1990) 상세는 위 사람, 윗글 5.1 다글라스 노스의 제도이론.

199) Erickson, "Bringing Culture and Human Frailty to Rational Actors: A Critical Classical Law and Economics", *65 Chi-kent L. Rev23* (1989) 상세는 이 글(김철, 2009: 263)을 볼 것.

간에 대한 가정, 즉 "사람은 합리적으로 행동한다."라는 합리성의
전제를 문제로 삼았다. 어떻게 해결할 것인가. 문화(culture)와 심리
학(psychology)을 경제학에 가져오는 수밖에 없다. 에릭슨의 이 얘
기를 듣기 전에 이미 필자는 사회학자와 심리학자들과 함께 수년
째 발표 및 토론회를 가지고 있었다. 그런 경험으로 살피건대 1980
년대부터 2000년대까지 내리 20수년간을 아메리카 법학의 새로운
주류로 평가되던 포즈너의 경제학적 법학은 우선 표준적인 경제학
이론, 특히 미시이론으로 불리는 고전경제학(classical economics)을
기본으로 해서 법학적 살을 붙여 나가는 것을 알았다. 또한 포즈너
는 1930년대의 제도경제학자들을 '표준적 이론에 대한 적개심이
있는 사람들'로 파악하고 있는 것을 알았다. 예를 들어 위스콘신
법과대학의 윌라드 허스트(Willard Hurst)를 수량적 이론화를 못 했
기 때문에 끝없이 길고 긴 서술적인 논의(descriptive discussion)를 한
다고 지적했다(Posner, 1995). 그렇다면 어쩔 것인가. 역사적 연구는
거의 길고긴 서술이 아닌가? 이때 도움이 된 것이 미시경제학자들
이 아니라 경제사학자였다(North, 1990). 또한 고전경제학을 보충할
수 있는 문화는 인류학적 연구에서 왔다(Barton, Gibbs, Li & Merryman,
1983)(Posner, 1983: 146, 174, 207). 심리학은 현대의 모든 인문사회
과학을 특징짓고 있는 두 개의 축 중에 하나인데(Keynes, 1890)(Shira
B. Lewin,1996), 법학에서 볼 때 나머지 축은 경제학이었다. 경제학
이 지나치게 미시적인 고전경제학에 집착하고 있다면 이 또한 이
미 말한 바대로의 인류학과 심리학의 방식에 의해서 극복하지 않
으면 안 됐다.[200]

---

[200] 1890년에 케인즈는 그 시대의 다른 사회과학자들과 같이 기계적 행동과 인간 행동의
차이를 강조하였다. 경제학이 기초하고 있는 '인간성의 사실들'은 인간 행동의 직접
적 관찰에서 유래하는 것이 아니고, 사람들이 그들의 경제 활동에서 영향받는 동기

대체로 1997년 가을, IMF 외환위기가 올 때까지 필자는 그 정도
의 기초적 연구를 하고 있었다. 1998년 외환위기의 첫해에 필자는
<Law in Economic Crisis>라는 영문 텍스트를 편집·복사하여 대
학원 과정에서 사용하였다. 또한 1999년 "경제위기는 또한 문화적
위기였다."라는 주제의 발표를 어떤 학회에서 했다.[201] 외환위기의
첫해, 경제법학회에 나갔는데 그때의 느낌은 대단히 조심스럽게 표
현해야 되겠지만 한국의 법학이 지나치게 해석론에 집착해서 외환
위기와 같은 전례 없는 사태 앞에서는 전혀 전후좌우를 알지 못한
다는 느낌을 받았다. 경제학자가 전후좌우의 설명을 해 주어야 비
로소 무엇이 잘못되었는가 알 수 있다면 법학으로 아무리 훌륭하
더라도 경제 관련법에서 어떻게 미래를 얘기할 수 있을 것인가. 법
의 경제분석의 연구는 물론 필자에게 지적 경계를 넓히는 보기 드
문 경험이 되었다. 그러나 1990년대와 2000년대의 법의 경제분석
은 지금에 와서 정당하게 평가하건대, 그 당시의 사회학자들이 나
에게 귀띔하던 것처럼(당시 나는 새로운 경계를 넓히는 데 열중해
서 경청하지 않았다) 신자유주의적 편향을 가지고 있었다.

학문은 객관적이지만, 그리고 막스 베버 이후 객관적이고 중립적
인 학문을 추구하는 것이 우리나라에서도 사명감으로 여겨졌으나,
필자는 헤롤드 버만의 법과 종교를 연구하고 나서[202] 막스 베버의
이른바 객관적 사회과학조차도 그가 생존하던 시절의 불안정한 시
대를 보상하고 싶은 객관성이었지 영원불변한 객관성은 아니었다

(motives)의 작용을 내성(reflection)함으로써 이루어진다는 것이다(Keynes, 1890). 이 점
은 막스 베버가 Verstehen이라고 부른 것과 가깝다고 할 수 있다(Shira B. Lewin,
1996).

201) 김철, 『동서양의 법 문화 - 경제위기의 반성』(한국가톨릭교수회 발표문, 1999).

202) 해롤드 버만과 김철, 『종교와 제도 - 문명과 역사적 법이론』(서울: 민영사, 1992) 또한
같은 사람들, 『종교와 사회제도 - 문화적 위기의 법사회학 - 』(서울: 민영사, 1992).

는 것을 서서히 알게 되었다.

무엇인가 학문 자체, 지식 자체, 객관적이고 중립적이라고 믿어져 왔던 지식의 기반 자체가 흔들리고 있다는 것을 조금씩 느껴 갔다. 차라리 어떤 시대성 같은 것 - 정확하게는 시대정신(Zeit - geist)이라는 것이 지식조차도 규정한다는 것을 알게 되었다. 이렇게 생각하게 된 직접적 원인은 우선 사회과학 중에서 가장 과학적으로 발달하고, 현실적용성이 높으며 따라서 예언적 역할을 할 수 있다고 믿었던 경제학에 대한 기대 때문이었다. 그러나 1930년대에 아메리카 기준의 주류경제학자들이 세계 대공황에 대해서 예측하거나 처방을 가지거나 유효한 정책을 내놓을 수 있었던가? 아니었다. 1997년과 1998년에 일본에 비해서 단순 비교 2배, 인구 비례 6배의 경제학자를 가지고 있는 한국은 외환위기를 예측하지 못했다. 다시 세계적으로 10년의 호황이 왔다. 굉장한 호황이었다. 지금은 위기 발생의 원인제공자의 하나로 격하되고 있는 그린스펀은 과다한 통화 공급으로 2006년에서 2007년까지만 하더라도 세계적인 추앙을 받고 있었다. 또한 2007년 영국의 고든 브라운 수상은 "우리에게 다시는 불황은 없다. 자본주의의 자연적 주기로서의 장기 순환곡선조차도 더 이상 해당되지 않는다."라고 큰소리를 쳤다. 대부분의 경제학자들은 말하자면 가격중심, 시장중심의 미시분석에 열중하고 있어서 이미 경제사 분야에서 수십 년을 단위(interval)로 축적되고 있었던 장기적, 역사적 지표는 거들떠보지 않았다.[203] 2008

---

203) 폴 크루크만은 이 논문 5. 폴 크루크만의 증언 pp.45-48에서처럼 사회사, 정치사 (McCarty, Poole et, el), 경제사(Goldin & Margo: DeLong)와 같이 학제적인 역사적 연구를 종합해서 세계 경제 위기를 예측하고 적중했다고 보여진다. 이러한 맥락에서 폴 크루크만은 거시적 연구의 시대적 긴요성을 증명했다고 할 수 있다. 경제학에 있어서의 거시적 연구의 실험자인 크루크만은 우리에게 20세기와 21세기에 걸친 법학에 있어서의 거시적 연구의 종합자인 해롤드 버만(Harold J. Berman)을 교차 상기하게 한

년 10월 24일 월가 진원의 경제위기는 처음에는 1929년 9월 이후 최대의 것이었고 주류경제학자들이 예상하거나 준비하지 못했다는 점에 있어서도 마찬가지였다. 그러나 많은 사람들은 무의식중에 벌써 수년 전부터 무엇인가 불길한 것이 닥쳐오고 있다는 것을 알고 있었다. 법학자들 중에서 한국에서도 1995년경부터 국제파산을 비롯해서 한국에서 익숙하지 못한 파산법을 개척한 사람들이 있었다. 아메리카의 법학자 중에서도 엘리자베스 워렌(Elizabeth Warren)은 <The Two - Income Trap>에서, 이전의 표준적인 법학이론이나 경제학이론에 의존하기보다는 90년대 중반부터 아메리카 사회의 심장부에 닥쳐오고 있는 미증유의 사태를 직시하고 있었다.[204] 경제학자들이 어떤 낙관론, 어떤 비관론을 펼치든 간에 월가의 지수가 어떻게 나타나든 신용평가기관들이 뭐라고 얘기하든 이미 1990년대 중반부터 제2차 세계대전 이후 약 50년간 그 사회의 중추가 되었던 중산층이 붕괴되고 있는 조짐이 개인파산, 기업파산과 그 언저리에서 나타나고 있었다.

　필자는 수년 전부터 공법 및 기초법학도로서 드물게 파산법연구의 연구회에서 이 현상을 주목하게 되었다.

다. 실로 필자가 버만의 역사적 통합 법학을 연구하다가 크루크만을 알게 된 것은 지적 호기심의 문제라기보다 20세기 말과 21세기 초의 위기 의식 속에서 문제 해결을 위한 법학과 사회과학의 전형을 찾는데서 동기가 있었다고 할 수 있다.

204) Elizabeth Warren & Amelia Warren Tyagi, *The Two - Income Trap - Why Middle - class Mothers & Fathers Are Going Broke*(New York, Basic Books, 2003).

■ 참고문헌

김철, 『경제위기 때의 법학-뉴딜 법학의 회귀 가능성』(서울: 한국학술
　　정보(주), 2009).

김철, "당사자의 임의에 의한 사법적 관계의 강조", 『경제위기 때의 법
　　학』(서울: 한국학술정보(주), 2009).

김철, 『동유럽 및 러시아법 강의록』, 1997-1998년 고려대학교 국제대
　　학원.

김철, 『동서양의 법 문화-경제위기의 반성』(한국가톨릭교수회 발표문,
　　1999).

김철, "동유럽 러시아 혁명 이후의 러시아와 개방 이후의 중국", 『법
　　제도의 보편성과 특수성』(서울: 훈민사, 2007ㄴ).

김철, "뒤르케임의 아노미이론과 평등권에서의 기회균등: 기초법적 연
　　구", 『사회이론』, 가을·겨울 통권 제 34호, 2008ㄴ.

김철, 『러시아 소비에트 법-비교법문화적 연구-』(서울: 민음사,
　　1989).

김철, 『법 제도의 보편성과 특수성-한국 공법학의 지향점을 위한 비교
　　법적 시도-』(서울: 훈민사, 2007ㄴ).

김철, "빈곤과 부에 대한 차별문제: 헌법과 파산법의 눈에서", 한국사회
　　이론학회 2005년 후기학술대회 「빈곤과 우리사회」, 2005년 12
　　월 17일 성신여자대학교 수정관 313호(2005ㄱ).

김철, "사리와 조리에 대해서", 『법제도의 보편성과 특수성』 사간본,
　　MYCO International, 1993.

김철, "폴 크루그먼의 불평등의 경제학과 김철의 아노미의 법학", 『경
　　제위기 때의 법학』(서울: 한국학술정보(주), 2009).

김철, "현대 한국의 문화에 대한 법철학적 접근", 『현상과 인식』, 24권
　　1/2호 통권 80호 봄/여름호, 2000b.

김철, "형이상학적 이원론 아래에서의 당위와 존재의 문제와 현대 한국
　　법학의 과제", 『현상과 인식』, 32권 3호 통권 105호 가을호,
　　2008ㄱ.

김철, 서평 "사이버 공간의 법이론", 『헌법학연구』, 제8권 1호, 2002ㄷ.

김철, "1989년 이후 세계체제가 자유화되면서 한국에서 역시 이뤄졌던 자유화 과정은 어떠했는가?", 『경제위기 때의 법학』(서울: 한국학술정보(주), 2009).

김철, "1990년대의 자유주의, 한계, 자유지상주의에 대한 비교 법철학적 논의", 『경제위기 때의 법학』(서울: 한국학술정보(주), 2009).

해롤드 버만과 김철, 『종교와 제도 - 문명과 역사적 법이론』(서울: 민영사, 1992).

해롤드 버만과 김철, 『종교와 사회제도 - 문화적 위기의 법사회학 - 』(서울: 민영사, 1992).

김선경, "러시아 마피야 연구", 고려대학교 국제대학원 석사학위논문, 1998.

김철수, 『헌법학개론』(서울: 박영사, 2007).

Lawrence Lessig, *Code and Other Laws of Cyberspace*, 김정오 역, 『코드 사이버 공간의 법이론』(서울: 나남출판, 2002).

Paul Krugman, *The Conscience of a Liberal*(New York: W. W. Norton&Company, 2007), 예상한 외 옮김, 『미래를 말하다』(서울: 웅진, 2008).

Russell Galloway, *Justice for All*(1991), *The Rich and The Poor in Supreme Court History*(1983), 안경환 역, 『법은 누구편인가』(서울: 교육과학사, 1982& 1992).

Arthur S. Link, "Woodrow Wilson and the Progressive Era 1910 - 1917", *American Legal History 1890 - present*(ed. by Thomas A. Green)(Ann Arbor: UM Law Sch., 1980 - 1981).

Barton, Gibbs, Li & Merryman, *Law in Radically Different Cultures*(West Publishing Co., 1983).

Buckley v. Valeo, 424 U.S. 1, 96 S.Ct. 612, 46 L.Ed. 2d 659, 76 - 1 USTC P9189, U.S. Dist.Col., Jan 30, 1976.

Cass R. Sunstein, "Norms and Roles", A written Version of the Coase Lecture, University of Chicago, 1995, *The program for the Study of Law, Philosophy & Social Theory Fall 1995*(New York: New York University School of Law, 1995).

Claudia Goldin and Robert Margo, "The Great Compression: The Wage

Structure in the United States at Mid−Century", *Quarterly Journal of Economics*, 107, no.1(1992).

David G. Smith, "Classical liberalism", ed. David L. Sills, *International Encyclopedia of the Social Sciences* Vol.9(New York: The Miacmillan Company, 1980).

Douglas C. North, *Institutions, Institutional Change and Economic Performance*(Cambridge, Harvard Univ. Press., 1990).

Ellis W. Hawley, "The New Deal and the Problem of Monopoly", 1966, *American Legal History 1890 −present*(ed. by Thomas A. Green)(Ann Arbor: UM Law Sch., 1980 − 1981).

Elizabeth Warren & Amelia Warren Tyagi, *The Two −Income Trap −Why Middle −class Mothers & Fathers Are Going Broke*(New York, Basic Books, 2003).

Erickson, "Bringing Culture and Human Fraility to Rational Actors: A Critical Classical Law and Economics", *65 Chi −kent L. Rev23*(1989).

Gabriel Kolko, "The Triumph of Conservatism", 1963, *American Legal History 1890 −present*(ed. by Thomas A. Green)(Ann Arbor: Univ. of Michigan Law Sch., 1980 − 1981).

George E. Mowry, "The Era of Theodore Roosevelt and the Birth of Modern America 1900 − 1912", *American Legal History 1890 −present*(ed. by Thomas A. Green)(Ann Arbor: Univ. of Michigan Law Sch., 1980 − 1981).

Harold U. Faulkner, "Politics Reform and Expansion 1890 − 1900", *American Legal History 1890 −present*(ed. by Thomas A. Green)(Ann Arbor: Univ. of Michigan Law Sch., 1980 − 1981).

Kurt Andersen, "Dont's pretend we didn't see this coming for a long, long time", *TIME*, April 6, 2009.

Paul Krugman, *The Conscience of a Liberal*(New York: W. W. Norton&Company, 2007).

Paul Krugman, *The Return of Depression Economics & the Crisis of 2008*(New York, W. W. Norton&Company, 2009).

Peter Beinart, "The New Liberal Order", *TIME*, 22 − 24(New York, November 24. 2008).

RichardA Posner, *The Economics of Justice*(Cambridge, Harvard Univ. Press., 1981 & 1983).

Richard Posner, *Overcoming Law*(Cambridge: Harvard Uinv. Press., 1995).

Ronald Dworkin, "Television & Democracy", *The Program for the Study of Law, Philosophy & Social Theory*(New York: NYU sch, of law, 1995).

Ronald Dworkin, *The Program for the Study of Law, Philosophy & Social Theory*(New York: New York University School of Law, 1995).

Ronald Dworkin, Seminar 1 "What is Law? − Law as Morality", Seminar 2 "Law and Liberalism", Seminar 3 "Equality as a Political Virtue", Seminar 4 "Constitutional Theory", *The Unity of Value*, A Series of Special Lectures by Distinguished Scholars, Sponsored by Daewoo Foundation, The Choson Ilbo(Seoul, Nov. 17 − 21, 2008).

Ronald Dworkin, "Why We all are Liberals", *The Program for the Study of Law, Philosophy & Social Theory*(New York: NYU sch, of law, 1995).

R. Cialdini, J. Cacipoop, R. Bassett, J. Miller, "Low − Call Procedure for Producing Compliance: Commitment then Cost", *Journal of Personality and Social Psychology 36*(1978).

R. H. Coase, "The Problem of Social Cost", *The Firm. the Market and the Law*(Chicago, Univ.o.Chicago Press, 1988).

Shira B. Lewin, "Economics and Psychology: Lessons For Our Own Day From the Early Twenty Century, p.1298, *Journal of Economic Literature*, Vol. Ⅹ Ⅹ Ⅹ Ⅵ(September 1996).

The Oxford Learners Dictionary(Oxford University Press, 1963).

The New World Comprehensive English · Korean Dictionary, 1310(시사영어사, 1973).

제4부

동유럽 – 러시아 혁명 이후의 러시아와 체코,
그리고 개방 이후의 중국의 법 변동은
한국법의 미래에 어떤 영향을 주겠는가
East European Law & Chinese Law

제4부의 동기

한국 법학은 오랜 기간 세계법의 지도 중 특정 지역에만 집착해
왔다. 세계 비교법의 지층에 지각변동이 온 것도 참조할 수 없었다.

대륙법, 영미법, 사회주의법의 삼분법의 변화

1989년 동유럽-러시아 혁명 이후의 비교법 지도에서 나타난 현
저한 지각변동을 요약하면 세계 법지도를 삼분하고 있던 대륙법,
영미법, 사회주의법의 삼국지가 사회주의 법의 중추가 해체되면서
그것의 개념 형식적 범주의 선조였던 대륙법이 중동부 유럽과 구
소비에트의 광대한 영역에서 수세에 서게 되었다.

**삼분법이 변화하면서 한국 법의 불변의 권위였던 대륙법의 큰
지도가 동요하기 시작함**

세계 체계(World System)가 2차 대전 이후 냉전 시대, 탈 냉전
시대를 거쳐 대해체기에 들어간 것은 1989년 동유럽 러시아 혁명
때부터였다.

이 때 한국은 오랜 권위주의 시대를 거쳐 자유화와 민주화의 문
민정부 시대로 접어들고 있었다. 한국에서의 자유화 바람이 세계체
계의 대변혁과 관계있다는 것을 한국의 법학에서는 거의 참조하지
않았다. 한국 법학의 주역들은 동유럽-러시아 혁명이 유럽 세계
전반에 근본적인 변혁을 몰고 와서 1917년 소비에트 헌법 이후,
1919년 1차 대전 종전 이후, 2차 대전 이후의 최대의 변화가 세계

비교법 지도에 나타나고 있다는 것을 알아차리지 못했다.

불변의 한국 법학이라는 고정 관념: "하늘 아래 새로운 것이 없다."

이것이 한국 법학에 무슨 영향이 있느냐? 세계의 변화는 세계의 변화이고 한국은 한국이다. 세계의 변화를 반영하는 비교법의 세계는 비교법이고 한국 법학은 한국인의 법학일 뿐이다라는 고정관념이 있었다. 특히 이 고정관념이 의지하는 바는 한국은 움직일 수 없이 개화기 이후 오로지 대륙법계를 계수 한 대륙 법계의 조카이다.

그러나 한국의 전통 법학이 혈통의 근거로써 의지하는 이른바 대륙 법학은 족보 상의 위상 자체가 세계의 법학을 삼분하는 비교 법학이라는 족보학에서 출발하였다(김 철, 1989: 11-54).

소위 대륙법이라는 것은 비교 법학에서 정확히 말하면 시민-대륙법 체계이다(김 철, 1989: 15). 그리고 물줄기를 따지면 시민-대륙법 체계는 로마-게르만 법체계의 직계 비속이다(김 철, 1989: 15). 또한 원래 로마-게르만 법으로 인식 되었던 것은 민법(private law, droit civil)의 분야에 몰두되어 있었다(김 철, 1989: 16). 그러나 좀더 나중에는 공법의 일반적 원칙들을 표출하려는 시도가 이루어졌다(김 철, 1989: 16). 한편, 비교법 삼분법 시대의 사회주의 법의 특징은 여러 가지가 있으나, 개념적-형식적 범주로서 파악할 때, 법의 개념적인 포섭, 법정(물론 사회주의 법정)들의 태도, 사법 절차(물론 사회주의 사법 절차)의 관점에서 볼 때 놀랍게도 사회주의 법과 로마-게르만 법 간에는 큰 차이들이 없다고 한다(김 철, 1989: 39)[205].

---

205) "오히려 존 해저드 교수는 사회주의 법을 그 체계 내에서 활동하는 법률가들의 사고

이런 점에서 사회주의 법은 아직 그 대륙법적인 근원을 보존하고 있으며, 그렇기 때문에 유효한 반대물로서의 보통법에 적절하게 대조될 수 있다고 한다(김 철, 1989: 39). 독자는 물을 것이다. 어째서 사회주의 법 체계를 개념과 형식 만으로 파악할 때 대륙법적 근원을 가지고 있단 말인가? 대답은 지극히 평범한 형식에서 온다. 즉, 첫째로 법전 편찬의 전통이다. 둘째로 법원으로서의 입법 작용의 압도적인 중요성이다. 셋째로 법관이 재판을 할 때 법전과 보충되는 법령을 찾기 시작하고 판례나 관습법 또는 법의 일반 원칙들을 중요시하는 것이 아니라는 점에서 그러하다. 넷째로 사법 절차는 당사자 체계가 아니라 규문 체계(inquisitorial system)에 기초한다. 물론 다른 점은 사회주의 법은 공, 사법의 구분 조차도 인정하지도 않고 모든 법은 공법으로 인식된다.

습성 면에서 판단하건대 조금도 독특하지 않으며 오히려 프랑스, 독일, 또는 스위스에서의 시민-대륙법 가족(Civil Law Family)의 그림자에 우리가 말할 수 있는 것과 똑같은 방식으로 대륙법 가족의 그림자만을 표출한다고 주장한다.", Hazard, *Communist and Their Laws: A Search for the Common Core of the Legal Systems of the Marxian Socialist States*(1969), pp. 519-528. 이 견해는 물론 사회주의법의 독자성에 대해서 회의적인 입장이며 르네 데이비드(Rene David)는 독자성을 인정한다. 사회경제적 특징에서 그리고 이념적 특징에서 사회주의 법은 동시대의 비교법 삼국지에서 특이하고도 독자적인 영역을 구축한 것은 일반적으로 인정된다. 그러나 왜 존 헤자드 같은 사람이 물론 나중에 기본적 입장을 변경하긴 했지만, 사회주의 법의 독자성을 부인했을까. 그의 전제는 그 체계 내에서 활동하는 법률가들의 사고 습성을 지적하고 있다. 개념법학이며 형식주의이며, 연역적 방식을 써서 대전제에서부터 차츰 아래로 소전제를 거쳐서 마침내 구체적인 사항까지 도달하는 법학방식을 가르키고 있다. 이 방식은 근대 대륙의 합리주의 철학이 확립한 연역법이다. 1917년 러시아 혁명이후 수립된 러시아의 법체계는, 최상위의 국가 이데올로기의 논리적 표현인 강령으로부터 출발하여 상위규범의 연역에 의해서 차츰 하위 규범으로 옮아가는 방식이었다. 순수히 철학적 방식이라는 점에 있어서는 대륙법 가족에서 이루어지는 연역의 방식과 같다. 이런 의미에서 존 우(John wu)교수가 1955년에 사회주의 법은 논리적 목표를 향해 추구되는 법실증주의(positivism pushed to its logical end)라고 주장한 것은 옳다(김 철, 1989: 46)(John Wu, "Law", *The Catholic Encyclopedia*, Sixth Section Supplement Ⅱ(1955) at p. 13, col. Ⅰ.

즉, 1989년 동유럽의 구 코메콘 국가들이 해방과 자유화의 에너지로 해체되는 지각 변동이 안정된 유럽지역이라고 한국인에게 알려진 서유럽의 전역에 영향을 준 것을 알아차리지 못했다.

즉, 종전의 비교법 삼분론(대륙법, 영미법, 사회주의 법)의 진원지였던 러시아-동유럽의 사회주의가 해체됨에 따라서 사회주의 법의 지역은 우선 법 체계의 출발로서의 사회주의 헌법부터 포기하기 시작했다. 다시 이 지역의 국가들이 입헌주의의 법칙으로 헌법을 기초할 때 한국인들이 예상했던 것처럼 인접해 있고 법학 방법에 있어서 진원지였던 대륙법 국가로부터 다시 출발하기를 원하지 않았다. 오히려 사회주의를 해체한 중동부 유럽 국가들은 아메리카의 입헌주의와 헌법학자들로부터 새로운 법체계의 출발인 헌법을 배우길 원했다. 상세한 경위는 다른 논문에 맡기고 우선 한국인들이 간과한 것은 동유럽-러시아 혁명 이후 구 소비에트 및 중동부 구 공산주의 국가의 국가 건설기에 영미법학자들이 예상 밖의 영향을 끼쳤다는 것이다. 존재하던 세 개의 법 가족 중 하나가 사라져 가면서, 세계의 법학이 그 판도를 점차로 달리하게 되었다는 얘기다.

동유럽-러시아 혁명은 문명사의 역사에서 볼 때는 1917년 이후의 역사적 사건이다. 전 세계의 법 지도에 돌이킬 수 없는 영향을 주었다.: "태양은 날로 새롭다."

이 장에서 기술하는 1989년 전후의 사회주의권의 법 변동은 흔히 생각하듯이 그 지역의 국한된 문제가 아니고 세계 체계에 영향을 준 법 변동의 초기 기록들이다.

제1장 러시아법 강의 요지

Summary of East European & Russian Law lectures

이 장은 1990년대 후반 국책 대학원으로 설립되었던 국제 대학원의 동유럽-러시아 법 강의의 실지 기록을 수록한 것이다.

제1강 '그 문화 안에서'와 '그 문화 밖에서'의 연구 방식

지난주 제1강의 주요점은 '그 문화 안에서(within that culture)'와 '그 문화 밖에서(out of that culture)'의 연구 방식이었다. 즉 언어, 문화, 역사 이것을 통괄하는 개념으로서 문화의 연구는 '그 문화 안에서'가 주된 것인 데 비해, 법제도의 문제는 '그 문화 밖에서'의 연구가 지금까지 주된 것으로 간주되어 왔다고 이야기했다. 그래서 러시아 및 동유럽이 유럽의 일부로서 생각되고 유라시아적인 것들은 주된 것으로 생각되지 않았다. 지난번에 이야기한 대로 제2차 세계대전 이후의 우리의 주제에 대한 세계적 수준의 연구자들도 '그 문화 안에서'의 연구자가 아니라 '그 문화 밖에서'의 연구자라고 지적했다.206)

---

206) 참조. 김철, 제1장 비교법론의 출발, 『러시아 소비에트 법-비교법 문화론적 연구』, 1989년 민음사, 또한 참조. 김철, "아메리카와 러시아의 법 비교", 미소연구, 1992년,

학생 중 누군가 이상스럽게 보고 있기에 덧붙여 말했다. 그 이유는 우리가 다루고 있는 이 주제의 현장이 1945년 이후 냉전(Cold war)·열전(Hot war)·데탕트·해체·형성을 거쳐 오는 동안, 현장의 역사가 보여준 어려움과 이데올로기적인 특수성이 이와 같은 경과를 가져왔다. 또한 예를 들어 1989년 이전의 이 지역 법제도에 대한 '그 문화 안에서'의 대표적 연구자인 모스크바 법과대학의 예를 들면 "학장은 어느 경우에는 그때 그 사회의 주도적인 이데올로기를 공식적으로 대변할 뿐인지, 제도의 실상을 말하기는 어렵다."[207]고 얘기했다. 이것은 1997년 현재의 상태도 많이 달라졌으니 완전히 달라졌다고 보기도 힘들다.

결국 서구 위주의 연구, 그 문화 밖에서의 연구를 주류로 삼을 수밖에 없는 사정을 얘기한 셈인데 법제도의 연구에서 객관성과 가치중립성을 과학이라는 이름으로 강조한 셈이다.

그러나 한 문명의 법이 제1강에서 얘기한 대로 언어, 문학, 역사, 종교, 즉 총괄해서 넓은 의미의 문화에서 분리될 수 없는 것임에도 '그 문화 안에서의 연구'보다 '그 문화 밖에서의 연구'를 우선적으로 다룰 수밖에 없는 것을 얘기했다. 나 자신도 몹시 미진했다. 그러자 강의의 마지막 순간에 학부에서 러시아 문학을 전공했으며, 지금 러시아 지역연구를 하고 있는 학생이 질문했다.

"지금까지 말한 대로라면, 당신이 앞으로 가르치고자 하는 법이 러시아의 많은 사람 – 민중과는 멀리 떨어져 있지 않는가?"

실로 1945년 이후 동유럽과 러시아의 광대한 영역을 지배하였고,

어문각.

207) 이것은 '그 문화 밖에서'의 연구자의 어느 정도 합의된 전제라고 생각된다. 참조. Alekseev: "새로운 러시아연방의 법학교육 방법론" Journal of Parker Sch. O. Comparative Law, 여기에 대해서 J. N. Harzard의 논평이 있다.

인류가 체험했던 모든 제도 중에서, 가장 공식적이며, 실증(實證)적인 언어로 표명된 소비에트 연원의 사회주의 국가 법제도가 많은 사람들(narod)과 어떤 관계가 있어 왔는지 그리고 어떻게 해서 그 문화 안에서의 소리는 항상 공식(公式) 법제도의 대변(代辯)일 수밖에 없고 그 문화 밖에서의 관찰(觀察)은 그 제도 안에서의 많은 사람들의 생활을 제외해 버린 그런 성격이었을까?

여기에 대한 대답은 여러 차원이 만나는 곳이다.

첫 번째로 국가주의(Staatsabsolutismus; statism)와 비국가주의의 문제

두 번째로 서구주의(Western - phil)와 슬라브주의(Slavo - phil) 또는 게르만주의의 두 가지 차원을 지적할 수 있다.

더 근본적인 것은 동유럽이나 러시아뿐만이 아니고 이른바 주도적인 서구의 법체계를 갖추고 있는 곳에서도 질문될 수 있다.

즉 도이칠란트 국가 실정법 체계가 근세 이후 어느 정도 언제부터, 지배층이 아닌, 많은 사람들(Viele Leute)의 생활의 복지와 직접 연결되었을까? 우리나라에서 제법 많이 읽히고 있는 도이칠란트의 법학자는 법철학자들의 사유(思惟)대상이 과연 지배구조로서의 국가 법제도였을까? 혹은 그렇지 않았을까? 또는 한국의 법학도들이 멀리서 동경하는 역사속의 위대한 법학자들이 그들의 일생의 연구에서 과연 공식적인 국가 법제도(그것이 비록 사법(私法)체제라 할지라도)를 다루는 데 있어서 많은 사람들의 삶의 개선이 내부적 동기가 되었을까?

우리나라에서 예찬되고, 인용되며, 거절할 수 없는 권위의 유혹을 준, 도이칠란트의 법학자들을 열거하고, 강단법학이라는 닫힌 체계가 아닌, 더 넓은 시대가치의 관점에서 이들의 특징을 대조한 적이 있다.208) 이들과 대칭적인 위치에 서는 사람들도 있었다. 경

직된 국가실정법에서 법의 모든 내용을 찾으려 하지 않았던 사람들 중에 민속과 전래 동화에서 실정법이 아닌 법의 모습을 찾으려 한 사람이 있었다. 예를 들어 Jacob Grimm 형제 같은 사람이다.[209]

따라서 그 학생의 질문에 대한 대답은 법학적으로는 실정법과 실정법 아닌 것의 문제가 되겠다. 왜냐하면 공산주의 이데올로기의 극성기 – 스탈린 헌법(1936) 아래에서의 많은 사람들의 생활은, 국가 실정법(實定法)만에 의해서가 아니라, 다른 종류의 규범에 의지해서 살아왔다고 얘기할 수 있는 까닭이다.

흔히 한국의 법학계에서는 실정법 아닌 것의 존재에 대해서 추상적이며 개념상으로나 존재하고, 애매모호하며 문제 상황에서는 전혀 실효성이 없는 것으로 생각하는 버릇이 있어 왔다.

이것은 법의 존재와 법의 타당성, 법의 효력을 오로지 눈에 보이는, 즉물적(卽物的)인 관찰밖에 하지 않은 경우이고, 역사의 한계상황(限界狀況)에서 많은 사람들이 실제로 어떻게 살았는가를 바로 받아들이지 못한 까닭이다.

– 러시아에서 '법'에 해당하는 'Pravo'가 있고 '법률'에 해당하는 'Zakon'이 있다.

---

208) 간단한 방법으로는 어떤 법학자 생애의 중요 시기가 어떤 시대였는가? 특히 성장의 중요 시기, 즉 지적(知的)인 형성기 – 김나지움과 대학시절의 사회와 국가의 기본제도가 어떠했는가? 1990년대의 한국인이 외국의 역사상의 학자를 볼 때, 으레, 그의 인격과 사회관계에서, 이상주의적인 그림을 그리는 수가 많다. – "어쨌든 선진국가였으니까", 다른 가치 같은 것은 더 볼 필요가 없다. – 모든 학문은 시대의 소산이라면, 특히 법학과 같이 시대정신에 직접 관계되는 제도를 다룰 때에도, 1990년대 한국사회에 필요한 것을 꼭 1919년대 시대정신의 표현에서 찾는다든가 또한 순수 철학이나 과학을 다루는 것도 아닌데 제1차 세계대전 이전 인물에서 현대의 모든 가치를 찾는다 하는 것은 우습다고 할 수 있다. 또한 다른 예이지만, 어떤 외국의 법학자는 제2차 세계대전 이후 지금까지 줄곧 Nazi에 협력한 전과가 그의 본국에서도 문제되는데, 한국에서는 대단한 권위로 통용되고 있다.

209) 참조. 헤롤드 버만과 김철, "한국문화에서의 법", 『종교와 제도 – 문명과 역사적 법이론』, 민영사, 1992년.

법 Prave는 매우 넓은 뜻이고 국가(國家) 실정법(實定法) 체계는 그중 아주 제한된 부분일 뿐이다. 우리가 일상법이라 부르는 것은 좁은 뜻에 있어서의 법률 또는 Zacon이다. -

되도록 이 강좌에서, Zacon만이 아니고 Pravo를 Pravo 중에서도 실정법이 아닌 법의 존재에 대해서도 언급하려 한다. 여러분이 기왕에 가지고 있는 풍부한 언어, 문학, 역사, 종교의 지식이 도움이 되기를 바란다.

1989년 이후의 러시아 체제변혁에 있어서 특히 1990년 이후의 기본제도 - 헌법 채택에 대한 논의에서 외국의 법학자들이 모든 문제들을 서양법 위주의 방식으로 논의하고 접근해 간 데 대해서 듣고 있다.

어떤 학자는 1993년 12월 12일 국민투표에 의해서 확정된 러시아 연방 헌법이 인간의 권리보장에 있어서 '서구의 자유주의 사상'210)의 결과라 하고 인간의 권리의 보장이 '약 1,000년에 걸쳐서 서구 자유주의 사상의 유입에 대해서 완강히 저항했던 특징을 가진 사회'에서 이루어졌다는 것을 강조하고 있다.211)

러시아 제국의 역사는 이르게는 예카테리나 여제212) 때부터 늦게는 19세기의 알렉산더 황제 시대213)에 이르기까지 새로운 입헌

---

210) 참조. G. Montgomery, "Russia on the Rights Track: Human Rights in the New Constitution", Parker Sch. J. E. Eur. L. Vol.1, 1994.

211) 위의 사람, 위의 글, p.233.

212) 1762~1796 계몽주의를 시험한 예카테리나 여제는 유럽원칙에 의한 입헌정치를 의도하였다. 당시 유럽에서의 자유주의자 볼테르와 디드로의 후원자였다. 1767년 가장 진보적인 법전 초안을 위한 입법위원회를 소집하였다. 몽테스키외와 베카리아의 사상을 러시아에서 실험하려 했다. 사회입법은 보수적으로 귀족의 특권과 농노제를 잔존시켰다. 1775년 행정개혁 여제의 서양법원칙과 자유주의는 농노인 푸가초프의 난에 의해서 1773년 막을 내렸다. 1775년 모스크바 법과대학이 설치되었다. 이상 참조. 김철, 『러시아 - 소비에트 법 - 비교 법 문화적 연구』, p.521, 민음사, 1989.

213) 1917년 혁명 이전의 마지막 위대한 개혁은 알렉산더 황제에 의해서였는데 그는 농노를

주의를 고취하는 수많은 성공하지 못한 시도로 특징지어져 왔다. 대학문화의 일부로서는 1786년경부터 자유주의 법사상을 실천하는 러시아인 교수가 관찰된다.[214]

18세기에 이미 서유럽의 주요한 계몽사상의 영향을 받아들일 정도로 개방적이었던 러시아가 약 220년 뒤에 다시 소급해서 '자유주의의 재학습' 과정을 거치고 있다.

신성로마제국 이후, 서유럽 문화의 주요한 창조자였으며, 바흐의 나라, 괴테, 하이네, 베토벤을 가졌던 도이칠란트가 1945년 전후 연합군 특히 아메리카에 의해서 집중적으로 민주주의의 재교육 과정을 거치지 않으면 안 되었다.

이상은 1997년 3월 5일과 3월 12일 강의 원고 그대로임.

제2강 법의 개념

2.1. 들어가는 말

여러분은 법학에 대한 기초과목을 이수하지 못한 사람이 대부분이므로, 법 개념 일반에 대한 개론을 먼저 시작해야 되겠다. 법 개념 자체에 대한 오해가 있다. 정확한 정의(Definition)를 아무리 가르쳐 보아도, 전공한 사람이나, 학자, 법조인 모두가 책과 강의실만 떠나면 제멋대로 되어 버린다. 그리고 실제로 중요한 결정을 할 때면 정확한 언어는 간 데가 없고, 1945년 이전에 통용되던 그런 입버릇

해방하였다(1861년). 1830년 미하일 스페란스키가 러시아제국 법률 전집을 간행하였다.

214) 최초의 러시아 교수 데스니츠키에 대해서는 참조. 위의 사람, 위의 책, 장별 해제 (Index of Ideas) 제6장, p.516.

(colloquial language)의 오류가 중요한 결정의 근본이 되어 버린다.

또한 한국문화에서는 다른 보편적인 의미에서의 상식이 때로는 도움이 될 수 있으나, 이 상식도 이른바 '전통의 가치'(historical value)가 마지막 의존할 만한 근거가 상당한 오랜 기간 지속되어 온 잉글랜드 같은 문명권을 제외하고는 검증을 한 번쯤 받아야, 전문어가 가진 협소함과 특수성을 보충할 수 있다. 여러분은 외국어와 외국문화에 대해 못된 관행이나 전문인의 버릇보다 더 이해하기에 좋은 위치에 서 있다.

'법'이 무엇을 뜻하는가? 어디서 어디까지를 '법'이라 하는가? 법을 어디에서 찾아볼 수 있을까? 첫 번째로 한국어로 진행되는 이 논의에서 분명히 한국에서의 법을 이야기하고 있다. 한국어에서의 법은 우선 구체적인 어떤 법, 즉 근로기준법을 지칭하기 전에, 집합명사로서의 법을 지칭하고 있다. 또한 추상명사로서의 법을 지칭하고 있다. Law as collective noun or Law as abstract noun. When Dworkin describes his book "Law's Empire", he thinks law as collective noun. 혹은 일반적으로 말하면, '법의 성질은…….' 하고 시작되는 일반 법학(Allgemeine Rechtswissenschaft)이나 법에 대한 일반 이론(General Theory of Law)은 모두 이와 같은 종류다. 서구 세계에 알려진 가장 대표적인 제정 러시아 출신인 법학자인 Vinogradoff의 Common Sense in Law는 이와 같은 집합명사로서의 법을, 그리고 추상명사로서의 법에 대한 그때까지의 논의 중 가장 폭넓은 접근을 시도하고 있었다.

두 번째로 한국어에 있어서의 법은 구체적인 어떤 특정한 법을 지칭하고 있다. 억울한 일 그것도 아주 구체적으로 사기에 걸렸을 때의 즉각적인 반응은 '법에 호소하겠다.'가 될 수 있는데 이때 법은 집합명사가 아니요, 추상명사로서의 법도 아니요, 구체적으로 가장 정확하게는 형법의 사기죄와 형사소송법을 지칭하고 있다고 보인다. 또한 동시에 민법상 부당이득에 의한 반환 청구권, 또한 불법행위에 기초한 손해 배상 청구권을 들 수 있다. 이 두 번째의 법은 엄격하게는 법과 법률 개념이 섞여 있는 것으로, "민법 자체는 법(Law, Recht, Pravo)이요 민법 750조(불법행위)는 법률(Statute, Gesetz, Zakon)이다."라는 구별이 따를 수 있다. 어쨌든 법전에 있는 행태로 갖추어진 법이기 때문에 가장 알아보기 쉽다. Romanoff 왕조(1613~1917) 성립 후, 국가 체제를 완비할 때 항상 법전 편찬 사업이 눈에 띄는 것은 가장 알아보기 쉽도록 법이 형태화되었기 때문이다.

러시아 법제사에서의 이러한 법전 편찬 사업은 1019~1054년의 Yaroslav 현명왕 때부터 시작되었다.[215] 이때의 것이 가장 첫 번째의 러시아의 법전이다. 지금 남아 있는 기록으로는 Russian Pravda가 있고, 이것이 17세기까지의 법전 편찬에 상당한 영향을 끼쳤다. 제1판 이른바 단축판(short edition)은 9~11세기의 것으로 Russia의 관습법만을 담고 있으며, 어떠한 외국의 영향도 보여주지 않는다. 조사한 바로는 이것은 Ukraina 지방의 관습법이다. 제2판은 확대판(Enlarged edition)으로, 외국법의 영향이 나타난다. 11~12세기 사이에 편찬된 것으로 나타나 있다. Deutsch의 영향[216]과 더 소급해서 Byzantine과 동 Rome의 영향이 나타난다.

세 번째로 법 개념은 알아보기 쉽지 않다. 특히 한국문화에서는

---

215) 러시아에서의 법전 편찬의 전통에 대해서, 참조. 김철, "제 2장 러시아 - 소비에트 법 체계의 역사적 기초", 『러시아 - 소비에트 법 - 비교 법 문화적 연구』 pp.60 - 61, 민음사, 1989.

216) 그러한 Deutsch의 영향은 몇 세기를 거쳐서 Deutsch의 법학계가 1755년의 러시아의 첫 법과대학(Moscow 국립대학의 법과대학)의 시작부터 지배적인 조류로 될 때까지 성장하였다. 1768년 Simon Efimovict Desnitskii가 트레이티아코프와 함께 법학부 최초의 러시아인 교수로 취임할 때까지 이 대학 법학부는 도이치인 교수들이 도이치어로 강의하였다고 한다. 참조, 위의 사람 위의 책, p.518.

배하는 세력이 적합하다고 판단하는 데로 정해졌다.[218]

"(고차)법과 인간의 권리의 우위의 원칙"[219]은 지나간 시대(1917 – 1987)의 사회주의의 원칙에 있어서는 당연하지 않았고 오히려 '새로운 사고'로 여겨졌다. 북미와 서유럽에서 오랫동안 당연히 여겨져 왔던 "(고차)법과 인간의 권리의 우위 원칙"은 사회주의 법체계 아래에 있어서는 이단자들에 의해서 주장되어졌다. 새로운 사고는 안드레이 사하로프와 같은 처벌된 이단자에 의해서 1968에서 1971년 사이에 주장되어졌다.[220]

사회의 민주화, 많은 사람이 관계되는 공적인 문제들에 대한 공개적인 논의, 그리고 (고차)법의 지배와 기본적 인권을 보장하는 것이 결정적인 중요성이 있다고 나는 간주한다.
 - 안드레이 사하로프, 브레즈네프 서기장에게, 1972년 6월[221]

---

218) John N. Hazard, *Communism and Their Law : A Search for Common Core of the Legal Systems of the Marxian Socialist States* 521 (1969)
John Hazard 교수는 1990년 말 필자가 그를 방문했을 때, 미국 비교법 학회 회장이었다. 러시아 법의 개척자중 한 사람으로써 Harold Berman (Harvard & Emory)과 함께 20세기의 가장 현저한 법학자로 기억될 것이다. 두 사람의 업적에 대해서는 김철, 「러시아 소비에트 법 – 비교법 문화적 연구」 (서울:민음사,1989) 참조

219) the supremacy principle of law and rights의 한글 직역은 법과 권리의 우위원칙으로 된다. 그러나 한국인의 무의식적인 지각기능은 "법과 권리"라고 할 때 , 법의 지각을 넓은 뜻으로 자연적으로 받아드리는 문화에서 배양되지 못했다. 서구인들이 principle of law and rights라고 할 때는 law의 뜻을 '보편적으로 통용되는 도덕원칙과 일치하며 어떤 사람과 국가에 의해서도 침해될 수 없는 권리와 정의'를 의미하고 있다. 동아시아의 역사적 유산은 법의 함의가 도덕원칙과 일치하는 보다 넓은 뜻이 되지 못하고 주로 (중국고대 왕조의 법가사상에서 보는 바 데로) 국가주의, 형벌주의, 실정주의에 의해서 뒷받침되는 법을 연상하게 된다. 따라서 "법의 우위"의 원칙은 동아시아 특히 한국현대에 있어서는 자칫하면 실정법 만능주의를 의미하는 것으로 되기 쉽다. 따라서 the supremacy principle of law and rights를 고차법과 인간의 권리의 우위의 원칙이라고 풀어서 쓴 것이다. 참조, William E. Butler "The Rule of Law and the Legal System," in Stephen White et.el. ed. *Developments in Soviet Politics,1990.*

220) Peter Juviler, "Human Rights and Russia's Future", *The Parker School Journal of East European Law 1995/VOL.2 Nos.4 – 5(New York, Columbia University)*

이러한 새로운 사고는 실제로 러시아 공산주의 치하에서는 낯선
것이었다222). 1986년에서 1989년까지 진행된 절반만의 민주적 개
혁이나 1990년에 행해진 당의 권력 독점의 제거는 '(고차)법과 권
리의 최고 원칙'에 대한 반대를 끝내지 못했다. 반동적인 정치가들
에 의해서 도전이 계속되었는데 민주주의와 시장경제의 전반적인
경험 미숙, 그리고 볼세비키 혁명 이전에 존재했던 괜찮은 시민적
질서를 공산당이 파괴했기 때문에 법의 지배로 가는 길을 저해하
였다. 따라서 1991년 12월 소비에트 공화국 연방이 와해되고 난
후 '(고차)법과 권리의 우위 원칙'이 힘을 얻었으나 '법의 정치에의
종속 원칙'223)의 강력한 잔재물들은 계속해서 새롭게 성립된 러시
아와 다른 독립 주권국가에서 힘을 떨치게 되었다. 새롭게 성립한
러시아는 처음에는 법의 지배의 길을 걸어가고 있는 것으로 보여

---

221) Andrei D. Sakharov, "Postscript to Memorandum", in *Sakharov Speaks* 153(Harrison
Salisbury ed 1974)

222) John Newbold Hazard , "The Evolution of the Soviet Constitution", (ed. Donald Barry)
Political & Legal Reform in the Transition Period (New York: M.E. Sharpe,1992) Hazard
교수의 영전에 경의를 표한다. 그는 러시아법의 연구를 비교법이라는 보다 넓은 맥락
에서 공인된 대학의 독자적 영역으로 높인 2차 대전후의 개척자였다. 컬럼비아 대학
러시아 연구소의 공법 교수로 출발하여, 컬럼비아 법과대학의 교수로 재직하였다. 추
도 논문집으로는, "John Newbold Hazard (1909 - 1995)", The Parker School Journal
of East European Law, Vol.2 No.2(New York: Columbia University, 1995)

223) 법치주의와 입헌주의의 한국에 있어서의 현상을 볼 때마다 법이 정치에 종속되었던
가장 대표적인 역사적 예로서 맑스 레닌주의의 예를 들지 않을 수 없다. 즉, 이 체제
에 있어서는 법을 지배의 수단으로 보고 따라서 법은 정치에 종속된다. 북미와 서구
전통의 국가에서는 관계가 달라진다. 법과 권리가 정치보다 우위에 서는 법의 지배의
원리가 국가 생활, 시민 생활, 정치 경제 문화 생활의 전제이다. 한국인들은 1948년
건국 이후 명목상으로는 입헌주의와 법치주의를 채택하였으나(1948년 제 1공화국 헌
법 이후) 한국의 역사는 입헌주의와 법치주의의 내용과 실상을 경험하게끔 내버려두
지 않았다. 그 결과로 한국 문화의 어떤 부분은 헌법과 법을 정치의 수단으로 당연히
받아들이는 태도를 배양시켜 왔다. 만약에 서구와 북미 전통의 '법과 권리의 우위'
원칙이 실질적으로 지켜지지 않고 항상 정치에 종속된다면 그 나라는 어떤 명목적인
선언적 헌법을 가졌든 안 가졌든, 권위주의나 전체주의 국가의 사회생활과 본질적으
로 유사한 국면을 계속 가지게 될 것이다. Peter Juviler, 윗글(1995), 495쪽

졌다. 그러나 1992년부터 1993년 사이의 입법부와 행정부간의 대결 1년 뒤에 민주주의는 쇠퇴했다[224]. 그때 이후 중앙에서는 점점 권위주의적이며 낙하산 같은 입법을 해대고 다른 한편에서는 사회적, 정치적 무정부주의가 진행되었기 때문에 법의 지배, 즉 법치주의는 지속적으로 거점을 잃어 왔다. 어쨌든 한 나라의 법의 지배를 향한 전진의 지침이 되는 것은 인간의 권리의 상태이다. 러시아에 있어서의 인간의 권리에 대한 전반적 전망은 전적으로 부정적이기보다는 혼돈 되어 있다. 러시아가 개혁의 유산들을 모아서 "법의 지배" 국가로 진행하는 것은 대개 위험하며 폭력적인 반동에 의해서 방해받아 왔다.[225] 따라서 우리는 1991년 소비에트의 해체기에 다시 서서 러시아의 법치주의의 문제를 그때의 시점에서 음미하려는 노력을 하지 않을 수 없다.

　－ 이 어찌된 일인가? 한 때는 20세기의 법체계를 3분하였던 사회주의 법체계의 모국이었던 러시아가[226] 사회주의 법체계를 포기하였다[227]. 다시 러시아는 그의 법체계와 헌법 제도에 있어서 이른바 주도적인 서양 제도를 다시 수용하는 단계로부터 출발하였다. 이 단계에 있어서 우리는 반문하지 않을 수 없다. 이것은 당연한

---

224) 그 결과로 예를 들어서 토지법과 같은 영역에서 여전히 구세력이 다수를 차지하고 있는 입법부와 이른바 시장경제를 급속하게 추진하는 행정부간의 갈등은 옐친 행정부 이후의 의미 있는 진행을 크게 저해하였다. 참조. 김철, "러시아 토지소유, 이용, 양도에 관한 법제", 대학원 강의 교재(서울; 고려대학교 국제대학원, 1997년)

225) Peter Juviler, 윗글(1995), 496－497쪽

226) 김철, 「러시아 소비에트 법」, p.37－47 특히 1. 사회주의 법체계가 자율적인 법체계인가? p.37 1) 개념적－형식적 범주로서의 사회주의 법 p.39 2)역사적, 정치적, 경제적 그리고 사회적 범주로서의 사회주의 법 p.40 3) 사회주의 헌법 체계의 요소들 p.41 같은 사람 같은 책(1989년)

227) 러시아 헌법 제정 전후의 사정은 서구의 주된 법체계에서의 법학자가 참여, 조언하였다. 대단히 특기할 만한 사항은 한국의 법학계와 유사하게도 아메리카와 도이칠란트의 법학자들이 경쟁적으로 참여한 점이다. 상세한 사정은 후술한다.

것인가? 사회주의 혁명 이전에 있어서 이미 러시아는 오랫동안 국가 제도를 존속시킨, 나폴레옹 전쟁 당시 유럽 최대의 제국 이었다[228]. 도이치의 어떤 학자는 "러시아는 강한 법치주의 전통을 가지고 있지 못하다."라고 기술하고 있다[229]. 도이치란트 법치주의의 시각이라고 보여진다. 왜냐하면 어떠한 외국의 영향도 보여주지 않는 러시아의 관습법만을 담고 있는 Russkaia Pravda는 11세기까지 소급한다[230]. 비잔틴문화의 계승자로서 동로마 제국 패망(15세기)이후 군주에 의한 법 개혁·수집의 법전 편찬은 짜아·러시아의 주요한 과업이 되었다. 자유주의적 개혁의 군주 Alexander(1801 - 25)는 러시아 권리장전(Russian Charter of rights)을 계획하였으며, 알랙산더의 개혁 2기(1807 - 12)시대의 Michael Speransky는 법과 합법적 절차에 기반을 둔 군주 체제를 기도했다. 법치국가의 계몽군주적 개념을 시도하였다[231]. 어떻게 해서 11세기부터의 러시아 관습법은 자취를 감추고 어떻게 해서 피이터대제와 알랙산더대제의 법

---

228) 김철, 같은 책 (1989년) "러시아 - 소비에트 법체계의 역사적 기초", p.55 - 77 "유럽 혁명의 실패는 러시아의 콧대를 높였다. 러시아는 홍수에 잠긴 유럽에 홀로 우뚝 서서 유럽 구체제의 구원자가 되었다. 자유주의적, 급진적 유럽인에게 러시아는 지고한 적이었다. 증오했으나 존경했고 최대의 유럽 국가로 인정하였다." 러시아와 1848년의 혁명.

229) Karin Schmid, "Legislation on Administrative Procedure in Czechoslovachia and the Soviet Union", in Feldblugge ed. *The Emancipation of Soviet Law*, (Dordrecht; Martinus Nijhoff Publishers, 1992) 1990년까지의 법발전을 주로 다루고 있다. 도이치 법과 제정러시아의 관계에 대해서 개략적인 것은 구체적으로 법학에 대한 문제는 아니나 참조. 이인호. "모스크바 자유 석공회와 장미 십자단" 「러시아 知性史」(이 논문은 제정 러시아에 있어서의 지식인과 학자 그리고 관료에 대한 프러시아의 영향을 다룬 것이다. 자유석공회는 Free Mason의 번역어로서는 적절하지 않게 보인다. Free Mason은 18세기 잉글랜드에서 시작된 비밀결사로서, 프로이센까지 건너가는 동안 그 성격이 바뀌었다고 한다. 위 논문 참조. 이것은 石工들의 모임이 아니었고, 프로이센에서는 영향력 있는 인사들의 결사이었다.)

230) 김 철, "4 - 나) 러시아 법치주의의 전통", p.62 - 64 「법제도의 보편성과 특수성」, (Seoul; Myko, 1993)

231) 김 철, 위의 책, p.63

개혁은 현재에 와서 아무 의미도 없다는 것인가? 어떻게 해서 소비에트 해체 이후의 헌법 제도와 법치주의에 외국의 법학자들이 더욱 강한 영향을 끼친다는 것인가? 이것은 정서적인 의문이 아니라 방법론적 질문이다. 이 질문에 해답하는 것은 많은 시간이 걸릴 것이다. 자유주의적 법제도라면 이미 제정러시아 때에도 그 맹아가 있었다고 관찰된다. 모스크바 대학 법학부의 최초의 러시아인 교수[232]이며 최초로 러시아 언어로 강의하는 러시아 법사의 교수였던 데스니츠키는 그의 법학 교육 방법론에서 1764년 이후의 스코틀랜드의 아담 스미스의 영향을 받고 있다. 자유주의적 법제도의 러시아에 있어서의 주창자였던 그는 비교적 일찍 대학의 직책을 떠났다고 한다[233]. 실로 220년만에 러시아에 있어서의 자유주의적 법제도가 다시 나타났다고 할 수 있다.

1988년경부터 고르바초프 행정부의 주된 슬로건은 법에 기초를 둔 국가(pravovoe gosudarstvo) 즉 법치국가였다. 법치주의가 새로운 개혁의 중심 테마가 되었다. 종종 이 러시아어의 번역은 아메리카에서는 Rule of Law로 하기도 한다. 그러나 '법에 기초를 둔 국가'와 '법의 지배'는 차이가 있다[234].

---

232) 1768년 이전에는 모스크바 대학 법학부의 교수는 전원 프로이센 사람이었고, 도이치어로 강의했다고 한다. 따라서 1768년 데스니츠키가 최초의 러시아인으로 러시아어를 쓰는 법학 교수였다고 한다. 참조, 김 철, 같은 책 p.518 (1989년)

233) 김 철, 위의 책, p.518 데스니츠키의 그의 시대에 있어서의 지배적인 법이론과 법이론가와의 관계는 약술하기에는 큰 문제이다. 푸펜도르프와 당시 모스크바 대학의 법학부를 지배했던 독일인 학자에 대한 그의 태도와 아담 스미스와 존 밀러의 그의 사상에 미친 중요한 영향 및 윌리암 블랙스톤과의 다소 애매한 관계가 참조가 된다. 1770년대의 일이다.

234) 윌리암 버틀러는 '법에 기초를 둔 국가'와 '법의 지배'의 차이를 인정하여 '법의 지배 국가'라는 표현을 사용한다. 그 이유는 법 개념 중에서 보다 넓고 보다 근본적인 개념을 옹호하는 사람들에게 혜택을 주기 위함이라고 한다. 이때 넓은 의미의 법은 권리와 정의 그리고 언제 어디서나 우선하는 도덕법칙과 일치하며 어떤 시민이나 국가에 의해서도 침범되지 않는 법의 넓은 개념이라고 설명한다. William E Butler, 윗글,

러시아 법치주의의 개혁 이전의 문제는 무엇이었던가? 먼저 볼셰
비키 혁명전(1917년 이전) 제정 러시아 학자들에 의해서 법치주의
는 뜨거운 논쟁의 대상이 되었고, 물론 그것은 19세기 도이치의 법
학자들로부터 빌려 온 것이었다. 이 법치주의는 혁명 후에는 소비
에트의 정치와 법문헌에서 공식적으로 비난의 대상이 되었다. 이론
적으로 법치주의는 마르크스 레닌주의와 충돌하였다. "법은 모든
사회에서 지배계급의 의지의 반영이며, 국가는 궁극적으로 법에 의
해서 구속되지 않는다."라는 것이 맑스 주의의 교의였다. 그리고
실제에 있어서는 우리가 관찰한 바대로 법치주의는 공산당의 전능
성과 충돌하였다. 그래서 1988년 즉 혁명 이후 71년 만에 법치주
의의 개념이 소비에트 지휘부에 의해서 페레스트로이카 글라스노
스트 그리고 민주화에 덧붙여서 강조되었다. 또한 1917년 이후 처
음으로 소비에트의 법학자들은 법치주의의 개념에 있어서 그들을
한편으로는 플라톤, 아리스토텔레스, 키케로로 연결을 시키고 다른
한편으로서는 로크와 칸트에까지 정치사상과 법사상을 연결시켰
다[235]. 또한 혁명 이전의 제정러시아의 계몽주의 시대와 계몽 군주

윗책, 104 - 105 (1990), 도이치어로서의 법치주의(Rechtsstaat)는 러시아어의 법치주
의와 대체로 같게 보는 것이 서구 학자들의 시각이었으나 이것을 영어로 번역할 때
도이치 어와 러시아 어의 법치주의는 똑 같은 어려움이 있다. 즉 영어권에서의 Rule
of Law로 해석하느냐 또는 방금 우리가 한국어로 쓴 "법에 기초를 둔 국가"로 해석하
느냐의 문제이다. 버틀러가 러시아 어를 번역하는데 있어서 그의 영어에 있어서의 법
의 지배와 같은 넓은 법 개념을 사용한 것은 러시아 어의 앞으로의 법 발전에 그와
같은 희망을 표시한 것이라고도 볼 수 있다. 이미 논한 대로 엄격한 의미에서 도이치
어나 러시아 어의 법치주의와 영어의 법의 지배는 차이가 있다. 참고 유럽에 있어서
형식적 법치주의의 발달에 대해서는 김철, p.16 - 21 「법제도의 보편성과 특수성」,
(Seoul; Myko, 1994)

235) Harold Berman , "The Rule of law and the Law - Based State (Rechtsstaat)" Vol.4,Nr5,
May 1991 *The Harriman Institute Forum* 이 논문은 새로운 러시아의 법치주의와 입헌주
의의 지난 과거와의 관계를 가장 포괄적이고 심도있게 다룬 것이다. 이 논문을 필자
에게 직접 보내준 Harold Berman 교수에게 감사한다. 그러나 한국의 대학사정은 필
자의 연구결과를 수년동안 발표할만한 시간을 주지 않았다.

에 의한 자유주의적 개혁 시대에 논의되었던 것들 중에서 러시아의 법치주의와 도이치의 법치주의를 논한 학자들이 다시 각광을 받고 있다. 역사는 71년 전으로 돌아갔다. 통일된 동서독이 그의 정신적 유대에서 괴테의 문학작품을 다시 확인하듯이 공산주의를 벗어 던진 러시아는 도스토예프스키와 뚜르게네프의 두 가지 전통으로 돌아갔다. 이미 짐작하듯이 계몽시기에 있어서의 법치주의의 뉘앙스도 자유주의적 개념에서 수정된 군주 주권에까지 두 가지의 방향이었다. 그러나 페레스트로이카까지의 지배적인 소비에트의 법학자의 특징은 국가에 의해서 포고되고 인정된 법률과 분리되거나 혹은 더 높은 권위를 가진 어떤 법의 개념도 일반적으로 무시하거나 거부하였다236). 법사상에서 볼 때 따라서 소비에트 법은 헤겔과 맑스의 지적 전통 즉 강한 국가주의에 의한 이데올로기의 실현이라는 맥락에 서 있었다.

3.2. 서양 법 전통에 있어서의 고차 법(高次法)

서양 법 전통에 있어서, 국가보다 높은 법의 개념은 12세기에 처음으로 체계화된 神法과 자연법의 이론으로 되돌아간다. 그리고 이와 같은 넓은 법 개념이 교회 법의 관할에 속하는 사람들과 세속 법의 관할에 속하는 사람 들 간의 갈등 관계 그리고 세속 법 체계에 있어서도 왕의 법, 봉건 법, 도시법, 상인 법에 속하는 사람 들

---

236) 참조. 같은 논문 각주 15. 덧붙일 것은 이따금씩 자연법의 방향에 대해서 약간의 주의를 전혀 하지 않은 것은 아니었다. 그러나 국가의 권위와 밀착된 법, 즉 실정법주의에 대한 강한 집착이 1990년대에 이르기까지의 소비에트 전통의 법학자의 가장 큰 특징이다. 이런 점에서 이미 해체되었으나 소비에트법 체계는 존 우(John Wu)교수가 1955년에 사회주의 법은 (논리적 목표를 향해 추구되는 실증주의라고 주장한 것은 타당한 것이다. 참조 김철, 같은 책 p.46. (1989년)

간의 갈등 관계로 돌아간다. 실로 교회법과 세속 법의 관할 충돌이 정치적 주권보다 더 높은 법의 원천을 찾아내는 노력으로 이어졌다237). 한국의 법학도도 익숙한 자연법과 실정법의 구별은 처음에는 신학자들과 교회법학자들에 의해서 쓰여졌다. 그들이 실정법이라고 했을 때 입법자에 의해서 부과된 법을 가리키는 것이며, 그들이 신의 법이라고 했을 때 한편에 있어서는 성서에서 다른 한편에 있어서는 인간성, 인간 이성과 양심에서부터 출발한 자연법이 연원이 된 것이다. 16세기와 17세기에 이르러서 부분적으로 교회가 왕권에 복속함으로 인해서 통치자의 의도보다 더 높은 법의 원천이라는 생각이 처음으로 심각하게 도전되어졌다. 그러나 국가의 최고 통치자가 그의 뜻을 맞추어야 될 신의 법이나 자연법이 존재한다는 것은 여전히 부정되지 아니하였다. 이 시대 새로운 철학적·과학적 개념이 법학에 있어서 당위와 존재의 구별을 하게 되었고, 이 구별 때문에 주권에 대한 새로운 정치 이론은 누구나가 주권자의 명령이나 존재하는 어떤 법에 대해서 도전하는 권리를 부인하였다. 당위와 존재의 구별이라는 한국의 법학도가 처음부터 익히는 당연한 전제는 근세 국가주의 시대의 산물이며, 이와 같은 편리한 법철학으로 말미암아 근세 절대 주권은 강화되었으나 법학은 이전의 풍부한 내용을 상실하였다. 이와 같은 국가주의에 입각한 법학에 의해서 신의 법과 자연법은 존재하는 법의 영역으로부터 제거되어 도덕의 영역으로 물러갔다. 따라서 남아있는 법은 오로지 국가의 실정법으로서 강제력을 가지는 법이 되었다. 이와 같은 16세기와 17세기의 절대주의 왕권에 봉사한 법학과 법 개념에 대해서 반격

---

237) Harold Berman, *Law and Revolution : The Formation of the Western Legal Tradition*. (Cambridge; Havard, 1983)

을 가한 것이 17세기 잉글랜드와 18세기의 아메리카 및 프랑스 혁
명이었다[238].

우리 나라의 경우 1910년부터 시작된 식민지 치하 이전인 구한
말의 법관 양성소 시대에도 일본의 메이지유신(1889년[239])의 영향
을 받았다고 할 수 있다. 메이지 헌법은 도이치의 헌법 모델에 따
랐고 도이치의 법사상이 그 구조와 사상에서 내재되어 있었다. 또
한 그것은 전통적인 황제와 국가에 대한 일본인의 태도를 사용하
였다. 예를 들면 메이지 헌법 제 3조는 "황제는 신성하고 불가침이
다.:" 半공식적인 일본 제국의 헌법 코멘타르(Commentar)를 쓴 이
토 히로부미에 의하면, "황제는 하늘에서 내려왔으며, 神적인 성질
을 갖고 있으며, 신성 불가침이다[240]." 따라서 대한제국의 경우 그
성질상 절대 군주 내지 계몽 군주의 초기 모습이었으므로 일본의
경우를 참조했다고 할 수 있다.

역설적으로 법의 우위라는 의미에서의 법의 지배는 가장 최초로
는 1649년의 재판에 회부되어 반역죄로 사형 언도를 받은 찰스 1
세에 의해서 쓰여졌다. 찰스 1세는 청교도 혁명 때 청교도 의회에
대해서 자신을 변호하기를, 의회는 그를 재판할 법적 권위를 가지
고 있지 못하며 따라서 그 재판은 잉글랜드의 근본법을 위반했다
고 항변했다. 그는 주장하기를 청교도 체제는 법의 지배 없이 권력
이 지배했으며 이 왕국이 번영했던 모든 정부 체제를 변화시켰다
고 주장했다[241]. 1885년에 다이시는 잉글랜드와 아메리카에서 널리

---

238) Harold Berman, 같은책 (1983)

239) 메이지 헌법에 대해서는 참조. Richard H. Minear, *Japanese Tradition and Western Law*
    p.1 - 2, 33 - 34, 106 - 107 (Cambridge; Harvard, 1970)

240) Ito Hirobumi, *Commentaries on the Constitution of the Empire of Japan* tr. Ito Miyosi
    (Tokyo,1889), p. 6

쓰여 지게 되는 '법의 지배'라는 용어를 그의 헌법학 입문에서 사용하였다. 즉, 법의 지배에서 정의의 기본 원칙은 심지어 가장 높은 입법 당국에 의해서도 합법적으로는 침해할 수 없다 라는 것이다. 찰스 1세와 마찬가지로 그는 가장 기본적인 법원칙을 근본법 즉 잉글랜드 헌법에서 찾았다. 일시에 제정된 것은 아니었으나 1215년의 마그나 카르타, 1628년의 권리청원, 1679년의 Habeas Corpus 그리고 가장 중요한 것은 1689년의 권리장전과 함께 역사적으로 진화하는 보통법(Common Law)에서 찾았다. '법의 지배'의 용어는 아메리카에 있어서는 다소 다른 의미로 쓰여 지게 되었다. 잉글랜드가 합법성의 역사적 기초를 강조한 데 비하여 아메리카 인들은 연방과 주의 성문 헌법적 기초를 강조하였다. 연방과 주의 헌법은 종교의 자유, 스피치의 자유[242], 언론의 자유 그리고 결사의 자유와 같은 시민의 자유를 선포하였다. 더하여 미국 헌법 수정 5조와 14조에 담긴 적법절차의 아메리카 적 개념은 '절차적 정의' 뿐만 아니라 '실체적 정의'까지 포함하게 되었다. 아메리카 인들은 그들의 잉글랜드 조카들과 달리 의회 대신에 사법부에 헌법을 지킬 권위를 부여함으로써 견제와 균형(Checks And Balance)의 정부 체계를 도입하였다. 따라서 이것은 법의 지배의 개념에 새로운 차원을 추가한 것이 된다. 왜냐하면 적절한 사례에 있어서 시민은 어떤 법원에서도 입법부에 대해서 법률이 틀렸다는 것을 다툴 수 있게 되었기 때문이다. 아메리카에서 새롭게 만들어진 입헌주의와 입

---

241) "His Majesty's Reasons against the Pretended Jurisdiction of the High Court of Justice", reprinted in *A Collection of scarce and valuable tracts on the most interesting and entertaining subjects*, series I, vol, p.169. (London, 1748)

242) 아메리카 헌법에 있어서의 스피치의 자유는 우리 나라의 언론의 자유에 속하는 일부를 포함한다. 즉 공개적 연설은 스피치의 자유에 속한다. Press의 자유는 우리나라에서의 언론 매체의 자유에 해당된다.

헌성은 지금 이야기된 여러 가지 원칙들을 다 의미하는 것으로서 아메리카에서는 쓰여 져 왔다[243].

신대륙의 입헌주의에 내재하는 철학은 잉글랜드의 역사적 법학 뿐만 아니라 자연법 이론을 내부에 가지고 있다. 즉 이성과 양심에 뿌리를 둔 어떤 종류의 도덕 원칙은 법적 구속력을 가지는 것으로서 생각되어진다. 이 점에 있어서 국가주의에 기원을 둔 절대주의적 입헌주의와는 날카롭게 대비 된다[244]. 이 헌법의 언어는 법적 문서에 성문화되어 있다는 의미에서는 실정적 이다. 그러나 헌법 언어가 궁극적으로 '자연'과 '자연의 神'에서 유래되었다는 점에서는[245] 그들의 성문화된 형식을 뛰어 넘는 것이다. 따라서 헌법의 언어는 세대에서 세대로 옮아가면서 새로운 상황에 맞게 법원에 의해서 의식적으로 조심성 있게 조정되어지는 것이다[246]. 프랑스 혁명에 있어서 군주에 의한 자의적인 통치와 귀족의 불의한 특권에 대한 공격은 주로 "인간과 시민의 권리"의 이름으로 행해졌다. 그리고 인간과 시민의 권리는 입법, 행정, 사법을 엄격히 분리함으로써 보호되어질 것 이었다[247]. 1791년의 헌법은 개인의 자연적 자유에 리스트를 포함하고 있었고 입법부는 여기에 침해할 아무런 법적 권한이 없다고 선언하였다. 그러나 실행의 문제에 있어서 그들에게는 잉글랜드와 같은 오래된 역사적 전통에 호소할 수도 없

---

243) 참조. 위의 논문, p.2

244) 1776년과 1781년의 아메리카 헌법은 1871년의 비스마르크 헌법과는 스펙트럼의 양 극단에 있다.

245) 이것은 1776년의 독립선언서에 나타난 언어이다.

246) Harrold Berman의 윗글 p.3

247) 삼권 분립의 이론은 흔히 몽테스키외의 "법의 정신"(1748년)에 까지 소급한다. 몽테스키외는 권력분립의 원칙을 잉글랜드 헌법에 유래한다고 잘못 인용하고 있다. 재인용, 해롤드 버만의 위의 논문 p.3 note 7.

었고 입법부를 구속하기 위해서 사법부에 입법을 무효로 선언할 힘을 줄 수도 없었다. 이와 같이 프랑스의 개념에서는 법의 궁극적인 원천은 입법 행위이며 입법부의 입법권에 대한 외부적 통제는 단지 선거 구민의 정치적 통제인 셈이다. 행정부와 사법부는 입법부를 견제하거나 균형 시킨다고 생각되어지지 않으며 오히려 입법된 법률을 각각 집행하거나 적용할 뿐이다[248]. 따라서 프랑스에 있어서의 법치주의는 고차 법(高次法)[249]이 아니라 국민의 여론에 프랑스 국가가 마지막으로 책임지는 것이라 생각되어진다. 따라서 법학적 용어로는 이러한 프랑스 헌법 장치는 실정법 이론을 반영하는 것으로 보여 진다. 실정법 이론에 의하면 법은 일단의 법적 규

---

248) 1791년의 헌법은 프랑스에서는 입법부의 입법 행위의 결과인 법에 우월 하는 것은 없다고 선언했다. 이런 견해는 계몽 시대의 개념을 반영하는 것으로서 '사람에 의한 정부'가 아닌 '法에 의한 政府'라는 계몽 시대의 이념을 나타내는 것이다. 종종 흔히 우리가 이야기하는 대로 '人治'가 아닌 '法治'라는 식의 단순 법치 개념은 지금까지 얘기되어 온 법의 지배와 혼동되어져 왔다. 그러나 구별되어져야 한다. 보라. 해롤드 버만, 위의 논문, p. 10, 각주 8 동아시아에 있어서 법치주의의 내용이 가장 간략하게는 '人治가 아닌 法治' 그리고 '法은 議會가 만든다.'라는 것으로 '프랑스에 있어서 앙샹 레짐의 절대 왕권 시대를 벗어나는데 있어서 중요했던 것처럼 역시 동아시아인들이 동양적 전제 정을 벗어나는데 필요했던 것처럼 보인다. 그러나 현대의 대중 민주정치에서 정치권력이 불의하게 의회의 다수석을 점하는 경우에 있어서는 이와 같은 계몽 시대의 기초적 법치주의만으로는 견제와 균형이 불가능하다는 것을 알 수 있게 된다. 따라서 잉글랜드에 있어서의 오래된 不文의 전통 또는 아메리카에 있어서 '냉정한 이차적 사고'를 할 수 있는 '가장 덜 위험한 정부 기구(司法府)'의 강력한 견제 장치가 더 진화된 제도이다. 도이치에서는 1945년 이후 헌법재판소에서 다수당의 횡포에 의해서 제정된 위헌적인 법률에 대해 위헌 판결을 내림으로써 의회에 있어서의 다수당의 횡포를 견제하는 역할을 해 왔으며, 이로써 의회 내에서의 소수당의 권익 보호를 함과 아울러 소수당이 지나치게 과격한 행동으로 다수당의 법안 통과를 저지할 필요가 없게 만듦으로써 지나친 정치적 불안정을 예방하는 역할을 하고 있으며, 또한 사법부의 판결에 의한 국민의 권익 침해에 대하여 위헌 심사를 함으로써 사법부에 의한 인권침해를 방지하고 있으며, 이러한 모든 것을 통해서 궁극적으로는 일반 국민의 권익을 옹호하고 있다.

249) 고차법의 전통에 대해서는 보라. 김철, 「법제도의 보편성과 특수성」, p. 35 "법의 문자에 집착함 대 근본법 또는 고차법", p.35 - 40 (Seoul; Myko, 1993) 또한 보라. 같은 사람, 「현대의 법이론 - 시민과 정부의 법」 p. 54 - 75, 특히 Ⅱ. "코먼 · 로에 있어서 고차법의 전통", (Seoul; Myko, 1993)

범과 규칙으로 구성되어진다. 이러한 법적 규범과 규칙은 국가에 의해서 입법되거나 인정되어지고 강제적 제재에 의해서 강행되어 진다. 프랑스 헌법에서는 프랑스 인민의 이름으로 국민의회에서 제 정된 법에 대해서 더 고차의 법적 권위의 이름으로 도전할 수 있는 방법이 없다. 그 고차법(高次法) 역사에서 유래되었든 도덕 원칙에 서 유래되었든 개인 인격의 자연권은 실로 인간의 본성과 인간 이 성에서 유래한다. 그러나 이러한 자연권은 그것 자체가 입법부의 의지를 전복시킬 만한 자연법을 창출하지는 못한다[250].

3.3. 러시아에 있어서의 입헌주의 형성기

1993년 12월의 러시아 새 헌법의 제정에 앞서서 많은 북미 및 유럽 학자들이 새 헌법의 방향에 대해서 러시아 학자와 협조하여 논의하였다. 우리는 러시아 새 헌법의 조문이라든가 해석론에 앞서 서 헌법 제정에 따랐던 많은 입법론적 논쟁을 정리해 보기로 한다. 왜냐하면 러시아 새 헌법의 제정이 몇 가지 점에서 법학도에게 비 교할 수 없는 실험의 장을 직접 제공한 것이기 때문이다. "우리는 신의 실험장을 관찰하였다." 새로운 러시아의 국가 제도를 기초하 는데 있어서 근대 이후의 민주주의 이론이 다시 등장하였다. 민주 주의는 세 가지 요소를 가진다. 첫째 권력이 정부 기관 사이에서 배분되고 또한 정부와 사회 사이에서 배분되었다는 점에서 다원주 의, 둘째 경쟁적인 정치 집단과 규칙적으로 스케줄이 잡히고, 정직 한 선거에서 공직을 구하는 개인, 셋째 시민의 자유의 보장 – 시 민의 자유라 함은 자유로운 스피치의 권리, 자의적인 체포로부터의

---

250) Harold J. Berman, supra. p3. 물론 서구어에서, 우리의 법에 해당하는 용어는 droit, Recht, pravo이고, 법률에 해당하는 용어는 lois, Gesetze, zakony이다.

자유, 투표의 자유와 같은 것이다. - 조셉 슘페터와 사뮤엘 헌팅
톤은 절차의 권리를 강조한다. 즉 권력에 대한 경쟁과 선거에 있어
서의 절차[251].

Freedom House의 분류에 의하면, 1990년대 초에 러시아는 동부
및 중부 유럽 그리고 발틱 국가들과 함께 '부분적으로 자유로운'
범주로 이동하였다. Freedom House의 분류는 연례 보고서에서 지
구상의 모든 국가를 세 범주로 분류한다. '자유로운 국가', '부분적
으로 자유로운 국가' 그리고 '자유롭지 않은 국가'. 만약 지난날의
소비에트 국가가 안정적인 민주주의가 된다면 그 영향은 한때 소
비에트 제국의 구성 국가 전부에게 갈 것이다.

우리는 민주주의와 입헌주의를 이야기할 때의 가장 기초적인 출
발점으로 되돌아간다. 한국인의 뼈저린 경험에서 우선 외관과 실질
을 구별하는 것이다. 민주주의 제도와 입헌 정부의 외관(外觀)과
실질(實質)은 같지 않다[252]. 물론 해체된 소비에트 제국도 적어도

---

251) Brucel. R. Smith "Constitutionalism in the New Russia", Brucel. R. Smith & Gennady
   M. Danilenko ed, *Law & Democracy in the New Russia*, (The Brookings Institution, 1993)

252) 한국의 법학도는 그 시초에서 헌법 개념의 분류를 1. 고유의 의미의 헌법 2. 근대적
   의미의 헌법 3. 현대적 의미의 헌법으로 구별한다. 고유의 의미의 헌법은 어디서나
   국가와 정부가 있는 곳이면 어느 정도의 기본적 제도는 존재하고 있는 것으로 본다.
   고대 그리스 도시 국가나 고대 로마나 혹은 동아시아의 국가에도 이런 의미의 헌법은
   존재한다. 참조 김 철. "포스너의 입헌주의 경제학 연구 서설 - 한국 법제도의 법 경
   제학적 접근을 위하여"「숙명여대 경제경영연구소 논문집」(1997년). 2. 근대적 의미
   의 헌법은 근대라는 시대적 가치 개념이 들어가 있는 것으로 특별히 서구의 근대 즉
   17세기, 18세기, 19세기에 있어서의 시민 혁명의 결과와 관계된 정치제도, 국가 제도
   를 가리킨다. 3. 현대적 의미의 헌법은 1차 대전 종전 이후의 주도적인 선진국에서
   나타난 개념으로 근대적 의미의 헌법보다 더 나아간 특히 사회적 경제적 권리와 질서
   에서의 현대 법의 이념을 나타낸 것이다. 참조, 김철수·「헌법학 개론」(박영사, 2000
   년), 권영성·「헌법학 원론」(법문사, 2000년), 허영·「한국 헌법론」(박영사, 신정 9
   판). 이상이 한국의 법학도와 법조인이 친숙한 입헌주의에 대한 기초개념이다. 이 모
   든 분류보다 더 의미있는 것은 칼 뢰벤슈타인의 '장식적 의미의 헌법' 또는 '명목적
   의미의 헌법' 이라는 개념이다. 이와 별도로 한국 법 문화 전반에 걸친 명목주의, 형
   식주의, 외관주의에 대해서는 참조, 김철, "현대 한국 문화에 대한 법철학적 접근"「현
   상과 인식」2000년 봄/여름 호

쓰여 있는 데로는 대단히 인상적인 시민들의 자유를 열거하고 있는 헌법을 가지고 있었다[253]. 이미 논한 대로 페레스트로이카 이후에 나타난 제정러시아 전통의 법치주의는 다음과 같은 현대적 법치주의의 중요한 점을 결여하고 있었다. 첫째 시민의 정부에 대한 참여, 둘째 인권의 보장, 셋째 권력분립, 넷째 (이것은 참으로 러시아인들에게는 생소한 것이며, 경우에 따라서는 가장 이질적인 성격인 것인데) 고차 법(高次法)의 존재와 대중의 권력. 네 번째의 요소는 이미 논한 대로 해체 이후의 러시아가 그들의 전통을 따라서 제정 러시아 시대로 돌아갔을 때 찾을 수 없는 요소이다. 또한 이미 법치주의의 유럽적 기원에서 밝힌 대로 프로이센 기원의 군주를 중심으로 한 법치주의에서도 찾을 수 없는 것이었다. 대중의 권력과 고차법의 문제는 러시아인들에게는 가장 아메리카적인 것으로 보여 지는 것이다. 국가 구성의 문제에 있어서 제정 러시아나 혹은 혁명 이후의 볼세비키 정부에 있어서도 일관된 태도는 무제한한 정부의 특징이다. 이 점에서 건국 초기부터 그렇게도 많은 노력을 제한된 정부에 초점을 맞춘 그래서 권력의 균형과 개인의 자유라는 결과를 가져온 1776년 이후의 신대륙의 경험과는 스펙트럼의 극단에 있다고 할 수 있다.

---

253) 1950년대 후반부터 모스크바는 소비에트 법을 법전화하는데 노력하였다. 이러한 법 개혁은 1977년의 소비에트 헌법 채택에도 나타난다. 또한 체계화하고 근대화시키려는 노력은 1980년에 소비에트 법전의 출간으로 나타난다. 문제는 이와 같은 공개적 법의 쇄신은 오로지 관료기구 내부에서만 쓰이도록 만들어졌다는 것이다. 시민의 국가에 대한 관계는 변하지 않았고 법이 국가권력의 수단이 되는 것 역시 변하지 않았다. 참조, Brucel. R. Smith, 같은 논문(1993)

3.4. 러시아에 있어서의 국가주의 전통

　1147년 슬라브인들이 모스크바 부근에서 정착했을 때부터 몽고인들과의 투쟁은 시작되었다. 1294년 징기스칸의 후계자였던 쿠빌라이 칸의 사망 시에 모든 아시아와 동유럽의 일부분이 칸(Khan)들의 영토로 나뉘어졌다. 헝가리와 왈라키아에 이르는 지금의 러시아와 독립 주권국가의 영토들은 킵차크 칸 제국에 속하였다. 이와 같이 러시아는 그 국가 성립의 주요기에 항상 몽고인들과 영토를 다투었고 모든 군주는 사실상 戰士였다. 그들의 일상은 몽고 인들과의 끊임없는 피의 대결로 특징지어졌다. 이름 있는 러시아 왕과 황제의 업적은 타타르인과의 전투와 승리에서 비롯된 것이다. 국가 공인의 그리스 정교회도 타타르인에 대한 승리를 신에게 기원하는 데 주요한 역할을 하였다[254]. 로마노프왕조가 그의 영역을 확대함에 따라서 러시아의 최전방 부대인 코사크는 대륙의 동쪽으로 이동하였고 1640년에는 태평양에 도달하였다. 슬라브인의 역사는 이와 같이 생존의 주요 기반을 국가를 통한 영토 확보에 두고 있었다. 따라서 강력한 군주와 강력한 국가는 생존의 제일 조건이었다. 봉건주의에서 절대주의로 이행 과정 중의 러시아에 외국 방문객이 규범 및 제도의 관찰자로서 다음과 같은 자료를 수집하였다. 1) 러시아 입법의 내용, 2) 법원 구성과 사법 개혁의 서술, 3)법 이론가에 대한 일차 및 이차의 자료/재판 과정, 변호인의 역할 그리고 선고의 집행, 4) 좋든 나쁘든 다른 법체계에 대한 러시아의 경험에 대한 비교 분석과 같은 그런 것들이다. 외교 및 교역상의 예양(禮讓)을 젖혀놓는다면 다수 서구인의 러시아가 운영하는 법제도 및

---

254) 김 철, 「러시아 소비에트 법 – 비교법문화적 연구」 – p.21, 그림 17, 민음사, 1989
　　또한 같은 책, p.214, 지도 18 참조.

법에 대한 러시아인의 일반적 태도에 대한 결정적인 표현은 잔인함이라고 할 수 있다[255]. 러시아인의 법에 대한 태도는 다음과 같은 언급에서 나타난다. "나라의 법의 대부분은 형법이며 모든 민사 관계법은 부정적(否定的) 유시(諭示)로 이루어져서 금지 조항으로 구성된다. 이것은 다른 나라에서는 종교나 시민의 역할에 해당하는 것이다. 시민은 흡사 최하층의 천민이 그의 상관에게 하듯 아첨하며 비굴하게 법에 대한 의무를 행하며, 종교상의 의무는 놋쇠 십자가를 벽에 걸어 두는 것으로써 수행한다."[256] 그러나 러시아인의 자존심은 미하일 로마노프가 황제로 선출된 이후 그들의 국가를 로마 제국의 계승자로 자부할 만큼 국가적 자존심이 높았다. 비잔틴 기독교의 전통을 계승한 제3 로마 제국으로 자부하였다. 1780년 피터대제가 뻬쩨르부르그(St. Petersburg)를 서구 세계를 향한 창문으로 건설하고 서구화를 지향하였다. 이때 러시아는 절대 왕권의 극성기에 도달했다. 러시아의 계몽 시대는 절대 군주에 의하여 열려졌다. 예카테리나 여제는 한편으로는 무력으로 영토 확장을 꾀하고, 다른 한편으로는 유럽 원칙에 의한 입헌주의적 정부를 만들려고 했다. 이는 절대 군주에 의한 입헌주의 도입의 예라고 하겠다. 실로 러시아에 있어서의 자유주의의 소개도 절대 군주에 의한 것인데 여제는 프랑스 계몽주의의 대표자들과 친밀한 관계를 유지했다. 러시아 제국에 있어서의 최초의 법치주의도 이와 같은 절대 군주에 의해서 시작 되어졌다. 1767년 새로운 법전은 몽테스키외와 베카리아의 저작에 근거를 두고 만들어질 예정이었다. 여제의 653항에 달하는 입법 조항은 신민(servant people)의 모든 생활에 걸쳐

---

255) 김 철, 위의 책, p.62

256) 참조, 같은 사람, 같은 책, p.63

있어서, 우리로 하여금 프로이센 제국의 빌헬름 프리드리히 1세의 프로이센 일반란트법을 상기하게 한다. '어머니가 그의 아기에게 젖을 먹일 의무', '하루에 몇 번 젖을 먹일 의무'가 빌헬름 황제의 입법내용이었다[257]. 프로이센의 국가주의는 부국강병책에 기본을 두고 있었다. 따라서 신민의 모든 가족 생활은 건강한 병사를 산출하는데 목적이 있었다[258].

예카테리나 여제의 '자유주의적인' 그리고 '인간주의적인' 개혁은 농노 출신인 푸가초프의 반란으로 중지되고 절대주의로 복귀하였다[259].

1917년 혁명 이후 소비에트 국가를 건설한 이데올로기를 제외한다면, 비교 법학도나 헌법학도가 특징적으로 얘기할 수 있는 것은 다음과 같다. 인간의 국가에 대한 관계에서 플라톤 이후 소비에트 국가에서처럼 私人의 국가에 대한 역사상 가장 완벽하고 예외 없는 시인(是認 endorsement)은 전례 없는 것이다. 실로 소비에트 사회주의 헌법에서 국가는 절대적 존재로 신격화(神格化)된 것이다[260]. 이와 같은 극단적인 국가주의는 제정 러시아 때의 러시아인들의 삶의 방식과 아주 멀리 떨어져 있다고 생각되지 않는다. 여기에서의 발견은 제정 러시아 때나 소비에트 시대나 극단적인 국가주의는 마찬가지이고 이는 러시아의 전통으로 볼 수 있다. 레닌은

---

257) 프로이센 일반란트법(Allgemeine Landrecht für die preussischen Staaten, 1794.6.1.공포)은 사생활의 말단까지도 규율하려 하고 있다. 그것은 일반적인 명제를 따르면서 높은 정도의 공동체 구속성을 강조하고 있다. 같은 법 II-20 §174-181은 부부의 성생활에 대한 세밀한 관계까지 법적인 권리 의무로서 규정하고 있다. 이것은 신민의 국가에 대한 의무가 생활 관계에 기본이 된 것이다. 즉 신민은 건강한 병사를 산출하여야 한다. 참조, 같은 사람, 같은 책, p. 16

258) 김 철, '유럽에 있어서의 형식적 법치주의의 발달', p.16-18 「법제도의 보편성과 특수성」, (Seoul; Myko, 1993)

259) 김 철, 미발표 영문 원고, "Russian Jurisprudence", (1992)

260) 참조, 김 철, 같은 책, p. 41, 3) 사회주의 헌법 체계의 요소들 특히 p.42, (1989)

“모든 법은 공법이다.”라고 말했다. 또한 절대주의 제정 러시아에 있어서 최상층의 귀족을 제외한 신민이 국가에 대해서 어떤 요구를 할 수 없었다는 것이 국가주의의 예가 될 것이다[261].

3.5. 1990년대 러시아에 있어서의 법과 국가와의 관계

1990년 11월에 러시아 연방의 최고 소비에트에 제출된 러시아 연방의 헌법 초안에서 비로소 국가보다 더 높은 효력을 가지는 법의 용어로써 사고하는 흔적이 보이기 시작했다[262] 헌법 초안은 법(pravo)과 헌법의 우위를 선포하고 “국가와 모든 기관 그리고 공무원은 법과 헌법 질서에 의해서 구속된다”라고 선포하였다. 그리고 “러시아 연방의 헌법은 공화국의 가장 높은 법이다.”라고 하고 있다. 또한 “헌법의 조항과 모순되는 법과 입법 행위는 법적 효력을 가지지 않는다”라고 하고 있다. 다시 초안은 “법 규정(zakon)은 적법성(pravovym)을 가져야 한다.”라고 하고 있다. 또한 “시민은 그들의 권리를 독립적으로 행사하며, 따라서 시민의 권리는 헌법에 의해서 국가가 제한할 수 있을 지라도, 권리 그 자체가 국가로부터 부여되는 것은 아니다”라고 하고 있다. 시민의 권리에 대해서 그 내용이 국가에 의해서 주어지지 않는다는 것을 명시함으로써 러시아는 A. D 862년 이후의 국가 생활에서 처음으로 국가주의에 의해 결정되지 않는 시민의 권리를 밝힌 것이다. 이 헌법 초안은 “헌법

---

261) 참조, 고골리, 외투, 이 기념할 만한 절대주의 시대의 삶의 기록의 배경은 제정 러시아가 잘 분류되고 계층적으로 조직된 황제의 관료 집단에 의해서 통치되는 국가라는 것을 보여준다.

262) “Draft: Constitution of the Russian Federation: Document published by decision of the Constitutional Commission of the RSFSR,” in Sovetskaia Rossia, November 24, 1990, p.1 − 8.

의 규범은 직접적인 적용을 할 수 있다."라고 규정하고 있다. 위헌으로 간주되는 법이 문제가 될 때, 법원은 절차를 지연시키고 헌법 재판소의 심리에 돌릴 수가 있다. 헌법 재판소는 헌법을 침해하는 모든 법률, 명령 또는 규범적 입법 행위를 무효화시킬 수 있는 권한과 의무를 가지게 되어 있었다. 또한 어떤 국가 기관과 공무원의 결정과 행위가 시민의 헌법적 권리를 침해할 때에는 정규 법원에 제소하게 되어 있었다. 따라서 1990년의 러시아 헌법 초안은 입법 행위에 대한 헌법심사와 사법 심사 양자 모두 예비하고 있었다.

1990년의 러시아 연방 헌법 초안에서 자연권의 개념이 나타났다. 즉 사람, 사람의 목숨, 영예, 위엄과 자유 그 외 자연적이고 양도할 수 없는 권리는 최고의 가치를 이룬다 라는 일반적인 선언을 하고 있다. "인간의 권리와 자유는 태어날 때부터 인격에 속한다. 따라서 헌법과 법률에 나타난 권리와 자유는 다른 인간의 권리와 자유를 축소하는데 쓰여 져서는 안된다." 이 개념은 러시아 연방이 당사자인 국제 조약(UN인권 규약을 포함한다.)이 러시아 연방의 입법과 다른 규범을 포함할 때에는 국제 조약이 적용될 것이라는 조항에 의해 강화된다. 따라서 국가는 헌법에 의해서 자연권과 천부인권을 침해하지 않게끔 구속되고 또한 보다 상위의 국제적 의무에 매이게 되는 것이다. 이 헌법 초안은 근대적 의미의 헌법의 모든 주도적인 개념과 사상을 가장 선명하게 드러내 주고 있다고 하겠다. 물론 시민의 권리, 즉 정치적 권리, 사회적 권리, 경제적 권리와 문화적 권리를 자연적이고 침해할 수 없는 것으로 선언하는 것만으로는 충분하지 않다263). 선언과 포고(布告)의 법문화는 이미

---

263) 헌법과 법률의 선언적(宣言的) 효과는 종종 헌법과 법률의 내용을 역사적 경과로서 노력하여 얻거나 체험하지 못한 문화의 경우에 두드러진다. 법문화 중에서 강령적·선언적 면과 실천적 면이 다른 방향으로 발달하게 되는 경우가 있다. 근대 이후에 시

소비에트 국가에 있어서도 충분했었다. 이제는 여러 권리가 훼손되지 않도록 방지하는 기제(機制)를 준비하는 것이 필요하다. 1990년의 러시아 연방 헌법 초안이, 만약 의회 입법이나 행정 입법이 헌법과 충돌할 때에는 전자를 무효화할 수 있는 권한과 의무를 사법부에 부여한 것은 이런 방향으로의 중요한 발전이라고 여겨진다. 그러나 사법 심사권에 의한 사법의 우위만이 완벽한 보장은 아니다. 왜냐하면 사법 심사를 실행할 때 사법부는 시민의 권리와 공공 질서를 보호하는데 있어서의 사회의 이익과 헌법에 밝혀진 다른 공공 이익들을 교량 하여야 되기 때문이다. 이 문제에 대해서 러시아 연방 헌법 초안은 18세기의 계몽주의의 정신으로 돌아갔다고 할 수 있다. 실로 러시아는 약 80년간 계속된 소비에트 국가 형태

민 문화가 위로부터의 권위에 의해서 진작되어진 곳에서는 선언적·강령적 법문화가 특징이다(레닌에게 있어서 헌법이라는 것은 프로그램의 문제였다). 논리만이 강조된다. 다른 한편, 근대 시민 사회가 반대 방향으로 성립한 곳에서는 실천적 면이 두드러진다. 역사 의식이 강조된다. 이것은 근대적 법 가치를 중심으로 할 때의 표준이다. 세계 제2차 대전 이후의 신생국이 봉건주의나 권위주의에서 벗어나서 새로운 국가를 건설할 때에도 선언적·강령적 법문화가 우선한다. 또한 어떤 문화가 명목 가치(名目價値)를 발전시켰느냐 그렇지 않느냐에 따라 달려 있다. 또한 어떤 법문화가 외관 가치(外觀價値)를 중요시하느냐 그렇지 않느냐 에도 달려 있다. 이 문제는 종래의 도식화된 헌법 개념을 쓰는 방식보다 훨씬 더 근본적이고 광범위한 분석이 필요하다. 이를 위한 기초 작업으로 예를 들면, 김철, "현대 한국문화에 대한 법철학적 접근"「현상과 인식」(2000년 봄/여름호)

소비에트 국가의 경우 두 가지 요소가 그들의 법문화를 선언적 강령적으로 만들었다. 첫째로 헤겔 전통의 국가주의가 마르크시즘과 결합한 경우 법의 형성에 있어서 항상 연역적인 방식을 쓰게 되고 역사적 경험을 무시하게 된다. 법적 사유에 있어서도 Top－down(위에서 아래로)의 이론 형성이 주도하게 된다. Richard A. Posner Overcoming Law (Cambridge; Havard, 1995)이론의 경향은 항상 거대 이론, 전체적 이론, 어떤 원칙이 일반적으로 위에서 아래로 작용하여서 세부에까지 이르는 경과를 보여준다. 두 번째로 논리적인 위에서 아래로의 법 사유는 러시아에 있어서도 절대 군주 국가 시대의 절대 권력자의 측근으로서의 법학자의 방식과 같다. 이런 사유는 동아시아에 있어서의 법조 관료나 법학 엘리트에 있어서도 특징적인 것으로 나타난다. 어떤 법 원칙에 의해서 전체 사회를 일관해서 관철시키려는 태도는 일반 법학 그리고 일반 원리의 강조로 나타나게 된다. 이데올로기적 측면을 제외하게 되면 이런 태도는 제정 러시아의 법학자나 소비에트 러시아의 법학자나 또는 후진국의 법학 엘리트가 공통점을 가지고 있다고 생각된다.

를 폐기하고, 다시 유럽의 근대 정신으로 돌아간 것이다. 헌법 초안은 권력 분립의 기본 틀을 채택하는데 있어서는 프랑스 적인 개념을 취했고(몽테스키외를 연상하자) 견제와 균형과 함께 강한 대통령을 선택한 데 있어서 아메리카 헌법의 예에 따랐다고 할 수 있다. 이것은 다당제의 정치 체계와 의회와 대통령의 민주주의적인 선거에서 더욱 그러하다. 그러나 러시아 헌법 초안은 한가지 중요한 점을 결여하고 있었다. 즉 행정 입법이나 의회 입법 또는 사법 결정에 대해 국민이 헌법의 근거 위에서 도전 할 수 있는 여지는 마련되어 있지 않았다. 강한 국가주의, 아니 전능한 국가주의의 전통이 러시아 건국 초부터(9세기) 일관한 이 나라의 법문화에서 삼권이 연합해서 인간의 기본적인 권리를 침해할 경우에는 어떻게 할 것인가? 이 문제는 러시아뿐만 아니라 전통주의(傳統主義)와 국가주의가 결합된 동아시아 또는 정치적 후진국의 공통된 문제이다. 어떠한 국가주의 철학도 이 문제를 실질적으로 해결할 것 같지는 않다264). 1990년의 러시아 연방 헌법 초안의 태도는 헌법의 연원을

---

264) 어떤 종류의 헌법 철학도 이런 문제에 대해 여러 가지 다양한 사유를 전개할 수 있을 것이다. 그러나 우리가 관심을 갖는 것은 객관적 제도의 문제이다. 모든 종류의 국가 철학과 법철학에 대해서 우리가 궁극적으로 묻고 싶은 것은 주도적인 정치 권력, 사회 권력, 경제 권력 이외에 국가나 정부가 그 스스로가 매일 수 있는 구속력 있는 규범이 실제적으로 발견 가능한가 하는 문제이다. 이 문제는 근대 계몽 시대의 문제이자 - 당시는 절대 권력으로부터의 자유가 큰 명제였다. - IMF외환위기에 의해 노출된 동아시아의 명목적 입헌주의와 법치주의의 문제이자 21세기의 전형적인 민주주의 국가에서도 다같이 끊임없이 나타나는 현실적인 문제이다. 어느 사회에서 주도적인 다수의 자의는 허용 되는가 ? 결단 주의나 혹은 위장된 사회 권력 주의는 이 문제를 설명할 수 없다. 법이 단순히 다수의 의사이고 절차적 합법성을 지니기만 했다면, 법 치주의의 위기에서 인류가 경험했던 것처럼 그 법은 정당화될 수 있는 것일까 ? 네 사람이 모여서 다수의 이름으로 한 사람에게 보통의 이성과 상식에 전혀 어긋나는 처사를 집단주의의 이름으로 강요할 때 정치적 민주주의는 할 말이 없게 된다. 이 문제는 근대의 여명에 있어서도 이미 예견되었던 것이다. 또한 정치적 후진국에 있어서, 입헌주의나 민주주의의 어떤 이름으로서도 쉽사리 행해지는 경향이 있다. 따라서 이런 민주주의에 대한 반동은 여러 곳에서 민주주의 가치 자체에 대한 반동(反動)으로 나타나서 세계 도처에서 집단주의와 결합한 권위주의가 다시 나타나고 있다.

헌법 외부에서부터 확립하려고 기도하였다.

이 연원은 '시민사회'로 불리 우고 헌법의 주된 장들이 여기에 바쳐졌다.

1. 소유자의 양보할 수 없는 자연적 권리, 노동자가 노동조합을 결성하고 단체적인 노동 협약을 체결할 권리, 그리고 私人과 私人의 연합이 기업체를 형성할 자유 2. "가족은 사회의 자연적 최소 단위 즉 세포이다." 3. "문화, 과학, 연구, 교수는 자유롭지 않으면 안 된다." 그리고 "지적인 정신적인 영역에 있어서의 다원주의는 보장된다." 4. "매스 미디어는 자유로워져야 되고 검열은 금지된다." 5. "종교적 결사는 국가로부터 분리되어야 한다"., "국가는 어떤 종교나 또는 무신론에 대해서 선택적인 호의를 베풀 수가 없다." 6. "정당과 자발적 공적 조직은 자유롭게 결성된다."

헌법이 근거하고 있는 연원을 찾는데 있어서의 시민 사회(市民社會)는 여섯 개의 절에서 밝혀지고 있다. 주의할 것은 여섯 개의 자연적 자유가 1990년의 헌법 초안 외부에 존재하며, 헌법의 연원이 되는 것으로 구성하고 있는 것이다[265].

'시민 사회'란 용어는 법학 용어는 아니다. 그러나 1989년 이후에 동유럽과 소비에트에서 일어난 근본적인 변화를 지칭하고 있다. 용어 자체는 그 기원에 있어서 17세기 잉글랜드에서 처음으로 널

Ronald Dworkin은 최근 "민주주의의 개념에는 이미 두 가지 방향이 공존하며 다수결 개념은 그 중 한 방향에 불과하다"라고 요약하고 있다. Ronald Dworkin, "Television and Democracy", unpublished course reading, The Program for the Study of Law, Philosophy & Social Theory, (New York University Law School , Fall, 1995)

265) 흔히 천부불가양의 자유로 헌법상의 문자로 표현되어 있더라도 강한 국가주의의 전통을 가진 나라에서는 헌법 자체가 국가에 의해서 창조되고 국가주의의 표현이기 때문에 사실상 불가침의 자유라도 국가가 부여한 것으로서 해석되어지는 것이 실제의 문제이다. 따라서 헌법만 바꾼다면 이윽고 헌법의 문자가 달라질 것이고 따라서 다수결은 불가침의 자유까지도 실정 적으로 만들 수 있다는 것이 지금까지의 경험이었다. 헌법의 문자적 해석이 얼마나 비실제적인가를 알려주고 있다.

리 쓰여진 것으로서, 홉스의 자연 상태와 대치되는 로크의 사회 계약론과 관계가 있다. 결국 '시민 사회'는 자유주의적 사회 계약론의 영향하에 근대의 인류가 성취하려 했던 시민혁명의 성과와 관계가 있다[266].

제4강 국가 흥망의 요인

4.1. 국가 흥망에 무엇이 요인인가? 또는 국가 경제력을 결정하는 것은 무엇인가?

A. 테크놀로지 또는 과학기술이라는 설이 있다.

　　산업혁명 또는 슘페터의 이노베이션의 예를 든다.

B. 국가 전체의 체력 또는 스포츠의 수준이라는 설이 있다.

---

266) 해롤드 버만, 위의 글, P. 7 또한 P.11의 주 25. 존 로크의 '시민 사회'와 대비되는 흐름은 인간성에 대한 불신에서 출발하는 토마스 홉스의 '리바이어던' 즉 필요악으로서의 거대한 국가주의가 된다. 근대 법사상의 특징적인 두 흐름이 한편에서는 시민 사회를 한편에서는 소비에트 국가와 같은 리바이어던을 가져오게 했다고 할 수 있다. 그렇다면 1989년의 동유럽과 러시아의 혁명은 1700년대의 시민 혁명과 대비될 수 있는 맥락을 찾을 수 있다. 이 경우 동유럽이 시민의 자발성이 더욱 두드러진 경우이다. 공산주의를 축출한 것은 시민들의 자발적 행위로 일단 파악될 수 있다. 러시아의 혁명은 세계적인 추세에서는 동유럽과 같은 궤적이나, 보다 권력 엘리트의 자각과 위로부터의 개혁(페레스트로이카)이 두드러진다. 1997년 현재 시민 사회 성립의 진척은 체코, 폴란드, 헝가리, 발틱 국가가 선도하고 있으며 이것은 근대의 역사적 유산으로 보여진다. 참조, 김 철, 「해체기의 비교 제도론/가치와 제도」, 특히 P.174-5)결론과 전망/구조 변화의 특징/자발성 vs 위로부터의 혁명, (Seoul; Myko, 1994년)
"소비에트 러시아에서의 구조적 변화의 특징은 첫째, 동유럽에서와 같이 시민들의 자발적 봉기와 개입에 의한 것이 아니며, 둘째, 러시아 근대화의 예처럼 「위로부터의 혁명」이며, 셋째, 따라서 자유주의 혁명의 기초였던 근대 자연법의 특징이 나타나지 않으며, 즉 부인할 수 없는 인격의 존엄성과 어떠한 국법 체계도 침해할 수 없는 영역의 선언이 없다. 열거된 특징은 다음과 같이 추론된다.(1991년 현재 관찰로서 지적할 수 있는 것은) …셋째, 제국의 근대화 이후의 전통인 슬라브주의(Slavophil)/서구주의(Europhil)의 대립과 병행하는 집단적 가치 중심(Communitarean Value Centered)과 개체의 가치 출발(individual value-starting)의 분열을 어떻게 해결하고 있는지 문제이다."

고대 그리스 도시국가 중에서 스파르타와 아테네의 예를 든다.

C. 국가사회의 군사력이라는 설이 있다.

세계대전의 승전국의 예를 든다.

D. 국가사회의 경제력이라는 설이 있다.

최근 일만 불 전후의 한국에서 가장 많은 지지자를 갖는다.

E. 국가사회의 단결하는 힘이라는 설이 있다.

흔히 제2차 세계대전 이후의 일본과 서부 도이치의 경제부흥과 관련한다.

F. 어는 국가사회의 총자원이라는 설이 있다. 특히 천연자원의 문제이다.

G. 어느 정도의 규모의 경제학이 통용될 수 있는 총인구, 노동력, 시장규모 등을 말하다.

H. 자기동일성을 식별할 수 있는 문화, 전통의 존재라고 한다. 여기에 정신적 전통도 포함된다.

I. 역사의 단위가 분리되지 않은 상태 – 즉 분단되지 않은 통일국가가 중요하다고 한다.

J. A부터 I까지 다 합친 것이 흥망 또는 경쟁력의 요인이라고 한다.

4.2. 러시아의 국가경쟁력과 다른 나라의 비교 – 일본과 러시아 문화의 비교

A에서 J까지 모든 요인을 다 가지고도 세계 초강대국에서 1997년 스위스 민간단체의 조사통계상 46위의 국가경쟁력을 가졌다고 보도된 러시아의 경우를 본다.

무엇이 문제였던가? 최근 가장 심각한 문제는 가격 자유화로 인한 삶의 질의 급격한 저하에 있다. 문제의 근원은 무엇인가? 러시아 내부의 어떤 논자는 제프리 삭스의 경제정책을 너무 바짝 좇아서 충격요법을 행한 것이 동티가 났다고 한다. "1945년 이후의 일본인들은 아메리카인이 되기를 원하지 않았다."

"일본인들은 그들의 자기동일성을 지켰기 때문에 — 국가주의라든가 또는 전통에 대한 집착 — 전후부흥에 성공했다."

또다시 맹렬한 반성이 전후 서부 도이치의 경제부흥에 대한 선망으로서 나타난다. "도이치인들은 가격 자유화부터 서둘지 않았다." 여기에 대해서 도이치의 흔히 말하는 대로 사회적 시장경제론자들이 이미 19190-년대 초반부터 이론을 제공한 바 있다. "우리는 먼저 노동의 복지부터 건설했다. 다음에 법과 질서를 확립했다. 그 다음에 사회적 시장경제를 도입했다. 네 번째 단계에 시장가격을 자유화했다."

이와 같은 근거에서 최근 러시아의 어떤 지식인들을 시장경제와 가격 자유화를 너무 빠른 것으로 그리고 너무 아메리카적인 경제정책이 삶의 질을 망쳤다고 하고 있다. 그리고 이와 같은 공격에 더하여 역사적으로 1917년의 볼셰비즘 혁명도 러시아 인텔리겐치아의 극단적인 모습이 나타난 것이고 1990년대의 극단적 자유주의도 이런 맥락에서 파악하려고 한다. "한때 마르크스에 흘렸다가 이제는 제프리 삭스에게 흘렸다."

흡사 한국의 흔히 볼 수 있는 현대인처럼 전력을 다해서 일상의 지혜를 얻고자 지난날의 역사에서 다른 나라의 예에서 무엇인가 찾고자 하고 있다.

"지식인들은 추상적인 서구 이론에 빠져서 민중에게 그것을 강요하고 있다. 그래서 도리어 러시아인임을 자랑스럽게 생각하고 있는 많은 사람들로 하여금 국수주의나 보수주의를 지지하게 만들었다.”

이런 이야기를 하는 사람들은 역시 일본의 경우에서 많은 것을 적절하다고 생각한다. 이미 발한 바대로 일본 문화의 단체주의, 그리고 발전의 원동력으로서의 구가주의 또한 제국주의에서 경제적 성취로의 변신, 그리고 무엇보다도 일본의 관료기구 중에서 통산성을 높이 평가한다. 여기서 간과하는 것은 봉건주의와 군사주의의 전쟁전의 일본에서 변신하는 데 있어서의 미국점령군의 역할이다. 또한 일본의 단체주의적 현대화의 다른 모습을 의식적으로 지나치고 만다. 1992년에서 1994년 사이 러시아에서 일어난 ‘민주주의자를 비난하기’는 특이한 것이다. 이 나라에서는 분리주의 운동이 일어났었고 소비에트 유니온의 옛 공화국들에 있어서 공산주의자들이 경제적 통합의 명제 때문에 민족주의에 의거한 분리주의감정을 억압하였다. 인종문제와 소수인종 그리고 공화국과 여러 수준의 자체령과 같은 복잡한 지역주의는 러시아 민족주의에 복잡한 양상을 가져왔다.

일본과 러시아 문화의 닮은 점은 다음과 같다.

첫째, 서구의 선진국에 비교할 때의 후진성

둘째, 낙후성 때문에 따라잡기 발전의 징후가 나타난다.

셋째, 전통적 구조와 가치를 그대로 갖고 있는 경우가 많다.

넷째, 첫째부터 셋째의 이유로 일본과 러시아는 다 같이 대국주의 콤플렉스가 있다.

통상 전통적 구조는 근대화의 걸림이 되기 때문에 근대주의와 함께 부서지는 경향이 있었다. 일본의 특징은 근대화의 과정에 가능한 한 많이 전통적 구조를 편입시키고 이것이 차후의 발전을 위한 굉장한 자원이 되었다는 데 있다.

무엇보다도 집단주의와 연대 책임의 원칙을 활용했다. 일본인들을 복고적인 군국주의적 집단주의와 애국주의를 변형시키는 데 성공했다. 그래서 그들은 '일본주의'의 개념을 쇄신하는 데 성공했다. 러시아 주의는 러시아인들의 특이한 자기동일성을 나타내는 개념이다. 이미 열거된 대로 '위대한 국가주의'는 일본과 러시아의 공통점이다.

1990년대 중반의 러시아 지식인이 찬탄하는 바는 일본이 군사적 대국주의에서부터 가장 발달되고 효과적인 경제를 가진 나라로 고도의 테크놀로지를 가진 나라로 그리고 높은 생활수준, 높은 교육과 의료제도의 나라로서이다. 그리고 러시아 지식인이 마지막으로 찬탄하는 것은 세계 여러 나라의 주요한 경제학자의 조언과 권고를 넓게 활용하면서도 일본인 자신은 유럽인이 되려고도 하지 않았다. 러시아인들이 어느 때에는 서구인이 되려고 한 것과 비교된다고 한다.

나폴레옹 전쟁 이전의 제정 러시아의 사정은 다음과 같다.

궁전에서는 공식용어로 프랑스어가 쓰였다. 상류사회의 사교계도 프랑스어를 썼다. 과학용어는 영어에서 온 듯하다. 1700년대 후반에 설립된 모스크바 대학의 경우 상당히 오랫동안 법학부의 교수 전원이 도이치 사람이었다. 러시아인이 러시아어로 러시아법을 가르치는 데는 상당한 오랜 준비기간이 필요했다.

최근의 러시아 지식인은 이런 사정을 다시 생각하는 듯하다.

그러나 다른 후진사회에도 해당될 만한 이와 같은 논의는 그것 자체가 다른 차원을 가리키는 듯하다.

서구주의와 슬라브주의는 페레스트로이카 이후 특히 정치적 불안기의 1990년대 초 그리고 경제적 불안기의 1990년 이후 지금까지의 모든 기간을 논의의 초점이 국내적으로 된 듯하다. 국수주의자, 애국주의자, 슬라브주의자, 공산주의자들이 민중에게 호소력을 가진 배경에는 이와 같은 오래된 정열에의 호소가 있는 듯하다.

그러나 이 서구주의와 슬라브주의의 갈등은 다른 중요한 문제를 감추고 있는 듯하다. 현상에 있어서 파국적으로 보이는 것은 경제 생활의 마비이며, 이 때문에 다른 무엇보다도 제2차 세계대전이 막 끝났을 때 전쟁 전의 모든 국가제도와 자랑거리를 송두리째 과거의 것으로 돌리고 전쟁의 잿더미에서 다시 출발한 제2차 세계대전 전범의 나라, 즉 일본과 도이치의 예를 참조하려고 하는 것이다. 그런데 우리 한국인들도 마찬가지로 흔히 이야기하듯이 일본과 도이치의 경제의 기적은 오로지 '경제논리' 또는 '경제적 생활'에서만 온 것일까?

러시아인들은 지금 전후의 라인 강의 기적을 가지고 싶고 또한 일본혼의 기적을 불러오고 싶다. 지금 당장에.

그런데 1997년의 한국의 경제 지상론자 또는 경제전문가들이 흔히 이야기하듯이 경제적 번영은 오로지 정치, 사회, 문화적 생활과 분리되어 흔히 이야기하듯이 경제논리와 실천에서만 가능한 것일까?

러시아의 최근 어떤 지식인들이 빠뜨린 중요한 점은 한국의 지난 세월 동안 경제론자들이 빠뜨린 점과 거의 유사하다.

첫째, 국가의 근본제도와 기본제도가 패전 후 어떻게 달라졌는가

둘째, 전후 일본과 독일에서 진행되었던 전범처리와 이와 관련된 문제들

셋째, 경제적 번영을 가능케 한 사회의 주된 분위기가 어떻게 조성되었는가

넷째, 이미 러시아의 어떤 지식인이 지적한 바대로 일본의 예에

있어서 연속된 전통과 단속으로 인해서 새롭게 전개된 것
과의 관계

이 문제에 있어서 러시아의 어떤 지식인은 일본의 예에 있어서
오로지 연속적인 것만 강조하고 있다. 이런 강조는 처음에는 전후
일본에 새로운 국가기본제도를 전수한 아메리카 사람들에 의해서
시작되고 점차로 한국인에게도 특히 1980년대에 강조되었다. 그러
나 이러한 연속적인 것보다 더 강조해야 하는 것은 오히려 전전과
전후의 기본제도의 아득하리만큼 멀리 떨어진 단절이 아닐까? 판단
의 선후가 바뀐 듯하다.

서부 도이치의 경우도 1960년대와 1970년대에 결과로서의 그들
의 경제가 세계의 주목을 끌고 나서 비로소 도이치인의 자기동일
성, 즉 전전과 전후를 잇는 어떤 것의 존재를 내세우기 시작한 것
이 아닌가?

따라서 1994년의 러시아의 어떤 지식인이 일본경제 또는 도이치
경제의 전후 기적이라고 본 것은 결과로서의 종합적인 산출물이지
그것 자체를 따로 분리해서 배우거나 응용하기 힘든 것이 아닐까?

페레스트로이카 이후의 러시아가 해결해야 될 것은 1945년 이후
일본과 도이치가 먼저 해결해야 되었던 것과 순위에 있어서 유사
한 것이 아닐까?

오랫동안 한국문화에 있어서도 서구주의와 한국주의의 갈등을
강조하는 논자가 있어 왔다. 중요한 다른 갈등을 덮고 있는 것으로
봅니다. 오랫동안 한국사회와 국가에 있어서도 오로지 경제논리와
다른 분야와 유리된 경제적 번영의 추구가 구호로 등장하여 왔다.
역사적 경험에서 이것이 가능한 것일까?

1990년대 새로운 실험대로 등장한 러시아에서 입헌주의 장치의 정

착 없이 그 엄청난 잠재력과 에너지가 통로를 찾을 수 있을 것인가?

무제한 국가의 전통과 권력집주의 문제가 근대입헌주의 장치에 의해 어느 정도 순치될 것인가?

따라서 경제적 번영의 문제는 급하면 급할수록 역사적 교훈은 전제조건으로서 절대권력의 순치가 우선이라는 것을 거듭 알게 한다.

어느 관찰자는 1997년의 러시아의 문제는 절대권력의 문제라기보다는 부정부주의에 가까운 무질서라고 술회한다. 차라리 중심적 절대권력의 대두다 질서를 보장하지 않겠느냐라는 질문이다. 현상으로서 관찰될 수 있다.

역사적 전개는 어떤 특정시기의 현상과는 거꾸로 보일 수도 있다.

지금 진행되고 있는 질서는 지난 시절의 억압기제에 의한 지시, 명령, 처벌의 법제도의 반동으로 간주될 수도 있다.

▢ 제2장 체코와 러시아

이것은 물론 지역 연구로 보인다. 그러나 체코 법과 러시아 법을 소재로 삼은 이유는 저자가 체코라는 지역, 러시아라는 지역에 대한 특별한 관심을 갖고 있어서라는 동기만은 아니다. 저자에게 있어서 체코 법과 러시아 법은 크게 말하면 법학의 보편적 과학을 위한 두 개의 소재에 지나지 않는다. 이렇게 얘기하는 이유는 지금까지 한국의 행정법학과 공법학은 그 소재를 프로이센과 도이치란트에서 거의 배타적으로 가져와서 장점과 함께 단점도 성과로서 나타났다. 법소재를 넓힘으로써 비로소 지금까지 한국 행정법학의 경계선과 한계선이 되었던 마지노선이 무너지고 한국의 법학은 더 넓은 역사를 받아들이게 되며 나아가서 더 넓은 세계가 필요한 다음 세대에게 유연하고 문제 해결력이 있는 법학을 물려주게 될 것이다.

1. 들어가는 말

러시아와 체코의 법을 소재로 삼은 이유

체코와 러시아의 법을 한국의 학계에 소개하면서 다음과 같은 의문에 미리 대답하여야 할 필요성을 느낀다. 왜 두 나라의 법을 연계시켜서 소개하는 것일까? 첫째, 넓게 보면 두 나라 모두 동유럽 혁명 이전에는 지구상의 법 가족을 이분하는 사회주의 법군에 속하고 있었다. 1917년 이후 지구상에 나타난 제도로서의 사회주의 법群은 다른 법群인 자본주의 법群과 대비되는 것으로서 비록 그에 남아 있는 나라가 현저히 줄어들었다 하더라도[267] 우리나라의 입장에서 중요한 북한, 중국, 인도차이나 반도의 세 나라가 잔존하는 사회주의 법群임을 주목할 필요가 있다. 세계 체계의 변전은 이윽고 이들 나라에도 급격하든 점진적이든 법제도의 변화를 가져올 것이므로, 사회주의 법체계에 속했던 나라가 자본주의 체계로 이행하거나 혹은 과도기에 있어서 나타나는 문제를 간과할 수 없다. 러시아는 1917년 이후 페레스트로이카까지 지구상의 모든 사회주의 법제도를 수출한 원산지이며 체코는 사회주의 국가였다가 동유럽 혁명 이후 가장 효율적으로 개혁을 진행시키고 있는 말하자면 가장 경쟁력 있는 변용의 예이다. 따라서 예를 들어 북한이 또는 중국이 체제변환을 하는 경우 러시아와 체코의 경험이 우선 약 70년 동안 사회주의 법제도의 배경을 공유하고 있다는 점에서 또한 앞서서 자본주의화되었다는 의미에서 그들의 법제도가 적극적인 의미이든 부정적인 의미이든 선례가 될 수 있을 것이다. 다시 말하자면 나폴레옹 전쟁 이후 유럽 최강국이었고, 사회주의 혁명 이후 최대의 사회주의 종주국이었다가 자본주의 법체제로 전환 중 비할 데 없는 고통을 겪고 있는 러시아의 전환 모델과 약소국이나 그 나라의 지적인 전통 때문에 효율적으로 전환하고 있는 체코의 전환 모델이 같은 사회주의 배경을 가지고 있으나 두 가지 대비되는 전

---

267) 2000년 5월 당시 마르크스 사회주의 국가 또는 공산당 국가의 법체계로서 잔존하는 것은 중국 인민공화국, 베트남 인민공화국, 북한, 쿠바 등의 법체계이다. 그 외의 정도 차는 있으나 캄보디아, 라오스, 앙골라, 기니아가 사회주의 법제도에 속한다.

환 모델을 보여준다. 남아 있는 사회주의 국가는 이 두 대비되는
전환 모델을 참조하여야 될 것이다.

2. 체코법(Sbirka Zakonu [Sb.] 1967 No.71.)과 러시아법 (Ved. SSSR 1989 NO.22 Item 416)의 意義

체코와 러시아어의 법 명칭을 한국어로 바로 번역하면 '행정 절
차법'이 된다. 참고로 다른 번역을 본다면, 영미권의 번역자가
Administrative Procedure Law라고 번역했으며 독일어권의 번역자가
Verwaltungsverfahren이라고 번역했다. 따라서 영미학자나 독일어권
의 학자가 체코어와 러시아어를 직역한 것은 모두 행정절차법이
된다. 따라서 일단 행정절차법이라고 번역해도 될 듯하다. 그러나
이 번역어는 오해의 소지가 있다. 한국의 행정법학에서 행정절차의
개념을 감안하여야 한다.[268] 행정절차(administrative procedure,
Verwaltungsverfahren)의 개념은 廣狹 두 가지가 있다.

(1) 넓은 의미에서의 행정절차라고 하면 행정과정에 있어서 행정
    청이 밟아야만 하는 절차를 말한다고 할 수 있고, 입법절차,

---

[268] 김도창, 신고 일반행정법론(상), p.392, 제7절 행정절차(청문절차) 김남진, 제6판 행정
법 Ⅰ(법문사, 2000), p.439, 김철용, 행정법 Ⅰ(박영사 1998), p.351, 5. 행정심판과
행정절차 (1) 양자의 구별, p.352, (2) 양자의 관계, 같은 취지, 김동희, 제6판 행정법
Ⅰ(박영사, 2000), p.331, 같은 취지 석종현, 일반행정법(상)(삼영사, 1986), p.430, 같
은 취지, 박수혁, 행정법 요론(법문사, 1997), p.261, 이와 달리 행정절차의 개념을 광
의, 협의, 최협의로 3분하고 가장 좁은 뜻에서의 행정절차를 행정심판의 의미로 사용
하는 용례이다. 이는 행정소송이 사법절차에 의한 것인데 대하여 행정심판은 행정기
관에 의한 재결을 위한 것이라는 데 착안한 것이라고 한다. 이상규, 신정판 『신행정
법론(상)』(법문사, 1983), p.256.

사법절차에 대응하는 관념이다. 그것은 절차법적 관념이라는 점에서 행정법 속에서 실체법적 면과 대립하고 있다. 이러한 의미의 행정절차에는 사전절차로서의 1) 행정입법절차 2) 계획확정절차 3) 제1차 행정처분절차 4) 행정계약절차 그리고 사후절차로서 5) 행정심판절차가 포함될 수 있고, 그 밖에 더 넓게는 6) 행정집행절차 7) 행정처벌절차까지도 포함될 수 있다.

(2) 좁은 의미의 행정절차는 위에 말한 제1차 처분행정절차 또는 일반행정절차를 중심으로 하지만 그 밖에 어떤 것을 포함하느냐는 것은 나라에 따라 다르다. 우리나라에 있어서 행정절차를 1) 내지 4)의 의미로 쓰는 것 같고, 따라서 행정심판절차는 좁은 의미에서는 제외한다.[269]

행정절차와 행정심판의 구별은 행정절차를 어떻게 이해하느냐에 따라 달라진다.[270] 행정절차를 입법절차와 사법절차와 대칭되는 개념으로 이해한다면 행정심판절차는 행정절차 속에 포함된다. 그러나 행정절차를 행정청이 행정활동을 함에 있어서 공적 타당성을 확보하기 위하여 사실을 정확히 파악하고 당사자와 이해관계인의 의견을 듣고 사전에 각종의 이해조정을 행한 후에 행하는 구체적인 조치의 과정이라는 사전절차 특히 제1차적 처분절차로 이해한다면 사후절차인 행정심판절차와 일단 구별할 수 있다.

따라서 본 연구의 대상이 되는 체코의 Sbirka Zakonu[Sb.] 1967 No.71.와 러시아의 Ved. SSSR 1989 NO.22를 한국말로 옮길 때에는 한국행정법학의 통상적인 용례를 따라서 행정절차를 협의로 써

---

269) 위 사람들의 같은 책들, 같은 쪽.
270) 위 사람들의 같은 책, 같은 쪽.

서 행정심판과 구별하는 용법례에 따라서 해 본 번역은 일단 '행정
심판에 관한 법'이 된다. 그러나 이것 역시 무리가 있다.

3. 사회주의 법가족(Legal family)을 역사적 배경으로 하는 나라와 북미 및 서구전통의 법제도를 배경으로 하는 나라의 행정심판의 차이

입법, 사법, 행정의 정부기능을 삼분해서 각기 다른 기관에 맡겨
서 견제·균형케 하는 것은 근대 이후의 서구전통의 법제도의 특
징이다. 이른바 서구적 법치주의의 나타남이다. 그리고 이 견제 균
형의 목적은 궁극적으로 시민개인의 기본권보장이다. 1917년 이후
에 나타난 사회주의 법가족의 특징은 쉽게 말해 권력분립이 아닌
권력 융합형태의 국가를 특징으로 한다.[271] 이 경우의 국가생활의
중점은 오히려 마르크스 이념의 구현자인 공산당에 있고 사회주의
국가에서의 행정통제를 목적으로 하는 상급행정기관에 의한 하급
행정기관에 대한 심판의 절차는 그 내용에 있어서는 현대적 민주
주의 국가의 법치주의에 길들여진 한국의 학도에게는 몹시 낯선
것이 된다. 즉 사회주의 국가에서의 행정심판이라는 것은 오늘날
한국에 있어서의 행정심판과 그 목적과 취지가 다르다고 할 수밖
에 없다.[272]

---

271) 김철, 『러시아 - 소비에트 법 - 비교법 문화적 연구』, 서울: 민음사, 1989, p.43.

272) 우리나라 행정심판에 대한 근거는 다음과 같다. 헌법 107조 ③ 재판의 전심절차로서
　　행정심판을 할 수 있다. 행정심판의 절차는 법률로 정하되, 사법절차가 준용되어야
　　한다. 구사회주의 체제하에서의 러시아 및 그 영향권인 동유럽의 불록국가에 있어서
　　의 행정심판에 대한 절차법의 근거는 다음과 같다. 즉 1977년 소비에트 유니온 헌법
　　제58조 제1절 소비에트 유니온의 시민은 공무원의 행위, 국가와 사회조직체의 행위

이 글의 출발이 된 러시아법과 체코법은 다 같이 사회주의 시대에 성립된 것이어서 애초의 그 목적이 국민의 권리구제보다는 행정에 대한 통제의 목적이 보다 강하다고 할 수밖에 없다. 따라서 위의 체코법과 러시아법을 바로 '행정심판절차법'으로 옮기는 것도 무리가 있다고 하지 않을 수 없다. 그러나 동유럽 법群 중 가장 빠르게 자본주의로 이행하는 체코와 구사회주의 법群 중 가장 큰 영향력을 가진 러시아의, 애초의 행정통제를 목적으로 하는 심판절차법이 동유럽 혁명 이후 점차로 개인의 권리구제의 한 수단으로 이행하고 있는 과정을 지켜볼 때, 이 두 나라의 법이 한국의 행정심판에 대한 절차법과 비록 그 성격은 다르나 유사성을 가지기를 기대하면서 소개하지 않을 수밖에 없다.

에 대해서 이의를 제기할 수 있는 권리를 갖는다. 이 이의는 법에 의해서 미리 예정되어 있는 방법과 시간적인 제한의 범위 안에서 고려된다. 제2절 법을 위반하여 행해지거나 권한을 초과해서 행해진 시민의 권리를 침해하는 공무원의 행위는 법이 예정하고 있는 방법으로 법원에 소송이 제기될 수 있다. 제3절 소련의 시민은 공무의 수행과정에서 국가와 사회조직체 및 공무원이 행한 불법적인 행위로 인하여 발생한 손해에 대해서 그 배상을 청구할 권리를 갖는다.

이 소비에트 유니온의 구헌법은 그 문면상으로는 서양법제도를 배경으로 하는 행정심판이나 행정소송과 다를 바 없이 읽힐 수도 있다. 그러나 삼권분립과, 개인의 권리와 자유보호를 목적으로 하는 법치주의가 선행하지 않는 행정심판이나 행정소송이 어떻게 같겠는가? 문면과 현실과는 엄청난 괴리가 있게 마련이다. 1977년 소비에트 유니온 최고 회의에 의해서 '소비에트 유니온의 법령을 소비에트 유니온의 헌법에 일치시키기 위한 계획'을 채택하고, 이를 시안을 두어서 행하도록 결의하였다. 그러나 이 결의가 지켜지지 않을 것임은 헌법의 문면이 아니라 헌법현실 때문이었다. 1986년 고르바초프는 공산당 제27차 전당대회에서 이러한 헌법 아래에서 헌법에 맞는 법률의 제정에 책임이 있는 기관들이 그 시한을 이미 5년 이상 초과하면서 그 임무를 수행하지 않았음을 지적하면서 입법을 촉구하게 되었다.

4. 사회주의 법群에 속하는 법제도에서 행정심판과 행정소송의 구별이 가능한가

이미 기술한 대로 서양법제도에서 익숙한 법치주의 아래서 행정소송은 그 목적이 개인의 권리구제이다. 사회주의 법제도에서 우선 삼권분립이 되어 있지 않고 또한 법제도의 시작과 출발이 개인 인격이 아니기 때문에 개인의 자유와 권리를 위해서 개인이 국가기구를 상대로 소송한다는 것은 원칙적으로 불가능한 일이 된다. 따라서 이러한 법제도하에서 행정통제를 위한 행정에 대한 불복절차와 서구형 법치주의 제도 아래서의 행정심판 및 행정소송을 동일평면에서 생각한다는 것은 불가능한 일이 된다. 혹시 사회주의 법群에서 행정에 대한 불복, 행정심판절차, 행정소송절차를 그 개념이나 의의로 구별하려는 시도가 있다면 이것은 법제도의 근본적인 차이를 간과하는 무모한 노력이 될 것이다. 그러나 주의할 것은 똑같은 절차법이 체코와 러시아의 역사에서 행정에 대한 통제의 기능을 주로 하다가, 자유화의 정도 및 단계에 따라서 어느 정도 시민의 권리 보호의 역할을 하게 되는 과도기적인 법현상이 있어 왔다. 그렇다 하더라도 이러한 약한 의미에 있어서의 시민의 권리를 위한 행정심판 절차가 서구형의 그것과 동일하지 않은 것은 물론이다. 본격적인 행정소송절차가 사회주의 체제에서 찾아볼 수 없는 것은 말할 필요도 없다. 그러나 헌법체제가 근본적으로 변화하면서 러시아와 체코가 서구형 삼권분립, 서구형 법치주의, 서구형 재판제도를 수립하는 데 성공하면 그 경과에 따라서 행정의 통제를 위한 불복심판절차, 권리 보호를 위한 행정심판절차, 그리고 본격적인 행정소송절차가 분화될 것임은 말할 필요도 없다.

5. 동기

이 논문을 쓴 동기는 다음과 같다.

"헌법은 변하나 행정법은 변하지 않는다."라는 오토 마이어의 일반 명제는 한국의 해방 이후의 행정법학의 변함 없는 황금률이 되어 왔다. 이 논문의 전체는 바로 이 오토 마이어의 일반 명제를 검증하기 위한 목적이다. 검증의 실험실은 역사에 의해서 주어졌다. 즉 체제 변동이 행정법 제도에 어떤 영향을 미치는가는 지금까지 한국 법학에 익숙한 도이치 행정법의 소재에서는 찾기가 힘들었다. 관찰과 실험의 소재를 동유럽-소비에트 러시아라는 지금까지 한국의 공법학자가 다루어보지 못한 새로운 역사적 맥락에서 구함으로써 이 연구는 종전의 협소한 법적 소재를 초과하여 본격적인 세계의 비교 법학으로 확장함으로써, 미래의 한국의 법학자와 법학도가 과거의 고정 관념을 버리고, 보편성 있는 과학적 법학의 세계로 들어가기를 바라는 것이다.

1) 한국의 강단법학에서는 헌법과 행정법과의 관계가 자주 논의되지 않고 있는 듯하다.[273] 특히 행정법의 기술성을 강조하는 입장에서 그러하다. 국가 발전기의 전문성을 위해서는 불가피했다 할 수 있으나, 체제 변환기의 움직이거나 변화하는 역사적 시점에서는 비현실적인 법학이 되기가 쉽다.

---

[273] 예를 들면, 이 문제를 논의하고 있는 논문 중의 하나는 김영훈, 『헌법과 행정법의 문제에 관한 고찰』, 『법학논총』 제2집, 숭실 대학교 법학연구소, 1986. 11 그 밖의 논문들이 있겠으나 필자의 형편으로 검색하지 못했음을 양해 바란다.

2) 한국의 기존 문헌에서는 행정법의 역사적 발전 또는 행정법 발전의 역사적 배경이 그리 논의되지 않는 듯하다. 이것은 한국의 전통 행정법학이 이미 오래 전에 받아들인 기본적 법 개념과 개념을 만든 논리적 카테고리를 검토하지 않고, 권위의존적으로 따라간 것과 관계있다. 어떤 법 개념도 어떤 역사적 맥락에 있어서의 구체적인 산물일 뿐, 그 개념 자체가 규범이 될 수 없다. 한국의 국가 건설기의 행정법학도는 법 개념의 역사적 형성을 참조할 만큼 시간이 없었던 탓도 있다.

3) 헌법과 행정법과의 관계, 또한 공법의 역사적 발전을 선명하게 보여주는 것은 오히려 전형적으로 발전하지 않았던 동유럽과 러시아 법제의 연구에서 보여질 수도 있다. 동유럽의 약소 국가들은 정치적 경제적 문화적 강대 세력 틈바구니에서 그 자신의 역사를 가지면서 발전하여 왔다. 특히 체코는 문화적으로는 오랜 뿌리가 있으며, 정치적 자기 결단의 역사도 결코 뒤지지 않는다. 러시아 제국은 프랑스 혁명 이후 서유럽 대륙의 앙샹 레짐을 지탱시키는 마지막 보루가 되었으며, 그 법제도는 이 책의 다른 부분에서 논한 것처럼 근대 서양법의 특징 중에서도 대조되는 대륙법의 분기라고 할 만하다. 그러나 자유주의적 개혁이 실패하고 지구 상에서 최초로 노동자 농민의 사회주의 법 체계가 성립된 법 문화를 가졌다. 이후 1989년 동유럽-러시아 혁명 때까지 그 영역 내의 16개의 독립 주권 국가와 동부 유럽의 이전 위성 국가 그리고 지구 상에 잔존하는 사회주의 법 체계의 마지막 국가들까지 영향을 미쳤다. 실로 1945년경부터 1989년까지의 냉전 체제는 소비에트 사회주의 법 체계의 참호를 전선으로 해서 유지된 것이다.

4) 흔히 비교법 연구는 예를 들어 특정 국가의 법제도, 즉 한국에서 익숙한 대로 미국법, 영국법, 도이치법, 프랑스법 기타의 명칭으로 오로지 특정한 국가의 법제도를 대상으로 한다. 그래서 흔히 비교법 연구는 특정국가가 대상이 되고, 그 연구의 방법이나 성과가 보편적인 법제도의 공통점을 추출하려는 의도를 놓치기 쉽다.

5) 이 연구에서 명백히 보이는 비교법적 방법은 이 연구가 일차적인 대상으로 삼는 동유럽의 특정국가와 러시아 자체의 법제도를 문제로 삼기보다 특정 국가를 넘어서 문명국가의 법의 일반 원칙이 역사 속에서 어떻게 나타나는가를 추적하려 한다.

6) 체코와 러시아가 이 연구의 대상이 된 까닭은 1989년 동유럽 혁명 및 러시아 대변혁이 20세기의 종반기에 있었던 가장 큰 세계사적 사건이며, 세계체제에 영향을 미쳐 21세기 세계의 법제도의 재편성에 시금석이 된다고 생각하기 때문이다.

7) 우리나라에 있어서 기존 문헌은 체제대변혁이 행정법에 미치는 영향을 그리 취급하지 않았다고 본다. 따라서 행정심판에 대한 절차법이라는 일견 매우 기술적인 절차법에 러시아와 동유럽의 대변혁이 어떤 영향을 미치기 시작했는가는 행정법의 외부체계와의 관계에서 시사를 줄 수 있을 것이다.

그러나 이 연구의 한계는 다음과 같다.

1) 연구소재로 쓰인 러시아와 체코의 행정심판에 대한 절차법은 1989년까지의 발전까지만 취급할 수 있었다. 그 이유는 동유럽과 러시아의 대변혁 이후 주로 헌법 제도적인 측면에서 큰

문제들이 부각되었고, 따라서 행정심판에 대한 절차법과 같은
부분은 큰 관심을 끌지 못했기 때문이다. 따라서 주도적인 북
미와 서구학자들의 대변혁 이후의 러시아와 체코의 행정심판
에 대한 절차법의 영역에 대한 연구 성과가 나오는 것은 지연
되고 있다.[274]

2) 헌법 현실과 규범의 급격한 변화가 행정법의 영역에 있어서
   어떤 영향을 미쳤는가를 추적하는 방식은 때때로 역사와 역
   사적 사실의 외연적 나열로써 시작하는 수밖에 없고, 그 역사
   의 함수로서의 행정심판에 대한 절차법의 구조적 생성은 다
   소 거칠게 그릴 수밖에 없었다.

3) 특정 법제도가 역사와 어떤 상호관계를 가지는가는 일단 이
   연구에서 대변혁을 시작한 동유럽의 한 국가와 러시아의 예
   를 듦으로써 비교법적 접근의 많은 가능성 중 하나를 소개하
   는 것이 된다.

오랫동안 비교법학자들은 문화적·역사적·정치적·경제적 그리
고 사회적인 요인들에 대한 고려를 접어두고, 법률 양식과 기술적
인 사항들에만 주로 전념하였다. 기억할 사실은, 법은 진공 속에서

---

274) 예를 들어, 동유럽과 러시아법에 관한 가장 정평 있는 문헌인 *Law In Eastern Europe*
    시리즈, A series of publications issued by the Documentation Office for East European
    Law, Leiden University(Dordrecht; Martinus Nijhoff Publishers)에서도 1990년대 후반
    이후 정리된 시리즈가 나오지 않고 있다. 또한 이 분야의 전문 저널로서 인정되는
    The Parker School Journal of East European Law(New York, Columbia University)는 1994
    년에 창간된 이래 동유럽과 러시아법의 최신 자료를 수록하고 있는데 다른 모든 법
    의 영역은 골고루 취급되고 있는 데 비해, 행정심판에 대한 절차법의 분야는 아직 공
    식적으로 취급되고 있지 않고 있다. 아마도 1990년 이후의 대변혁을 취급하는 순서
    가 헌법제도, 전반적인 입헌주의, 법치주의의 문제와 함께 경제나 정치의 촉급한 문
    제들을 우선적으로 다루고 있기 때문이라고 생각된다. 제도변화를 어느 정도 체계를
    갖추어서 문헌화하는 것이 학자들의 의무라고 한다면 어느 정도 지연되고 있는 것은
    이해가 된다고 하겠다.

존재하는 것은 아니며, 그렇기 때문에 진정으로 비교를 하려는 어떠한 연구도 법을 그 출생지와 분리시키지 않는다. 반드시 인식되어야 하는 한 가지 사실은 법체계를 유형화하는 연구는 어느 시점에서의 정치적·경제적·사회적 기준들이 법 원칙들과 법 절차들에 어떻게 반영되었는가에 대한 분석 안에서만은 추출될 수 없다는 사실이다. 법률제도들이 그 일부분을 구성하는, 전체 사회의 역사적 발전의 맥락에서, 오랜 시간에 걸쳐 법제도들의 역사적 발전을 분석하는 것도 동등하게 중요하다.[275] 일정 법률 체계는 사회의 정치조직, 시민의 사회, 경제적 복지와 관련될 뿐만 아니라, 개인의 정신적인 복지와도 관련된다. 다양한 법체계의 정신적 요소를 무시하는 것은 그 체계의 사회·경제·정치적 관심을 잊어버리는 것만큼 어느 법체계에 대한 불완전한 분석이다.[276] 외부에서 관찰하는 외국학자들의 경우에, 그들은 관찰대상의 현실에서 떨어져 있기 때문에, 법적 텍스트(문자로서의 법전)의 범위를 넘어서는 것이 대단히 힘들다.

법체계 외부의 학자들이 동유럽과 러시아 법구조의 극히 개괄적인 외형물을 요약해서 소개하거나 해석론적인 시도를 하는데, 이러한 개념적 접근으로는 그 법제도의 정신과 실제를 아는 것이 힘들게 되어 있다. 어느 정도 수준의 비교법학자들이 서양법제도와 비교하는 경우에도 역사적 기초에 대한 연구와 법사회학적 연구를

---

275) 김철, 1. 법체계의 공동핵의 문제 Ⅰ. 비교법 체계론의 기본적 연구. "아메리카 합중국의 법 체계와 러시아 공화국을 비롯한 구 소비에트 유니온의 법 체계", 미국과 러시아의 비교연구 특집, 『미소연구』제5집(단국대미소연구소, 1991), 또한 김철, "아메리카 합중국의 법체계와 러시아 공화국을 비롯한 소비에트 유니온의 법체계", 김유남 편 『미소비교론』, 어문각 1992, 또한 김철, 『러시아 ─ 소비에트법 ─ 비교법 문화적 연구』, 민음사, 1989.

276) 같은 책, p.43.

동반하지 않는 경우에, 초학자들에게 오해를 주기 쉽다. 이러한 이유로 지금까지의 동유럽과 러시아법 연구가 국제법적인 연구나 거래법적인 측면에서 접근되었다. 동유럽과 러시아 국내법에 대한 실제는 다른 사정과 분리해서는 판별하기 힘들다. 소수의 비교법학자들이 법의 문자를 법의 실제에서 구별하는 기회를 가졌다. 한국법학의 개념을 연상할 것이나, 같은 명칭이면서 그 내용이 다르다는 것을 잊기 쉽다.[277]

6. 체코와 러시아 연방 행정심판에 대한 절차법의 공통요소

체코슬로바키아와 러시아 연방의 행정 심판에 대한 절차법을 비교하는 것은 공통요소가 있기 때문이다.[278]

1948년 공산당과 그 지지자로 이루어진 체코 신정부가 이루어진 이후 1948~1962년간의 스탈린주의 시대 동안 체코슬로바키아에서는 개인의 자유, 사회적 권리는 완전히 포기되었다. 1952년 노보트니체제 이후 전 공업의 91.5%가 국가관리하에 들어갔다. 90% 이상의 농업의 집단화가 진행되었다. 1959년 7월 스탈린 헌법을

---

277) 같은 책, pp.73 - 74.

278) 고르바초프 개혁 시절의 러시아 행정심판에 대한 절차법(Ved.SSSR 1989 No.22 item 416)과 프라하의 봄 시절의 체코슬로바키아 행정심판에 대한 절차법(Sbirka Zakonu [Sb.]1967 No.71)의 전개과정에 대해서는 다음의 문헌 참조, ① Klaus - Jurgen Kuss, "Gerichtliche Verwalttungslkontrolle in Osteuropa", *Rechtswisseen schaftliche Veröffentlichhungen*, Vol.15(Berlin, 1990), ② S. Lammick, K. Schmid, eds. *Staatsordnung der Tschechoslowakai*(Berlin, 1973), ③ K. Westen, B. Meissner, F. - Chr. Schroeder, eds. *Der Schutz der individuellen Rechte und Interessen im Recht der sozialistischen Staaten*. ②와 ③에서 'Gesetz über das Verwaltungsverfahren'과 'Das tschechoslowakische Verwaltungsverfahren'을 기고한 Karin Schmid가 체코 행정심판에 대한 절차법의 최근 성과로 보인다. Schmid는 Köln의 연방 동유럽 연구소 소속이다. 이 글에서 Schmid의 연구에 의존할 수밖에 없는 것은 이 작은 영역에 있어서의 최근(1992년까지) 성과를 낸 거의 유일한 사례로 보이기 때문이다.

모방한 신헌법이 채택되고, 삼권분립이 폐지되었다. 공산당의 지도적 역할이 명시되고, 각급 구민위원회는 지방주의의 자치조직이라는 것보다 정부의 행정기관의 성격이 부여되었다. 1962년에 제3차 5개년 계획이 포기되고, 국유화 경제체제의 실패는 지식인의 비판을 야기했다. 1964년부터 개혁파가 정치부문의 민주화, 경제의 분권화, 행정의 분권화를 실현시켰다. 1966년 지방행정기관인 국민위원회의 개혁이 실시되어 재정권을 비롯한 자치권이 회복되었다. 보수파와 개혁파의 충돌은 1967년에 정점에 달했다.

1) 행정절차에 대한 규제가 처음으로 나타났을 때는 사회주의가 아직 부인할 수 없는 국가의 기본 요소였을 때였다. 즉 체코슬로바키아 1967년, 구소비에트 유니온, 1987년과 1989년이었다.

체코슬로바키아의 1967년은 Stalin주의에서의 개혁이 진행되던 때였다. 1963년에 이미 지식인의 정부비판이 점차 대담해지고 Dubcek가 탈스탈린주의의 지지로 등장하였다.

'당의 무과실의 원칙'과 '교조주의'가 비판되고 교육과 문화 부문에서 자율성이 회복되기 시작했다. 1964년부터 1966년까지 경제체제의 근본적인 변혁인 '신경제모델'이 착수되었다. 개혁파는 정치 부문의 민주화를 요구하고 1964년 이후 국민의회가 정부안을 수정 또는 거부하면서, 경제의 분권화와 행정의 분권화를 실현시켰다. 선거제도개혁(1964~1967)이 진행되었다. 사회적 이익 집단의 활동이 활발해지기 시작했다.

노동조합, 청년조직, 작가동맹이 당의 통제를 벗어나려고 했다. 전문적 능력에서가 아니고 이념과 당에 대한 충성에 의해 지위를 얻은 그룹들은 개혁에 의하여 많은 것을 잃게 된다고 여겼으며, 노동자들은 의혹의 눈초리로 바라보고 실업의 새 가능성, 임금 낙차를 두려워하였다. 보수파는 개혁에 저항하고, 이 충돌은 1967년에 정점에 달했다.[279]

1987년에 있어서 미하일 고르바초프의 통찰은 그의 조국의 병이 심각한 것을 공식적으로 알리고, 체제의 모든 주요 국면이 분석되고 개혁되어야 한다는 것이다. 사회, 문화, 국가, 당, 그리고 경제가 역사적 단계의 구조적 요구에 맞게끔, 조정하면서 개혁해야 한다는 것이다. 1987년은 개혁의 충분한 표현을 위해서는 적어도 두 개의 '5개년 계획'을 필요로 할 만큼, 개혁의 새로운 시대를 증거하고 있을 때였다.[280]

2) 가) 항목의 명제는 기본법상의 문자로는 진실이다. 선언된 '사회주의 기본노선'은 스탈린 헌법 이후로 변하지 않았다.[281] 그런데 이 경우가 바로 국법학(Staatslehre) 전통의 해석론이 내용을 가지지 않으면 의미가 없는 경우에 해당한다. 즉 체코의 67년과 러시아의 87년은 그 체계가, 내용에 있어 바뀌는 방향으로 이미 움직이고 있을 때이다. 사회주의 기본노선이 헌법상으로는 불변으로 보인다는

---

279) 이정희, 『동유럽사』(대한교과서 주식회사, 1987). 체코의 헌정사 전반의 연표는 크게 이 책에 의존하였다. 러시아사를 전공한 위 저자의 동유럽 역사의 헌정부분에 대해서 경의를 표한다. 직접 인용하지 않았으나 필자가 특히 체코의 법치주의에 대해 관심을 갖게 된 최신 국내문헌으로는 참조, 박영신, 『실천도덕으로서의 정치 – 바츨라브 하벨의 역사참여』(연세대출판부, 2000).

280) Moshe Lewin, *The Gorbachew Phenomenon – A Historical Interpretation*(University of California press, 1988).

281) 체코는 노보트니 체제에서 1960년 7월 1936년의 스탈린 헌법을 모방한 신헌법과 '사회주의 공화국'의 명칭을 채택하였다. 1960년 말 90% 이상의 농업집단화를 달성하였을 때였다. 러시아의 경우 1977년의 헌법은 1987년에 그대로 존속하고 있었다. Glasnost와 Peresteroica는, 그러나 개혁의 과정에서, '사회주의의 목표'를 포기하는 것이 아니라 그 의미에 더욱 가까이 가는 것으로 설명하였다. 그 '사회주의'는 이윽고 포기될 것이었다.

것은 외견상이다. 역사적 내용이 없는, 통찰 없는 해석법학의 위험
성을 지적한다.

3) 행정심판에 대한 절차법은 정치적 해빙기에 세련되었다. 즉
체코의 경우는 '프라하의 봄'의 시기에, 소비에트의 경우는 페레스
트로이카의 새로운 시기에 세련되었다.

1968년은 Dubcek의 개혁운동은 지식인의 운동에서 대중적인 운
동으로 발전했다. 경제개혁은 한층 더 추진되어 기업의 독립성이
강해졌다. 노동자 평의회의 설치가 제창되었다. 정치개혁은 온건개
혁파가 주축이 되어 국가, 경제, 사회, 문화, 조직에의 당의 독단적
개입의 억제, 당내 민주주의 강화에 큰 진전을 보았다. 지식인 상
층과 당 지도자들이 타협하였다. 1968년 6월 '2000어(語) 선언'은
하부조직과 노동자 계층에게 자유화 추진에 참가하도록 했다. 1968
년의 개혁운동은 내정 지향형이었다.282)

---

282) 이정희, 앞의 책, 446면.
　　체코에 있어서의 근대 입헌주의와 법치주의의 약사는 다음과 같다.
　　1765, Habsburg 가문의 Leopold Ⅱ세의 계몽群주 치세 시작, 세제개혁 선포, 헌법부
　　　　활, 사법개혁, 종교적 관용, 농민 해방문제가 숙제였다.
　　1784. 보헤미아 왕립 학술원 창설, 체코민족주의 부활의 지적인 중심이 됨.
　　1848년까지 Habsburg 왕국은 다시 반동정책 실시. 정치, 행정이 다시 경직됨. 도이치
　　　　와의 경쟁에서 밀려나기 시작함.
　　1848년 2월 혁명의 영향/Praha에서, 집회의 자유, 검열제 폐지, 농민해방, 법 앞의 인
　　　　종평등을 주창.
　　Habsburg의 입헌주의 실험시대(1849~1867), 이중왕국 체제(1867~1914).
　　1907, 보통선거권에 의해 체코 신의회 성립, 1913, 보헤미아 의회 쿠데타로 해체,
　　　　1913~1918 제1차 세계대전, 전후 도이치, Habsburg, 러시아, 터키제국 소멸,
　　1918. 10. 31, 프라하의 '국민위원회'와 파리의 '체코슬로바키아' 국민회의가 '체코슬
　　　　로바키아 공화국'을 탄생시킴.

6.1. 체코에 있어서의 행정심판에 대한 절차법의 발전[283]

1918년 법치국의 모든 특징과 함께 전통적인 민주주의를 지향하는 목표가 설정되었다.

제1차 세계대전 종전 후 성립된, '국민의회'가 탄생시킨 신공화국의 최대 관심사는 개혁법안이었다. 국민위원회는 정당 투표수에 비례하여 대표를 선출하였다.

제정된 법률은 통화개혁법안과 1919년 4월의 토지개혁안이었다. 개혁업무를 점진적으로 철저하게 실행할 수 있는 국토청(State Land Office)을 설립하였다.

철저하고 실질적인 방식으로 시행된 통화개혁법안은 경제적 안정과 산업화를 서유럽의 수준으로 올렸다. 보헤미아와 모라비아의 전 토지의 37.3%와 34%가 인구의 0.1%도 안 되는 대토지 소유자의 손에 있어서, 국가가 일정 한도 이상의 모든 토지에 대해서 몰수, 재분배할 수 있는 권한을 가졌다. 치밀하게 수행된 토지개혁정책은 성공을 거두었다.

교육 부문에서도 광범위한 개혁이 실시되었다.

1918년의 행정심판에 대한 절차법(Sb. 1918)은 이러한 신공화국의 기본적인 개혁법안의 연속 흐름 안에서 제정되었다. 명목적(Nominal)이거나 훈시적(instructive) 규정이 아니라 개혁행정의 실질 절차를 보장하기 위한 입법이었다.

1928년 '정치적 기구의 권능 내부에서 일어나는 문제들에 대한 절차'에 관해서, 이를 줄여서 '행정심판의 절차'에 대한 행정명령이

---

283) Karin Schmid, "Legislation On Administrative Procedure in Czechoslovakia and the Soviet Union", *The Emancipation of Soviet Law*, edited by Feldbrugge, Martinus Nijhoff Publishers. 1990년까지의 법 발전을 주로 다루고 있다.

공포되었다.[284] 이것은 새롭게 성립된 국가의 행정심판절차에 대한 법적 규제로서 최초의 것이었다.

신생 체코슬로바키아의 쟁점은 중앙집권주의 대민족(Slovachia) 자치주의였다. 1927년 슬로바키아의 자치권이 획득되었다. 1928년 종교적 관용주의가 다원주의를 회복하고, 정치적 기관이 현실적 권위를 회복하였다. Sb. 1928 No.8은 이와 같은 정치·행정을 반영하였다.

그러나 주의할 것은 이 행정사건에 대한 절차법은 사법절차를 포함하지 않았다.[285] Sb. 1928 No.8은 1945~1948년의 급격한 사회적, 정치적 봉기 이후에도 존속하였다. 새로운 사회주의 질서와 양립하지 않을 때는 무효로 생각되었다.

1945~1948년은 동유럽국가들의 공산주의 신정권 수립시기에 해당한다. 체코슬로바키아는 대전 중 연합국 노선의 자유주의적인 망명정부가 수립되었고, 전쟁 말기까지 국내, 국외적으로 강한 영향력을 발휘하고 있었으며, 공산당은 소수였다. 1918년 국민의회와 국민위원회가 세운 공화국의 전통이 법치주의 및 법치행정의 역사를 남겨 놓았다.[286] 소비에트 유니온의 무력개입으로 공산정권이 수립된 이후에도 정치적 동요는 계속되어 복잡한 양상을 띠었다. 소비에트 유니온의 무력적, 반타협적 영향력이 사회주의 법체계 성립에 결정적이었다.

1948~1953년은 '획일적 스탈린주의' 시대였다. 1949년 개시된

---

284) Sb. 1928, No.8.

285) 1918년 독립 이후 체코슬로바키아 법치주의의 특징은 복수정당 — 사회민주노동당, 농민당, 사회당, 도이치인당, 슬로바키아 인민당, 기독교 사회주의자당 — 이 연립하는 의회와 내각 중심이었다. 사법부가 신생공화국에서 현저한 역할을 한 기록은 찾을 수가 없었다.

286) 1948년의 신헌법은 이론상으로는 서유럽의 입헌주의 원칙을 그대로 유지하였다. 권력분리, 인권보장, 제한된 개인적 사유화가 확인되었다. 부가된 규정은 '모든 시민의 국가 이익을 위한 근로의무'이며 국가 이익은 공산당이 결정한다.

산업화 5개년 계획은 소비에트 유니온 생산혁명 방식이었고, 행정 면에서는 관료주의가 지배적으로 나타났다.

1953년 스탈린 사후, 집단 지도제가 도입되고, 새 정책과 방침이 발표되었다.

1955년 '행정심판에 대한 절차령'이 공포되었다. 사회주의 수준에 있어서의 일반행정(심판)절차에 대한 규제를 꾀했다.[287]

스탈린 체제 이완의 결과이다. 중공업 위주 정책 수정, 생활수준 인상과 경제 부문에서의 신노선이 모든 동유럽에 전파되었다.

Stalinism 정책에 대한 비판일 뿐, 사회주의 국가의 다양성을 의미하는 것도, 자유주의적 생활관을 의미하는 것도 아니었다.

총 52개 항이 이전의 135개 항을 대치하였다.[288]

1928년 제1공화국의 행정심판에 대한 절차법(Sb. 1928. No.8)과 비교된 특징은 권리를 강행하려는 개인의 원고에게는 더욱 불리해졌다.

1960년 '행정심판에 대한 절차법'이 구법을 대치하였다. 총 34개 구절로 구성되었다.[289]

1948~1962년의 Stalin주의 시대 동안 개인적 자유, 사회적 권리는 전혀 포기되었다. 1952년부터 Stalin 체제 도입자인 Novotny는, 국유화법에 의해 공업생산의 99.7%(1954년) 농업의 70%(1959년)의 집단화를 달성하였다. 1959년 7월, Stalin 헌법(1936년 제정)을 모방한 신헌법이 채택되고 '사회주의 공화국' 명칭이 공식 채택되었다. 1959년의 법체계는 1948년 법체계의 여러 규정(9헌법)을 수정했다. 삼권분립은 정식으로 폐지되었다. 대통령에게는 제1공화국의 전통

---

287) Sb. 1955, No.21, 보라, Uredni List 1955, No.48.

288) 보라, 같은 문서, p.246.

289) Sb. 1960, No.91.

에 따라 강력한 권한이 남아 있었다. 공산당의 역할/각급 국민위원회의 행정기관으로의 성격/중앙정부의 권한 강화가 특색이다.

국가위원회의 권한에 속하는 절차에만 적용되었다. 가능한 개인으로서의 원고에게는 권리의 실행에 있어 편의보다는 더 장애를 주는 방향이었다.

중앙집권화의 경향을 나타내는 1959년 법체계의 영향이다. 다른 정치 세력을 무력화시키고, 소비에트 공산당(CPSU)과 각급 국가위원회에 중심이 주어졌다. 위원회에도 지방자치의 자발적 조직이 아니라 중앙정부의 행정기관의 성격이 부여되었다. 소수민족의 인종위원회도 폐지하고, 슬로바키아 국민위원회도 중앙정부 직속이 되었다. 국민평의회는 실질적 권한은 거의 없었다.

시민이 비공식적으로, 그리고 기간의 제한 없이 언제 소를 제기할 수 있는지 또는 기간 내에 언제 공식적으로 소를 제기할 수 있는지 분명하지 않았다. Stalin 시대의 특징으로 시민이 개인적으로 출소하는 것을 실질적으로 예비하지 않았다. 항고소송의 경우에 수평적(horizontal) 기준에 의했는데, 똑같은 국가위원회(제1차 관할)에 한정했고, 다음 순위의 국가위원회에는 할 수 없었다. 똑같은 수준의 국가위원회 내부에서 항고소송을 처리하려고 한 것은 행정의 자기 심사 중에서 가장 폐쇄적인 것이다.

자연적 정의의 두 원칙 ① 아무도 그 스스로에 관한 사건에 대해서는 판관이 될 수 없다(NEMO JUDEX IN PARTE SUA), ② 쌍방의 진술이 모두 행해져야 하며 어느 누구도 그 진술이 경청되지 않고 비난되지 않는다(AUDI ALTERAM PARTEM)290)에 일치되지 않는다.

---

290) 전술, 제2장 "러시아 – 소비에트 법체계의 역사적 기초" 특히 p.56, 소비에트 법 (1989).

소위 프라하의 봄에서 절정을 이루는 정치적 조류의 경로에서, 행정(심판)절차에 대한 비판이 높아지자 절차법도 새로운 접근을 꾀하게 되었다.[291] 지금까지의 1960년의 구법이 폐지되고, 아직 존속하나 사문화한 1967년의 법으로 대치되었다.

6.2. 1967. 6. 29. 체코 행정심판에 대한 절차법[292]

보다 포괄적인 이 입법 형태는 이전의 것들과 비교해서 더 높은 질을 보여주고[293] 85항목이 늘어난 분량은 개인의 권리를 강행시킬 수 있는 데 초점이 주어졌다.

항고절차를 포함하여, 행정(심판)절차에 대한 포괄적인 규율을 하고 있다. 제소, 원고(고소인), 검사에 대한 이의와 같은 항고 절차를 개시하는 데 대한 것과 같은 다양한 가능성에 대한 명백한 차이점을 밝히는 데 대한 요구를 충족시키고 있다.[294]

공정한 진실의 원칙, 증거에 대한 치우치지 않는 고려, 공개의 원칙 – 그리고 때에 따라서는 소송절차의 비공개의 원칙, 그리고 공식적인 심리의 원칙과 같은, 일반적으로 인정된 절차의 원칙에 기초하고 있다.[295]

---

291) 보라, K. Schmid, "Gesetz uber das Verwaltungsverfahren", in *Staatsordnung der Tschechoslowakai(S. Lammick, K. Schmid, eds.), Berlin 1973*, 385–404. 보라, 같은 사람, "Das Tschechoslowakische Verwalttungsverfahren", in Der Schutz der individuellen Rechte und Interessen imRechte der sozialistischen Staaten(K. Western, B. Meissner, F. –Chr. Schroeder, eds.), Berlin 1980, 85–101. 또한 같은 사람, 위 책, p.217 각주 15.

292) Sbirka Zakonu[Sb.] 1967, No.71. 이 오래된 법은 1990년대까지 유효하다.

293) 같은 책, p.217.

294) 1960년의 법이 항고소송의 수평적 기준 — 동일국가위원회 내에서의 제도 — 에 의했는데, 67년의 법은 수직적 기준 — 직근 고위국가위원회에로의 제소 — 에 의했다.

295) 보라, K. Schmid, 위에 인용된 note 15, in Staatsordnung der Tschechoslowakei, 393–394, esp. 92. 같은 사람, 위 책, p.218, 각주 16.

이 법이 예정한 사법 심사[296]는 그 실현이 특별법에 매어 있게
되었다.

실제로 행정(심판)절차는 국가위원회의 행정상의 권한에 속하는
일들에 이전처럼 국한되게 되었으며, 개인과 국가 간의 정치적 갈
등을 포함하지 않게 되었다.

문헌과 문서로 발행된 사례들은 문제의 법은 주로 다섯 유형의
케이스에 관련되었다. 즉 선거등록, 의료보험의 문제들, 사회보험과
연금보험의 문제, 주택의 공급 그리고 가장 특기할 만한 것은 정신
병 환자의 입원치료 명령이다.[297]

시행의 첫해에, 집행권의 恣意에 대한 시민의 법적 보호는 매우
제한된 영역에서 유효하였으나, 적어도 이 행정심판에 대한 절차법
은 사실상 적용되었을 뿐만 아니라, 진지하고 법률적으로 하자 없
는 방식으로 적용되었다.[298]

행정법원에 의한 권리 보호를 위한 이러한 진보는 몇 달 뒤에 프라
하의 봄을 끝장낸 폭력적인 개입에 의해서 급작스럽게 끝장이 났다.

6.2.1. 1980년대의 반전 – 헌법 현실의 후퇴

프라하의 봄이 박살난 1980년대의 초에, 행정(심판)절차에 대한
것은 아무것도 들을 수 없게 되었다. 억압적인 구체계가 점점 더,

---

296) 주의할 것은 북미나 서양법제도에 있어서의 행정절차에 대한 사법적 통제를 의미하
는 것이 아니다. 이 당시 체코에 국가 체제는 권력 융합형 사회주의 국가이며, 따라서
행정절차에 의한 독립된 사법부의 통제는 예정되어 있지 않았다. 여기서 사법심사라
는 말에 속지 않기를 바란다. 그 참뜻은 준사법절차에 의한 심사라는 뜻이다.

297) 보라, Klas – Jurgen Kuss, *Gerichtliche Verwaltungskontrolle in Osteuropa, Rechtswissenschaftliche
Veröffentlichungen*, vol.15, Berlin 1990, 17 – 37, K. Schmid는 Kuss가 이 케이스를 빼먹었
다고 지적한다.

298) 보라, K. Schmid, 위에 인용한 "Der Schutz der individuelle Rechten und Interessen" –
99 – 101. note 15

그때까지의 알려진 방법으로, 눈에 띄게 회귀함에 따라, 행정권의
恣意에 대한 법적 보호를 최소한으로 줄여 버렸다.299)

6.2.2. 1989년 12월의 반전 - 1989년 동유럽 혁명의 결과

1989년 12월, 정치체제는 완전히 반전되었다. 당의 지도적 역할
이 포기되었고, 이미 제1차 세계대전 직후 성공적으로 증명되었던,
전통적 의미에서의 법치국가로의 복귀가 선언되었다.300) 따라서 이
나라의 법치주의의 자랑스러운 전통을 계승한 1967년 이후의 행정
심판에 대한 절차법이 다시 유지되었다. 이제 내부 사정에 대한 문
헌에 의하면, 공공당국의 자의(恣意)에 대한 보호는 명백히 말해진
대로, "개인의 보호에 역시 적용될 수 있다."301)고 하였다.

6.2.3. 점증하는 부동산관계 케이스

행정심판에 대한 절차법은 역시 현재의 정치적 갈등을 덮고 있
다고 의미할 수도 있다. 실제로 대규모의 부동산 사유화를 향한 경
향을 보여주는 것으로, 부동산에 관한 케이스가 점점 더 많아지고
있다.302)

7. 러시아에서의 행정심판에 대한 절차법의 발달 및 러시아 법
치주의의 전통

슬라브주의(Slavophil)와 서구주의(Westernphil)의 대립

---

299) K. Schmid, Supra, p.218.
300) 같은 책, p.218.
301) 같은 책, p.218.
302) 같은 책, p.219.

"러시아는 강한 법치주의 전통을 가지고 있지 못하다."303)라는 견해가 있다. 서구주의의 입장이다. 슬라브주의 입장에서는 피상적인 관찰이다.304) 무엇이 강한 법치주의인지 시사하는 바가 없다. 아마도 이 판단은 제정 러시아 때부터 줄곧 계속된 프러시아 전통의 법학의 선입견이 아닌가 생각된다.

어떠한 외국의 영향도 보여주지 않는 러시아의 관습법만을 담고 있는 Russkaia Pravda는 11세기까지 소급한다(1019~1054).305) Byzantine 문화의 계승자로서 동로마제국 패망(15세기) 이후 군주에 의한 법개혁·수집의 법전 편찬은 짜아·러시아의 주요한 과업이 되었다. 황제 측근 법학자 및 법전문가의 압도적인 역할도 그러하다.306) 자유주의적 개혁의 군주 Alexander 1(1801~25)은 러시아 권리 장전(Russian Charter of rights)을 계획하였으며,307) Alexander의 개혁 2기(1807~12) 시대의 Michael Speransky는 법과 합법적 절차에 기반을 둔 군주 체제를 기도했다. 정치국가(Rechtsstaat)의 계몽군주적 개념을 시도하였다.308)

따라서 "서구 법문화의 깊은 뿌리를 가지고 있지 않다."309)는 단

---

303) 같은 사람, 같은 책.

304) 김철, "러시아 – 소비에트 법체계의 역사적 기초" pp.55－77 참조. 『러시아 – 소비에트법 – 비교법문화적 연구』(민음사, 1989).

305) 김철, 위의 책. p.75, Russkaia Pravda 부분 참조.
로스카이아 프라브다는 러시아 법률사의 가장 중요한 기록들 중 하나이다. 17세기까지 러시아의 법전 편찬에 상당한 영향을 끼쳤다. …… 제1판은 러시아의 관습법만을 …… 제2판은 외국법, Byzantine과 동로마제국의 법률에서 빌려 온 사상을 포함한다 …… 러시아 제국의 Byzantine제국과의 교섭은 13세기까지 소급된다 …… 이 러시아 관습법의 현대어 출판은 참조, *The Russian Law*(New York; Octagon Books, 1947).

306) 같은 사람, 같은 책, p.75.

307) 랴자노프스끼/김현택 역, 『러시아의 역사』 중 알렉산드르 1세의 통치 1801~1825, p.13.

308) 위의 책, p.15, 또한 참조, 김철, 위의 책, p.527, 러시아 – 소비에트법 문화 연표.

309) Karin Schmid는 '근대주의의 서구적 가치'의 면에서, 오늘날의 결과로서의 현상만을 본 듯하다. 보라, 같은 책.

정은 서구주의의 입장만을 고수하는 단정이다. '서구 법문화의 뿌리'는 법치주의와 관련해서 한 가지 뜻으로만 단정할 수 없다. 가치 개념이 들어가지 않으면 안 된다. 러시아의 근대사는 유럽이라는 지정학의 문제라기보다는, 근대적 가치를 표방한 자유주의적 개혁이 계몽군주에 의해서 시도되고 좌절되는 고통스러운 역사이다.

1809년 황제의 법률가 Speransky의 국가개혁안은 전 러시아에 Duma를 정점으로 하는 입법의회, 원로원을 정점으로 하는 사법체계, 중앙집권적으로 통합된 행정원이 설치되는 기본법 체계였다. Duma는 일반이 입법과정에 참여할 기회를 줄 수 있었고, 엄격한 법률 존중주의와 일반에 의한 법관 선출은 적절한 시기와 규모로 실시되었으며 개혁이 성공할 뻔하였다.310)

"러시아에서 국가의 기초는 짜아(Tsar)의 지배였고, 자유주의적인 서구사상을 소개하려는 여러 다른 시도에도 불구하고, 짜아의 체제는 1917년까지 전체적으로 유지되었다."311) '서구 사상의 소개'가 문제가 아니라 구체적인 개혁법안의 문제였다. 요약된 논리(summary logic)를 좋아하는 프러시아풍의 관변 법학자의 역사 인식이다. 모든 경과와 역사적 경험은 오로지 결과주의에 의해, 없는 것과 같게 된다. 타국의 역사를 이런 식으로 피상적으로 요약하는 것은, 문화적 우월의식이나 문화 제국주의의 발로라고 할 수 있다.

---

310) 랴자노프스키, 같은 책, p.17.

311) Karin Schmid, 같은 책, '자유주의적 서구사상'에 의한 개혁의 예는 다음과 같다. 보라, 김철, 같은 책, p.521.
1767, 계몽군주 에카쩨리나 진보적 법전, 초안을 위한 입법위원회 소집, 653항의 조문 기초.
1775, 행정개혁, 푸가초프난에 의해서 자유주의 시기는 끝남.
1801~05, 계몽군주 Alexander의 자유주의시기, 행정개혁 시도.
1805, 프랑스와의 전쟁, 개혁위원회는 끝남.
1807~1812, Michael Speransky의 법치국가에 의한 개혁안, 반대파에 의해 물러남.

7.1. 러시아의 행정심판에 대한 절차법

'불법이거나 시민의 권리를 위반하는 공무원의 행위에 대한 이의 절차에 관한 법'의 전개과정(1987. 6. 30. 성립, 수차 개정 1989년 갱신)

혁명 뒤에 러시아는 공산당이 이끄는 국가가 되었다. 따라서 주권자며 지배자인 짜아(Tsar)의 역할은 공산당에 의해서, 아직도 문맹인 사람들의 권위로서, 중지 없이 계승되었다.[312] 국가는 도구·수단적인 성격을 그대로 가지고, 권력의 일치의 원칙은 모든 경과에도 유효하였다.[313] 그러나 혁명기의 첫 번째 기간에 행정심판관할권의 체계를 수립하려는 노력이 행해졌다.

시민의 국가에 대한 법적 보호보다 국가기구의 비행을 폭로하는 데 향해졌다.[314] 스탈린 시대에도, 제소권과 이의권의 새로운 정리가, 행정심판절차로 하여금 어떤 영역에 있어서 행정을 통제하려는 목적을 위해서 쓰이도록 하는 경향을 강화하였다. 이것은 행정권에 대한 개인의 보호와는 다른 것이다.

1956년 20차 당 대회에 이은 흐루쇼프 시대에 '시민의 권리와 이익의 보호'가 최소한 법원에서의 초점이 될 수 있었다. 행정의 심판관할권의 문제가 다시 토론되기 시작하였다. 1977년 기본법 제

---

312) 소비에트의 이념가는 소비에트 법이 절대적 진리와 이성 완성의 예라고 주장하였었다. 소비에트 공산당(C.P.S.U)은 이 절대적 진리의 최고 해석자이자 또한 현시자이다. 왜냐하면 국가권위의 계층에 있어서 지배하는 당(C.P.S.U)은 최상층에 위치하고 있기 때문이다. 김철, 『러시아 - 소비에트법 - 비교법문화적 연구』, 제3장 법의 본질과 기능, 특히 p.91, 또한 Schmid, 같은 책, p.219.

313) "소비에트국가와 법은 지배하는 당(C.P.S.U)의 도구에 불과하다. 주권의 최종적 행사는 지배하는 당(C.P.S.U)에 의해서 통제되고 지도되고 원대부여자인 인민에 의해 통제되는 것은 아니다."
위의 사람, 같은 책, p.91, 또한 Schmid, 같은 책, p.219.

314) 여기에 대해서는 K. - J. Kuss, *Gerichtliche Verwaltungskontrolle in Osteuropa*, note 4, 167 ~173. Schmid의 인용도 같다.

정자에게 영향 미칠 만큼은 충분히 강한 것으로 보였다. 기본법의 58조 2단락은 행정에 대한 법의 보호의 요구를 선언하였다.

7.1.1. 1977년 헌법 아래에서의 러시아 행정심판의 체계[315)

정규 법원의 사안부담을 줄이기 위한 노력으로 소비에트 러시아는 행정위원회라는 병행 체계를 고안하였다. 프랑스의 행정법원과 비교하는 것부터 큰 맥락을 구별 못 하는 것이지만 구태여 말하자면, 프랑스의 Conseil d'Etat에 비유될 만한 별도의 최고 행정법원이 없다. 소비에트의 행정위원회의 결정으로부터의 항소가 소비에트적 의미에 있어서의 다른 정규법원에 취해질 수 있다. 소비에트의 행정위원회는 보통의 행정제도에서 분리된 하나의 조직을 이루지는 않는다. 이른바 소비에트의 '경제법원'과 마찬가지로 소비에트의 그들의 용어대로의 이른바 '행정법원'은 그 활동상 정부 행정부서의 한 결합된 부분이다.

아마도 이러한 행정위원회가 삼권분립제도 아래서의 법원과 다른 것은 말할 필요도 없다. 소비에트 법령에서의 용어상의 문제로서 '행정법원'이라는 단어의 사용은 단지 편의상의 문제이다. 행정위원회의 관할권은 개별 시민 또는 공무원에 의해 저질러지는 소규모의 행정적 위반에만 의도적으로 제한된다. 예를 들어 이른바 '행정법원'은 정부 사무국의 활동 결과로서 입은 손해로부터 나오는 정부에 대한 개별 시민의 소송을 받아들일 권한을 갖고 있지 않다. 행정위원회에 해당될 수 있는 소송의 유형을 기록하고 있는 어떠한 법령도 없다. 오히려 개별 법령들이 위원회에 다양한 유형의

---

315) 1977년 헌법제도하의 행정법원과 행정위원회에 대해서는 참조, 김철, 『러시아 - 소비에트법, - 비교법문화적 연구』(1989), 특히 제9장 "법문화와 사법기구, 준사법기구 5. 행정법원(Administrative Courts. Administrative Commission)"

위반을 열거하고 있다. 행정위원회는 지역, 시 그리고 촌락 카운실(council) 수준에서 조직된다. 구조적으로 그것들은 해당 소비에트의 집행위원회에 부속되며, 그 전반적인 감독 아래서 위원회가 활동한다. 위원회는 다양한 사회 조직의 대표들과 함께 활동하는 해당 소비에트의 회원들로 구성된다. 위원회는 의장, 1명의 부의장, 비서와 4명 이상의 위원회 정규 구성원으로 이루어진다. 해당 소비에트의 집행위원회의 의장 또는 부의장이 위원회의 집행위원장으로 활동한다. 행정위원회 구성원의 업무조건은 위원회가 부속하는 소비에트의 업무조건과 일치한다.

행정위원회는 소비에트의 집행위원회에 책임을 진다.

7.1.1.1. 행정위원회의 회부권 절차

국가기구 또는 사회기구의 권한 있는 관리가 행정서류(adminstrative protokol), 즉 위반의 성격을 서술하는 고소장을 제출할 때 행정위원회에서의 소송이 시작된다. 고소장은 행정위원회의 비서에게 제출되며 그는 피고(defendant)에게 그 고소장에 대한 답변을 제출할 것을 요구한다. 피고는 심리에 참석할 권한을 갖고 있다. 증인과 전문가는 필요한 것으로 간주되면 소환될 수 있다. 위원회는 기록과 증인과 전문가를 요청할 전적인 제출 및 소환권을 갖고 있다.

특정한 경우에 소비에트 법령집의 용어대로의 소위 '행정법원'은 좀 더 많은 사실을 증명하기 위해서 위반 혐의에 대해 예비 수사를 수행할 수 있다. 예비 수사는 일반적으로 위원회의 구성원에 의해서 또는 위원회의 요청에 의하여, 사회기구 구성원에 의해 수행된다. 심리는 대중에게 공개되며, 작업시간이 아닌 때에 피고의 거주지에 가까운 장소에서 한다.

피고가 국가 또는 사회기구의 관리이거나, 위반 혐의가 그의 공적인 의무와 관련되어 있는 경우 심리는 피고의 직장에서 열린다. 그 이유는 피고의 동료들의 관심을 불러일으키려는 생각에서이며, 그 자체는 실질적인 교육적 가치를 갖는 것으로 추정된다. 피고는 다음과 같은(그것에 한정되지는 않지만) 헌법에 보장된 절차권을 향유한다. 즉 소송의 자료에 접근할 권리, 고소장에 대한 설명을 추가할 권리, 목격자 소환권, 심리에서 반대 목격자에 대항할 권리 등이다. 소비에트적 의미에 있어서의 '행정법원', 즉 행정위원회에서 원고가 향유할 수 있는 것으로 헌법상의 권리가 아닌 것은 변호사의 조력을 받을 권리(the right of counsel)이다. 행정위원회에서 소송을 완전히 사법화하지 않으려는 노력에서 소비에트 법률상 피고에게는 변호사의 조력을 받을 권리, 즉 자문권이 허용되지 않는다. 피고는 위원회에서의 모든 소송에서 그 자신의 변호인, 즉 자문역으로서 활동한다. 행정위원회, 즉 소비에트적 의미에 있어서의 법원의 판결은 위원회 구성원들의 단순 과반수 투표에 의해 이루어진다. 피고는 결정 10일 이내에 위원회의 결정에 대해 항소할 수 있다. 처벌의 성격에 따라 위원회 결정으로부터의 항소가 정규인민지역 법원 또는 그 위원회가 부속하는 인민소비에트의 집행위원회에 제출될 수 있다. 그러나 벌금에 대한 항소만은 인민지역법원에 취해진다. 다른 모든 유형의 처벌에 대한 항소는 그 위원회가 속하는 소비에트의 집행위원회에만 취해진다.

7.1.1.2. 제재

행정위원회가 부과할 수 있는 제재는 명백히 비형사적인 성격의 것이다. 따라서 행정적 처벌의 부과는 원고에게 범죄 기록을 남겨

주지는 않는다. 소비에트의 법률상 행정적 처벌은 행정위원회뿐만 아니라 정규법원 또는 특정 법령에 따라 활동하는 국가기구 또는 관리에 의해 부과될 수 있는 행정 처벌에 한정하기로 한다.

행정적 위반의 성격에 따라 행정위원회는 다음과 같은 처벌의 어느 하나 또는 그 결합을 부과할 수 있다. 경고와 행정 벌금 위반 행위가 직업과 관련된 것이라면, 경고가 기소된 관리의 기록에 삽입된다. 행정 벌금의 규모는 그것이 산정되는 적용법령에 의해 결정된다. 일반적으로 벌금의 규모는 위반의 중요성과 피고의 경제적 여건에 따라 결정된다. 위원회는 피고가 기소되고 재판되게 하는 법령에 규정된 처벌을 부과할 수 있다. 특정한 경우에 위원회는 덜 엄중한 사회적 압력 수단의 적용을 위해서 동지의 법원(Comrade's Court)에 그 소송을 이전할 수 있다.

피고에 대해서 추산되는 벌금은 그 산출일로부터 15일 이내에 지급되어야 한다. 피고가 지불하는 데 실패할 경우, 행정위원회는 피고의 고용주가 그의 봉급에서 산정된 벌금을 공제하도록 명령하는 압류명령을 내린다. 그러나 피고에게 수입원이 없을 경우, 즉 그가 실직하였을 경우에는 그의 재산에 대한 압류가 보안관에 의해 집행된다. 소송에 대한 수사 중에 또는 심리 중에 위반 행위가 범죄의 증인을 포함하고 있으며, 행정위원회는 적절한 행동을 위해서 소송 대리인에게 소송의 자료를 제출한다.

7.1.1.3. 행정행위에 대한 제재

기소된 행정적 위반이 소송 개시 한 달 이전에 일어난다면 어떠한 피고도 행정위원회에서 재판될 수 없다. 또한 피고는 행정 위반이 범해질 경우라든가 16세에 달하지 않을 때 혹은 소송을 개시할

때, 그리고 행정 위반을 규정하는 법령이 소급되는 경우에도 행정
위원회에서 재판될 수 없다.

1977년 기본법의 58조 2단락에서 선언된 행정에 대한 법의 보호
의 요구는 10년 뒤에 실현되는 것처럼 보였다. 즉 필요한 입법은 10
년 뒤에 고르바초프 치하에서 통과되었다.[316) 고르바초프 행정부의
주된 슬로건은 '법에 기초를 둔 국가(pravovoe gosudarstvo)'였다.[317)

1987년 6월 30일의 입법은 국가기구에 대한 늘어난 규제이다.

(1) 행정권에 대한 개인의 포괄적인 법적 보호를 보여준다. 가까
    이 보면 행정권의 침해에 대비한 법적 보호는 모델케이스의
    리스트에 국한되지 않아서, 단지 외관으로만 포괄적으로 나
    타난다(법 제1조).

(2) 불법인 공무원의 행위만 대상이 되고 부적절한 행위는 심사
    대상이 되지 않았다(법 제2조).

(3) 행정심판에 대한 절차법은 다른 구제 수단이 없는 경우에만
    적용 가능하였다(법 제3조).

(4) 상관이나 직근 고위 당국에 대한 심판절차는 이에 앞서 이의
    절차가 선행되어야 하는 규정에 대해서 특별한 비판이 있었
    다(법 제4조).

(5) 심판이 청구된 행정행위에 대해서는 정지 효과가 없으며 원
    칙적으로 두 번째의 심사를 허용하지 않는 것도 그러하다.

(6) 공무원 개인에 대해서만 이의가 가능하고 집합체에 대해서는

---

316) 이미 1980년이나 브레즈네프 시대에도 행해질 수도 있었던 것이고, "자유주의 흐름이
    상대적으로 약하다."라는 평가가 된다. 보라, Schmid, 같은 책, p.220.

317) 김철, "러시아의 법치주의와 입헌주의", 『헌법학연구』(한국헌법학회회지, 제6권 제1
    호 2000년, 5월) pravovoe gosudarstvo의 번역은 '법의 지배'라기보다도 '법에 기초를
    둔 국가'가 되고, 러시아에 있어서의 법치주의의 가능한 함의는 제정 러시아 때부터
    문제가 된다.

가능하지 않다.

(7) '비방의 목적을 가진 경우의 범죄 구성'의 조항은 어떤 범죄인
지 애매하며, 가능한 이의를 봉쇄하는 효과가 된다(법 제10조).

(8) 행정권의 침해에 대한 법적 보호는 매우 제한적이고 새로운 법 자
체가 개인에 대해서 더 많은 권리를 주지 않고 있다. 법치국가나
법의 지배를 향한 중요한 일보(一步)로 거의 불릴 수 없다.[318]

최초로 거의 동시에, 고르바초프는 19차 전 연방 당 대회에서 pravovoe
gosudarstvo — 즉 '법에 기초를 둔 국가'라는 용어를 사용하였다.[319] 더 나
아가서 법률가는 권력 분립뿐 아니라 서구타입의 진정한 다원주의적 민
주주의를 공개적으로 논의하였다.

행정심판에 대한 절차법에 대한 더 큰 관심과 행정청과의 관계에
있어서의 개인에 대한 관심이 역시 몇 개의 개정에서 나타났다.[320]

7.1.2. 1987년 10월 20일 개정조항[321]

(1) 심판청구에 앞서서, 필요한 전제였던 행정부 내부에서의 이의
절차가 포기되고, 심판 청구된 행정행위의 정지효과를 허용하
고, 첫 번째 결정에 대해서 불복하는 경우 두 번째의 기회를
제공하였다.[322]

(2) 1987년 12월 24일의 행정심판에 대한 절차법의 적용에 대한

---

318) Schmid의 평가, 보라, 같은 사람, 같은 책, p.221.

319) O. Luchterhandt, Die Sowjetunion auf dem Wege zum Rechtdstaat(Forschungsinstitut
der Konrad — Adenauer — Stiftung,ed), St. Augustin 1990, note 6, 14~20, Schmid, 같
은 책, p.221.

320) V. M. Chkhikvadze, "Der Umbruch und die Entwicklung der sowzetischen Rechtswissenschaft",
Osteuropa Recht 1990, 100~109, 102~104.

321) Ved. SSSR 1987 No.26 item 629 위의 사람, 위의 책, p.221.

322) 같은 사람, 같은 책, p.221.

입법은 소비에트 유니온의 법무성, 최고 법원 그리고 검찰의
모범 예규를 담고 있다.323)

(3) 1988년 5월의 중앙 위원회 전체회의는 고르바초프의 법치주
의 창조를 위한 요구를 그 중심 테마로 했는데, 직후 최고 소
비에트 지침 14호가 나왔다.324)

중심 테마는 일의적 법치국가가 아니고, '사회주의적 법치국가'
였다.325)

(4) 따라서 권력 분립은 단지 '기능상의 분리'가 되고 다원주의적
견해의 지배는 당의 지배를 문제 삼지 않는다.326)

(5) 1988년 12월 23일에 공포된 '시민의 권리를 위반한 관헌에
의한 불법행위에 대한 소송에의 개정법안'에 대한 최고 소비
에트 지침 14호도 또한 그러하다.

8. 결론

지금까지 체코와 러시아와 같은 사회주의 국가가 기본적인 헌법
현실이 변화할 때, 행정법체계 중 심판에 관한 절차법이 어떤 변화
를 가지는가를 추적하였다. 1990년대의 주된 변화를 포함하지 못했
으나, 특징적인 변화를 헌법 현실과의 관계에서 찾을 수 있었다면,
다행으로 여긴다. 보다 본격적으로 변화된 심판에 관한 절차법의

---

323) Sots, Zak, 1988 No.3, 13~16, No.4, 36~38, Sov. Iust, 1988 No.7, 18~20, 같은 책,
　　　Fn.30.

324) 같은 책, p.222.

325) O. Luchterhand, 위에서 인용한 책, note 6, 14~27. 또한 같은 책, p.222.

326) 같은 책, p.222.

전개과정의 논의는 최신 자료가 입수되는 이후로 미룰 수밖에 없는 것을 안타깝게 생각한다.

이 제한된 역사적 연구에 있어서 얻을 수 있었던 귀납은 다음과 같다.

1) 서론의 동기에서 되풀이된 대로, 헌법현상과 어떤 행정법제도를 인위적으로 분리해서 전연 별개의 영역으로 취급하는 것은 강의의 편의상은 불가피하다 할지라도, 법의 발견이나 역사 속의 법의 형성이라는 관점에서는 자연스럽지 못할 수도 있다. 러시아의 경우와 동유럽의 체코의 경우 이런 관점이 선명하게 드러났다고 본다.

2) 행정법의 기술성이라는 문제는 특정 국가의 역사적 상황에서 문제해결을 위한 도구로서의 기술성이라는 것은 당연하나 그 기술성이 테크놀로지와 같은 의미에 있어서의 기술성이라는 것은 행정법의 생성, 발전, 변혁의 역사적 증례에서 볼 때 당연하지 않다. 행정법 체계 역시 넓은 사회체계의 함수로서 변화하는 것이라고 볼 수 있고, 역사성과 가치성이 그 기술성과 함께 존중되어야 한다.

3) 이 연구에서 다룬 체코나 러시아의 법제도를 바라보는 공법학도로서의 우리의 관점은, '인류의 보편적인 법 원칙'의 일부가 사회주의 법체계에서는 어떤 모습으로 나타났는가, 그 뒤에 어떻게 변화하였는가, '문명사회의 일반 원칙으로서의 자연적 정의'가 행정심판에 대한 절차법이라는 형식에서 더욱이 전례 없는 대변혁의 와중에서 어떤 모습으로 나타났는가라는 법학도의 일반적 관심이다.

4) 체코의 경우, 제1차 세계대전 종전 직후인, 1918년에 입헌주

의와 법치주의에 의한 헌법제도를 실질적으로 갖춘 전통이 있었다. 약 70년 뒤, 동유럽과 러시아연방의 여러 나라 중에서, 이 나라에서 가장 빠르게 동유럽 혁명을 주도한 이유를 알 수 있다. 러시아의 경우, 1917년 볼셰비키 혁명 이전에 절대군주에 의한 제한적 입헌주의와 절대주의에 입각한 법치주의가 시도된 경험이 있었다. 그러나 체코가 이미 1918년에 보여준 근대적 입헌주의와 근대적 법치주의의 경험은 없었다. 1988년 고르바초프 지도 아래 비로소 사회주의적 법치주의를 요구하였다. 1992~1993년 헌법제정 기간 동안 다양한 법치주의 논의가 실질적으로 행해졌다.

■ 참고문헌

김남진, 『제6판 행정법』(서울: 법문사, 2000).

김도창, 『신고 일반행정법론(상)』(서울: 청운사, 1983).

김동희, 『제6판 행정법』(서울: 박영사, 2000).

김영훈, 『헌법과 행정법의 문제에 관한 고찰』, 『법학논총』 제2집, 숭실
　　　대학교 법학연구소, 1986.

김 철, 『러시아-소비에트 법-비교법 문화적 연구』(서울: 민음사, 1989).

김 철, 『미소연구』 제5집 (단국대미소연구소, 1991).

김철용, 『행정법』(서울: 박영사, 1998).

랴자노프스끼/ 김현택 역, 『러시아의 역사』 중 알렉산드르 1세의 통치
　　　1801〜1825.

박수혁, 『행정법 요론』(서울: 법문사, 1997).

박영신, 『실천도덕으로서의 정치 - 바츨라브 하벨의 역사참여』(서울: 연
　　　세대출판부, 2000).

석종현, 『일반행정법(상)』(서울: 삼영사, 1986).

이상규, 『신정판 신행정법론(상)』(서울: 법문사, 1983).

이정희, 『동유럽사』(서울: 대한교과서 주식회사, 1987).

The Parker School Journal of East European Law(New York, Columbia
　　　University) 1994-1996.

Klaus-Jurgen Kuss, *Gerichtliche Verwalttungslkontrolle in Osteuropa,
　　　Rechtswisseen schaftliche Veröffentlichhungen*, Vol.15, Berlin, 1990.

S.Lammick, K.Schmid, eds. *Staatsordnung der Tschechoslowakai*, Berlin,
　　　1973.

K.Westen, B.Meissner, F.-Chr. Schroeder, eds. *Der Schutz der individuellen
　　　Rechte und Interessen im Recht der sozialistischen Staaten.*

Moshe Lewin, *The Gorbachew Phenomenon - A Historical Interpretation*
　　　(University of California press, 1988).

Karin Schmid, "Legislation On Administrative Procedure in Czechosl-
　　　ovakia and the Soviet Union", *The Emancipation of Soviet Law*,

edited by Feldbrugge, Martinus Nijhoff Publishers.

K.Schmid, "Gesetz uber das Verwaltungsverfahren", in Staatsordnung der Tschechoslowakai, (S.Lammick, K.Schmid, eds.), Berlin 1973, 385-404, "Das Tschechoslowakische Verwalttungsverfahren", *in Der Schutz der individuellen Rechte und Interessen im Rechte der sozialistischen Staaten*(K. Western, B.Meissner, F.-Chr. Schroeder, eds.), Berlin 1980.

Sbirka Zakonu[Sb.] 1967, No.71.

Klas-Jurgen Kuss, *Gerichtliche Verwaltungskontrolle in Osteuropa, Rechtswissenschaftliche Veröffentlichungen*, vol.15, Berlin 1990.

The Russian Law(New York, Octagon Books, 1947).

K.-J. Kuss, *Gerichtliche Verwaltungskontrolle in Osteuropa*, note 4.

O. Luchterhandt, *Die Sowjetunion auf dem Wege zum Rechtdstaat* (Forschungsinstitut der Konrad-Adenauer- Stiftung,ed), St.Augustin 1990, note 6, 14~20.

V. M. Chkhikvadze, "Der Umbruch und die Entwicklung der sowzetischen Rechtswissenschaft", *Osteuropa Recht* 1990.

제3장 중국법학을 어떻게 접근할 것인가

Some Approches to Chinese Law—Relation between Contemporary
Legal Institution & Pre—modernization Law of China

1. 들어가는 말

중국법학의 영역은 필자에게는 다음과 같은 경위를 가진다. 1990
년 컬럼비아 로스쿨의 에드워즈(R. Randle Edwards)는 해자드
(Hazard)와 함께 당시 진행 중이던 사회주의 법군 — 즉 러시아법과
중국 대륙법 — 의 서방과의 통상문제를 다루면서 공동세미나를 개
최하고 있었다. 세미나 제목은 사회주의 법제도론 – 러시아와 중국
의 법제도와 통상관계였다. 당시 필자는 1989년에 『러시아 소비에
트법 – 비교법 문화론적 연구』를 출간하고 그 다음 단계로 지구상
에 잔존하는 사회주의 법제의 큰 예로서 중국의 법제를 연구할 계
획을 세우고 있었다. 중국법의 연구는 냉전시대부터 하버드 대학의
동아시아법연구소(Institute of Eastation Legal Study)가 서방의 이
관계 연구를 주도하고 있었다. 오랫동안 이 연구소를 주도했던 제
롬 코헨(Jerome Cohen) 교수는 90년대에 들어서서 당시 부상하고
있었던 뉴욕대학교 로스쿨로 옮겨서 독자적인 중국법(Chinese Law)
강좌를 하고 있었다.

90년대 초 중국학과 중국법의 연구에는 앞으로 전개될 중국 붐이 예감되고 있었다. 이 당시부터 아메리카의 주요 대학에는 대륙 중국으로부터 유학생을 대거 맞아들이기 위한 세계화 정책이 구체적인 결실을 보고 있었다. 예를 들면 포드(Ford)재단은 유능한 대륙 중국 학생에게 한국의 우수한 유학생에게 60년대나 70년대에 베풀었던 학비면제와 생활비 보조를 하고 있어서 주요한 대학의 캠퍼스는 중국학생들이 활기를 띠고 활보하였다.327)

컬럼비아 로스쿨의 에드워즈(R. Randle Edwards)는 필자와의 단독 면담에서 다음과 같은 요지의 충고를 하였다. 물론 그는 필자가 당시 이미 상당히 진행되고 있었던 동유럽-러시아 혁명의 영향 아래 있던 러시아 소비에트의 혁명 전후의 법제도에 대해서 그리고 여기에 관련된 서양법의 여러 전통에 대해서 한국에서 연구서를 발간한 것을 알고 있었다. 아마도 나는 이 조그마한 성취 때문에, 그리고 내가 영미법계에서 공부했으며, 나의 조국 한국에서는 오랜 시절 대륙법을 기초로 한 개념법학을 공부했기 때문에 이 세 가지 소양을 토대로 본격적인 비교법학을 전개하고 싶다고 희망을 이야기한 것 같다. 에드워즈는 원래 하버드에서 제롬코헨과 함께 중국법을 연구하던 차세대의 학자이다. 그는 물론 아메리카 주된 로스쿨에서 공부했으며 그러나 학자로서는 중국최근대사 특히 개항 전후의 청조의 중국문화가 서양열강의 새로운 출현에 어떻게 반응했는가라는 역사적 연구를 우선하였다. 그의 주된 초점은 '청조의 외국인에 대한 재판 관할권'328)과 '외국통상에 관한 광동의제

---

327) Chull Kim, 'Ad Sum Ipsum — A Short Memoir', In *History Thought & Law*, p181, Unpublished private printing, 1993.

328) R. Randle Edwards, "Ch'ing Legal Jurisdiction over Foreigners", in Cohen, Edwards, & Chen(ed.) *Essays on China's Legal Tradition*(Princeton, New Jersey, Princeton University

도'329) 그리고 '열강의 국제법에 대한 중국인의 태도'330) 그리고 현대 '중국의 시민의 권리와 사회적 권리'331) 같은 현대중국의 인권문제에도 관심이 있었다.

이런 배경을 가진 미국국적의 비교법학자가 한국에서 온 러시아법 저자를 어떻게 보았을까?

때는 한국에서 아직 권위주의적 정부가 문민정부로 이행되기 이전이었다. 중국역사를 공부한 미국인 비교법학자의 감수성으로 즉시 에드워즈는 한국이 역사적으로 그가 전공한 청나라 제도사나 법제사와 관계있는 한자문명권이며 중국문화권이라는 것을 감안하였을 것이다. 아마도 그는 대륙중국에서 처음으로 벗어난 진지한 중국인 학자들을 계속 만나 왔을 것이다.

어쨌든 그는 비교법학자로서 내가 다음 단계로 연구해야 될 것은 바로 중국법제나 또는 세 나라 이상의 법제도를 동시에 비교하는 비교법학의 영역에 뛰어들기보다는 그 전제로서 그가 오랫동안 관찰해 왔던 동아시아 학자들의 특징과 선입견을 기초로 해서 다음과 같이 권유했다.

즉 중국법에 바로 뛰어들기보다는 이미 내가 잘 알고 있는 러시아 소비에트 법의 제2차 세계대전 이후의 창설자 중의 한 사람이 해롤드 버만의 다른 전공을 연구하기를 권유했다. 이렇게 해서 '법

Press, 1980).

329) R. Randle Edwards, "The Old Canton System of foreign Trade", in Victor Li(ed.), *Law and Politics in China's Foreign Trade*(Seatle, University of Washington Press, 1977).

330) R. Randle Edwards, "China Practice of International Law – Patterns from the Past", in Ronald St. John MacDonald(ed.), *Essays in Honour of Wang Tieya*(Masachusetts, Kluwer Academic Publishers, 1994).

331) R. Randle Edwards, "Civil and Social Rights: Theory and Practice in Chinese Law Today", in Edwards, Henkin & Nathan(ed.), Human Rights in Contemporary China(New york, Columbia University Press, 1986).

과 종교의 서구역사에 있어서의 상호교호작용'이라는 제2차 세계대전 이후의 비교법학 분야에 있어서의 최대 수확을 내가 접하게 된 계기가 되었다.[332]

중국법학자 에드워즈가 내게 조언한 것은 다음과 같은 이유였다고 몇 년 후에 깨달았다.

즉 동아시아인—한국, 중국, 일본의 학자들은 관행적으로 대학에서 서양법제에 기초한 개념법학을 배우기는 했으나, 문화적으로나 역사적으로는 동아시아적 전통의 영향을 받고 있다. 그런데 한자문명권의 동아시아인들이 스스로는 이해한다고 자부하면서도 어떤 핵심적이고 본질적인 부분에서는 서양법이 역사적으로 발전시킨 제도에 대해서 '자신들의 문화에 이해 채색된 안경을 끼고' 바라보기 때문에 한계가 있다는 것이다. 다시 말하자면 동아시아적 전통문화의 부담은 이미 서구 법을 접하기 이전에 상당한 정도 진행되고 있어서 마지막 결론부분의 서양제도의 골격의 희미한 인상밖에는 알아차릴 수가 없다. 에드워즈의 중국인 학자와 학생의 경험은 아마도 한국에서 온 소장학자에 대해서도 같은 처방을 내렸을 것이고 따라서 중세 이후에 전개된 서양사의 어떤 주된 부분—즉 동아시아와 달리 종교가 서양법제에 미친 영향—을 철저하게 이해하기 전에는 다른 작업으로 들어가지 말라는 충고를 아끼지 않았다. 그의 관점은 정당하게도 그에게도 해당되었다. 에드워즈의 중국법에 대한 제도적 연구는 선행된 중국역사에 대한(거의 역사학도에 비견할 만한) 철저한 연구로 특징지어진다.

현대 한국법학자가 중국법제를 접근하는 데에는, 흔히 생각하듯이 한자실력이나 또는 우리가 가진 중국학적 교양으로 바로 뛰어

---

332) 헤롤드 버만과 김철, 『종교와 제도—문명과 역사적 법이론』, 민영사, 1992.

들면 될 듯하다. 그런데 착각하지 말아야 될 것은 2004년 현재의 한국인은 조선조 영조·정조 시대의 선비가 아니고 2004년 현재의 중국대륙은 역시 영·정조 시대의 북경이 아니다. 당시 북경의 유리창(琉璃廠)이 조선조 선각자들의 새로운 지식의 전파지였으나, 이제 2004년 현재의 한국인은 서양어로 쓰인 문헌을 통해서 세계를 이해하게 되었다는 것이다.

서양종교가 서양법제도의 발전에 미친 영향을 연구하고 나서 즉시 나는 동아시아에 있어서의 종교가 동양법제도의 발전에 미친 영향을 생각하기 시작했다. 조선조를 중심으로 한국인의 의식을 정리할 때 아무래도 유교사회의 영향과 중국법 내지 조선조에 대한 관계를 생각하지 않을 수 없었다.[333]

2. 전통 중국의 법문화에 있어서의 자연법의 문제

한국과 중국에 공통적인 영향을 끼쳤던 신유교, 즉 주자학의 해석에 다음과 같은 해석이 있다.[334] 여기에서 한국과 중국 전통사회의 공통적인 특징을 나타내는 단서가 보인다. 논어의 가장 첫 구절에서 學而時習之로 시작된다. 너무나 평범한 "배우고 때로는 익히면 즐겁지 아니한가?" 이 부분의 해석론에서 청대의 이공(李拱)은 배움의 대상으로 세 가지를 들고 있다. 첫 번째는 하늘(天)에 대해서 두 번째는 사람(人)에 대해서, 세 번째는 사물(事物)에 대해서이다.[335]

---

333) Chull Kim, "Religion & Law in East – Asian Culture of Chinese Confucian Influnce", 운남 서정호 교수 정년기념 논문집,『法과國家』, 민영사, 1997.

334) 淸代. 李拱. 論語傳注問, 學而一.

335) Chull Kim, 같은 논문, pp.464 – 466.

논어에서 단서가 된 인간의 지식의 세 방향은 아직은 인문학적 해석의 단계이다. 즉 인간에 대한 이해, 하늘에 대한 이해. 그리고 사물에 대한 이해를 논하고 있다. 이러한 지식과 이해의 세 갈래가 법의 세계와 어떻게 관계되는가?

'법의 지배'는 번역어이다. 영미법의 전통에서는 'Rule of Law'라고 하고, 도이치의 번역어는 'Rechts Staat'가 된다. Rule of Law의 서양지성사나 철학사의 연원은 'Rule of Reason'에 가깝다. 왜냐하면 유대-그리스-전통이나 이후의 로마-중세전통-의 주류에서 볼 때 법이란 실정법뿐만 아니고 자연법까지 포괄하는 큰 의미이다.

또한 서양고전전통에 있어서는 시민법이나 만민법의 원천이 되는 것은 국가제정법이 아니라 자연법이다. 그리스 전통의 고대자연법은 이성중심의 법칙으로서 로고스(Logos)에서 시작된다고 그리스 철학사가 보여주고 있다. 서양문명의 큰 흐름의 상류 쪽에서 로고스가 가장 넓은 의미의 법의 원천이라면 인류의 문명이 상응하는 가장 큰 고대문명은 중국문명이다. 황하유역의 비교적 이른 시절의 중국문명이 고대 그리스와 상응할 수 있는 자연법의 전통을 가졌느냐의 문제는 법학자 이전에 중국학을 평생의 업으로 삼은 학자들의 주된 관심이 되어 왔다.

예를 들어 케임브리지 대학의 대표적 중국학자 Joseph Needham은 이미 1950년 5월 런던대학의 홉하우스(Hobhouse) 강좌에서 '중국과 서방에 있어서의 인간법과 자연법'이라는 제목으로 강연을 하였다.336) 니담 이외에 고대 중국문명의 자연법에 대한 대표적 서구의 업적은 Prof. E. S. Wade(Cambridge의 法家와 自然法), Prof. E. R Dodds(Oxford의 고대중국의 自然法), Prof Derk Bodde(Pennsylvania

---

336) 조셉 니담 著, 이석호 등 공역, 『중국의 과학과 문명』, 을유문화사, 1988, p.19.

의 고대중국의 自然法), Prof. K. Bünger(Tübingen)의 고대중국의 自然法, 이들의 연구업적을 아주 거칠게 요약하면 고대 중국문명에는 서양 고대 그리스에 해당할 만한 자연법의 전통이 발견된다고 한다. 즉 그리스 전통의 초기 로마 법학자 울피아누스가 '자연법은 인간과 자연에 공통적인 것'이라고 한 데서 보인 것처럼 '자연의 법칙'과 분리되지 아니한 상태의 자연법이라 할 만하다. 따라서 20세기 최대의 중국학자라고 할 만한 조셉 니담이 고대 중국문명을 접근하는 데 있어서 중국의 과학기술 특히 고대 중국의 자연과학의 발달이라는 주된 테마를 전개시켜 나가는 도중에 드디어 중국에 있어서의 인간법과 자연법의 만남이라는 법학적 주제를 발견한 것은 이런 맥락이다.

그리스 전통에 있어서의 로고스를 한국어로 어떻게 번역하든 정확하지는 않을 것이다. 아마도 이것은 중국어에 있어서의 Li(理)에 가깝게 될 수 있다.337) 다시 그리스 전통의 서양법사상의 전개는 근대에 와서 비로소 과학주의와 만나게 되는데 이때가 이른바 이성의 시대가 된다(Age of Reason). 계몽시대라고 불리는 서양사의 중요한 대목은 이성의 시대로 불리기도 하고 이때부터 이성의 지배(Rule of Reason)가 계몽주의와 계몽시대의 중요한 산출물이자 근대를 여는 서곡이 되었다. 서양에 있어서의 근대적 의미의 이성의 지배는 이윽고 시민민주주의 시대의 법의 지배(Rule of Law)로 진행하게 된다.338)

고대 중국문명의 이성적 부분에 대해서 계속하기로 하자. 고대 중국의 과학사를 일생의 탐구대상으로 삼았던 서양의 학자들은 고대 중국의 여러 사상에서 서양과 상응할 만한 증거를 들고 있다. 예를

---

337) 김철, 위의 논문, p.463.

338) 김철, 『러시아 소비에트법 – 비교 법문화적 연구』 – 민음사, 1989, p.497.

들어 그리스의 아리스토텔레스(B.C. 384~322)의 '영혼의 단계설'은 기원전 298년에서 238년에 중국에서 생존했던 순자(荀子)에게서 유사한 설을 발견한다.[339] 또한 소크라테스가 주인공으로 등장하는 그러나 플라톤이 화자로 나오는 그리스의 마리우스전(출판 A.D. 46~122)에서는 중국의 열자(列子, B.C. 400)에서 10여 군데의 상응관계가 흥미 있게 대조된다.[340] 또한 묵자(墨子)와 크세노폰(Xenophon)의 언행록(Memorabi - lia)에서는 유사한 사고방식이 발견된다. 우연이겠지만 묵자와 크세노폰은 동시대의 사람이라고 한다.[341]

이와 같이 서양의 대표적인 중국학자들의 검증을 거쳐서 우리는 다음과 같이 말할 수 있게 된다. 즉 고대 세계의 자연적 이성의 문제에 있어서는, 적어도 고대 서양문명의 대표자인 그리스와 고대 동양문명의 대표격이라 할 수 있는 중국의 자연철학자 사이에는 유사성이 있다. 즉 그들의 세계를 보는 이성(理性)과 로고스의 판단에는 상응하는 닮음이 있다.

3. 서양 중세와 근대화 이전의 중국의 사회구조 비교

서양 중세와 근대화 이전의 중국의 사회구조를 비교해 보기로 하자. 이 비교는 '국가와 종교', '국가와 교회' 그리고 '세속권력과 정신적 권위'라는 서양 중세에 있어서의 가장 큰 이분법으로부터 출발하지 않을 수 없다.[342]

---

339) 조셉 니담, 위의 책, p.135.
340) 조셉 니담, 위의 책, p.187.
341) 위 사람, 위 책, p.137.
342) 김철, 법철학 강의노트, 2004, 숙명여대 법학부, 미출간 강의자료.

서유럽 전역에 걸쳐서 기원 후 5세기부터 기원 후 15세기까지의 사회구조는, 중국의 사회구조와 가장 현격한 차이를 보여준다. 즉 동아시아인이 자신들의 경험에서 오는 선입관으로서의 단일한 국가는 서양에 있어서의 이 시기에는 간단하게 말해서 존재하지 않았다. 다시 말하자면 오늘날 동아시아인들이 보고 있는 서유럽의 국가들, 즉 프랑스, 도이치, 오스트리아, 이탈리아, 네덜란드 같은 나라들은 존재하지 않았다. 그뿐만 아니라 중국대륙을 지배했던 단일한 제국의 지배권과 같은 강력하고 중앙집권적인 제국도 서양에는 존재하지 않았다.

신성로마제국의 황제권도 프랑크제국의 황제권도 중국에 비하면 부분적이며 특히 정신적 권위에 있어서는 '두개의 검(Zwei Schwert) 이론'에서 보여주는 대로 늘 서유럽 전부에 보편적인 '교회의 관할권', 교황을 정점으로 하는 거대한 위계를 이루고 있는 성직자 피라미드에 의해서 견제되고 있었다. 중세에 있어서의 교회의 관할권은 동양인이 상상하는 것보다는 훨씬 더 국민의 생활에 가까이 있었고 실효적이었다고 할 만한 이유가 있다.

한마디로 서양 중세는 동아시아에 어떤 경험도 꿈꾸지 못할 지상의 왕국과 천상의 왕국의 실질적인 이원적 지배에서 국가나 정부가 정하는 제정법에 대해서 '신이 정한 법(Lex divina)'의 권위에서 유래하는 국가권력이 제정하지 않은 자연법(Ius naturale)은 항상 견제하는 위치에 있었으며 또한 인간이 정한 법을 재는 척도이기도 하였다. 중세적 분위기에서 인정법(Lex humana)은 신법(Lex divina)보다 아래에 있다. 이것은 신학적 명제일 뿐만 아니라 실제로 교회는 신법과 자연법의 권위로 항상 정부나 국가기관에 대해서 유효하게 법의 유효성을 검증할 권위를 갖고 있었다.

중국의 전통사회에 있어서의 국가나 정부의 법과 정신적 권위의 관계를 보여주는 것은 세속권력의 정점인 황제의 위치이다. 중국대륙을 지배한 대제국의 통치자는 그가 가진 세속적 권력 이외에 국가나 정부와 맞먹을 만한 정신적 권위나 종교의 견제를 용인하지 않았다. 중국민속의 어떤 연구자는 다음과 같이 증언한다.

> 공식적 유교이론에 있어서 중국황제는 하늘로부터의 위탁에 의해서 통치한다. 황제의 정신적 권위는 동심원적으로 바깥으로 뻗어 나간다. 그의 정신적 권위의 대가로 황제는 모든 신민의 충성과 삼라만상, 즉 다른 피조물의 복종을 받아낸다. 중국인들은 황제를 하늘의 아들(Sun of heaven) 백성의 아버지로 여긴다. 따라서 전통 중국에 있어서의 황제는 서양 중세에 있어서 두 가지 칼을 모두 다 가진, 즉 황제권과 교황권을 단일하고 반신(反神)적인 존재에 집중한 것이다.343)

동아시아에 있어서의 제정법과 자연법의 관계는 위와 같은 공식적 유교 독트린에 의해서 이론의 여지없는 관계를 성립한다. 즉 주권자가 만든 법은 어떤 정신적 권위에 의해서도 도전하거나 부인할 수 없다. 왜냐하면 제정법에 도전할 수 있는 정신적 권위 역시 입법자인 주권자가 독점하고 있기 때문이다. 두 가지 칼을 다 가지고 있는 주권자에게는 어떤 도전의 여지도 봉쇄되어 있다. 따라서 공식유교 독트린이 동아시아 지역의 전통사회에 미친 영향은 거의 같게 보인다.344)

---

343) Moss Roberts, Introduction, ⅹⅵ, *Chinese Fairy Tales and Fantasies*, pantheon Books New York, 1979, 또한 chull kim, 같은 논문, p.36.

344) 공식유교 독트린이 큰 영향을 미치게 된 것은 한국과 일본의 문화의 원형으로 지적될 수 있는 건국신화의 함의에 있다고 주장하는 입장이 있다. chull kim, 같은 논문, p.36.

4. 중국 근대화의 문제

많은 중국학자에게 공통된 의문은 '왜 중국이 근대화의 시기에 근대적인 상업이나 산업을 발전시키지 못했을까?'이다. 이 질문은 왜 '서양에서만 근대적인 자본주의와 과학을 발전시켰을까?'라는 질문과 연결되어서 논해 왔다. 사회학에서는 잘 알려진 이 질문이 다시 중국학의 영역에서 인용된다. 종교와 과학 그리고 근대 자본주의의 관계에 대한 중국학에의 응용은 결국 중국에 있어서는 종교가 윤리적 가치를 정하는 주된 소스가 아니었고 종교단체는 무엇이 옳고 그른가에 대한 판단을 행하는 권위를 가진 사회집단이 아니었다는 데까지 이른다.[345]

근대시민사회를 서구에서 형성하는 데 있어서의 많은 요인을 상식적으로 열거하면 르네상스, 종교개혁 그리고 시민혁명을 들 수 있다. 동아시아 역사에 있어-흡사 서구 중세사에서 약 1,000년간 지속된 보편적 정신적 가치를 재해석하고 개혁하는 종교개혁과 같은 것이 근대사회 이전에 없었던 것은 거칠게 말하면 국가권력이나 세속권과 대립되는 종교나 교회의 존재가 애초부터 크지 않았다는 데부터 시작할 수밖에 없다.

황제의 관료는 동시에 모든 지역의 정신적 권위에 있어서의 마지막 결정자였기 때문에 오직 왕조가 변하지 않고서는 근본적 쇄신은 불가능했다. 제정법은 주권자인 황제의 재가로 효력을 갖게 되고 그 제정법을 변경하거나 폐지하는 것을 요구할 수 있는 어떤

---

345) Derk Bodde, *Chinese thought,society and science(The Intellestual and social background of science and technology in pre－modern china)*, University of Hawaii Press, 1991. 이 책에서 주로 C. K. Yang(1961)을 인용하고 있다.

권위도 황제권 밖에서는 존재하지 않았다. 주권자가 스스로 궤도수정을 하지 않는 한 어떤 종류의 개혁도 불가능하게 된다. 장구한 세월 동안 계속된 '위로부터의 권위', '위로부터의 지배'는 관료제도의 형성에 있어서나 또는 세속권력이 아닌 정신적 권위에 있어서나 똑같이 하향적 방향이었다라고 할 수밖에 없다.

국가의 압도적인 영향 아래서, 자율적인 사회의 전개는 이와 같이 서유럽과 비교해서 제한된 범위라고 얘기할 수 있다. 큰 범위에 있어서의 논의는 이와 같으나 그러나 이 모든 조건에도 불구하고 전통 중국사회가 제한된 범위에서 정의, 형평과 같은 법의 이념을 발전시킨 흔적을 찾지 못할 것인가? 또는 더 구체적으로 이와 같은 법의 이념이 법전화나 법제도로 정착된 것을 찾지 못할 것인가? 서구적 의미에 있어서의 전통 중국의 법문화에 대해서는 서구의 연구자들은 주로 중국전통문화가 법보다는 예를 우선적 가치로 여겨왔다는 전제에서 회의적이다.346)

체계적인 법전이나 서양적 의미의 법학을 떠나서 그렇다면 '법의 일반 원칙'의 연원이 되는 조리(條理)에 대해 보도록 하자. 서양법에 있어서의 조리의 세계는 근세자연법의 이론가인 그로티우스에 의해서 표현되었다. 그는 "신이 존재하지 않는다 하더라도 사물의 본성, 자연의 본성은 법칙으로 남아 있게 된다."라고 하였다. 근세의 절대권력의 회의에서 그는 자연법칙에 준할 만한 그 자체로 존재하는 법칙을 자연법으로 생각하였던 것이다.

---

346) 예를 들면 에스카라(Escara)의 견해, 조셉 니담이 이를 소개하고 있다.

유럽에서는 법학상의 자연법과 자연과학의 자연법칙이 하나의 공통의 뿌리에서 나왔던 것은 명백하다. 소급해서 후기 그리스 철학에서나 헤브라이의 종교에서도 이성적인 창조주인 신이 - 제우스이건 야회건 지상의 입법자인 군주나 황제와 아주 똑같은 방식으로 일체의 피조물이 필연적으로 따라야 할 천상의 법전을 정하였다. 이 때문에 지상의 나라들의 실정법은 (설령 아무리 강하게 주장되더라도) 전 인류가 그 본성에 입각해서 행동할 경우에 어디서나 무의식 속에서 준수해야 될 보다 큰(법학적인 의미에서의) 자연법에 거역한다는 것은 있을 수 없었다. 그리고 이 자연법은 동시에 살아 있는 생물의 행동이나 별의 운행을 통제하는 우주 법칙의 일부로 생각되었던 것이다.[347]

중국학의 연구자 중에서 '중국의 과학과 문명'이라는 접근을 꾀한 사람들은 지금까지의 법학자 중 서양법의 전형적 역사에서 출발했던 사람들보다 훨씬 더 전통 중국의 자연법에 대해서 폭넓게 인정하려 한다.[348] 그 이유는 서양법의 세계에 있어서도 법학상의 자연법과 과학상의 자연법칙이 공통의 뿌리에서 나왔다는 사실이 근세의 자연법론자인 그로티우스에서 다시 재연되고 있기 때문이다.

이런 맥락에서 신유교의 해석에서 출발해서 다시 중국 전통사회를 규범화하는 데 가장 큰 영향을 미친 유교적 전통에서도 조리에 해당하는 법의 일반 원칙의 연원을 찾아볼 수 있을 것인가? 보기로 하자.

이미 논의한 바대로 청대의 신유교 해석론자 이공은 유교의 가르침을 인간에 대한 것, 하늘에 대한 것 그리고 사물에 대한 것으로 구분하였다. 유교의 많은 내용 중에서 예에 해당하는 것들은 실제로는 '인간에 대한 것'에 해당된다고 보인다. 전통사회를 구성하는 사회구조 내부에서의 여러 관계를 규범적으로 구성한 것이다.

---

347) 조셉 니담(이석호등 역), 『중국의 과학과 문명 II 』, 을유문화사, 1988, p.304.
348) 위 사람, 같은 책, 1권 및 2권.

이 중 사물에 대한 이치가 바로 한국인들이 전통사회에서도 일상 언어로 썼던 '사리(事理)'의 세계이다. 한국의 법학자들은 그들의 가장 손쉬운 법학의 소스였던 도이치어의 Natur der Sache를 일본개화의 영향을 받아 조리(條理)로 번역할 때 이미 동아시아 전통의 문헌이나 생활에서도 사리(事理)라는 익숙한 용어에 연결시키는 데 실패하였다.349)

흔히 서양법학자들이 지적하듯이 전통 중국사회에서 존재하는 법이 거의 국가 형벌법이며 자율적인 사회의 자율적인 관계를 규율하는 시민법은 발달하지 않았다고 한다. 그러나 전통 중국사회의 모든 특징들(종교와 국가, 국가주의적 전통, 절대주의적 전통, 중앙집권적 특징)에도 불구하고 중국학의 다른 연구자들은 고대 중국문명에서 출발한 중국의 과학과 사상을 검토하면서 끊임없이 자연법이 중국사회의 중요한 위치를 점했다는 것을 강조한다.350)

이런 근거에서 전통 중국사회에 있어서의 자연법칙의 발견과 함께 이와 병행하는 사리와 조리가 적어도 정의·형평의 중국적 표현과 함께(신유교나 또는 불교 또는 도교 어디서도 서양적 의미의 정의, 형평의 이념은 발견될 수 있을 것이다) 그 존재를 확인할 수 있다고 결론지을 수 있다.

이 발표문의 초고는 2004년 11월 27일 한국인문사회과학회 및 한국사회이론학회가 공동 주최한 '중국, 중국인, 중국문화'에서 발표된 일부이다. 필자가 외국의 중국법학자와 교류하고 영향받은

---

349) 유교전통의 사리와 서양어의 번역어로서의 조리의 관계에 대해서는, 김철, "사리와 조리에 대해서", 『법제도의 보편성과 특수성』, pp.88 – 95, 사간본(MYKO International 1993).

350) 이런 입장의 대표적인 사람이 Joseph Needham이다. 또한 E. S. Wade(Cambridge) E. R Dodds(Oxford), Derk Bodde(philadelphia).

'들어가는 말'의 부분을 제외하고 전통 중국의 법문화의 자연법적 논의는 이후에 발표된 다른 연구 "현대 중국의 법문화 - 전통 법문화와의 관계와 분쟁해결 방법을 중심으로"에서 다시 현대 중국과 연결해서 논의하고 있다.

5. 개방화 이후의 현대중국의 법문화

7 - 1 서양법제도를 근간으로 해서 한국법학을 공부한 법학도가 사회주의 법제도에 속하는 현대중국의 법에 접근하기 시작한 것은 중국의 개방화(1978년 등소평에 의해서) 이후이며, 또한 한국이 북방정책에 의해서 사회주의 법군(群)에 속하는 소비에트 러시아와 같은 사회주의 법군(群)에 속하는 중국에 대해서 종전의 태도를 달리했을 때부터 이다. 더욱 가까이는 한국이 권위주의 지배에서 벗어나기 시작한 1990년대 때부터라고 생각된다. 한국의 전문가급인 법률가가 중국법에 대해서 실천적인 흥미를 갖게 된 것은, 다소 역설적으로 들리겠지만 서방의 주요한 법률회사가 그 지사를 북경에 두기 시작한 이후 또는 거의 동시에 주요한 로스쿨에서 주로 사회주의법이라는 범주 안에서 냉전시대에도 제한된 통상문제와 연결해서 몇 몇 소수의 전문가의 독자적 연구와 강좌로 연결되다가 드디어 중국의 개방정책 이후 중국법에 대한 수요가 급증할 시점부터이다. 한국인의 경우 개별적으로 하버드나 콜롬비아의 강좌에 참석하다가 역시 90년대에 뉴욕대학 로스쿨에 제롬 코엔(Jerome Cohen) 강좌를 활성화 시킬 때부터 주목하기 시작했다 할 수 있다. 결국 서양의 법률가들이 정리한 개방화 이후의 현대중국의 법문화

에 접한 것이다. 제롬 코엔은 중국관계의 로펌에 고문으로 있으면서 오랜 기간 하버드의 동아시아연구소에서 쌓은 중국문화와 중국제도의 축적을 새롭게 증가되는 중국관계 교역에 맞추었다. 90년대에 급격하게 현대중국의 법제가 변화하고 발전했기 때문에 미처 나날이 쏟아져 나오는 개혁된 중국법의 소개를 책자로 모아서 출간할 겨를도 없었다. 말하자면, 동유럽 러시아 혁명 이후의 사회주의권 중국의 변화도 "나날의 역사"351)라고 부를 만큼 신속하고 따라잡기 힘들었다.

제롬 코엔은 완간된 책자 없이 불연속적인 카피를 교재로 사용했다. 그의 강좌에서 나타난 1990년대의 개방이후의 중국법의 특징은 다음과 같이 요약될 수 있다.352) 대부분이 아메리카의 법률가를 지망하는 학생들 또는 외국서 온 법률가를 상대로 코엔은 때때로 솔직하게 개방화이후의 현대중국의 법문화를 표현했다. 우선, 사회주의 국가의 체제가 우리가 익숙한 자본주의국가 내지 서양법전통의 국가와 전혀 다른 점이다. 삼권분립이 되어있지 않다. 특히 입법권이 독점되어 있고 입법내용에 대한 사법심사가 거의 불가능하다. 최고의 대의기구(전국인민대표자회의)에 의해 통과된 입법은 인민전체의 의지로 간주되기 때문에 그 자체에 의하지 않으면 변경이나 수정이 불가능하다.

이런 기초적인 사회주의 국가의 특징이외에 또한 서방국가에서 간과하기 쉬운 놀라운 특징이 있다.

---

351) Chull Kim , "Religion & Law in East － Asian Culture of Chinese Confucian Influence" *History, Thought & Law* private printing (MYKO Int'l Ltd. Seoul, Korea.)

352) 그의 강좌에 감사한다. 이하에서 그의 강의록을 소재로 글을 진행시키는 것을 양해할 줄 믿는다. 원래 완간된 책자가 아닌 강의록은 강의 이외의 용도에 인용하는 것이 예정되어 있지 않다. 따라서 구체적인 페이지 수나 항목을 인용하지는 못하고 그의 강의의 특징만을 개인회상의 형식으로 소개한다.

첫째, 개방이후의 현대중국의 법문화에서도 들어나는 것은 집단
주의적 특징이다. 이 집단주의적 특징이 사회주의 국가라는 중국의
국가성격에서 나오는지 또는 오랜 전통사회의 집단주의적 특징에
서 나오는지, 둘 다인지 원인은 분명치 않다. 집단주의 법문화의
현실적 나타남은 다음과 같은 사례에서 보여 진다. 우선, 서양법체
계의 익숙한 한국인으로서 이해할 수 없는 것은 법관계의 당사자
가 분명하지 않다는 것이다. 이것은 코엔이 에피소드로 얘기한바,
계약체결 장소에 나타나는 사람은 책임자만이 아니다. 여러 사람이
나타나는데 경우에 따라서 누가 책임자인지 분명치 않다고 한다.
당연히 체결된 계약이 문제가 생겼을 때 계약서상의 파트너와 실
제 책임을 지는 당사자가 다른 경우가 많다고 한다. 쉽게 말하면,
적어도 1990년대까지 관찰된 사례로는 권리와 의무의 귀속자인 당
사자가 분명하지 않다는 것이다. 당연히 문제가 생겼을 때 책임소
재도 분명하지 않다는 것이다.

둘째, 현대중국의 법문화에서 지적할 수 있는 것은 중국인들은
법원, 재판, 재판과정을 통한, 다시 말하자면 사법과정을 통한 문제
의 재판에서의 해결을 높이 평가하지 않는다는 점이다. 이점은 서
양의 다른 중국법학자들도 공통적으로 지적하고 있다.[353] 당연히
현대중국에 있어서의 분쟁해결의 방식 중 빈도수가 높은 것은 재
판이 아니라 조정, 화해, 중개 또는 중재이다. 이점이 전통중국과
현대중국의 공통적인 법문화의 특징이라 할만하다.

셋째, 지금까지 열거한 현대중국의 법문화와 상치되는 것으로,
현대중국이 점점 더 서양세계와 접촉빈도가 높아지면서 "국제적

---

353) Stanley B. Lubman 와 Gregory C. Wajnowski, 또한 다른 모든 중국법학자와 실무가들
이 그러하다.

규격" 또는 "국제적 표준"을 급속히 받아들이게 되는 경향이다. 여기에는 개항 이후 열강이 강요한 국제법의 일반원칙에 대한 이전 중국의 회의적인 태도의 변화도 함께 고려되어야 한다. 랭델 에드워즈(R.Randle Edwards)는 청조 말 중국인들의 국제법에 대한 태도와 외국인에 대한 관할권문제 또는 개항초기의 외국통상문제에 대해 상세한 역사적이고도 국제법적인 연구를 하였다.354)

넷째, 중국인들은 특히 비공식적인 해결방법을 좋아한다. 이점은 중국전통문화의 영향이라 평가된다.355) 협상, 교섭 조정을 좋아하는 태도는 유교에서 법을 예절보다 열등한 것으로 간주하는 것과 연결되어 있다. 유교철학에서 인간행동의 바람직한 목표는 협상을 통해 사회적 하모니를 유지하는 것이다. 전통중국사회에서 제삼자가 공식적으로 나서서 분쟁해결에 기여하는 것 즉, 국가관원이 분쟁해결에 개입하는 것은 상대적으로 드물었다고 한다. 법은 기본적으로 국가 형벌권의 표현이었을 뿐 우리가 말하는 민사관계에 관한 법은 드물었다고 한다. 더욱이 전통중국에서 사법기능이 행정기능과 분화되지 않았다. 결과적으로 황제의 관료의 인적자원은 광대한 영역을 관장할 만큼 충분하지 않았으며 사법관계는 중대한 위험이 없는 한 대체로 관원의 영향권 밖에 있었다고 해석된다. 그래서 사적분쟁의 해결은 중국국가로부터 사회에 맡겨져 있었다고 해

---

354) R. Randle Edwards, "Ch'ing Legal Jurisdiction over Foreigners", in Cohen, Edwards, & Chen (ed.), *Essays on China's Legal Tradition*, (Princeton, New Jersey, Princeton University Press, 1980), 222 – 225, 259 – 260, "The Old Canton System of Foreign Trade:", in Victor Li (ed), *Law and Politics in China's Foreign Trade*, (Seattle, University of Washington Press, 1977), 360 – 378, "China's Practice of International Law – Patterns from the Past", in Ronald St. John MacDonald (ed). *Essays in Honour of Wang Tieys*, (Masachusetts, Kluwer Academic Publishers, 1994), 243 – 249

355) Lubman과 Wajnowski, "International Commercial Dispute Resolution in China: A Practical Assessment" Dispute Resolution in China,1993

석되고 그 사회란 당사자 개인이 소속하는 가족, 족속, 마을공동체 또는 직업공동체를 의미한다. 경우에 따라서 존경받는 권위 있는 원로들 또는 향리의 향사에 속하는 사람들이 당사자들이 속하는 사회의 인물이었다.356) 이때 사실로서의 관습 반복된 관행은 관습법으로서 분쟁해결의 준거가 되었다. 그러나 1920년대와 1930년대의 짧은 공화국정부시절의 지방법원으로 가져온 민사 분쟁의 수는 점차로 증가했다가357) 전통주의 또는 유교전통 이외에 협상과 중재를 중요시하는 태도는 놀랍게도 1949년 이후의 중국인민공화국의 공식정책에서도 일관적으로 나타난다.358)

다섯째로, 1982년에 제정되고 1992년에 개정된 중국의 민사소송법은 법원으로 하여금 당사자들이 "우의있게"사건을 해결하도록 격려할 것을 요구하고 있다.359) 특히 이른바 1981년의 중국인민공화국의 경제계약법은 48조에서 계약당사자들이 자발적으로 중간조정자의 도움을 받아서 해결하도록 중점적으로 규정하고 있다. 이때에 법원이나 공식적인 기구가 이미 사건에 대한 관할을 접수했을 때라도 우선적으로 거중조정자에 의한 조정을 더 우선하고 있다. 결과적으로 중국의 민사법원에 접수된 대부분의 사건들이 실제로는 법원자체에 의한 적극적인 조정에 의해서 해결되고 있다.360)

---

356) Lubman과 Wajnowski, 윗 글 111쪽

357) 청나라시절의 사법상의 분쟁해결방법에 대해서는 1991년 U.C,L,A에서 Philip Huang 의 논문발표가 있고 곧 출간될 예정이다. 타이완에 있어서의 19세기 연구에는 David Buxbaum의 연구가 있다. 재인용 Lubman의 위의 논문

358) Michael Palmer, "The Renewal of Mediation in the Peoples Republic of China: (Ⅰ) Extra-Judicial Mediation", in *Yearbook on Socialist Legal Systems* 219(William Butler ed. 1987)

359) 중국 인민공화국 민사소송법 제9조 그리고 제85조~제91조까지 인용은 5 China L. & Prac, June 17,1991

360) Michael Palmer, "The Renewal of Mediation in the People's Republic of China." Lubman에서 재인용

6. 경제계약 및 국제통상문제에서 나타난 중국의 법문화와 분쟁에 대한 태도

　로렌스 프리드만(Lawrence M. Friendman)은 관행들, 의견들, 그리고 사고방식과 행위양식들은 어떤 사회의 전반적문화의 일부로서 사회적 힘을 법 쪽으로 데려가기도 하고 법으로부터 멀리하기도 하는데 이런 것들을 법문화라 한다.[361]

　럽만(Lubman)과 와즈노우스키(Wajnowski)는 경제계약과 국제통상에 관계된 최근 중국의 법문화를 세단계로 요약하고 있다.[362]

　첫 번째 단계: 회피 또는 피하기 : 분쟁이 존재한다는 것을 받아들이기를 거절하는 단계

　코엔(Cohen)은 지적하기를[363] 중국의 통상조직 즉, 무역에 종사하는 기구들은 사업상의 분쟁을 공식적인 중재기구에 제출하기를 엄청나게 꺼려한다고 한다. 더욱 놀라운 사실은 외국의 당사자가 국제분쟁조정조항의 호소하겠다는 위협을 하기도 전에 중국의 상업적 행태는 우선 심각한 분쟁의 소지가 존재한다는 것을 인정하기조차도 꺼려하거나 회피한다는 사실이다. 이것은 이미 상당히 오랫동안 논한 전통주의 시대의 중국의 문화적 패턴뿐만이 아니라 그리고 중국 관료들의 행태 때문만이 아니라, 정말 분쟁이 존재하지 않고 사라지기를 바라는[364] 중국인의 진심에서 나오는 것이라고 설명한다.

---

361) Lawrence M. Friendman. *The Legal System: A Social Science Perspective* 15 (1975).

362) Lubman과 Wajnowski, 위의 논문 115쪽

363) Jerome Alan Cohen et al. eds., *Essays On Chinas Legal Tradition* 76(1980).

364) 법심리학에서는 심리적인 자타 혼합이라고 하고, 그 이유는 투사(投射, projection)때문이다. Andrew S. Watson, M.D., *Psychiatry for Lawyers*, International Universities Press, Inc. 1978

공동 투자 같은 외국인 투자와 관계된 분쟁에 있어서, 중국 측 계약 당사자 때때로 공동투자에 있어서의 상호협조가 완전히 깨어지고 중국과 외국당사자들이 그들의 협조를 완전히 불가능하게 된 사실 조차도 받아들이기가 불가능할 때가 많다는 것이다. 예를 들면 계약 조건을 위반했다던가 라는 사항에서 내놓고 토론하기를 거절할 뿐만 아니라 심지어 중국 측 당사자가 명백히 잘못했을 때라도 협상과 양해를 통해서 양 당사자의 원래 관계를 계속 할 수 있다고 말하고 오해만 풀면 된다고 주장하기를 좋아한다는 것이다.

어떤 산업공동투자에서 외국 측의 투자자가 조사해보니 그와 계약한 두 사람의 중국인 파트너가 이미 공동투자계약조항을 여러 항목에 걸쳐서 파기했다는 것을 알았다.[365] 한쪽 중국인 당사자는 애초의 공동투자 때문에 외국인 당사자가 이전한 새로운 테크놀로지를 사용하는 것을 준비하고 있었다. 두 사람의 중국 측 파트너들은 원래 그 기술을 공동투자를 위해서 넘겨준 외국인 파트너와 상의하지 않고 공동투자계약의 자기들 지분의 일부를 다른 중국인에게 팔아넘기기로 이미 약속해 버렸다. 이것은 계약조건이나 법에 의해서 요구되는 당사자의 동의획득에 다같이 위반되는 것이다. 여기에 그치지 않고 두 사람의 중국 측 파트너는 외국인 공동투자로 세울 공장의 위치를 원래 동의한 위치에서 옮겨버리는 것을 자기들끼리 정해버리고 그 새로운 공장 위치는 그 중 한사람의 중국인 파트너가 소유하는 공장 바로 옆에(중국인 파트너의 이익을 위하여) 옮기고 새로운 공장부지의 개발은 물론 외국인을 포함한 공동투자의 비용으로 돌리는 것이다. 더 나아가서 중국인 파트너중의

---

365) John Frisbee and David Ben Kay, *Joint Venture Dissolution*, 1990 **China Bus. Rev.**, Nov - Dec., at 42,43

한사람은 공동투자의 은행구좌에 자기가 불입할 자본액수를 넣지
않고 결과적으로 약정된 공동투자기업에는 자본부족현상이 일어나
게 만들어서 중국 지방정부의 관계 산업 및 통상공무원에 의해서
영업허가증을 거절당하는 사태까지 나아가게 하였다. 드디어 지방
정부의 투자담당 공무원도 이러한 위반사례를 알게 되고 그 공무
원은 중국 쪽의 파트너들이 공동투자계약조항을 위반했다는 것을
외국투자자 앞에서 인정하기에 이르렀다. 일년간에 거친 토론과 통
신 끝에 당사자들은 모여서 외국투자가는 양 당사자들의 협력을
지속시킬 희망이 없으며 중국 측 투자가가 공동투자계획으로부터
물러서주기를 요청했다. 여기에 대해서 중국 측 당사자는 그들이
계약조항을 위반했다는 것을 부인하고 양당사자들은 계속해서 협
조 할 수 있으며 협조하여야 한다고 주장했다. 외국투자가가 이사
회 결의를 요구 했을 때 중국파트너들은 그와 전연 반대되는 이사
회결의를 제시하였다. 여기에 대한 중국투자당국의 태도는 되풀이
해서 외국투자가에게 당사자는 그들의 차이를 극복하기위해 노력
해야 하고 더욱이 행정당국은 중국 측 파트너들이 외국 투자자들
이 요청 하는 것과 같이 공동투자에서 물러날 것을 절대권유하지
않겠다고 선언하였다.366) 그런데 중국당국은 이전에는 중국의 투자
당사자들이 계약을 위반하였다는 것을 공식적으로 인정하였기 때
문에 이런 태도는 그들의 표명된 공식입장과도 배치되고 그들의
행동은 이해할 수 없는 것이 되었다. 이런 중국 투자 당국의 태도
는 하청공무원에게서만 발견되는 것이 아니다. 한 고위관리는 역시
관련된 문제자체를 내놓고 토론하기를 거절하였으며 명백히 계약
위반이 법 관계에 손해를 입혔음에도 제삼자를 선임해서 협상에

---

366) John Frisbee et al.,supra at 42,43.

들어가도록 제의하는 방법을 택했다. 이에 대해서 외국인 투자당사자는 이 사건을 스톡홀름에 있는 국제중재위원회에 제소하겠다고 위협하였고 실지로 이것은 계약서면의 미리 쓰여 있는 조항에 의거한 것이었다. 이러한 위협이 중국 당국을 마침내 불법행위를 한 중국인 공동투자자들이 물러서도록 하는 제안에 찬성하게 만들었다. 이때까지는 외국인 투자가가 전혀 새로운 중국 측 공동투자자들을 찾아서 조인트벤처를 계속하겠다는 최초의 제의가 일년이 지나버렸고 별 실효성이 없게 되면서 외국인 투자자는 이제는 조인트벤처 자체를 해산하기를 제의하기에 이르렀다. 이때 역시 중국관계당국은 동의하기를 꺼려했다. 중국관계당국은 외국인 투자가의 이의신청을 액면그대로 받아들일 수 없었고 그들을 조사하고 관계당사자를 만나서 상황을 평가하게 되었다. 그러나 이미 설명된바 중국인과 중국문화에 내재한 "분쟁이 존재하지 않고 저절로 사라질" 희망과 맘속 깊은 바람367)이 그렇지 않았더라면 정상적으로 해야 될 공무원으로서의 주의책임을 못하게 했다. 다른 사례에서 어려움이 존재하는데도 존재하는 어려움을 직시하지 않고 회피하려는 경향이 지적되었다. 한 중국인 수출업자가 통조림음식을 세 사람의 유럽수입업자에게 팔았다.368) 그들 모두는 오래된 고객이었다. 유럽시장에서 그 통조림들이 유통점에서 팔린 뒤에 캔들이 새고 터지기 시작했다. 물론 필요한 조치가 행해졌다. 일년 동안 세 사람의 수업업자가 각자 중국인 수출업자에게 이러한 일들에 대해서

---

367) 이것은 혼기를 놓친 어떤 하녀가 자꾸 자기 침대 밑에 남자가 숨어있다고 주장하는 예와 같은 것으로 자신의 wishful mind를 현실에 투사한 예이다. 김철, 숙명여자대학교 법학부 법철학 강의록 2004년 제 2학기 또한, A.S. Watson(1978)

368) Madelyn C. Ross, "Changing the Foreign Trade System", 1988 *China Bus. Rev.*, May - June, at 34

계속해서 메시지를 보내서 주의를 한 것이다. 최초의 수입업자에 대해서 중국인 수출업자는 "문제를 연구"하고 있다고 답변하고 그리고 클레임을 거절했다. 그다음의 수입업자와의 관계에 있어서 중국인 수출업자는 44%의 물품이 팔 수 없는 것이라는 보고서를 받고서는 16개월 동안 아무런 답장을 하지 않았다. 얼굴을 맞대고 하는 면대면 회의도 별로 효과가 없었다. 따라서 이 사건은 중국국제경제계약 및 통상 중재위원회에의 중재사건으로 가져갔다. 여기서 비로소 처음으로 중국 수출업자는 자기가 지금까지 회피한 분쟁의 실제문제에 직면하여야만 했다. 이 중재위원회의 청문절차에서 외국인 수입업자의 법정대리인은 외국인 수입업자가 하자있는 상품의 샘플들을 중국 측 수출업자에게 보냈으나 결코 답장을 받지 못했다고 주장했다. 중재위원이 중국 측 수출업자에게 질문했다. "당신은 유럽의 수입업자가 보낸 하자있는 상품의 샘플을 검사하였느냐?" 여기에 대해서 중국인 수출업자의 대리인은 다음과 같이 대답하였다. "우리들은 그 샘플들이 하자가 있었기 때문에 검사하지 않았다." 그리고나서 문제가 되는 샘플들을 버려 버렸다. 청구인의 물질적인 증거가 되는 것을 없애는 것이야 말로 매우 흔한 중국인들의 분쟁에 대한 태도라고 이 사례의 보고자는 지적한다.

 두 번째 단계는 책임 있음을 두려워하는 관료들의 반응과 관계 있다. 법적책임 또는 다른 책임도 포함한다. 중국의 경제개혁은 기업거래에 영향 주어온 관료들의 오랜 행태를 고치지 못했고, 이 행태가 우리들의 관심의 초점인 국제상사분쟁의 처리에 영향을 주고 있다. 중국체제에 있어서 관료들의 권위는 유동적(流動的)이라고 한다. 즉 조직 표에 나타난 권위의 분명한 라인에도 불구하고 정책형성과 실시는 흥정과 협상의 결과이다. 조직단위간의, 기업들 간

의 또는 조직과 기업내부의 흥정과 협상의 결과이다.[369] 이러한 흥
정과 협상을 위해서, 비공식적 관계(關係)가 필요하다. 경직되고 구
획 지워진 체제가 설령한 목표를 달성하기 위해서, 경제기업이든
행정기구든 간에 비공식적 관계가 또한 필요하다.[370]

더욱 세포같이 조직된 중국의 경제조직과 정치조직은 각각의 조
직단위가 다른 모든 조직단위에 대해서 정보와 자원(資源)을 서로
견제하며 움켜쥐고 있도록 만드는데, 심지어 조직의 상사(上司)에
대해서도 마찬가지이다. 이와 같은 맥락에서 전지전능(全知全能)하
다고 공식적으로 발표되는 국가와 당(黨)에 대해서, "체제 자체를
비난하기"는 흔히 행해지는 게임으로 보인다.[371] 이런 중국체제의
특징은 중국 수출업자의 행태에 종종 영향을 주고, 책임 특히 공식
적 법적 책임이라는 개념을 분산시키거나 약화시킨다. 중국인 수출
업자가 인도한 물품의 결함을 무시하려는 것을 외국인 수입업자가
불가능하게 만든 경우에도, 곧 외국인 수입업자가 발견하게 될 것
은 중국인 수출업자의 그 다음의 행태를 색칠하는, 책임지는 것에
대한 두려움이다. 두려움과 책임(개인적 또는 경제적)을 피하고자
하는 욕구는 흠결 있는 상품에 대한 통신에 대답하지 않는 이유이
기도 하고 어느 정도는 이런 흠결에 근거한 청구에 대해서 협상하
자고 주장하는 이유이기도 하다.

세 번째 단계는 중국 법체계의 불완전성과 적법성의 개념이 아직
약하다는 것이 지적되고 있다. 왜 법적책임과 책임의 개념이 확고

---

369) Andrew Walder, Communist Neo‑Traditionalism: Work & Authority in Chinese
Industry 239(1986) Michel Oksenberg & Kenneth Lieberthal, Understanding China's
Bureaucracy, 1986 China Bus. Rev., Nov. ‑ Dec.

370) Barrett L. Mc Cormick, Rational Legalism and Partrimonialism, in Policy Imple-
mentation in Post‑Mao China 402 (D. M. Lamptoned., 1987)

371) Walder 참조

하지 못하냐 라는 물음에 전반적인 법체계가 불완전하기 때문이라고 지적한다. 심지어 극단적으로는 "중국은 아직 법체계를 가지고 있다고 말할 수 없다. 공식적인 법제도는 국가권력을 휘두르는 다른 기구들로부터 기능적으로 잘 분화되어 있지도 않고, 높은 정도의 규칙성을 가지고 운영되도록 정치권력으로부터 허용되어지지도 않고 있다. 준법정신이 아직 약하다. 그러나 법제도는 점점 커져가고 있고 공포되는 법률도 증가되고 있으며, 국가기관들은 이제 막 이 법규들을 '규칙성을 가지고' 해석하고 적용하기 시작했다."372) 인치(人治)를 법치(法治)로 바꾸는 것이 개혁의 기본방침임은 변함이 없지만, 중국의 관리들은 공식적인 법규에 따라서 행동을 지도하고 제약하는 데에는 아직 습관이 되지 않고 있다. 장기간에 걸쳐 중국의 지도노선이 일관되게 적법성과 준법정신을 지지한다면 체제전반이 안정성과 생명력을 얻어갈 것임에도 중국의 지도노선이 일관되게 법의 영역 안팎에서 '사람의 지배'에서 '법의 지배'로의 개혁을 견지할 수 없었다는 지적이 있다. 기억할 것은 재판소, 변호사들, 그리고 제정법과 같은 중국의 법제도의 거의 모든 것이 1980년대에 비로소 부흥되거나 처음으로 만들어졌다는 사실이다. 이후에도 일단 공포되고 제정된 법제도들에 대해서 계속된 지도층의 노력이 더해지지 않는다는 지적이다. 따라서 국민이나 시민이 그 제도에서 무엇을 어떻게 하느냐의 법제도의 실질 내용의 문제보다, 그 제도의 형식만이 강조되고 따라서 형식주의적 접근이 되풀이 된다.373) 사례로써 드는 것은, 외국인이 심지어 중국법에 입

---

372) Donald Clarke, The Law, the state and Economic Reform, in *The Chinese State in the Era of Economic Reform: The Road to Crisis* 190 (Gordon White ed., 1991); Phyllis L. Chang, Deciding Disputes; Factors That Guide Chinese Courts in the Adjudication of Rural Responsibility Contract Disputes, 52 *L. & Contep. Prob.* 101 (1989)

각해서 항의하는 경우에도 중국 관리 자신의 의견과 다를 때는 못 견뎌하는 경우이다. 국제투자협상 때의 사례이다. 공식적인 분쟁해 결을 위한 중재절차에서도 법에 대한 무지 또는 무시가 보고된다. 합작투자에서 중국인 파트너가 사실과 다른 주장을 한다든가, 중국 관리가 중국 국내의 규제보다 국제상품매매 계약에 대한 비엔나 협약과 같은 국제법규를 받아들이지 않으려고 한다든지의 예이다.

7. 붙이는 말

최근 대륙중국 또는 북한의 법제를 한국의 법률가가 다루게 되었다. 어떤 경우에 사회주의법의 형식적 면만 주목하여374) 1917년 이후 약 70년간의 사회주의 법체계의 공동핵을 잊기 쉽다. 역사적, 정치적, 경제적 그리고 사회적 범주로서의 사회주의 법의 요소들을 잊기 쉽다.

물론 1989년 동유럽 러시아 혁명이후 사회주의 법체계 전반이 변화하고 있고375) 중국의 경우 대외무역의 양이 엄청나게 증가하고

---

373) 법 형식주의는 한국의 근대화 과정에서도 잘 관찰된다. 형식주의에서 탈피하려는 노력은 사회학적 법학과 법 현실주의이다. (Legal Realism) 김철, 법률사상사 강의록, 숙명여자대학교 2004년 4월

374) 김철, "비교법의 방법론: 법체계의 공동핵의 문제 – 개념적, 형식적 범주로서의 사회주의 법률", p. 37.
「러시아 – 소비에트법 – 비교법문화적 연구」, 민음사, 1989,

375) 김철,"러시아와 체코의 행정심판에 대한 절차법의 역사적 발전 – 헌법현실의 대변혁과 관계해서(1989년까지의 경과) –", 「공법연구」 제28집 제4호 제2권 사단법인 한국공법학회, 2000년 6월.
김철,「러시아의 법치주의와 입헌주의」, 헌법학연구(한국헌법학회회지), 제6권 제1호, 2000. 5.
김철, "러시아 및 동유럽법 강의 요약", pp. 147~211, 「한국법학의 반성」, Myko Int'l. Ltd, seoul, 1997.

있다. 개방화는 가속되고 있으나, 개방화이전의 제도, 오랜 중국의 관행과 고대 자연법의 영향을 평가할 수 있어야 문제해결을 위한 중국법학이 가능하다. 불가피하게 전통중국의 법에 대한 비교문화적 접근이 요구된다. 한국 법률가의 한쪽 습관이 된 개념적 형식적 접근으로는 우선, "어떤 법이 어떻게 실지로 작용해서 어떤 영향을 끼치고 있는가"라는 물음에 대답할 수 없다. 법사회학적 접근376)은 이 경우 필수적인 것이 되며, 분쟁해결이나 문제해결의 방법이 된다. 같은 맥락에서 필요한 것은 법 현실주의적인 접근377) ─ 개념과 형식보다 실제로 일어나는 역할과 기능, 그리고 법경제학378)적인 기간, 부담, 비용분석 ─ 이다.

---

376) 이런 태도는 로스코 파운드에게서 사회학적 법학의 강조로 나타나고, 벤자민 카도조에게 살아있는 법의 강조로 그이전의 전통적 방법을 보충하는 것이 된다. 그 보충의 수단을 "사회학적 방법"이라고 하였다. 김철, 포즈너의 공법학 방법론(Ⅰ), 「공법연구」 제30집 제4호, 2002. 6, 한국공법학회

377) 1930년대의 법 현실주의 운동에 대한 것은 김철, 위의 논문, pp. 62~63.

378) 법학 방법론으로서의 경제분석과 법경제학에 대해서는 김철, 위의 논문, pp. 63~71.

■ 참고문헌

김 철, "역사적, 정치적, 경제적 그리고 사회적 범주로서의 사회주의", "사회주의 헌법 체계의 요소들,", "의- 종교적 범주로서의 사회주의 법", 「러시아- 소비에트 법-비교법 문화론적 연구」(민음사, 1989)

김 철, "아메리카와 러시아-소비에트법 체계의 비교" 김유남등 편「미소비교론」(서울: 어문각, 1992)

조셉 니담(Joseph Needham)저, 이석호 등 공역, 「중국의 과학과 문명」, 을유문화사, 1988, p19

김 철, 「러시아 소비에트 법-비교법 문화적 연구」(서울: 민음사, 1989)

해롤드 버만과 김 철, 「종교와 제도-문명과 역사적 법이론」(서울: 민영사, 1992

김 철 "사리(事理)와 조리(條理)에 대해서", 「법제도의 보편성과 특수성」, 사간본(MYKO International 1993)

김 철, 법률사상사 강의록, 숙명여자대학교 2004년 4월

김 철, 법철학특수연구 강의록, 숙명여자대학교 법학과 대학원 강의록 2003학년도 2학기

김 철, 숙명여자대학교 법학부 법철학 강의록 2004년 제 2학기

Chull Kim, "Religion & Law in East － Asian Culture of Chinese Confucian Influence" History, Thought & Law private printing (MYKO Int'l Ltd. Seoul, Korea.)

Chull Kim, ,"Religion & Law in East－Asian Culture of Chinese Confucian Influnce"

운남 서정호교수 정년기념 논문집 "法과 國家" 민영사,

Moss Roberts, Introduction, ⅹⅵ, *Chinese Fairy Tales and Fantasies*, Pantheon Books New York,1979

Max Weber, *The Protestant Ethic & the Spirit of Capitalism.*

Derk Bodde, *Chinese Thought, Society and Science* (The Intellectual and Social Background of Science and Technology in Pre－modern China), University of Hawaii Press, 1991

Joseph Needham(이석호등 역), 「중국의 과학과 문명Ⅱ」(서울: 을유문화사, 1988)

Prof. E.S. Wade(Cambridge), Prof. E.R Dodds (Oxford), Prof. Derk

Bodde(philadelphia)

R. Randle Edwards, "Ch'ing Legal Jurisdiction over Foreigners", in Cohen, Edwards, & Chen (ed.), *Essays on China's Legal Tradition* , (Princeton, New Jersey, Princeton University Press, 1980), 222 — 225, 259 — 260, "The Old Canton System of Foreign Trade:", in Victor Li (ed), *Law and Politics in China's Foreign Trade*, (Seattle, University of Washington Press, 1977),360 — 378, "China's Practice of International Law — Patterns from the Past", in Ronald St. John MacDonald (ed). *Essays in Honour of Wang Tieys*, (Masachusetts, Kluwer Academic Publishers, 1994)

Lubman과 Wajnowski, "International Commercial Dispute Resolution in China: A Practical Assessment" *Dispute Resolution in China*,1993

Michael Palmer, The Renewal of Mediation in the People's Republic of China: (Ⅰ) Extra — Judicial Mediation, in *Yearbook on Socialist Legal Systems* 219(William Butler ed. 1987)

Michael Palmer, The Renewal of Mediation in the People's Republic of China.

Lawrence M. Friendman. The Legal System: A Social Science Perspective 15 (1975).

Andrew S. Watson, M.D., *Psychiatry for Lawyers*, International Universities Press, Inc. 1978

Andrew Walder, Communist Neo — Traditionalism: Work & Authority in *Chinese Industry 239*(1986) Michel Oksenberg & Kenneth Lieberthal, Understanding China's Bureaucracy, 1986 *China Bus. Rev.*, Nov. — Dec.

Barrett L. Mc Cormick, Rational Legalism and Partrimonialism, in Policy Implementation in Post — Mao China 402 (D. M. Lamptoned., 1987)

Donald Clarke, The Law, the state and Economic Reform, in *The Chinese State in the Era of Economic Reform: The Road to Crisis* 190 (Gordon White ed., 1991); Phyllis L. Chang, Deciding Disputes; Factors That Guide Chinese Courts in the Adjudication of Rural Responsibility Contract Disputes, 52 *L. & Contep. Prob*. 101 (1989)

제5부의 동기

제1장

　1장은 2차 대전 이후 한국 법학의 형성기인 1945년부터 1979년까지를 다룬다. 이 시기의 중요성은 종전 후 제 1세대 법학자(일본 교육에서 훈련받은 사람들)와 제 2세대 법학자(해방 이후 대학교육을 통해 법학자로 양성된 사람들)들이 주로 활약한 시대이며 이후 지금까지 한국의 강단법학에 돌이킬 수 없는 원형을 만들었기 때문이다. 해방 이후 제 3세대는 2차 대전 종전 이후에 출생하고 한국어로 교육받고, 2차 대전 이후의 세계사에 노출된 새로운 한국의 사회와 교육의 아이들이며 1980년대 이후에 비로소 강단에 서기 시작했다. 이제 3세대들은 그러나 직접적으로 제 2 세대에 의하여 양육·훈련되었으며, 그들은 독립된 한국 이후의 모든 정치적·사회적·문화적 변전을 직접 겪었음에도 불구하고, "법학의 독자성"의 이유 때문에 지적으로는 2세대를 통하여 1세대의 원형에 고착되어져 왔다. 따라서 세계사의 맥락에 직접 노출되고 외국법의 세계에 자기 세대의 감각으로 접했으며, 비판적 사고를 시작한 3세대 이후의 법학자들도 그들 법학적 사고의 원형은 해방 후 1세대와 2세대의 형성물에 머물러 있다. 이 글은 이런 이유로 현재까지도 한국 법학의 원형이 되고 있는 해방 후 1세대와 2세대 법학의 사회 환경과 법학을 간략히 살펴본 것이다.

제2장

　법제도의 원형이나 가치는 역사의 대전환기에 극적으로 드러난다. 흡사 썰물 때 갯벌의 상황이 눈에 보이는 것과 같다. 1989년의 동유럽 러시아 혁명을 계기로, 이념적으로 그때까지 세계 지도를 반분하고 있었던 중동부 유럽의 사회주의 법 국가들은, 일제히 갑옷을 벗고 해체기로 들어갔다. 사회주의 법을 포기하자 드러난 몸은 다시 그들 국가가 경험한 중세 이후의 또는 근대 이후의 서양법 전통으로 회귀하는 것을 보여준 것이다. 비교법의 영역에서 "서양법 전통(Western Law Tradition)"의 큰 맥락이 이처럼 선명하게 드러난 적은 없었으며, 법제도의 영역에서 1917년 소비에트 헌법 이후 서양세계를 둘로 나누었던 유대-기독교 전통과 헤겔-마르크스 사유의 긴장이 해체되었다. 역사에 대 전환기에서 다시 확인된 종교와 법 간의 상호 영향관계는 서유럽에서는 중세 천년 이후 공유하였던 넓은 의미의 기독교 전통을 다시 부각시켰다. 서양이 그렇다면 동양 혹은 동아시아가 공유하고 있는, 서양의 중세 천년을 포함한 기독교 전통에 비견할 만한 종교적 가치 또는 문화는 무엇인가라는 의문이 나올 때였다. 한자문명권의 공통되는 문화는 고대 중국사상에서 나타나는 고대 자연법의 전통과 함께 개항 혹은 개화기까지 동아시아의 전통사회를 도덕적·지적으로 지탱해왔던 신유교의 영향이라 할 수 있다. 서양법 전통에서 통용되던 법과 종교의 상호영향 관계에서 쓰던 분석방식을 동아시아 전통에서도 쓸 수 있을 것인가. 이 때 관건이 되는 문화적 키워드는 무엇이 될 것인가. 동서양에서 공통적으로 발견되는 고대 자연법에 있어서의 이성법(Logos)의 존재에서부터 출발하지 않을 수 없다. 물론 이 분석은 동아시아 종교나 문화의 법제도 형성에 있어서의 한계로서 끝날 수 밖에 없다. 비교의 척도가 되는 개념 자체가 서양법 전통 또는 유대-기독교 전통에서 가져온 것이기 때문이다.

제3장

　서양 법학의 지적 전통 중 동아시아인의 지난 역사에서 갈등을 야기시킨 것은 유대-기독교 전통과 헤겔-마르크스적 사유의 문제이다. 헤겔류의 관념론은 공법이론과 기초법의 영역에서 오랫동안 동아시아 법학 지식인들의 법학적 사유를 간접적으로 또는 무의식적으로 지배해왔다. 이 글은 2008년 세계 경제위기 이후 세계 각처와 한국의 대학가에서 다시 논의되는 헤겔류의 사고에 대해서 헬라 철학의 현대적 계승을 통해 극복하려는 의도가 있다.

제1장 한국 대학의 법학교육 – 역사적 · 사회학적 요약

Legacy of Colonialism – a Historical Perpective on Legal Education in Korea Universities

1. Some comments about the characteristics of first generation legal education in post – liberation age(1945~1960)

When the rule of Japanese colonial government was over, the Korean academic circle had a handful of legal scholars who had legal training in, college or Hochschule level.[379]

In colonial period, one "Rechts – Fakultät" in Kyongsŏng University, and two legal training courses at Hochschule level in Posŏng Hochschule and KyongsŏngRechtshochschule.

The nature of legal training in those period was, in short, to inbreed career officials for the colonial government.

After liberation from Japanese rule, some of law department graduates went to the US millitary government. After independence, some of them joined the ruling party that supported Syngman Lhee, which was crushed by collegeans and citizens in 1960.

---

379) Yoo, Jin – O, *Yangho – Gi* Second Part, pp.158 – 166, 1977. Korean University Press.

1.1. The Goal of Post－colonial Legal Education

The goal and characteristics of post colonial legal education in the Korean Universities was to give young students a certain opportunity to pass the National Higher Examination for Judicial and Administrative official.

Students who succeeded in this examination can become a judge, a prosecutor or a high official in government.

In Korea's Koryo and Choson dynasties, there were official and royal examinations[380] ,which functioned as a route of royal service.

In modern times, to pass the national higher examination, a young man was forced to read and memorize "the six laws" which were constituted of constitutional law, civil law, criminal law, two kinds of procedural law and so on.

Passing this examination meant to climb the upper level of societal hierarchy for a young man of any origin.

To pass this examination meant having a golden key to high society for the rest of his life, and honor for his family in present and future.

To pass or not to pass, this has been a haunting problem to a freshman law student.

After two semester's subjects of liberal arts, a sophomore has begun to rush to "the most decisive goal of his life time," and "the glittering glory of himself and the whole family, including of ancestors" and "everlasting foundation for comfortable and prestigious life for his sons

---

380) Huh, Heung-sik, A Study on *Kwago in Koryo dynasty* (History of Institution), Ilchogak, 1981.

and granddaughters."381)

Since the exam has been very competitive a student has been well in advance decisively prepared for sacrifice, sacrifice of all the other subjects except examination subjects, of all the other efforts and aspect of academic concern in the modern university.

1.2. The Nature of Legal Education in Korean Colleges and Universities after Liberation

From the stand position of law student, it was necessary to grasp the whole area of the legal subjects included in the national examination as quickly as possible.

It has been well known to law students that to memorize the basic structure of the topics which appeared frequently in national examination, is the best policy for preparing and answering the examination. Thus collections of subject — topics on law were developed. A concise form of articles and clauses interpretations was also developed. All these were for impromptu and ad hoc examination preparation.

It should be also remembered that graduation qualification had been not necessary for taking national examination. So many non law students or self — studied youth or early middle ages had took the examination.382)

---

381) The statement about overall attitude for the state examination could not be exaggerated. One of the most popular articles and reports in the law-related journals for students and daily news papers until now have been on the 「How could I passed the Examination」 . Similar kind of popular themes of success story has been like 「In spite of poverty and difficulty, I passed exam」 . Another kind of story has been like 「Taking state-exam is not similar to boxing for young men」 .

382) Regular law class attending or apprenticeship in law firms has been not necessary nor

1.3. Age of Pre – Industrialization

In the age of pre – industrialization, there were very few kinds of jobs in the whole society. Government officials(whether administrative or judicial) were decision – makers and regulators concerning all aspects of the citizen's life. To become a government official, preferably of a high rank, was something more than to get a job. It meant gaining security amidst all the turmoil and troubles caused by irrationality in the society, and gaining and holding trust and respect from all the people of villages and towns.

Eversince liberation, department of law or college of law have gained high esteem from high school students and their parents, who were always eager to escape from the troubles in society and wish their sons and daughters to stand as shields and shelters between them and all the dangers and unexpected matters in the society.

1.4. The state of "Rule of Law", Legal Culture, Legal Education under Oriental Despotism

Until spring 1960, political paternalism by a autocratic president prevailed all over the sphere of national life. The one man, his party and his bureaucracy made a monopoly of organizations and institutions including governmental, judiciary and

---

essential to be a lawyer in this land. Self – study in quiet places like temples or urban area were preferred.

How to study law was not asked. Like the Kwago examination – taker in traditional society(e.g. A.D. 985 ~ A.D. 1894), students read and read the textbooks of law until they could understand, memorize and at last write them down on the exam – papers. A strange kind of instrumentalism with jurisprudence developed. Nihilistic attitude coincided.

educational organs. Constitutionalism was nominal, caprcious amendment were made only for the ruling Father's security. Compilations of law were promulgated. The contents of law were, for most part, transformations of colonial decrees of pre－1945.

Japanese colonial rule affected legal scholarship and educational institutions. Most of eminent legal educators until the late 1970's were trained during the colonial occupation, and influenced by distorted conceptions of law, as well as and authoritarian culture of law. The conception of the "Rule of Law" did not replace "Rule of Man." In some sense, people preferred despotism with oriental charity to legalism with formality.

Above all, persons and scholars trained in law, who had been doing something concerned with law(teaching, study, interpretation and applying law, execution and enforcement) were not familiar with any level of characteristics of non－authoritarian or open societies. Furthermore, they never dreamed of the historical fact that "Rule of Law" presided over the liberation of people from feudal bondage in primitive law or ancient law.[383]

1.5. The Elitism of Legal Bureaucrat

As already mentioned, some persons and scholars trained in law under colonial cultural policy, had shared inner common motivations,

---

[383] Civil law was promulgated on 22. February 1958, and in effect begining 1, January 1960.

Actually Japanese civil law in Colonial times had been in effect even after Liberation(1945) and Independance(1948). Law students in post－colonization period read textbook of Japanese Civil Law. Or direct translation from Japanese Civil Law. Slightly revised edition of colonial jurisprudence until late 1960's.

which were inherited to post − liberation generation.

"Thou shalt be advanced guards or high priests always under our dominance."

Like the Judaean clergical class under Roman conquerors, they were raised from their people to become selected bureaucrats of law and sustained by the conqueror.

"Thou shalt prosper in any season, wind in east, or wind in west"

They survived colonial, post − liberation, civil war, paternal despotism, student revolution, and subsequently, period of developmental despotism and its aftermath.

For them, law had always been imperative, the decree of the sovereign. The law already exists in the law here and now, so the rest to be done is to interpret it.

1.6. Divorce of Institutions from Value and History

Such an attachment to Pandects did they show, that they were always deemed to pursue tranquility of a society and they could be praised by authorities as guardian of orders.

Any study of value systems or any serious review of basic structure and change in society had been eliminated and separated entirely from or problem of present institutions.

Legal philosophy and legal history were identified with topics of history of Ideas only, a strange area remote from the fundamental structure of institutions, and De Lege Feranda(legistration)

2. Second generation legal educators(1961~1979)

2.1. Belief in Basic Value of Law

As already mentioned, the first generation legal educators in Korean universities suffered the heavy burden of colonial education and totalitarian atmosphere in their childhood and youth.

These burdens were shared by second generation legal educators, who had experienced post－liberation campus turmoil and the wartime vacuum of collegian life. The period of experience of both generations thus overlapped in many aspects.

Even though they saw the totalitarian regime of military Japan defeated and the value of western civilization penetrated into this land, they could not believe in the basic value of law and the long range historical stream. Thus the short lived democratic government established by free election after the 1960 student revolution collapsed by military coup in a year of difficulties and troubles.

Liberalism in the colleges and freedom in the whole atmosphere of the society seemed to have disappeared once and for all.

2.2. Value Orientation in the Pseudo－totalitarian Society

A certain value orientation which could be found in the totalitarian and authoritarian society prevailed. "Law and order" was emphasized in the disguise of "power and enforcement." Correctional justice was stressed to show up effectiveness of new regime. A certain kind of war toward ideological enemy was directed toward the corruption of old time politicians, the imminent danger of communist invasion, and the crisis aroused by free markets of thought and speech.

Five year economic planning began. And economic goals were set at the summit of social value. Control over spheres of daily life was justified for the sake of this goal. Freedom of the university and respect for academic freedom were two luxuries not to be permitted in any case anyway by the watch−dog agencies.[384]

For the sake of economic development, social institutions and legal institutions were reorganized.

Administrative convenience was given first priority in any context under the strong leadership of the military chairman, and subsequently the president.

2.3. Rule of Administration

The "Rule of law" was regarded in the public sphere the "rule of administration"[385] The judiciary functioned only to justify this "rule of administration."

The only recognized kind of laws were 1) positive law 2) articles and clauses in a given legal collection, and in the name of the science of legal research, moral school of jurisprudence was expelled to the realm of pure philosophical and theological interest.

---

384) cf. Chull Kim, Chapter I section 6, *System of Russo−Soviet Law−its Western tradition and Legal Culture.* 1989 Mineumsa Seoul.

385) For the impact of overall development zeal by bureaucracy on the society, See Kwang− Woong, Kim, *Bureaucracy and Development* 1986 Pyungminsa Seoul.

2.4. The Nature of the Whole Society

I retrospect, Korean society had some important characteristics of totalitarian society, or(on the condition that we could be blind to some nominal value) absolute monarchy. Most of all, the full endorsement of Nationalismus by mass mobilization in the every sphere of citizens life produced the strange zeal of a nationalistic cult.

Religion and marriage life itself were the object of Staatsplannung(e.g. watch−dog agencies and overall birth control campaign)

2.5. The stage of Legal Culture

At the very basic societal structure, it seemed that the culture of human relations in Korean society showed some typical characteristics of ancient society or primitive society[386] as defined in scholarly terminology.

Except for some typical types of sales contract, incredibly many spheres of social relations had been decided or severely influenced by irrational authoritarian factors.[387]

We call the transition of social relations from status to contract a prequsite for the emergency of modern society.[388]

Many social relations in those times were not based upon free contract between individuals concerned, i.e. free consent of citizens. Not only in the

---

386) Of the kind of justice in ancient society and primitive society, See, Harold Berman, *Individual value and Communitarean value, University of california, Davis Law Journal* 1989.

387) cf. Adorno, et al, *Authoritarian Personality.*

388) cf. Summer Maine, *The Ancient Law*, Beacon Press, Boston.
On the legal evolution and traditional legal system, Chull Kim, conclusion of *System of Russkaks − Sovetkoe Pravo − its Western Tradition & Legal Culture, Minumsa,* 1989.

realm of so called "public law"(association, assembly, public organization, government) but also in the realm of typical "private law", as they called it(eg. contract of employment), citizens were not free to decide their life relations.

Their life was decided and regulated by the ever and everywhere present bureaucracy's involvement and by on−going−factors of traditional society.

2.6. Disparity in Nominal Value, and Reality

A double structure of value system pervaded the society. As for the nominal value system, it consisted of the letters, and articles and clauses in the every general part of the division of laws, characteristically in the constitutional law.

2.7. Dissolution of Two sides of Nomos−Seperation of Subjective Law[389]

Where and how does a person exist in his society? People in society relate with others in realms of life, one's own sphere(Mono−sphere, in Hellenic civilization) through intersubjectivity of common sphere(Koinos −sphere), subsequently in realms of community(citizens at Acropolis).

---

389) Of the two sides of Nomos, See, Chull Kim, "Ius im Subjektivem Sinne/Frauen als Träger der subjecktivem Recht and die Schwache in der sozialen Kontext," Sookmyung Univ. Research Center for Asian Women, 1991. Of the trend and risk of privatization of Nomos, See Chull Kim, "Grundzüge der Professur, 5) the Times of Socrates," Seminar brief for Korean Society of Social theory, September, 1991. Of the characteristics of Nomos, Hellenic Law; See, Chull Kim, Part Ⅰ. Comparative System/Value, History & system, in *Comparative System in dissolution −times/Value & system*, Institute of Comparative System, Seoul Feb. 1992.

Now, the Nomos is shared and experienced by the constituent.
Subjektivität und Objektivität von Nomos sind zusammen und eins.
Anders, 'Hier ist Ihr Nomos, Fragen nicht mehr. Gut ist Befolgen.'
In this case the two way of development lead to,

(1) the private use of Nomos by privileged people, ultimately the privatization of Nomos and social ethics.

(2) private use of Nomos by common people. "Don't tell a lie again, I need bread and relaxation, I have my own way"

(3) With all the rhetorics of publicity, public realms of the society were eroded away, yielding to private channels of life such as underground economy, bargaining and gifts, secret love and hidden relations.

(4) With the dichotomy of academic cliché, 'public and private law', could not be distinguished one from another, in real life as well as in academic subjects. In some cases, "all the laws seemed public law" as in the Marxist–Stalinist legal doctrine. In other case, there seemed to be nothing public in the whole society.

3. The compartmentalization of Rechts - Fakultät in academic area

3.1. The Division of Law in Korean Academic Circle has not Changed since Colonial Rechtswissenschaft

In short, Rechtswissenschaft in Korean society has developed in a simple linear direction. The premises of this Rechtswissenschaft are,

(1) the first object of Rechtswissenschaft is the positive law itself. Gesetz an sich ist Ding an sich. Jura ist nicht Philosophie, nicht Sozialwissenschaft.

(2) The obligatory duty of the Jurist is to maintain the tranquility of a social order through sustaining the legal status quo in a given context.

(3) Jurisprudence has nothing to do with institutions at a large scale, the structure of institution, the history of the structure, and the other possible structure of the existing institutions.

The division of legal science was decided historically through the first and second generation legal educators.

Coincidentally, the division is identical with that of the colonial Rechtswissenschaft, bearing almost the same subject — titles as those of the higher staatliche state examination.

3.2. The Educational Environment of Legal Educator in Korean Universities

Since the 1920's, legal education has been concerned with Rechts = Fakultät on the college level, A four years college course was fixed for regular legal education after Liberation(1945).

Elimination one year's liberal arts and sciences basic courses, six semester's study in law leads toward degree of bachelor of laws. Almost all departments of law have the programmes of Master of laws[390] and additional doctoral programme. The emphasis has been in the undergraduate legal education.

But the main reasons for this structure are
(1) the bachelor of laws has been the maximum requirement for the qualifying examination for judicial and administrative officials.
(2) graduate study is only for academic careers.
(3) the bechelor's degree is the maximum requirement for business jobs.

Graduate study in law at Korean universities has been undermined compared to other disciplines partly because heavy emphasis has beenlaid on the state examination throughout the whole legal education; therefore, a graduate law student would not quit taking state exams while

---

390) Beside the reasons mentioned above, it seems skeptical that Korean law college can give Master of Laws in the western historical meaning; Because the Subject — choice has been very limited in the course work, limited in the only one division of law. there can be only the title of "Master of a certain division of law."

pursuing graduate study,

On the part of legal educator, to give lectures to students who are eager to have the rare opportunity of passing the state exam is one thing, and to have his own academic area of concern is another.

The best teachers in undergraduate subjects included in the state − exams enjoy the love of ambitious students and are prolific, partly because they themselves are the examiners in state exams.

The main basic legal education textbook of have been written and edited by these fine teachers.

Also in other countries, to be the best teacher for one semester means to lose opportunity to do one's own research.

For the reasons mentioned above, legal educator in Korean universities tend to have only one teaching subject. The curriculum of law department was made, by combining these teaching subjects.

Double majors are very rare, and are almost taboo for mature law teacher. To develop a new research subject is also very rare, and even more difficult is to make some shift in teaching subjects on the curriculum level.

As a result, the curriculum in law departments have remained almost the same as in colonial times.

The compartmentalization of major by academic circles in the field of law is very simple.

The divisions themselves rest upon the division of the collected articles of positive law. Preoccupation with some branch of positive law characterizes legal education in this legal culture.

제2장 중국 유교 영향의 동아시아 문화에서의 법과 종교

Religion & Law in East-Asian Culture of Chinese Confucian Influence until early 1990's

1. The development of change since later 1980's

The contemporary situation of shifts in world system can be understood only by long range historical approach toward underground value system.

No historians or social scientists could anticipated the East-Europe's revolution of 1989 nor the reunification of Germany in 1990. The accelerated change of world system, when we reconsidered the rise and influence of Russian Perestroika in the eyes of the generation of post cold war, had been a wonder and almost miracle.

In the stream of human history, since 1917 Russian revolution, we can not remember the period when the system-competition of almost 80 years has yielded and the rigid frameworks of old socialist system's foundation work which had divided human mode of existence along with it's penetrating power into man's intellectual life, has withered away. No similar age since 1917.[391]

---

391) See, Chull Kim, "The prelude", "Integrative Contrast between Russia & Ameriac",

We are standing in an age of "day to day history"[392]

If We had vocabularies of cold war period, characterized with the positive ad hoc analysis of decision making or hegemony influence, had not the words or the way of thinking it provoked penetrated the world of seemingly neutral terminology of scholastic or legal analysis?

2. Reading law as it is apparently under the name of modern method of scientism

Hegemony－oriented analysis of politics[393] could be characterized as, first of all, leading to, or accompanied by, a severe cynicism toward historical school or ethics.

The naked positive attitude, as summarized "look at phenomena in sight; it is task for social scientist." A disguised form of hegemony analysis, or with some flavor of popular scientism, has greatly influenced the mind and culture of borderline regions－say the

---

Comparative System I Dissolution Times Privatee Druck(Seoul: Institute of Comparative System, 1992).

392) Moshe Lewin, *The Gorbachev Phenomenon-A Historical Interpretation*-(Berkeley: University of California Press, 1989).

393) These trend would have such a preposition uttered by a political scientist:
「The worst history is better than the best political science」 "and an awful lot of political science is created by government agencies by grant－or funded by people who work very closely with them and who reflect roughly the same views. Thus the field has come to have weak intellectual traditions, And the field has relied upon much erroneous technique, ‥‥‥ the craft standard of even bad history often turn out to be better than those of an awful lot of political science."
Thomas Ferguson, Interview with The Christian Science Monitor, 12th page, April 2 1990.

borderline far away from the main stream civilization of 20th century.

Already laden with heavy loads of authoritarian tradition, the nations of East — Asian regions had been busy with hegemony — analysis in one side, and wealth of nations — policies in other side. No room for historical approach in long range nor sober review of inner desire of man.

The legal scholarship or the practitioner had taken for granted the concept of law, given, restricted and limited by the authority. Therefore they had served to the rule of administration, so far as the administration could remain in effective.[394]

The profession of legal scholarship or practice had lost is autonomy.

In the formation and function process, the profession had yielded to bureaucracy of government.

The legal profession itself had been controlled by bureaucratic hierarchy of within and outer decision — maker.

In this atmosphere of the region, the legal scholarship has developed a kind of "reading law as it is apparently" under the name of modern method of scientism with it's exactness and accuracy to the intent of the giver.

3. A Medieval Reading of Law and Oriental Despotism

The most important reason why the East — Asian nations had

---

394) The relationship between legal profession and the administration in historical perspectives
   is to be reviewed.

developed such a Medieval reading of law — say, similar to Pandect — reading of early 12th or 13th century, could be resumed that they had had long tradition of authoritarian rule of Oriental Despotism.

Rule of a man's hierarchy; rule of Man, not of human nature but of absolute nature by heritage.

Consider the Chinese Emperor, he had been the son of Heaven(天子), he had had almost almighty reign until the traditional empire collapsed only in modern times. The Japanese emperor had not been the son of man; He had been always the son of Heaven ever since thousands of years.395)

The Korean King had been not a man but the father of all the people and owner of the land. Royal to him had been considered royal to one's own family origin and royal to Heaven.

From these tradition, the communist reign of China should have been approached. Many European or Western mind failed to grasp the very essence of the Oriental societies with traditional Chinese Culture.

Unlike the Western history, the traditional oriental society had not known the separation of spiritual and secular authority. Thus the traditional oriental mind had not known Rule of Law in the Western sense of historical and social origin.

---

395) In 1945 after defeated by allied forces, the Japanese emperor came to declare himself not a God but as a man.

4. The Chinese Fa(法) and Western Law

In the traditional Chinese culture mind, law had been not the principle problem, but the source of authority problem; Not rule of law but rule of man. Also not the rule of communist of any kind of doctrine, but the rule of Heroes who have been descendents of traditional rulers.: And it has been not contradictory to the traditional Chinese attitude and consciousness toward state and religion.

So much misunderstanding had persisted about the Chinese Fa(法). Although the letter and meaning of Fa(法) had been used throughout the East Asian regions before Western civilization came to the region, it had been different from the law, in Western sense or any equivalent to law.[396]

The Chinese letter Fa(法) had been used under the influence of overall Chinese culture and civilization upon East－Asian regions, mainly Japan and Korea, during the traditional ages before Western influence, already before Meiji times reform(明治維新) or later days Ching dynasty, or Enlightening days of Chosŏn dynasty(開化期).

The three nations had been using Chinese characters ever since the days of written history, the history of nations itself had been written in Chinese characters by royal historians.

The Chinese thought, of Confucius(552－479 B.C.) most eminently,

---

396) Chull Kim, Commentary to Chapter. Ⅱ, The Influence of Christianity upon Formation of Western Law, included on Harold Berman and Chull Kim, *Religion and Institution, －civilization and Historical Jurisprudence －*, The Korean Edition of Lowell Lecture and related Lectures(Seoul, Minyoungsa Publishing. 1992).

Lao－tse(老子), and New Confucianism(朱子) had come to these area; They had influenced on mores and ethos of these area, subsequently institution and norm of, in the European view it, law.

Thus, the Japanese Ho(法) and the Korean Beob(法) are the same meaning and usage as the Chinese Fa(法): the connotation and implication had been decided already before modern age Western influence.

When the Japanese tried to import the Western institution, of government, constitution, army, and education, they tried to find out the equivalence of Law, Droit, Recht, Dritto, Derecho, or Pravo. They translated the Western words into Ho(法).

They had no time to think of the historical development of Western law: They had no time to consider the cultural connotation of law, already decided by their condition nor the characteristics of the area of the Chinese Civilization with the letters and thought.

Common to the tradition of the East－Asian region; no Rule of Law in the meaning of western law from the historical perspective or cultural ground.

5. "Rule of Reason" in the cross－cultural analysis

The common ground－spiritual, intellectual, or cultural－of these nations, if taken from their intricate webs of history of each nation and people, could not but being approached from the cultural basic element－the early penetrated Chinese Characters with letters and thought; Among the Chinese main culture of early times, most prominent had been the doctrines of schools of Confucianism.

Instead of Rule of Law, We are going to begin "Rule of Reason" in the cross−cultural analysis. Already the early civilization had understanding of man's reason. The early Greelse took pride of something important in their civilization; Logos, or Reason. They took other people beyond the borderline of their civilization as barbarian; mainly because they lacked reason supposedly.

Parallels had occurred in the other main civilization.

The ancient Chinese culture had synonym for Reason, Li(理). They called their culture Hua(華)−or bright centrum while they took other nations as Li(夷), or barbarian.

Now, we have Chinese letter Li(理), while thinking the Hellene Logos() and the English word Reason. The great teacher of Chinese culture, Confucius wrote;

"Learn and Study in Time. What a Joy it is for Man."(學而時習之 不亦樂好)

A later scholar of his school made commentary of his teaching.

"What does man learn and Study? First of all, we learn and study of Heaven. Secondly, we learn and study of Man. Thirdly, we learn and study of Things."[397]

He suggested three branches of reason: Reason about, or of Heaven (天理), Reason of, or about Man(人理), and Reason about Things(事理).

---

397) 李拱 등, 『四庫全書存目叢書. 經部. 第173冊, 四書類 』(濟南 : 齊魯書社, 1997)

We are returning to the Western Rule of Reason of modern age.

Since the modern school of "Law of Nature" or "Natur Recht", ⋯⋯ Hugo Grotius in the most influential legal school of them⋯⋯"Rule of Reason" is closely related with "Natur der Sache" or "the Nature of things", namely the original character, the real and essential nature of things.[398]

The term goes back to the Hellenic question; "What is the essence of things, nature, and outer world?" "What is the reality of the world?" It is a flow of the Western tradition of thought.[399]

6. The Chinese Li(理), equivalent to the Western Reason : "The Reason of Heaven"(天理), "The Reason of Man" (人理), and "the Reason of Things or Matters"(事理)

We are talking of the Chines Li(理), supposedly equivalent to the Western Reason.

It has seemed that, according to the commentary to Confucius' writing, Li(理) has similar connotation to Reason. It has three dimensions of meanings theoretically and arguably. Actually It has only in the mind of the philosophers or intellectuals.

---

398) Nature of things. Grotius' saying: "It would make a blaspheme if we were to say 'God doesn't exist'
But Even if God were not to exist, It would be all the same that '2 times 2 are 4' is true."

399) Chull Kim, p.236, Chpt.6 "Subject & Subjectivity in the Dual Face of Ius in the Western Civilization," in Harold Berman, et el *Religion and Institution − Civilization & Historical Jurisprudence.*

As for the Reason of Heaven, it sounds that of the transcendant Being to modern mind. In the political and social history of the ancient and traditional China, there could be no room for concern of supernatural or transcendent Being, which is above secular authority.

Because the Heaven or Tien in Chinese(天) had meant to people nothing but Him with might, namely Son of Heaven(天子), or the emperor.

As for the Reason of things, or the Reason of Matter.

We are not discussing about the pure science or intellectual knowledge of nature. The splendid development of the ancient Chinese science and technology has been well known to the Western scholarship.[400]

What concerns to us is social and economic institutions of the traditional Chinese culture, and it's influence on the borderline of it's culture, − Korea and Japan.

All through the long period of traditional society, and under seemingly well organized ruling system of Chinese Institution, The Korean Kingdoms − Koryo dynasty and Chosŏn dynasty adopted the Chinese institution − in the family institution, government institution, educational institution, and economic institution.

Rule of Reason by the principle related with any variation of "Natur der Sache" or "essential Nature of Things" could not be found in any theories that came to be approved officially by the state.

In the hierarchy of official's society, personnel in charge of economy,

---

400) See; Joseph Needham, *Science and Civilization in China*, volume Ⅰ, (Cambridge Univ, Press. 1965).

accounting, translation and manufacture belonged to the least influential group.

The ruling class came exclusively from man of letters.

Their culture was from reading the Analects of Confucius(論語), the Works of Mencius(孟子), the Doctrine of the Mean(中書), and the Great Learning(大學) − the Four Books(四書) − , the Book of Odes(詩經), the Cannon of History(書經), and the Book of Change (周易), − the three Classics of Ancient China(三經).

The high officials in charge of judgement of conflicts seemed to settle down the dispute like Moslem Khadi in traditional society, intuitively and personally.[401]

Finally as for Reason of Man, in the society of rigid strata, which had the lowest mobility of rise and fall in social changes except collapses of dynasties, the huge emphasis had been laid on keeping the status quo of the existing social relations.

For the sake of appearance, peaceful settlement of dispute and amicable and amicable and all − round character had been required not to break up already − routinized channels of decision making and obligation.

The judgment and politics of the wise seemed the idealistic rule; therefore Rule of Man was supposedly to bring peace to social organizations. Rule of Man was another name of rule of officials.

"The Reason of Heaven",(天理), "the reason of Man"(人理), and "the Reason of Things or Matters"(事理) have been from the ching

---

401) Justice was not separated from administration, high officials of which, were in charge of justice.

dynasty commentary of the teachings of The Analects of Confucius. *"One who can get wisdom from the Reason of Heaven must be a saint; one who can have understanding of man can rule over man; one who has got the knowledge of 'Reason of things or Matters' can be wise. Thus, Joy to them who are learning and studying in time!"*(1st book, The Analects of Confucius, 論語)

7. "The Reason of Man"(人理) had been maximized in the process of Oriental despotism

The wisdom and self−disciplines of man seem to center around man, not heaven nor things; how to cultivate one's mind based upon humanistic approach.

The objective character of "Nature of the Things" or the objective Being of transcendental nature or the objective existence of Nature itself had been ignored in his teachings.

In the society of Chinese culture, the complex nature of social relations had been reduced to minimum human relations; e,g, between lard and subject, between kinsman and family, between senior and junior, and most of all, between a patriarch and his subordinates.

Human element in these relations had been maximized to the extent that the principles to these relations would become minimized to the extent of allowing capriciousness of a man.

The official ethos functioned as state−ideology, Customary rule in human relations and official ethos had been the sustaining force to keep the society and state in Chinese culture and its societies.

Happy medium and harmony in the social relations are most respectful virtues in the place of justice.

Romantic paternalism had been the first principle of social organization. The king himself had been thought an analogy of father of all the people.

"Rule of man", or "rule by man over man" seems to have been possible in the times when mode of production and social relations had been not yet differentiated — in the ancient and middle age of East Asian nations.

In the Max Weberian term, legalism has appeared only when the human element in decision making could be eliminated to minimum extend; Rule of Law comes from Rule of Reason and Reason is not particular attribution but universal one to all human character means to give away arbitrariness and caprice.

Of the trivalent value of Confucius reason; Reason of Heaven, Reason of Man and Reason of Things, Reason of Man, or Reason by man over Man had been maximized in the process of Oriental despotism and had been combined with most frequently in the history of absolute monarchy, the state — ideology(die Staat — Ideologie) transformed from the societies' sagas had given no solution to social problems, had not promoted social relations, had served to maintain the status quo of the establishment, consequently had led to society of stagnation.

8. "Theory of Two Sword" in the history of middle age of Western world and mythology of origins and beginings of the nations in the area of Chinese culture

They had no equivalence of "Theory of Two Sword"(Zwei Schwert Theorie) in the history of middle age of western world; God have given two kind of authority to men. The one is spiritual and ecclesiastical while the other is secular and earthly. We can not separate the formation and development of Western institution and norm of society from the interaction of law and religion.[402]

In the area of Chinese culture, there had not developed systematic belief of the Creator common to the nations: there had been transmitted some mythology of origins and beginnings of the nations.

− From heaven, a divine man had come down, to rule people.[403] This is the archetype of mythologies, of two people − Korean and Japanese.[404]

− Therefore, the man from heaven had come to be the earliest ancestor of the people.

− And He had become the beginner of the nation and the first ruler.

---

402) Harold. J. Berman, Chpt. II "The Influence of Christianity on the Development of Western Law", *The Interation of Law & Religion* (Abington: 1974), pp49-pp76.

403) 一有神人降于檀木不一 檀君神話, 三國遺事, 一然(AD. 1206∼1289), Mythology of Dangun's nation building, written by ILyon, in Samguk − Yusa.(AD. 1281)

404) The actual heroes and the textual structure are different of course; This short and brief research could not bear further study. What is meant in this paper is, the relation between governing power on earth and spiritual authority from Heaven. No misunderstanding of implication. No archeological science for the origin of nations or something like that, Only Religious culture of the ancient East Asia.

The heroes of the mythology, and the context are different; the archetype(Urform, in German) itself is of the same structure.

In official Confucian doctrine, the Chinese emperor ruled with a mandate from heaven and his spiritual authority radiated outward in concentric circles; he received in return the allegiance of humans and the submission of creatures and things. The Chinese saw him as both Son of Heaven and Father of the people, thus fusing the Western role of king and pope in a single, semi−divine figure.[405]

The possible implication of the archetype of Korean and Japanese mythology seems not very different from the confucius doctrine of the emperor.

This archetype common to these people and nations had influenced man's attitude toward authority. There had been only one authority in effect.

9. The traditional attitude that "man can not alter the direction and teaching from given authority"

In a historical view, the Confucian influence upon people's attitude toward authority could be summed up as following:

First, throughout pre−modern times, and in the subliminal

---

405) Moss Roberts, Introduction. ⅹⅵ, *Chinese Fairy Tales and Fantasies*, Pantheon Books New York, 1979.

unconscious archetype of way of thinking in modern times, across the East Asian region affected by Chinese traditional culture, existing power of prevailing authority have been urged to assume "having come from Heaven."

Thus, it has been the traditional attitude that "man can not alter the direction and teaching from given authority."

In pre‐modern times, scholars of Neo‐Confucianism in Chosŏn dynasty could not alter or deny the presidents in interpreting the teaching of Confucius; the people could not deny the ultimate source of authority of ruling king in most of traditional society.

In modern times, this attitude toward authority influenced people's attitude toward some sects of religion.

They spoke of Lord in Heaven; but not justice by our Lord.

Second, Traditionally, under only one authority on earth and heaver, under the prevailing power of ruling jn effect, there have not been able to emerge the concept of civil liberty and civil obligation based upon voluntariness.

There could be no room for rational approach to law and government.

Such an historical legacy and subliminal past experience of East‐Asian was expressed in a recent report about Asian‐Americans.

"The Confucian philosophy, with it's respect for authority, has two edges. ‐Most Asians do not believe in government. The Confucian Theory that one does not challenge authority also means that one does not related to authority."[406)

---

406) Special report, Asian Americans: an emerging Presence, July 27, 1993. p.11, The Christian Science Monitor.

Bibliography, Chapter II

Chull, Kim, *System of Russo-Soviet Law-its Western tradition and Legal Culture,* 1989 Mineumsa Seoul.

Chull Kim, *System of Russkaks-Sovetkoe Pravo-its Western Tradition & Legal Culture, Minumsa,* 1989.

Chull,Kim, "Ius im Subjektivem Sinne/Frauen als Träger der subjecktivem Recht and die Schwache in der sozialen Kontext", *Sookmyung Univ. Collection of Articles.*

Chull, Kim, "Comparative System/Value, History & system", in *Comparative System in dissolution-times/Value & system, Institute of Comparative System,* Seoul Feb. 1992.

Chull Kim, "Grundzuge der Professur, 5) the Times of Socrates", *Academia Seminar Brief for Korean Society of Social Theory,* September, 1991.

Chull Kim; "Integrative Contrast between Russia & America", Feb, 1992 *Institute of Comparative System.*

Chull Kim, Commentary to Chapter. II, The Influence of Christianity upon Formation of Western Law, included on Harold Berman and Chull Kim, *Religion and Institution, - Civilization and Historical Jurisprudence-, The Korean Edition of Lowell Lecture and related Lectures,* Seoul, Minyoungsa Publishing. 1992.

Chull Kim, "Subject & Subjectivity in the Dual Face of Ius in the Western Civilization", in Harold Berman, et el *Religion and Institution-Civilization & Historical Jurisprudence.*

Yoo, Jin-O, *Yangho-Gi Korea University Press,* 1977.

Huh, Heung-sik, *A Study on Kwago in Koryo dynasty*(history of institution), Ilchogak, 1981.

Kwang-Woong, Kim, *Bureaucracy and Development,* 1986, Pyungminsa Seoul.

Harold Berman, *Individual value and Communitarean value, University of california, Davis Law Journal* 1989.

T.W. Adorno, et al, *Authoritarian Personality*, Harper&Brothers 1950.

Moshe Lewin of London School of Economics, 1998.

Thomas Ferguson, Interview with The Christian Science Monitor, 12th page, April 2 1990.

李拱 등, 『四庫全書存目叢書. 經部. 第173冊, 四書類 』(濟南 : 齊魯書社, 1997)

Joseph Needham, *Science and Civilization in China*, volume Ⅰ, Cambridge Univ, Press. 1965.

H.J.Berman, *The Influence of Christianity on the Development of Western Law*,

一然, 『(完譯)三國遺事』(서울 : 學友社, 1954)

Moss Roberts, Introduction. ⅹⅵ, *Chinese Fairy Tales and Fantasies*, Pantheon Books New York, 1979.

Special report, Asian Americans: an emerging Presence, July 27,1993. P.11, *The Christian Science Monitor*.

제3장 서양 문명에 있어서의 소외의 개념

Alienation

1. Introduction

This paper attempts to examine and analyze the vastly complex and problematic concepts of alienation. It is not an exaggeration to state that there is no concept that penetrates the depth of human history as much as alienation does. Indeed, human history in its totality is characterized by the fact that alienation permeates every dimension of human life. From the day of birth up until death, man is affected by alienation. Natality, like death, to a degree exemplifies the perennial presence of alienation. When the human is born, he is separated from something. Then he dies, he is again separated from their loved ones. Separation from something is the meaning of the alienation that comes to mind here. But as we shall see below, this meaning is only one among many others. There are many others yet in existence. This will become evident below, as we survey and analyze the concept of alienation.

The structure of this paper is as follows. The meaning of the term will be analyzed in the first section; section two commences with a discussion for alienation in the Judeo Christian tradition. Section three analyzes Hegel's conception of alienation; Marx's conception is discussed in detail in section four. In section five, I argue that Arendt's conception of alienation is to a large degree a critique of the Hegelian Marxist conceptions of alienation.

Section six attempts to evaluate the different conceptions of alienation and offers some brief concluding remarks.

2. The Term "Alienation"

The term "alienation" is diversely used. Its meanings conflict often and are very complex, as will be evident below. Before we analyze it as a concept, it is very important that its meanings are clearly established. This is what will be attempted below.

The English term "alienation" corresponds to its French and German equivalents: *aliénation* and *Entfremdung*.[407]

Although it was Hegel who popularized the term, he was by no means the person who coined it. Hegel simply gave it a particular philosophical meaning. Marx, building upon Hegel, made its meaning precise. Since Marx, alienation has often retained the meaning that Marx gave it. These points will be full discussed below.

---

407) Richard Schact, *Alienation*(New York: Doubleday and co., 1970), p. 1.

Now what does alienation mean? The Latin origin of alienation is *alienato*. It means to make something another, to take away, or to remove. The Latin meaning of alienation as removing or making something another is typically used in conjunction with property. as *alienato*. Its first meaning is: "to transfer the ownership of something to another person.[408] The terms: "alienate" and "alienation" essentially retain the same meanings in contemporary dictionaries. Let us consider this meaning for example. In the *New Simplified English Dictionary*, the following meanings are given to the word, alienation: (1) turn away from, separate, make unfriendly, (2) transfer to another's ownership. Indeed, the Latin meanings directly determine the English meanings of alienation.

However, alienation has further meanings. The meaning that follows goes back to the Middle Ages and essentially retains its Latin roots. Here it was used in connection with one's loss of consciousness. It roughly means one's loss of consciousness or one's suffering from mental disorder. It has a medical meaning.

There is yet another meaning which is the closest to the modern usage of the term.

The verb *alienare* means "to cause a war······ to cause a separation to occur; to make oneself disliked." Generally then it means "interpersonal estrangement."[409]

Finally, in German, the word *Entfremdung* means; (1) making alien,

---

408) *Ibid.*, p. 2.

409) *Ibid.*, p. 3.

(2) estrangement. Hegel, for example, used these two particular meanings. Now that we have briefly surveyed the meaning of the term, we are in a position to conceptually and historically analyze it. Attention is now turned to a discussion if alienation in the Judeo Christian tradition.

3. Alienation and the Judeo–Christian Tradition

The concept of alienation is vastly complex and problematic with an extensive history of its own. We already had an occasion to see the vast and complex term of alienation in connection to its meaning. And now we will have an experience of a similar kind, but on the level of alienation as a concept.

In the Judeo Christian tradition, alienation is conceptualized as follows. Following the well known history of Adam and Eve in the Old Testament, man is supposed to have fallen from "Grace" as a consequence of Adam's and Eve's sins. Adam and Eve violated a divine order by eating the fruits of the forbidden tree. Their particular sin became universal sins. Adam's violation of the divine law compelled God to impose punishment on mankind. This punishment resulted in mankind's alienation from God. Mankind became separated from God, thus alienated. Consider now how the concept of alienation is understood within this tradition.

Man, via Adam, violated a law and God decided to punish

mankind. So God did and man fell from "Grace". Thus man became alienated. Before this alienation, man was at one with God and man was unalienated. Now, what does it mean to say that *Man became alienated from God?* Within the Judeo Christian tradition it means this: Whoever violates the divine order — as Adam and Eve did — becomes alienated from creator; God. Of Course, the omnipotent God knows that man has alienated himself from the creator.

However, God again decides to enable alienated man to overcome his alienation. For this, God sends Messiah in the Form of Jesus Christ. In this particular way Christianity attempts······ the imaginary solution of human self alienation in the form of the mystery of Christ.[410]

Christ is thus sent to this world to enable the alienated man who, by alienating himself, has also alienated all others like him, to overcome this alienation. Alienation thus becomes a permanent dimension of the human condition.

By violating the divine order, man perennially removed himself from God. Furthermore, man also became foreign in the eyes of God, but also in his own eyes.

Equally, man became foreign to others like him. Men became alike to each other in one particular sense, in their alienation(Read: foreignness, separation).

The first nature of man in his nonalienated being(Read: Harmony, unity) became irretrievably lost. As noted above, however, Christ

---

410) Instván Mészáros, *Marx's Theory of Alienation*(London: Merlin Press, 1970), p. 28.

came to restore harmony, wherever he saw separation or alienation, and to introduce peace where there were conflict, animosity and wars, etc. In one sense then, it is fair to conclude that Christianity, through Christ, attempts to resolve alienation. For this tradition, alienation meant separation from God. It was a universal attempt. Marx, a critical student of the Judeo Christian tradition, writes, "It was too refined, too spiritual to eliminate the crudeness of practical need except by raising it into the eternal realm. Christianity is the sublime thought of Judaism."[411]

Through Christ's universally prescribed ethical teachings, Christians and non Christians alike were continuously reminded that in spite of their apparent alienation, in their essence *they are unified beings.* Unity is species' essence, and alienation is their apparent terrestrial existence. In other words, in spite of apparent " foreignness" and separation that they impose upon themselves, they are ultimately brothers. In this way, "······Judaism and Christianity are complementary aspects of society's efforts to cope with it's internal conditions. They both represent attempts at an imaginary transcendence of these contradictions at an illusionary 'reapprepriation' of the human essence through a fictious supersession of the state of alienation."[412] Judaism and Christianity express the contradictions of "partiality" and "universality."

The "essence" referred above is what I have called "brotherhood"

------

411) *Ibid.*, p. 28.

412) *Ibid.*, p. 30.

and the "partiality" corresponds to alienation: separation of man from God and of man from his fellow man.

This alienated existence is particularly manifest, when man fully identifies himself with his actual being, replete with wars, hostilities, and conflicts, all these undertaken exercised on the behalf of partial interests. Therefore, in so far as man fully identifies himself with his actual existence, man is a partial being. In so far as he transcends his partiality, he is a universal being.

Ever since man fell from "Grace," he has become condemned to live an alienated life, as a being separated from God. But God did not condemn man forever. He is a forgiving God.

Consequently, God sent a Messiah with a universal message: love and brotherhood, the hightest ideals of Christianity. This universal message still remains relevant to our day, although man still remains in his alienation. From the Judeo Christian tradition, we have thus far learned that alienation means separation or removal.

This meaning of course is consistent with the Latin roots of the term "alienation."

We have to probe further, however. Alienation as separation is described by Paul, the apostle. He says; That ye were without Christ, being aliens from the commonwealth of Israel, and strangers from the covenant of promise, having no hope, and without God in the world: But now in Jesus Christ ye who sometimes were far off are made nigh by the blood of Christ······ Now therefore ye are no more strangers and foreigners, but fellow citizens with the saints and household of God.[413]

This universal message did not have any impact on mankind. Instead, men's relationship with each other began to take the shape of a relationship between enemies. Men began and continued to use each other as "means" to an end, and not as "ends" themselves.

This situation acquires and exacerbating form with the introduction of "saleability." This is to say that the concept of alienation as examined above became secularized. It lost its religious origin, and was reduced to and immanent thought.

Man who is essentially God's property, now became the property of another man. Man thus begins owning others as property(Read: the history of slavery in antiquity, and in the Roman Empire, the African slave trade, etc.) Futhermore, man becomes like and object, to be precise, a thing. It thus becomes almost impossible for man to recapture his essence: universality, brotherhood, etc. Man now becomes fully "reified" that is, converted into a "thing" or what it the same thing, man loses his real nature: his subjectivity, identity, etc. How this process of "reification" works will be our next theme below, a detailed examination of Hegel's rather complex analysis of alienation.

---

413) *Ibid.*, p. 28.

4. Hegel's Analysis of Alienation

For Hegel, all alienation as we described it above is a form of externalization. Alienation as an externalization is a necessary moment in the long historical process, a process in which the movement for freedom plays the central role. The human mind, Hegel would argue, has to externalize itself on objects in order to become free. Freedom requires externalization.

The form of externalization that Hegel describes is interwined with his analysis of human labor. For Hegel then, externalization is a necessary moment of the structure of human consciousness; it requires objects to externalize itself to and finally it is in human labor that externalization made manifests itself. We shall now unpack this abstract formulation as follows.

Hegel argues that man's actual existence is grounded in labor. It is man's labor as well that authenticates human freedom. By laboring, that is, working on objects or transforming nature, man creates history, therefore civilization. When man is laboring, he is essentially imposing his "free will"(a Kantian term) on objects and making them his own.

He makes himself free, and he asserts his mastery over nature. Labor is at once a source of freedom and the ultimate ground of human existence. Marcuse, for example, describes Hegel's conception of labor in the following way;···

Hegel conceived the self creation of man(that is, the creation of a reasonable social order through man's own free action) as the process of "reification" and its negation ; in short, that he grasped the "nature of labor"and saw man to be "the result of his labor."[414]

I argued above that, for Hegel, alienation is a form of externalization. That is to say with Marcuse for Hegel, without labor man will be nothing. Furthermore, in the act of labor, man works with objects of nature; material resources. These objects of nature, Charles Taylor argues, are the perennial objects of man's desire.

These are the objects of man, the desiring and needy being. By working on the material objects, man gives these objects a beautiful form; he gives them a concrete existence, life itself. Put differently, man imposes his subjectivity on these objects. In a sense, he renders these objects meaningful, concrete and real. He brings them back to life.

The objects in nature provide man a material ground of existence; the objects in turn become sources of man's needs and desires. Man desires these objects because of which he transforms their nature and makes them his own. After all, these objects are not deal things, but gratifiers of his desires. The objects in turn yearn for being worked on. In a sense, these objects are out there for a particular purpose, and the purposive human being needs these objects to fulfill this yearning for freedom and so forth.

Consider in this light Charles Taylar's statement below:

---

414) Herbert Marcuse, Reason and Revolution(New York: Humanities Press, 1954), p. 115.

Man cannot remain a simple 'I', simply self identical, because he needs external things, external life, to live. He is a being of desire.

But in comsuming what he desires, he seems to overcome this foreign reality and recover integrity. Except that this integrity is not adequate to what he is······ For the negation of otherness involved here is the simple negation which abolishes; even if it were complete, it would simply return man to the self identity which is the death of subjectivity; the end of desire would be the end of man. But in fact it is never complete, new desires arise endlessly; so that human life at this level is an alternation between being before another which is wholly foreign, and having incorporated this, being before nothing at all.

Man, as a being who depends on external reality, can only come to integrity if he discovers a reality which could undergo a standing negation, whose otherness could be negated without its being abolished.[415]

To say that man is a desiring being and that his desires are material objects is to say that man requires an "other" with whom he cooperates in order to satisfy his wants.

These wants are many, nor are they easily obtainable through the exclusive activities of a single individual. Rather, the needs of these objects of desire compel man to go beyond his own individual resources, energy etc., and needs to help others and expect help from them. Now there are some questions that need to be carefully analyzed here. Firstly, who is this Hegelian "other"? Secondly, what

---

415) Charles Taylor, Hegel(Cambridge University Press, 1975), p. 152.

is the nature and form of man's relationship with the "other"? Thirdly, is man's relationship with the "other" similar to or dissimilar with the Christian conception of "alienation" as this writer discussed it above?

(1)Labor discloses man's freedom. It is in labor that man freely expresses the desire to transform material objects by making these objects; the objects of his desire. Further, man engages in labor along with others. For Hegel, the world in which man lives is split into antagonistic domains, "······ the one in which man is bound to his labor," the other,"······ in which man appropriates and possesses another man's labor and becomes master by the very fact of this appropriation and possession."[416] Hegel denotes this relationship as the relationship between a Lord and bondsman.[417]

The bondsman is not really a human being who happens to labor. He is essentially a laborer and his actual existence or his very being is labor. He works the objects that are not really his but some body else's. Who is the Hegelian "other" was our question above. Now we are in a position to answer it. For Hegel, this "other" is the lord, the lord who actually owns the bondsman's objects of desire. Man cannot "detach" his actual existence from the objects of his desire, but these objects are not his, they are owned by the other. Hegel

---

416) Marcuse, *Reason and Revolution*, p. 116.

417) G. W. F. Hegel, *The Phenomenology of Mind*, by J. B Baillie(New York: The Macmillan Co., 1910), p. 174.

said that these objects are objects that constitute man's being. They are "the chain from which he cannot get away."

(2) The relationship of the lord and the bondsman is that of conflict and potential unity. Suffice it to say that they enter into conflict for the save of mutual "recognition." The lord and the bondsman have objects for desire. Both need these objects and both strive to possess them in the course of which their interests conflict. But as noted in the above, the lord owns these objects. The laborer only labors for the lord, and he is merely a bondsman. The objects, however, mediate their relationship of domination and servitude. To this extent these objects are indispensable to both, they are the objects of their desire.

When the lord strives to maintain the ownership of the laborer, the lord is not only possessing the physical power of the labor, but also the laborer's capacity for thought, the laborer's consciousness. The laborer's consciousness in now externalized in his labor that he gradually begins looking at these objects as his own creation which they objectively are, and not merely as dead objects. Now that the laborer has brought these objects back to life, for him the objects become real; truly real, since he has imposed on them his subjectivity. Labor thus becomes the embodiment of the laborer's subjectivity. Labor as an objective activity and the laborer as a subjective laborer become one.

Furthermore, there is also a sense in which labor enables the lord to become free, at least indirectly. This is the following way. The lord desires objects to the same extent as the laborer does. The lord, unlike the bondsman, however, does not directly work on these objects. True, labor defines the ontological existence of the bondsman as it does the lord's. But, the lord does not directly work on the objects, he is simply an indirect consumer.

All that the lord does depends on the bondsman's labor to fulfill his desire. It is as if the lord becomes free not directly but indirectly. It is as if he needs the "other"(the bondsman) to become free.

The bondsman's freedom depends on the fact of his existence as a laborer, from which he gets the necessary knowledge and perhaps the aesthetic joy of the things he works with.

The lord, on the other hand, receives freedom from not laboring or "upon freedom from labor."[418] True the laborer may possess total mastery of the objects he works on, but that fact makes him only knowledgeable and in that sense potentially powerful, after all knowledge is power.

But the lord is materially more powerful than the laborer. The lord is an owner of the laborer's objects and also owns the laborer himself.

The laborer is so powerless that we can say that the laborer is completely at the mercy of the lord. But ultimately the lord and the bondsman really need each other. Both are so alienated that they do

------

418) *Ibid.*,

not see the system of needs that are common to them.

To summarize, Labor is the ground of human relationships. Men externalize themselves in labor. A measure of alienation in the form of externalization, is an imperative in human history. Alienation cannot be transcended, Hegel concluded, until man becomes a philosopher, truly rational reasonable and moral.

In history, alienation has manifested itself as well. From antiquity down to Hegel's epoch, men have been asserting their freedom. Some lived as lords(the feudal lords of Europe) and others as bondsmen(the slaves of Greece and Rome). The world in which men lived and continued to live in is full of conflicts, wars and so forth. Ultimately, the facts of war, for Hegel, can be explained through the facts of alienation and the various attempts which men make to resolve them. The struggles for "recognition" is the underlying need of these perpetual tension. Because of this need, men become "necessary" moments of the struggle for freedom; freedom from bondage. These senseless wars may end, the idealist Hegel hoped, when men realize their essence as "unity" and not as "separation."

(3)There are some undeniable interpretive similarities between the Judeo Christian understanding of "alienation" and the Hegelian understanding of alienation as externalization in objects. The similarities are these. Firstly, for both there is always a measure of alienation that cannot be overcome. Man may never fully understand himself. Perhaps it is the function of God to have this ability and the function of "Reason" for Hegel. This issue is too complex to be resolved in these few pages, but is very significant to note here.

Our attention is now drawn to Marx's analysis of alienation.

5. Marx's Analysis of Alienation

Marx verbatim follows the footsteps of Hegel's analysis of alienation. Marx agrees with Hegel that the relationship between the lord and bondsman the Hegel discussed brilliantly is actually a relationship of domination. Marx disagrees with Hegel, however, that this relationship of domination is a permanent dimension of human condition.

Marx argues against Hegel that this relationship is neither permanents, nor a natural feature of human society. Rather it is produced by and is a particular manifestation of a specific form of society. Marx contends that there is a form of alienation that is peculiar to the capitalist economic formation. This formation produces a particular form of labor which Marx called "alienated labor."

It is the discovery of this concept and the consequent analysis that follow which sharply distinguishes Hegel's conceptualizations from those of Marx. We will analyze this in some detail.

This writer will now closely analyze Marx's *Economic and philosophic Manuscripts of 1844*. This is the material in which Marx's analyses of alienation are given. In analyzing the concept of alienation, Marx follows what he calls the method of political economy.

That is to say that Marx adopts the language of political economy. Like the political economists before him, Marx too presupposes some basic economic categories; labor, capital, land wages, profit, and rent. He accepts also the separation of each of the above economic categories. He further accepts the separation of labor, competitor and exchange value.

From political economy, the worker sinks to the level of commodity, Marx argues.

Furthermore, all the economic categories of political economy in some way or the other produce misery for the worker and wealth for the owner of capital. In fact, Marx argues the misery of the worker is inversely proportional to the power and volume of his production. The necessary result of competition is the accumulation of capital in a few hands which creates a separate classes of human beings: the capitalists. For the first time is history, society is explicitly divided into owners of production and labores for the owners of production. To facilitate this process, the market came into being. Equally, society was further divided into landowners and land tillers. Ultimately, two classes of people came into being, proprietors and unpropertied. These are his basic economic arguments.

Further Marx argues that political economy proceeds from the fact of private property, without explaining the genesis of the fact. For political economists, the fact of private property is unproblematic; it is simply a natural feature of life. It is as natural as the biological need for water. As Marx argues, "It does not explain private property. It grasps in abstract and general formula which is then taken as laws. It does not comprehend these laws."[419]

Private property is a natural feature of life.

That which is natural needs no explanation.

Nor does political economy explain, deduce or analyze the necessary and essential connection between the economic categories(as outlined above) in particular: and, labor, capital and their hidden meaning impregnated with human values. In short, political economy does not distinguish appearances and essences. Further, for political economy, apparent interconnections between labor, land and capital is grounded in law; the laws of the market demand and supply. Again, for political economy, the laws of the market are natural features of life.

From these arguments about the methods of political economy, Marx deduced the observation that its method is like that of theologian who explains the behavior man in terms of the Fall of Man. Now we are tempted to ask: (1)What is Marx's alternative method? (2) What is Marx's view of alienation? These two are our central questions. We shall examine these in some detail.

---

419) Robert C. Tucher(ed.), *The Marx-Engels Reader*(New York: the Norton Co., 1978), p. 10.

(1)Political economy takes all economic facts as natural extensions of human life. In order for one to know the mechanisms of the markets system for example, one has carefully study the law of demand and supply. True, demand and supply may not tell every thing, but they will certainly teach us how to live in this world. Put differently, they will teach us how to manipulate the environment and accomodate ourselves to the painful facts of competition.

The world of competition may not allow everybody to have an access to material resources.

Consequently, some may become rich and some poor.

Marx disagrees vehemently with the methodology of political economy. For him, political economic categories *conceal more than they reveal*. Nor are these mystical economic categories conceal more than they reveal. Nor are these mystical economic categories mystical. They certainly are not natural features of life. Nature itself needs explanation. Private property in particular is not just natural, but is actually a product of alienation. For Marx, the best method of studying political economy is first to transcend the realm of appearance and penetrate the realm of the essences. In simple terms and unlike political economy, Marx wants to study what the economic categories conceal and not merely the economic categories themselves. However, for Marx, one has to start with the economic categories(as political economy does and which is a correct start) and then go beyond them. The economic categories are necessary conditions, but not sufficient.

(2)The more the worker works, Marx argues, the more wealth he produces; but the more he works, the poorer he becomes. This is so, because the increase in the value of things is directly proportional to the decrease in value of the human world. The Laborer produces the labor as a commodity. The laborer is related to his object of desire(recall Hegel's terminology) or to the product of his labor(his own creation) as to an "alien object." Marx's uses of "alien object" is remarkably similar to Hegel's, but not identical. For Hegel., as we recall, all alienation is a form of externalization. Recall again that, for Hegel, externalization is a definite feature of things. It is not so for Marx. For Marx introduces into the Hegelian conception of alienation a new form. This new form is alienation as "objectification." At the outset, "externalization" and "objectification" may seem to mean the same thing. They are not. Man is a part of nature or nature is the object of man according to Marx. Man cannot do anything without nature, and nature will be barren without man.

Further, man will again be nothing without the sensuous external world. Nature furnishes life with all those abundant natural resources.

Marx describes it :

The worker can create nothing without nature, without the sensuous external world. It is material on which his labor is manifested, in which it is active, from which and by means of which it produces. But just as nature provides labor with the means of life in the sense that labor cannot live without objects on which to operate, on the other hand, it also provides the means of life in the more restricted sense i.e., the means for the physical subsistence of the worker himself.420)

As already pointed out, nature is the ultimate ground of man's existence at least in two fundamental ways. The first is that without nature man loses the purpose of living in this world, nature is directly the source of his life. The second is that man's reliance on nature is so total that man practically becomes a slave of nature, and indirectly a slave of the objects of nature. As Marx says, man becomes a slave of his own object: nature.

Political economy, Marx argues, does not really know anything about this complex process of alienation. He writes:

The laws of political economy express the estrangement of the worker in his object: thus the more the worker produces, the less he has to consume; the more values he creates, the more valueless, the more unworthy he becomes; the better formed this product, the more deformed become the worker; the more civilized his object, the more barbarous becomes the worker; the more ingenious labor becomes, the duller becomes the worker and the more he becomes nature's bondsman.

Political economy conceals the estrangement inherent in the nature of labor by not considering the direct relationship between the worker (labor) and production.421)

---

420) *Ibid.*, p. 72.

Earlier we contended that political economy separates the basic economic categories from each other. Each category, say labor, is separated from another, for example capital.

Though this unjustified or unexplained separation of each category is minutely analyzed, it is never related to the total labor process. For Marx, labor cannot be understood in isolation to capital and vice versa. Labor and capital are antithetical elements of life.

It is true that labor produces wealth, but it produces misery and deprivation for the worker. It is in this sense that labor and capital are antithetical. Labor enables man to work, but it also has multiple negative effects in his physical and spiritual self.

In the act of laboring, man alienates himself, or what is the same, the worker is aliened from himself. Labor is not any larger part of the laboring self that is the part of the laborer's nature. In the process of working, the worker denies himself, feels miserable and unhappy, and develops no free physical and mental energy. Rather the worker "mortifies" his flesh and destroys his mind. The worker feels miserable at the work place, but he feels happy at his home. He feels that he is at home, when he is not working, and when he is working, he feels not at home. His work, therefore, is not voluntary, but is coerced and forced work. Thus man is alienated from himself. The external nature of work appears to the worker alien. He feels this way, because he is cognizant of the fact that he is working for the person other than himself. He is working for

---

421) *Ibid.*, p. 73.

what Hegel called the lord in his Phenomenology of the Mind.

A direct consequence of man's alienation from himself, from the products of his own hard won labor, from his life activity is the alienation of man from man. When man confronts the objects of nature, he is not only confronting himself in the object on which he works, but also confronting other men. It is in this sense that man is alienated from man.

In alienation himself from other men, he is also alienating himself from (1) nature, (2) himself, his life activity, and (3) his species nature. Though this intricate process of Marx's conception of alienation, we now arrive at our final comments. For Marx, private property thus is not a product of nature. Rather Marx derives it from his analysis of alienated labor.

The discoveries of alienated labor constitute Marx's central contribution to the analysis of alienation.

That private property is the consequence of alienation, and not the cause of alienation is Marx's central argument here. Thus, as we saw, Marx began with basic economic categories. He went a step beyond political economy in that he analyzed the meanings behind the movement of private property. In the movement of private property, Marx among other things discovered the existence of material inequality manifested in the behavior of the propertied (capitalists) and the unpropertied (laborers). Between these two classes of people, he observed the existence of inherent contradictions which could ultimately be resolved through the suppression of private property. The suppression of private property would put an end to the perpetuation of man's alienation from (1) nature, (2) himself, (3) other men, and (4) the species nature of men. In Marx's own terms:

The transcendence of private property is therefore the complete emancipation of all human senses and attributes; but it is this emancipation precisely because these senses and attributes have become, subjectively and objectively, human. The eye has become a human eye, just as its object has become a social, human object an object emancipating from man to man.[422]

6. Arendt's Critique of the Traditional Conceptions of Alienation.

Hannah Arendt's view of alienation in many significant ways provides an alternative to the particular way in which Hegel and Marx saw it. It particular, her view is a very critical assessment of Marx.

Her critique begins with a crucial distinction that she makes between work, labor and action; the vita activa. It is irrelevant here to summarize the reasons that compelled her to draw the distinctions. For us, it is sufficient to analyze her discussion of labor, work and their relationship to the concept of alienation.

---

422) *Ibid.*, p. 87.

For her, work is "reification". When man works on objects and transforms their nature, man does so by destroying nature. Homo faber has always been "a destroyer of nature." and then a reconstructed of nature.[423]

Man masters nature, or can master it only by destroying it. Man, the laborer on the other hand, is merely a producer of wealth. Man does nothing more than producing wealth and consuming it. Man, the worker, on the other hand, does more than simply producing like an economic machine. He among other things creates permanent forms of beauty that can never be destroyed via consumption as the products of a laborer.

Work is superior to labor in that is "joyless", whereas work is joyful, but also lives behind a "permanent form", a beautiful work of art for example. In work thus, or more precisely the worker, on the other hand "is indeed a lord and master, not only because he is the master of all nature, but because he is a master of himself and his doings." Now, the question is: what has this to do with alienation? The very fact that has labors (as opposed to works) and also transforms nature, for Arendt, indicates that mans is "alienation" nature by merely striving to take "possession of the earth." The process she calls, the "external form of alienation." The second form of alienation is what she calls "the internal form of alienation." This has to do with the fact (as in the Judeo Christian tradition) that

---

423) Hnnah Arendt, *The Human Condition*(Chicago: The University of Chicago Press, 1958), p. 134.

ever since the church and the state separated, or religion became independent from politics, man lost interest in spiritual matters and became obsessed with material objects. For Arendt, man's externalization into objects, as in Hegel's conception, but also in Marx's resulted in the alienation of man. This alienation is a permanent dimension of the human condition.

The modern form of alienation, Arendt argues, is less religions. Religions or not, it has produced what Arendt calls "world alienation." In her words:

World alienation, and not self alienation as Marx thought, has been the hallmark of the modern age. Expropriation, the deprivation of certain groups of their place in the world and their naked exposure to the exigencies of life, created both the original accumulation of wealth and the possibility of transforming this wealth into capital through labor······ The new laboring class, which literally lived from hand to mouth, stood not only directly under the compelling urgency of life's necessity but was at the same time alienated from all acres and worries which did not immediately follow from the life process itself. What was liberated from the early stages of the first free laboring of class in history was the force inherent in "labor power" that is, in the natural abundance of the biological process.424)

Arendt, then proceeds to outline the historical manifestations of alienation. The first stage was marked by the cruelty, the "misery"

---

424) *Ibid.*, p. 158.

of the peasantry in Stalin's Russia. The second stage was the reduction of the family into a member of Marx's economic classes.

For her, man is reduced onto a laborer or economic classes in Marx. Marx failed to draw the distinction between labor and work. Because Marx emphasized the laborer's centrality in history so much, he forgot to mention the worker's contribution. Ultimately, Marx reduced the individual into an economic unit and "alienated" man from his larger ties to his family, country and so forth. The fact that Marx also wanted to abolish "alienation" in order to overcome private property intensifies the "phenomenon" of alienation Marx thought. Because interpreters of Marx such as Stalin, by introducing state ownership repressed man further, the phenomenon of alienation has been intensified. Man was repressed, because his liberty was taken away from him by disengaging him from his own objects of his work, and is subjected to intense suppression. She argues further, "collective ownership, strictly speaking, is a contradiction in terms."[425]

Further, her concluding passage succinctly summarizes her views:

The process of world alienation, started by expropriation and characterized by an ever increasing progress in wealth, can only assume even more radical proportions if it is permitted to follow its own inherent law. For men cannot become citizens of the world as they are citizens of their countries, and social men cannot own collectively as family and household men own their private property. The rise of society brought about the

---

425) *Ibid.*, p. 256.

simultaneous decline of the public as well as the private realm. But the eclipse of a common public world, so crucial to the formation of the lonely mass man and so dangerous in the formation of the worldless mentality of modern ideological mass movements, began with the much more tangible loss of a privately owned share in the world.[426]

7. Evaluation and Conclusion

The nature and form of alienation and the centrality of its importance in our everyday life continue to be one of the intellectually and perplexing one. It is because of the centrality that it occupies in our life that this writer chose to examine this concept. What have we learned after this brief survey? It is correct to assert that we have learned the following.

We began this paper with a detailed examination of alienation in the Judeo Christian tradition. For this tradition, alienation meant and was conceptualized as separation or removal of man from God. Ever since man removed himself from the hands of God, he was condemned to an uncertain and ambiguous world of alienation. Man had and continues to pay a price for this form of life. This alienation that consequently followed still affects man's life inmany imperceptible ways: (Read our confused value systems, the cultural crisis, the injustice etc). The lessons that we have learned from this tradition are too many to specify. It is sufficient that we note their

---

426) *Ibid.*, p. 251.

utmost importance here.

We then preceded to the murky waters of Hegel's conception of alienation. From Hegel we learned that any life activity(labor) that man engages in is ultimately alienating.

For Hegel, alienation meant estrangement. Further, alienation as such Hegel argued is a form of externalization. Whenever man labors, he externalizes himself. This externalization is a permanent dimension of man's self activity. There is a sense in which the laboring man who externalizes himself fails to maintain control of the objects of nature. In one way or another, man will always remain incapable of controling his environment. Life is a perpetual struggle between a lord and laborer. This struggle will be overcome however, when man becomes truly philosophic, rational, prudent and reasonable. For this to happen, thought must rule the world, and not the world rule thought. Hegel's relevance to our day needs no further acknowledgement.

Marx's conception of alienation is a continuation of Hegel's. There is a major difference between the two thinkers, however. The difference is this. For Hegel, there will be externalization, in so far as man necessarily works on nature, although Hegel said that the duality between nature and thought could be overcome through thought. In short, for Hegel, alienation may not be overcome completely. For Marx, on the other hand, alienated labor is what accounts for man's terrestrial suffering. Alienated labor in turn accounts for the creation of private property. Private property in turn produced contradictory classes and class interests. If alienated labor is overcome, there will no longer be a need for private property. Human problems could ultimately be overcome and man will truly be emancipated with the suppression of private property and the "rational" organization of a classless society. The relevance of Marx to our days is suspect. Once it seemed, his preceptive analysis of an alienated society has far reaching consequences. His 'utopian' proposal that a classless society is possible although theoretically appealing does not give us a realistic world view. On the other hand, Some misunderstanding the "humanism" explicit in Marx's proposals shows some of the greatest ideals of the Christian tradition. Christianity stresses the need of embracing God through the restoration of faith in the universal message of love that Christ advocated. Once it seemed, Marx too stresses the importance of the restoration of truth and justice via a return to philosophy or reason. Philosophy would enable man to critically evaluate his true needs; his true needs; his true needs have become distorted, because of man's excessive preoccupation with material objects. Man needs to become spiritual and human.

There are parallels in the Christian tradition that are also equally vehement of over-materializing life. In this respect, the similarities between the Hegelian Marxist tradition and the Christian tradition are just as strong as the differences. One important difference of course is Marx's ambiguous remarks about "religion." This point however is being hotly debated now. Marx of course distinguishes between "authentic religion" and "institutionalized religion."

It is about the latter that Marx made some unpleasant remarks. Again, it is beyond the scope of this paper to fully analyzes this matter. Finally we considered the perplexing views of Hannah Arendt. Arendt rightly criticizes the Hegelian and Marxist traditions' conception of alienation. Her central dissatisfaction with this tradition is that the Hegelian and Marxian views of the "good society" is just as alienating as the alienations that Hegel and Marx thought can overcome.

This is because she argues Hegel and Marx subsume the 'distinct', 'unique' individuals under the universal. For Hegel the universal is the ethical state led by philosophic civil servants and for Marx the proletariat. Arendt on the other hand, wants to maintain a "pluralist society" that respects the dignity of the "unique" and "distinct" individual; the public speaker and the creator. For her, alienation cannot be overcome neither by "absolute knowledge nor by the universal class." Absolute class have produced "world alienation."

Hegel and Marx stressed much the role of necessity in history. Their views that history is a 'process' Arendt finds very unsatisfactory. Arendt is more interested in the role of the 'unique' individual. This uniqueness is what produces political action. In a sense, the individual is a new beginning, that cuts across the historical process and creates something novel. Revolutions are genuinely revolutionary if and only if they allow the 'distinct' individual free. The French and Russian revolutions were not revolutionary, because they suppressed the role of the "unique" individual. The overcoming of alienations is ultimately possible, if full freedom is guaranteed. The free individual, free from the historical process is the non-alienated individual and this non alienated individual can live only in a "pluralist" society. Plurality and "uniqueness" are two necessary conditions for living in a good society. Arendt's vision of a pluralist society is thus an ideal worth striving for.

The fact that she provides us with this ideal makes her relevant to our day. Her powerful political philosophy is a much needed stimulus for the contemporary society.

Bibliography, Chapter Ⅲ

Arendt, Hannah. *The Human Condition*(Chicago: The Univ. of Chicago Press, 1958).

Avineri, Shlomo. *The Social & Political Thought of Karl Marx*(Cambridge: Cambridge University Press).

Axelos, Kostas. *Alienation, Praxis & Téchneè in the Theory of Marx*. trans. by Ronald Bruziner(University of Taxas Press, 1976).

Feuerlicht, Ignace. *Alienation: From the Past to the Future*(London: Greenwood Press, 1978).

Fromm, Erich. *Marx's Concept of man*(New York, 1961).

Marcuse, Herbert. *Reason and Revolution: Hegel and the Social Theory* (New York: Humanities Press 1968).

Marx, Karl. *Karl Marx: Early Writings*. trans. by T. B. Bottomore (New York: McGraw Hill Book)

Mészarós, István. *Marx's Theory of Alienation*(London: Merlin Press, 1970).

Schacht, Richard, *Alienation.*(New York: Doubleday & Co. 1970).

Taylor, Charles, *Hegel*(Cambridge: Cambridge University 1975).

________. *Hegel and Modern Society*(Cambridge : Cambridge University Press, 1979).

Tucker, Robert C.(ed.), *The Marx Engels Reader*(New York: Norton Co., 1978).

책 전체의 해제(解題)

오랫동안 한국을 포함한 다른 나라의 법학자들은 문화적, 역사적, 정치적, 경제적 그리고 사회적인 요인들에 대한 고려를 접어두고, 법률양식(樣式)과 기술적인 사항들에만 주로 전념하였다(김철, 1989: 38). 기억할 사실은 법은 진공 속에서 존재하는 것은 아니며, 그렇기 때문에 진정으로 비교를 하려는 어떠한 연구도 법을 그 출생지와 분리시키지 않는다는 것이다. 반드시 인식되어야 하는 한 가지 사실은 법체계를 유형화하는 연구는 정치적, 경제적, 사회적 기준들이 법원칙(法原則)들과 법절차(法節次)들에서 어떻게 반영되었는가에 대한 분석에서만 추출될 수는 없다는 것이다. 법제도(法制度)들이 그 일부분을 구성하는 전체 사회의 역사적 발전의 맥락에서 오랜 시간에 걸친 법제도들의 역사적 발전을 분석하는 것도 동등하게 중요하다.

따라서 비교법학자들은 어떤 문명의 법체계를 세 가지 차원에서 취급할 것을 제안하여 왔다(John Hazard, 1969)(Harold Berman, 1971).

첫째, 개념 – 형식상의 범주로서이다. 이것은 개념 법학과 형식주의 법학을 일컫는 것으로 한국의 개화기로부터 식민지 근대화 시기를 거쳐 제2차 세계대전 이후의 여러 시기를 거쳐 이 글을 쓰는 현재까지 약 110년 이상 무릇 한국의 공식 교육 기관에서 전수한 법학이라면 거의 이 첫째 범주에 속한다고 할 수 있다.

둘째, 역사적 · 정치적 · 경제적 · 사회적 범주이다(Hazard, 1969).

셋째, 의-종교적 범주(擬-종교적 범주)로서이다(Berman, 1971).
그러나 이 요약은 비교법학자들의 초기 특징만 나열한 것이다.
1983년 해롤드 버만(Harold Berman)은 『법과 혁명-서양법 전통
의 형성』 초판을 내고, 다음과 같이 썼다.

> 미래로의 우리의 길을 가로막고 있는 장애를 극복하도록 도울 것은 무엇
> 인가? 우선 장애물이 무엇인가를 알아야 한다. 중요한 장애는 법 자체에
> 관련된 우리들의 생각과 행동이 좁고, 칸막이로 좁게 구획을 지은 것이다.
> 우리는 법을 도구적으로 사용하기 위해서 고안된 테크니컬한 장치로 법을
> 환원시키는 것을 극복하는 것이 우선 필요하다.
> 법을 역사에서 완전히 분리한다든가, 모든 법을 국가법과 동일어로 한다든
> 가, 법의 역사를 한 나라만의 역사로 취급한다든가 하는 것들이며, 더 강
> 조할 것은 다음의 오류들이다.
> 첫째, '법실증주의'로 불리는 오로지 권력 주도적이며-(법은 주권자의 명
> 령에 다름 아니라고 하기 때문에)-정치적인-(정치 과정에 의해서 입법
> 권만 장악하면 실정법을 좌우하기 때문에) 법학의 오류.
> 둘째, 첫 번째의 법실증주의와 정반대의 스펙트럼의 끝에 존재하는 배타적
> 으로 순수 철학이며 윤리 도덕적인 법학의 오류, 즉 자연법론('Natural
> Law Theory')의 오류.
> 셋째, 배타적으로 역사적이며 사회-경제적인 법학의 오류, 즉 '역사 법학
> 파' 또는 '법의 사회이론'의 오류.
> 우리는 법실증주의, 자연법론, 역사법학, 법의 사회이론을 통합하고 그것들
> 을 넘어서는 법학을 미래를 위해서 필요하다(해롤드 버만, 1983: 서문).

1988년에 버만은 "통합 법학을 위하여"에서 다시 법학방법론으
로서, 법실증주의의 극복, 순수 자연법론의 극복, 순수 역사학의 극
복, 배타적인 법의 사회이론의 극복을 다시 주장하였다(Berman,
1988: 779).
지은이는 1989년에 당시 존재하던 지구상의 사회주의 법군에 접

근하는 유력한 루트로서, 르네 데이비드(Rene David), 존 해자드(Hohn Hazard), 해롤드 버만(Harold Berman)이 발달시킨 비교법적 방법을 적용하였다(김철, 1989: 11~46). 또한 1991년에 근·현대 중국법의 서양 학자인 랭델 에드워즈(Langdell Edwards)의 권유로 해롤드 버만과 만나게 되고, 해롤드 버만의『법과 종교의 상호영향』의 한국어판을 내게 되었다(김철, 1992).

1996년에 윌리엄 버틀러(London School fo Economics) 등 5인의 국제적 학자들이『해롤드 버만의 통합법학』이라는 공저를 내었다(Butler, Helmholz, Maggs, Teachout, Witt. Jr, 1996). 1993년에 이 저서의 계기가 된 발표회에 지은이는 초청받았으나, 참석하지 못하였다.

1995년에 필자는 하버드 법과대학 동아시아 법 프로그램의 초청으로 버만과 같은 대학에서 91년에 이어 단기 공동연구를 할 예정이었으나, 필자의 개인사정으로 뉴욕 법과대학의 연구학자(Research Scholar)로 머물게 되었었다.

이 작은 책자에 수록된 총 5부의 글과 강의 요약은, 말하자면 지은이가 해롤드 버만과 비교법학자들에게서 배운 방법을 한국의 법학, 특히 강단법학 또는 교과서 법학에 적용해 본 것이다.

한국인이 한국문화에 젖어 살다가, 세계의 법계(legal system)와 법가족(legal family)을 평생 다루어 온 대가들의 방식으로 한국의 강단법학을 분석해 본 것이다.

제1부 제1장 한국법학의 반성은 이미 오래전에 써 두었다가 한국법학의 환경이 크게 달라진 2007년에서야 겨우 논문 형식으로 출간한 것이다.

제2부의 글은 한국의 강단법학의 개념적·형식적 접근을 보충해

서 버만과 해자드의 비교법 방법(역사적, 정치적, 경제적, 사회적 범주로서의 접근 방법)으로 새롭게 다가가려는 시도였다고 할 수 있다. 완결된 것이라 보기 힘들다.

제3부는 2008~2009년의 세계 경제 위기를 계기로 발간한『경제 위기 때의 법-뉴딜법학의 회귀 가능성』(2009)의 후속 연구로 그때까지 한국의 학계와 언론계를 풍미한 보수와 진보의 이분법이라는 지적 배경의 오류를 지적하기 위하여 쓴 것이다. 수입 법학의 잘못된 편향은 한국 법학 100년의 역사를 통하여 현재까지 이어지고 있다.

제4부는 강의의 내용과 자료, 발표문의 요약이다. 자료 부분이다. 당시의 강의 주제가 국내 미개척 분야였기 때문에 미처 정리하지 못한 자료도 강의 시간에 쓸 수밖에 없었던 사정을 밝힌다.

제5부 영문 원고 의도는 법을 바로 보는 관점의 거시적 변화를 위해서 쓰여진 것이다. 제1장은 권위주의 법문화 관료주의 법문화의 문제를 제2장은 유교문화권의 종교와 법의 관계를, 제3장은 한국 법학의 지나간 지적 배경 중 헤겔-마르크스주의의 소외론을 2차 대전 이후의 서양지성사의 원류인 아렌트의 언어로 비판한 것이다.

필자는 동유럽-러시아 법제도를 1989년 전후를 통해 탐구한 비교법의 아버지들에게 미리 영향받고(김철, 1989) 연구의 대상인 특정 나라, 특정 문화, 특정 제도가 아니라 탐구의 방법으로서의 '비교법적 방법'을 채택하였다. 예를 들어 러시아법의 형성과 변화를 추적하기 위해서 제정 러시아법 법제도에 영향을 준 프로이센, 프랑스, 잉글랜드, 스코틀랜드 그리고 전통 슬라브 관습법과 자연법 원칙까지 밝혀내지 않으면 안 되었다.

이와 같은 비교법적 방법에 의해서 필자는 가장 익숙하다고 생각되고, 가장 잘 안다고 생각되는 한국의 법학에 대해서 그 심정적, 신체적 근접성에도 불구하고, 다른 외국법을 탐구하듯 인류학적이며 비교 문화적 관점에서 필자가 가르치는 한국법의 과목에 대해서 외국인의 시각으로 접근해 본 것이다.

90년대부터 시작된 한국법에 대한 인류학적 접근은 실제로는 급격하게 다른 문화의 법제도에 대한 비교법적 접근을 경험적 배경으로 하고 있는 것이다.

장별 해제(章別 解題)

이 책에 수록되는 각 장을 구성하는 내용의 순서는 학회지 게재 논문들을 먼저 실었고, 그 다음에 학회지 게재 논문들의 내용을 발전시킨 특정 단행본 순이다.

이미 다른 단행본에 수록된 논문은 이 책의 주제, 즉 한국법학의 전반적 반성이라는 목적에 적합한 것을 뽑아서 수정하여 배치한 것이다.

제1부 제1장 한국법학의 반성

김철, "한국 공법학의 반성", 한국사회이론학회, 『사회이론』, 2007년 가을/겨울호(통권 제32호).

김철, "한국법학의 반성 – 경제위기와 관련해서. 1910, 1920년대 이후의 한국법학의 관행이 현대적 상황에서 어떤 세계사적 맥락을 참조해야 되는가?" 『경제 위기 때의 법학 – 뉴딜 법학의 회귀 가능성 –』(서울: 한국학술정보(주), 2009).

제1부 제2장 서양법 전통의 방법이원론의 역사와 방법이원론이 한국 근현대 법학에 미친 영향

김철, "형이상학적 이원론 아래에서의 당위와 존재의 문제와 현대 법학의 과제", 한국인문사회과학회, 『현상과 인식』 제32권 3호 2008 가을호(통권 105호).

김철, "서양법 사상 전통에서의 이원론과 법의 현대화는 경제위기와 관련해서 어떤 관계가 있는가?"『경제 위기 때의 법학 - 뉴딜 법학의 회귀 가능성 - 』(서울: 한국학술정보(주), 2009).

제1부 제3장 법과 윤리 - 서양법 전통에 있어서의 실정법과 자연법의 관계

김철, "입헌주의와 법치주의의 윤리적 기초", 한국공법학회, 『공법연구』, 1997년 6월 제2집 제4호.

김철, "법과 윤리: 자연법과 법실증주의", 『한국법학의 철학적 기초 - 역사적, 경제적, 사회·문화적 접근 - 』(서울: 한국학술정보(주), 2007ㄱ).

제2부 제1장 법의 보편성과 특수성의 문제

김철, "보편과 특수의 문제 - 법제도의 보편성과 특수성에 관하여", 『법제도의 보편성과 특수성』(서울: Myko Int'l Ltd., 1993, 사간본 Privater Druck).

김철, "보편과 특수의 문제 - 법제도의 보편성과 특수성에 관하여", 『법제도의 보편성과 특수성 - 한국 공법학의 지향점을 위한 비교법적 시도』(서울: 훈민사, 2007ㄴ) - 2009년 현재 절판.

제2부 제2장 공법의 역사

김철, "행정법학의 역사", 『법제도의 보편성과 특수성』(서울: MYCO Onternational, 1993, 사간본 Privater Druck).

김철, "행정법학의 역사", 『법제도의 보편성과 특수성 - 한국 공법학의 지향점을 위한 비교법적 시도』(서울: 훈민사, 2007ㄴ) - 2009년 현재 절판.

제2부 제3장 한국의 공법학

김철, "한국의 공법", 『법제도의 보편성과 특수성』(서울: Myko Int'l Ltd., 1993, 사간본 Privater Druck).

김철, "한국의 공법", 『법제도의 보편성과 특수성 – 한국 공법학의 지향점을 위한 비교법적 시도』(서울: 훈민사, 2007ㄴ) – 2009년 현재 절판.

제2부 제4장 법률해석학

김철, "법률해석학", 『법제도의 보편성과 특수성』(서울: Myko Int'l Ltd., 1993, 사간본 Privater Druck).

김철, "법률해석학", 『법제도의 보편성과 특수성 – 한국 공법학의 지향점을 위한 비교법적 시도』(서울: 훈민사, 2007ㄴ) – 2009년 현재 절판.

제2부 제5장 사리와 조리에 대하여

김철, "사리와 조리에 대하여", 『법제도의 보편성과 특수성』(서울: Myko Int'l Ltd., 1993, 사간본 Privater Druck).

김철, "사리와 조리에 대하여", 『법제도의 보편성과 특수성 – 한국 공법학의 지향점을 위한 비교법적 시도』(서울: 훈민사, 2007ㄴ) – 2009년 현재 절판.

제3부 최현대의 경제공법 사상 – 신자유주의 시대의 평가와 새로운 시대정신

관련 발표 1. 김철, "빈곤과 부에 대한 차별문제: 헌법과 파산법의 눈에서", 한국 사회이론학회 2005년 후기학술대회 빈곤과 우리 사회 2005년 12월 성신여자대학교.

관련 발표 2. 김철, "현대 법학의 공공성의 문제: 위기 때의 법학 -세계 대공황 전기의 법학과 뉴딜 법학의 귀환 가능성", 한국인문사회과학회 2008년도 후기 학술 대회 2008년 11월 한동대학교.

김철, "위기 때의 법학-뉴딜 법학의 회귀 가능성-현대 법학에 있어서의 공공성의 문제와 세계 대공황 전기의 법사상", 국제 헌법학회 한국지부, 『세계헌법연구』 제14권 제3호 2008년 12월.

김철, "최현대의 경제공법 사상", 국제 헌법학회 한국지부, 『세계헌법연구』 제14권 제4호 2009년 6월.

제4부 제1장 러시아법 강의 요지
김철, 『러시아 소비에트 법-비교문화적 연구-』(서울: 민음사, 1989).
김철, "미국과 소련의 법체계", 『미소 비교론』(서울: 어문각, 1992).
김철, "러시아 및 동유럽법 강의 초", 『한국법학의 반성』(서울: Myko Int'l Ltd., 1999 Privater Druck).

제4부 제2장 체코와 러시아
김철, "러시아와 체코의 행정심판에 대한 절차법의 역사적 발전 -헌법현실의 대변혁과 관계해서(1989년까지의 결과)-", 한국공법학회, 『공법연구』 제28집 제4호 제2권, 2000년 6월.

김철, "헌법과 행정법의 관계-러시아와 체코의 행정심판에 대한 절차법", 『법제도의 보편성과 특수성-한국 공법학의 지향점을 위한 비교법적 시도』(서울: 훈민사, 2007ㄴ)-2009년 현재 절판.

제4부 제3장 중국법학을 어떻게 접근할 것인가
김철, "현대 법문화와 전통 법문화의 관계-중국의 경우-", 한국사회이론학회, 『사회이론』, 2004년 가을/겨울호 통권 제26호.

김철, "중국법학을 어떻게 접근할 것인가", 『법제도의 보편성과 특수성 – 한국 공법학의 지향점을 위한 비교법적 시도』(서울: 훈민사, 2007ㄴ) – 2009년 현재 절판.

제5부 제1장 한국 대학의 법학교육 – 역사적·사회학적 요약

Chull Kim, "Legal Education of Korea – Legacy of Colonialism", *History Thought & Law*(Seoul: Myco Int'l. Ltd., 1994 Privater Druck).

Chull Kim, "Legal Education – A Brief in Historical & Sociological Perspective until 1979", 『법제도의 보편성과 특수성 – 한국 공법학의 지향점을 위한 비교법적 시도』(서울: 훈민사, 2007ㄴ) – 2009년 현재 절판.

제5부 제2장 중국 유교 영향의 동아시아 문화에서의 법과 종교

Chull Kim, "Religion & Law in East – Asian Culture of Chinese Confucian Influence", Presentation Paper for Korean Catholic Academy of Social Sciences, Sogang Univ. Oct. 23, 1993, Seoul.

Chull Kim, "Religion & Law in East – Asian Culture of Chinese Confucian Influence", 『법제도의 보편성과 특수성 – 한국 공법학의 지향점을 위한 비교법적 시도』(서울: 훈민사, 2007ㄴ) – 2009년 현재 절판.

제5부 제3장 서양문명에 있어서의 소외의 개념

Chull Kim, "The Term Alienation in the Social and Legal Thought", 숭전대(숭실대) 논문집,(서울: 숭실대, 1981)

이 논문은 2009년 한국의 대학가에서 마르크스주의에 의한 소외를 지나치게 강조하는 풍조를 경계하려는 의도에서 실린 것이다.

사항색인

ㄱ

ㄷ

ㅈ

자연법(01.1.6.1)(01.2.2.2.1)(01.2.2.2.2)
    (01.2.2.2.2.2)(01.3)

자연법/근대(01.2.3)(01.3.3.2)

자연법/형이상학적 이원론과(01.2.2)(01.2.
    2.1&2.2)(01.2.4)

자연법이론(01.1.6.9)(01.6.2)(01.6.2.1)

자연법이론/절대주의적(01.3.5.1)

자연법이론/현대의(01.3.2.1)

자연적 이치(01.2.4.7)(01.2.5)

자연적 이치/정당성의 연원(01.3.3.4)

자연적 이치/조리(01.2.5)(01.2.5.1) (01.
    2.5.2)(01.2.5.3)

자유주의 법제도(01.1.4.3)

자유주의 시대(02.3.2)

자유 지상주의(03.1.5)

자유주의(03.1)(03.1.2)

자유주의/경제적(01.3.7)(01.3.7.1)

자유주의자(03.1)(03.1.4)

자유화(03.1)

전체주의(02.4.5)

절대주의(01.3.2.5)

정당성/소비에트 법의(01.3.6.3)

정당성/절대권력의(01.3.6.2)

정신적 가치(01.3.1.2)

제정법(02.2.2.7)

조리(02.5)(02.5.6)

조리/동양고전의(02.5.4)

조리/법체계와(02.5.5)

조리/행정상공법과(02.5.8)

존재와 당위(01.1.6.3)

중국/개방 이후(04)

중국/개방 이후/근대화의 문제(04.3.4)

중국/개방 이후/사회구조(04.3.3)

중국/개방 이후/전통 중국(04.3.2)

진취주의(03.3.1)

ㅊ

체코(04.)

체코의 절차법(04. 2. 6.1)

ㅋ

코먼로(02. 2. 2.5)

김 철 ──

▎약력

서울대학교 법과대학 졸업
동 대학 박사과정 수료
Fulbright fellowship으로 Georgetown University National Law Center를 거쳐, University of Michigan Law School Graduate Study 졸업

New York University Law School(Ronald Dworkin)의 research scholar 및 University of Santa Clara Law School(Jimenez)의 visiting scholar를 역임하고 Havard Law School(Harold Berman)과 Columbia Law School(Randle Edwards) 및 Stanford Law School에서 단기 연구

한국공법학회 부회장, 한국헌법학회 부회장, 한국사회이론학회 회장, 한국인문사회과학회(현상과 인식) 회장 역임, 공법판례 및 이론연구회·한국법철학회·한국법사학회·법사회학회·법심리학회·도산법연구회 회원, 행정판례연구회 회원 역임

서울대학교 법과대학, 서울대학교 사회과학대학, 서울대학교 행정대학원, 고려대학교 국제대학원, 서울시립대학교 대학원, 숭실대학교, 서강대학교, 경희대학교, 홍익대학교에서 강의

現 숙명여자대학교 법과대학 교수

▎주요 저서

『경제 위기 때의 법학 - 뉴딜 법학의 회귀 가능성』(한국학술정보(주), 2009)
『한국법학의 철학적 기초 - 역사적, 경제적, 사회·문화적 접근』(한국학술정보(주), 2007)
『종교와 제도 - 문명과 역사적 법이론 - 』(공저)(민영사, 1992)
『미소 비교론』(공저)(어문각, 1992)
『러시아 소비에트 법 - 비교문화적 연구 - 』(민음사, 1989)

한국법학의 반성

초판인쇄 | 2009년 9월 11일
초판발행 | 2009년 9월 11일

지은이 | 김 철
펴낸이 | 채종준
펴낸곳 | 한국학술정보㈜
주 소 | 경기도 파주시 교하읍 문발리 파주출판문화정보산업단지 513-5
전 화 | 031) 908-3181(대표)
팩 스 | 031) 908-3189
홈페이지 | http://www.kstudy.com
E-mail | 출판사업부 publish@kstudy.com

등 록 |
가 격 40,000원

ISBN   978-89-268-0345-5 93360(Paper Book)
       978-89-268-0346-2 98360(e-Book)

내일을여는지식 ■은 시대와 시대의 지식을 이어 갑니다.

이 책은 한국학술정보㈜와 저작자의 지적 재산으로서 무단 전재와 복제를 금합니다.
책에 대한 더 나은 생각, 끊임없는 고민, 독자를 생각하는 마음으로 보다 좋은 책을 만들어갑니다.